工程设计导论 上

【美】约翰·R.卡尔斯尼茨　斯蒂芬·奥布莱恩　约翰·P.哈钦森　著

赖文洵　李婵　李超等　译

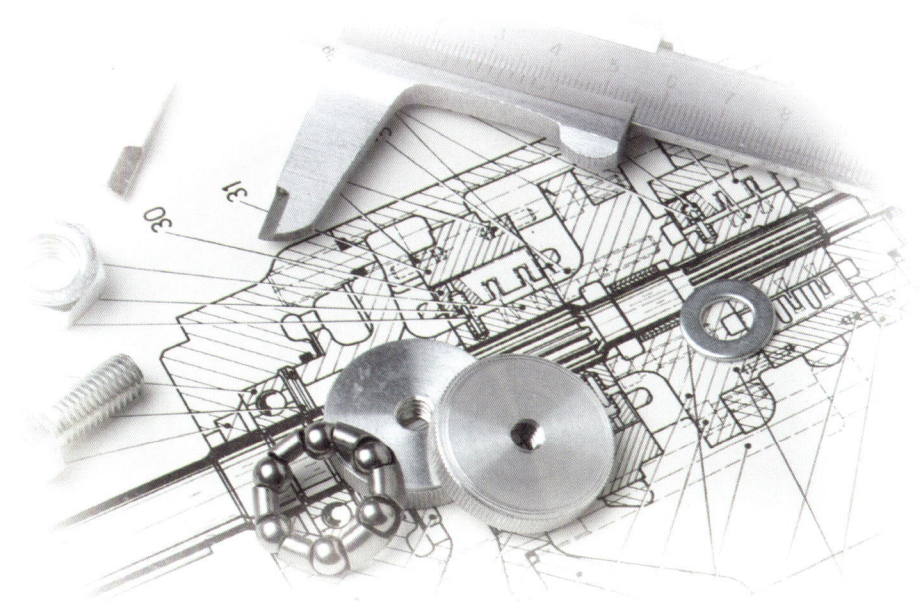

上海科技教育出版社

出版说明

21世纪是知识和经济全球化的时代，科技创新越来越受到重视，社会对科技与工程类人才的需求与日俱增。各国为了应对竞争压力，纷纷进行基础教育改革，尤其是美国发起的STEM（科学、技术、工程和数学，简称STEM）教育，在全世界引起了广泛的关注和探索实践。

当前，我国基础教育阶段的工程教育尚处于起步阶段，没有成熟的课程设置与师资配备，也缺乏相对权威可靠的课程资源。为此，我们精选美国"项目引路"机构（Project Lead the Way，简称PLTW）的课程资源，引进出版了这套"中小学工程教育"丛书。目前，美国50个州和哥伦比亚特区已经有4700多所学校开设PLTW课程，PLTW的课程资源是目前美国初中和高中使用最广泛的预备工程教育课程资源。我们希望，这套丛书的引进出版，为我国当下正在策划的基于"核心素养"的基础教育课程改革，以及我国以工程技术思想为龙头的STEM教育的有效实施提供参考。

需要说明的是，原书使用的度量衡单位、符号及部分规范，与国内通用的国际单位有所不同，为了原汁原味地保持原有内容，以及行文的简洁，我们仅在每本书的前面附上了单位换算表，以方便读者使用。此外，该套丛书涉及科学、技术、工程和数学多个领域，翻译难度较大。不当之处，欢迎广大读者批评指正。

丛书序

教育要面向未来多变的社会，要培养具备全球胜任力的学生。在这样的背景下，综合性、跨学科的知识和能力越来越重要，这也是我国当前课程改革中最新提出培养、发展学生核心素养（即必备品格与关键能力）的重要内涵。因此，通过加强跨学科课程建设，给学生提供跨学科学习经历尤显重要。国际上当前流行的STEM、STEAM课程，也正是以跨学科、综合性作为其重要特征的。

我国的基础教育历来十分注重学科课程。虽然学科课程原本内涵着跨学科的元素（如物理中有数学，化学中有物理，历史中有地理），但长期以来已被固化，缺乏与时俱进的深化和拓展。近年的课程改革又开始重视综合性课程和跨学科课程的开发，如全国课程改革中的综合实践活动课程，上海课程改革中的研究型课程、科学课程和艺术课程。但在实施中，这些课程远未达到应有的水平。而且现在看来，这些课程缺乏了一个重要内容，就是工程教育。工程是科学、数学与技术等的整合与应用，航天工程、生物工程、桥隧工程、建筑工程、"菜篮子工程"等都是工程。在工程中，必须把设计思维和实践能力放在重要位置，这就要求能够在面临一个复杂的、综合性的任务时，创造性地利用各种手段和方式去完成任务。在设计思维里，系统性思想、以人为本的思想都非常重要。因此，工程教育是跨学科的，是培养设计思维和实践能力的一个很重要的载体，而这正是发展学生核心素养的重要内容。

在基础教育课程改革中，我们首先关注课程的育人价值，在今天特别要考虑课程面对未来的育人功能。工程教育的缺失会产生育人的短板，这也是国际教育界通过反思之后特别重视STEM课程的重要原因。当前，加强工程教育已经成为国际共识。相比之下，我们就更需要努力了。

如何弥补工程教育在我国基础教育中的薄弱与空白？由于当前国内还没有理想的中小学工程教育教材，所以需要学习和借鉴。本套"中小学工程教育"丛书是从美国引进的，有很多值得借鉴的优点。首先，内容系统、完整。书中对工程学科有全面、系统的介绍，包括工程设计的一般流程，工程建设相关的工具、材料、职业等。书中还结合具体的工程项目，介绍了物理、数学等学科知识在工程问题中的应用。其次，它是跨学段的系统设计，初中阶段的学生用书是《工程学入门》，高中阶段的学生用书是《工程原理》《工程设计导论》，内容的难易与梯度都比较合适。第三，语言生动、图文并茂，可读性很强。最后，整套书不仅有功能类似传统教材的学生用书，还有配套实践手册，可供学生练习、提高。

"他山之石，可以攻玉"。我希望这套"中小学工程教育"丛书的翻译出版，可以为我国当前的课程改革、教材开发服务。希望国内的相关人士，能够在此基础之上，开发本土中小学工程教育教材。

张民生
2017年12月

单位换算表

量的名称	英（美）制单位		换算关系
	名称	符号	
长度	英寸	in	1 in = 25.4 mm
	英尺	ft	1 ft = 12 in = 0.3048 m
	英里	mi	1 mi = 1760 yd = 1609.344 m
面积	平方英寸	in^2	1 in^2 = 645.16 mm^2
	平方英尺	ft^2	1 ft^2 = 0.092 903 m^2
	平方英里	mi^2	1 mi^2 = 2.59 km^2
体积	盎司	oz	1 oz = 29.27 cm^3
油耗	英里每加仑	MPG	1 MPG=2.35L/km=0.43km/L
质量	磅	lb	1 lb=0.453 59 kg
压强，应力	磅每平方英寸	lb/in^2, psi	1 psi=6894.757 Pa

前言

学习设计的过程就像是一段旅程。无论你是想要设计节能住宅还是城市巨型工程，无论你是想发明一支更有效的牙刷还是一个新型的医疗机器人，无论你是想让轿车更安全、更节能，还是设计体育器材，你都将经历一段旅程，它能帮助你理解设计是人类思想的独特形式，设计能产生解决人类问题的新方案。本教材提供了工程师和专业设计师们在寻求帮助人类提高生活质量的新方案时，遵循的路线图。

《工程设计导论》(第二版)已经经过修订和扩充，旨在鼓励学生在工程和技术领域寻求就业机会。本书通过论述工程相关原理和概念，让学生了解工程师和专业设计人员是如何塑造人类世界，以及改变现代世界。《工程设计导论》将帮助学生在设计的旅程中，提高解决问题的能力和技术素养。

工程设计与 PLTW 公司

本书由德尔玛圣智学习出版公司（Delmar Cengage Learning）和"项目引路"机构联合出版。PLTW 是一家开发工程类课程的非营利性组织，它为学生提供严谨的、相关的和基于现实的知识，这些知识在学生从事工程和工程技术项目时都是必需的。

PLTW 的课程开发人员试图通过在课堂上构建学生亲身参与的、基于实际生活的活动项目，让学生将数学和科学知识结合起来。为了实现 PLTW 的课程目标，同时为了支持所有想在工程学领域和工程技术领域策划项目的老师，德尔玛圣智学习出版公司出版了一系列教材来配合 PLTW 的九门课程：

- ▲ 技术入门
- ▲ 工程设计导论
- ▲ 工程原理
- ▲ 数字电子学
- ▲ 航空航天工程
- ▲ 生物技术工程

▲ 土木工程与建筑
▲ 计算机集成制造
▲ 工程设计与开发

本书的研发过程

本书的研发始于一个讨论小组，该小组里包括有经验的教师以及课程研究人员，他们来自工程学科的不同领域，通过讨论，他们得出了两个重要结论：（1）教师需要一种适应当今工程学教学的资源；（2）教师希望有支持基于项目和问题学习的互动资源。

多年来，教师们一直试图让传统的教科书适用于以科学（Science）、技术（Technology）、工程（Engineering）与数学（Mathematics）（STEM）为基础的工程学课程。大多数高中教师在教学时，都会先从厚厚的课本中提取有用的素材，然后组合起来再给学生讲解工程学的概念。《工程设计导论》一书满足了以上需求，因为它以互动式的文字描述了工程学的理论知识和相关的应用技术。从此，教师们可以只选择一本书进行教学，因为这本书解决了基于项目和问题学习的问题；同时，还涵盖了工程设计过程中需要使用的重要概念和技术。

本书的独特之处在于它是由一个具有教学经验及专业工程技能的作者团队撰写的，能确保学生理解书中内容，而且书中包含了足够的工程知识。《工程设计导论》通过以下方式支持基于项目和问题的学习：

▲ 创造了以概念为指导、授人以渔式的教育方式。每章开始的"头脑准备"栏目，通过提问的方式，列出本章将要介绍的主要概念，引导学生带着问题学，提高学生的自学能力。

▲ 通过学习现实生活中有关工程学的应用、项目、问题，来巩固主要概念和原理。

▲ 将课本内容与现实生活相结合。案例研究、工程师档案、讲述人类成就的短文以及拓展学习部分的资源向学生展示了工程师和建筑师如何迈上职业道路，如何战胜失败挫折，如何不断创新以完善成果、提高项目质量。

▲ 加强了课本的互动性。学生通过共同完成激动人心的设计项目来体验工程设计的旅程。

组织

本书分为两部分，"工程设计"的概念和应用以一种灵活的形式呈现。第 1 部分描述工程和技术产品的设计过程。通过学习 20 世纪伟大的工程成就，学生将了解工程的历史。他们还将学习如何识别问题和机会，如何组建包括工程师和其他设计人员的设计团队，如何研究问题以及查找资料，如何创造性地解决问题以及开展设计和实践活动。

第 2 部分讲述实施过程中需要应用和实践的特殊技巧和能力。在这些锻炼技巧的章节中，学生能学到怎样设计结构、机械、电气或气动系统。他们会探索人因工程，学习数学、科学原理如何应用到现实问题，学习视觉形态或者产品风格如何对产品的成功起作用。最后，学生会探索如何使用平面设计原理加强产品设计，使产品更加令人印象深刻。

版本更新说明

本书是第二版，修订耗时 2 年，为学生和老师提供了更符合教学的内容。作者加入了一些工程的最新信息，包括很多工程亚学科的独特特点和职业生涯简介；同时，特别关注了工程学科及其他设计领域的多样化。所有的这些努力，都是为了帮助工程领域的学生更好地进行探索和研究。

工程制图方面的附加信息进一步强调了基础实践技能的重要性，这些技能包括测量的技能，以及使用测量工具和系统的技能。绘图的章节移到了第 1 部分，主要是考虑了绘图在设计过程和解决设计方案时的重要性。

本书对内容进行了全面更新，涵盖了最新的研究方法和工具，使寻找信息以及熟悉资源和概念变得更加简单。本书对特色栏目，例如"STEM"和"轮到你了"，进行了重新设计，提高了书本的互动性和可阅读性。

另外，还新增了"设计风格"这一章节，通过提供经典建筑及产品设计的相关视觉形态，补全工程设计的故事。"案例研究"突出了两位重要的设计师，一位致力于改善残疾人的生活，另一位是 ipad 及其他苹果产品的设计者。这个章节强调了一个事实：产品的外观是衡量产品设计成功与否的重要因素之一。

特色

教师们希望能够有一本互动性的教科书，以使学生对塑造当今世界的工程产品和工程方案背后的故事感兴趣。本书中包含大量的趣味阅读和关于当代技术的介绍，通过以下这些小栏目，让学生体验整个设计过程。

▲ **案例研究** 让学生探索学习设计团队创造新技术的过程。

▲ **趣味阅读** 展示有趣的故事以及产品不断完善的过程。

轮到你了
绘制正等轴测草图

使用正等轴测网格纸（如有需要，可以在网上找一张 PDF 格式的正等轴测网格纸，并将其打印出来）绘制厨房里的一件物品。可以找一个具有简单 3D 效果的物品，如电动开罐器或烤箱。

▲ **轮到你了** 通过技能型活动，加强对概念的认识。

技术
(technology)：
人类为了满足自身的需求和愿望，遵循自然规律，在长期利用和改造自然的过程中，积累起来的知识、经验、技巧和手段。

▲ **专业术语** 贯穿全文，为工程学术语提供可靠的解释。

▲ **STEM** 展示用科学和数学原理在解决工程技术领域问题的一些例子。

数学可以帮助你理解财务问题。1854年，一个叫"豪"的人获得了超过200万美元的补偿金。在今天看来，这个数量的金额等价于多少呢？这算是巨额吗？下面的解释可以帮助你进行比较：

1. 1854年，一个面包大约7美分。

2. 利用美元相对价值计算器计算1854年200万美元的专利侵权赔偿款，在现在相当于多少价值。当在计算器中键入数量时，不要输入 $ 符号和逗号。《六种计算美元相对价值的方法，1790—2005》可以帮助你更好地理解经济因素对相对价值的影响。

▲ **工程师档案** 介绍一些优秀的工程技术人员，激发学生对工程学领域职业的追求。

▲ **设计摘要和工程师笔记本**是进行有效沟通的重要方式。

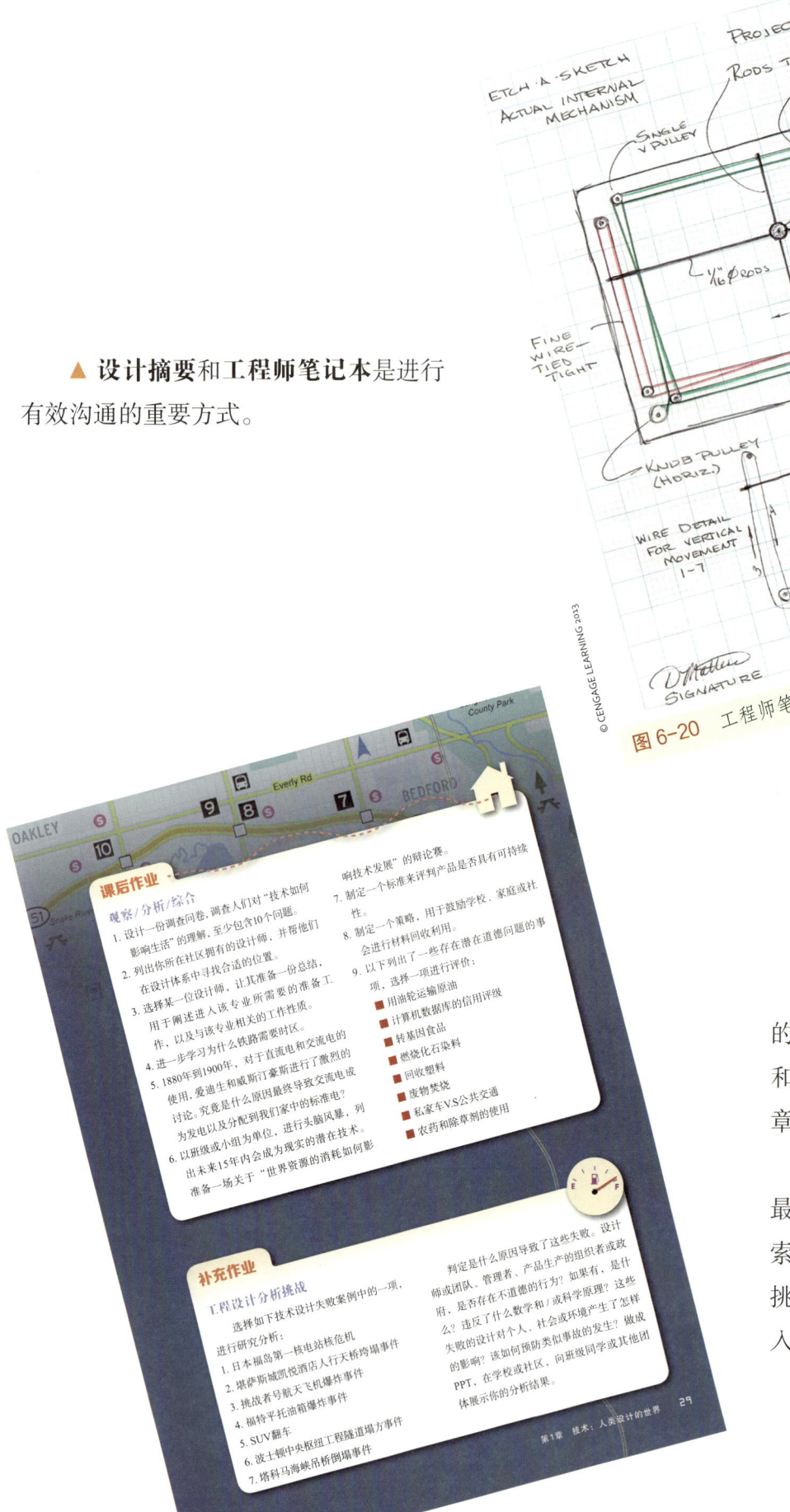

图 6-20　工程师笔记本中关于内部机械装置的草图。

▲ **课后作业**　在每章的最后，都有相应的问题和活动，以加强学生对本章知识的理解。

▲ **补充作业**　在每章最后的工程设计挑战或探索项目中，为那些想继续挑战的学生提供了一个深入学习的机会。

配套材料

为了帮助教师在工程学教学中运用现代化教学手段，通过实践练习和活动加强学生对教科书中概念的理解，出版本书的同时还配套出版了学生实践手册。

工程设计如何支持 STEM 教育

科学和数学是我们交流工程技术思想的语言。在本书中，几乎所有段落都讨论了整合科学、技术、工程以及数学（iSTEM）的重要性。作者对于数学、科学以及工程、技术之间的联系还进行了补充阐述。书中"STEM"栏目展示了工程师和其他技术专家是如何运用数学和科学原理完成杰出的设计。

致谢

没有家人和朋友的耐心支持，没有团队成员的敬业奉献，我们不可能完成《工程设计导论》这样一本书。作者想在这里感谢一些人，感谢他们在出书过程中的支持和鼓励。

写作初期，作者咨询了华强丘区域高中的吉布森（Christopher Gibson）和芒特（Daryn Mount），以及威廉姆斯镇中学的马西斯（Kenneth Mathis），这三位专家都是 PLTW 的老师，他们都毕业于新泽西学院技术研究系，他们的教学经验为《工程设计导论》教材提供了有价值的指导。我们还想感谢肖尔（Kevin Schauer）给予我们的技术支持，另外，要感谢其他工艺技术教育/学前教育工程以及 M/S/T 项目的在校大学生，他们在教材的组稿阶段提供了大量有参考价值的信息。还要感谢汉德里（Brett Handley），他对初稿进行深入阅读，并给出了详细的反馈信息。

除了署名作者外，还有很多人对本书也有很大贡献。特别要感谢奥斯维戈市纽约州立大学的马特森（Donna Matteson），她确立了本书的各个要素，并提供了第 6 章的内容。我们还有幸得到了舍尔茨（Karen Schertz）和惠特尼（Terry Whitney）的专业指导，惠特尼先生对虚拟团队的见解已经在他 12 年的工程制图教学经验中得到证实，他目前是美国安全部门的高级教练和研发经理。

撰写第 5 章的帕特里夏·哈钦森（Patricia Hutchinson）博士在工艺设计方面的工作已经得到国家的认可，本书中，她借助艺术的特殊性来表述一些重要的技术概念。苏珊娜·卡尔斯尼茨（Suzanne Karsnitz）是一名学校图书管理员，她提供了本书第 7 章的内容，卡尔斯尼茨女士在工程设计项目方面与老师和学生的合作长达 30 年，并且是新泽西中心图书馆最先用电脑工作的图书管理员之一。马尔加良（Jennifer Markarian）是一名化学工程师和科技写作专家，他审阅了工程概念相关的章节。

圣智学习出版公司还希望对讨论小组和审稿团队为本书作出的贡献表达诚挚的谢意。

讨论小组成员

贝尔图奇（Connie Bertucci），纽约州维克多，维克多高中
加西亚（Omar Garcia），加利福尼亚州圣迭戈，卡尼高中
汉德利（Brett Handley），纽约州斯科茨维尔，惠特兰—奇利中学
马特森（Donna Matteson），纽约州立大学奥斯威戈分校
赖希魏因（Curt Reichwein），宾夕法尼亚州兰斯代尔，北潘高中
雷卢斯库（George Reluzco），纽约州鹿特丹，莫霍纳森高中
施罗尔（Mark Schroll），克恩家族基金会项目协调人
威廉斯（Lynne Williams），科罗拉多州科泉市，科罗拉多高中

审稿团队

本顿（Brian Benton），佐治亚州玛丽埃塔，威尔敦高中
博（David Boe），洛杉矶曼苏拉，阿沃耶尔公立高中
布雷斯兰（Mike Braceland），康涅狄格州韦斯特布鲁克，西风高中
布兰尼夫（Ted Branoff），北卡罗来纳州罗利，北卡罗莱纳州立大学
鲁布奇（Andrew Bucci），纽约州罗切斯特，希腊雅典娜中学
坎贝尔（Brenda Campbell），阿拉巴马州森特维尔，森特维尔高中
狄辛格（Todd Dischinger），纽约州利物浦，利物浦高中
汉德里（Brett Handley），纽约州斯科茨维尔，惠特兰—奇利中学
马蒂沃（John Mativo），俄亥俄州艾达，俄亥俄北方大学
纳吉（Terry Nagy），纽约州克里夫顿公园，Shenendehowa 高中
奥斯特曼（Michael G. Osterman），佛罗里达州坦帕市，米德尔顿高中

柯特·赖希魏因（Curt Reichwein），巴拿马兰斯代尔，北潘高中

罗伯特·赖希魏因（Robert Reichwein），威斯康星州密尔沃基市，密尔沃基南部高中

辛格（Thomas Singer），俄亥俄州代顿，社区学院

我们也希望感谢本系列书的特别顾问：

克拉克（Aaron Clark），北卡罗来纳州罗利，北卡罗莱纳州立大学

另外，还要感谢PLTW的课程主管考克斯（Sam Cox）和特雷尔（Wes Terrell）对早期版本和本版本内容更新提供的反馈及建议。

关于作者

约翰·卡尔斯尼茨（John Karsnitz）教授是新泽西学院工程学院技术研究系的系主任。他拥有俄亥俄州立大学的博士学位，并出版了《平面设计》（Graphic Communication）《社会伦理学与工艺》（Society Ethics and Techlogy）以及《技术设计与问题解决》（Design and Problem Soloving）。卡尔斯尼茨教授有长达30余年的教龄，他活跃于国际技术和工程教育工作者协会，是新泽西工程教育委员会的委员，还是新泽西学院STEM教育卓越中心董事会成员之一。

奥布赖恩（Steve O'Brien）拥有西华盛顿大学数学和物理学士学位，以及康奈尔大学电气工程硕士和博士学位。目前，奥布赖恩博士是新泽西学院工程学院技术研究系的副教授。奥布赖恩博士拥有20多年在工程领域工作的经验以及6年多的教学经验，他擅长半导体激光的设计和应用，特别是大功率和高速激光。奥布赖恩博士与合伙人共同创办了T-Networks，这是一家专门为通信行业研究高速激光的公司，公司拥有40种出版物和13项专利。目前，奥布赖恩博士的主攻领域是为K-12的学生设计预备工程教育课程。

约翰·哈钦森（John Hutchinson）是新泽西学院工程学院技术研究系的一名已退休教授。他是宾夕法尼亚州立大学博士，出版过《技术设计及问题解决》（Design and Problem Solving in Technology）与《Pro/DESKTOP设计》（Designing with Pro/DESKTOP）。哈钦森博士曾任教于高中、社区大学，其中在大学的教学时间长达35年。任教期间，哈钦森博士与来自美国、英国、德国及其他国家的专家合作，共同开发设计和技术课程。他曾经还是"设计与技术教育：国际期刊"编辑委员会的成员。

帕特里夏·哈钦森（Patricia Hutchinson）于1970年在葛底斯堡大学艺术系获得了学士学位，并于1972年在宾夕法尼亚州立大学获得了美术硕士学位。哈钦森曾在特伦顿州立大学、美世县社区学院和海洋国家大学担任美术教师，教龄长达10余年。获得博士学位前，哈钦森博士花费1年时间，以富布莱特学者身份在牛津大学研究基于设计的教学模式，最后，她于1987年获得了博士学位。哈钦森博士最终来到了新泽西学院，管理国家科学基金会赞助的"儿童设计与工程"项目，在这之前，她利用5年时间在德雷塞尔大学与人合办TIES杂志，并担任总编。

唐娜·马特森（Donna M. Matteson）是奥斯威戈州立大学教育系的一名副教授。她的专业领域是建筑与计算机辅助设计。马特森女士拥有27年的教学经验和8年的从商经历。暑假期间，马特森女士是PLTW的高级教师，已为10所大学提供毕业生水平的培训。马特森女士与PLTW一起开发课程、课后考试等内容，她是《工程设计导论》（2008版）课程的项目主管，是"土木工程和建筑"版块的主要作者。

卡伦·舍尔茨（Karen Schertz）在技术教育领域拥有30多年的丰富经验。她曾在高中、社区学院、大学教授过绘画、CAD，以及其他设计课程。舍尔茨女士曾在科罗拉多州柯林斯堡前山社区学院担任先进技术部门主任，她同时还是科罗拉多州立社区学院的教授，拥有纽约州立大学布法罗分校教育科学学士学位、宾夕法尼州立大学教育学硕士学位。她是《工程团队的设计工具，一种整合的学习方式》（Design Tools for Engineering Teams, an Integrated Approach）一书的作者之一。

目录

第1章 技术：人类设计的世界　2

引语　3
专业设计人员　4
设计与工业革命（1750—1850）　8
工程协会　12
标准化　14
20世纪最伟大的工程成就　16
工程职业　19
科学与技术　19
技术的影响　20
技术与地球资源　26
道德与设计　27
总结　28
课后作业　29
补充作业　29

第2章 设计的过程　30

引语　31
有效解决问题的波利亚（Polya）四步骤　32
设计过程　36
设计过程的创造性与创新性　54
设计的限制　56
总结　58
课后作业　58
补充作业　59

第3章 团队建设　60

引语　61
团队在现代工业中的应用　61
团队领导力和团队管控　76
与团队共享信息　78
总结　84
课后作业　85
补充作业　85

第4章 产生和开发想法　86

引语　87
创造性思维　87
产生想法　87
开发想法　95
选择最优设计方案　102
总结　104
课后作业　105
补充作业　105

第5章 通过绘图开发设计想法　106

引语　107
绘画的用途　107
通过绘图进行交流　114
绘画的基础知识　119
速写和绘图技巧　129

其他绘图规则	142
绘图在设计中的应用	147
工程日志和设计作品集	150
作品集	151
总结	155
课后作业	155

第6章
逆向工程　　156

引语	157
通过逆向工程重新认识产品	158
逆向工程和专利	160
逆向工程的主要内容	161
逆向工程的过程	163
总结	181
课后作业	182
补充作业	183

第7章
设计开发的调查与研究　　184

引语	185
提出问题	188
市场研究	189
利用一手资源	190
利用二手资源	194
总结	200
课后作业	201
补充作业	201

第8章
工程制图　　202

引语	203
工程制图	203
以工程设计为目的的测量	208
比例尺	209
测量：认识差异度	210

制图和计算机辅助设计	219
正等轴测图和斜轴测立体图	220
正投影图和草图	224
线型	228
尺寸标注	232
计算机辅助设计	236
总结	240
课后作业	241
补充作业	243

第9章
测试与评估　　244

引语	245
开展合适的测试	246
测试工程解决方案	249
测试并评估设计作品	253
展示测试结果	256
评估设计能力	259
总结	260
课后作业	260
补充作业	261

第10章
制造　　262

引语	263
工业革命	263
装配线	267
材料加工	267
设计制造	282
对未来的影响	283
总结	287
课后作业	287
补充作业	288

术语表　　289

《工程设计导论（下）》目录

第11章　结构系统设计

第12章　机械系统设计

第13章　电气电子系统设计

第14章　气动和液压系统设计

第15章　设计和工程中的人体工程学

第16章　数学和科学的应用

第17章　设计风格

第18章　平面设计和汇报展示

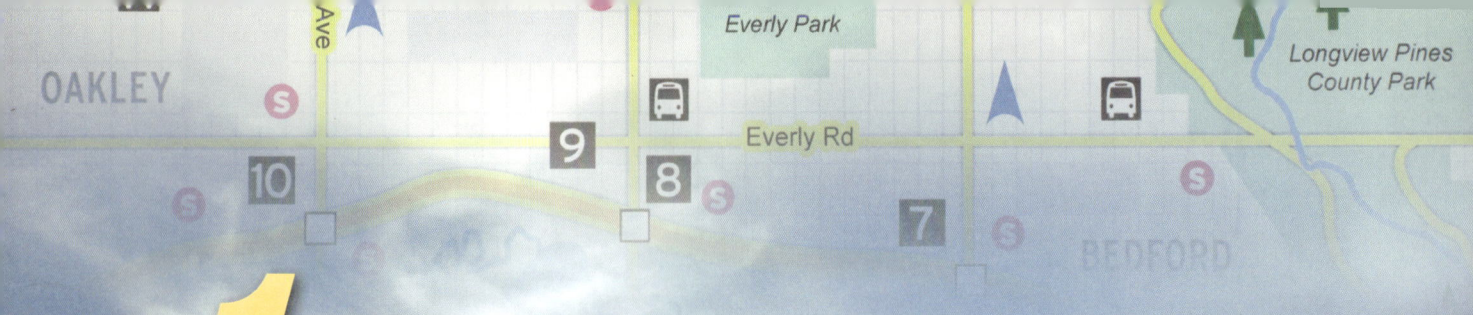

第1章
技术：人类设计的世界

Menu

 **头脑准备**

学习本章内容时，思考如下问题：

1. 人类为何要设计？
2. 什么样的人符合专业设计人员的标准？他们如何创造社会价值，为社会作贡献？
3. 我们所知道的工业革命是如何塑造世界的？
4. 早期的工程协会是如何建立的？
5. 工程协会为什么要制定标准？
6. 20世纪最伟大的工程成就是什么？
7. 什么是现代工程学？
8. 科学和技术之间的关系是什么？
9. 技术设计如何影响世界？
10. 什么是设计的伦理困境？

>> 引 语

在我们生活的世界里，人类设计的物品随处可见。我们在科学领域内探索自然界，在技术领域内改造世界，两者同样重要。所有人（男女老少）都需要了解技术是如何对个人、社会以及环境产生影响的，我们将这种理解力称为**技术素养**。具有技术素养的人在生活中能更好地使用、管理和评价技术。

"技术"这个词，对于不同的人可以有不同的定义，例如有人认为技术就是计算机硬件。本书中，"技术"这个术语被广泛应用于如下几个方面：

▶ **设计**的过程，也就是在标准和限制条件下解决问题。

▶ 设计的成果，包括产品、系统或工作环境。

▶ 产品设计和生产过程中获得的新理解或新知识。

早期的人类为了适应自然，发明了许多工具。如今，我们生活在技术的世界，一个我们已经完全适应了的世界，即使去自然界探险（如去野外远足），我们也会携带经过特殊设计的服装、背包、GPS 导航仪或者冷冻干燥食品。一个依靠技术的社会需要：

▶ 技术专家：理解设计过程，并能创造新产品的技术专家。

▶ 专业技术人才：帮助消费者使用和管理产品的专业技术人才。

▶ 民众：对现有技术能做出明智判断的民众。

"知情的公民"对于购买什么、选举谁以及社会上的技术问题能够做出明智的判断。作为年轻人，我们应该能清晰地判断当下重大技术问题，例如：核电在可再生能源中的作用是什么；如何规范产品的制造过程才能保证环境友好且对人体无害；技术活动对全球气候变暖问题的影响是什么；基因技术是否适用于人类；以及很多现如今会影响我们和子孙后代生活的问题。随着对技术的理解越来越深入，你将有能力对技术问题发表博识的观点，在做决定之前，你需要理解这些问题。

成为技术专家从研究日常生活中的物品，如微波炉、跑步鞋、自行车等开始，然后向自己提问，这些东西是如何构想、设计并制作的。工程师、建筑师、平面设计师、时尚设计师以及工业设计师只是普通专业设计人员中的一部分，他们给市场带来新产品，对一切事物负责，包括你吃的早餐、穿的衣服、每天早上洗漱用的自来水供应系统等等；他们还使你能够在音乐播放器上播放音乐，给朋友发短信，享受恒温控制系统带来的舒适等。图 1-2 列举了我们身边的一些技术，每张图片都列出了设计团队在产品设计和生产过程中必须理解或应用的概念。所有产品都考虑到了消费者、材料、制造过程、预算以及市场需求。

图 1-1　人类设计的物品随处可见。

设计（design）：
通过合理的规划，对造物活动进行预先计划的过程。

第 1 章　技术：人类设计的世界

》引 语

图1-2 日常生活中的"设计的世界":
(a) 家电(热力学)。
(b) 个人用品(生物力学和人因工程学)。
(c) 玩具(注塑成型和机器人技术)。
(d) 娱乐(微电子学与美学)。
(e) 健身(先进复合材料与生物力学)。
(f) 交通工具(混合发动机或"绿色技术")。

专业设计人员

专业设计人员既可以独立工作,也可以作为设计团队的一分子,他们通常是在一定约束条件下进行设计的,例如,他们的工作时间和可使用的资金是受限的。一般而言,他们受雇于某家公司,公司为他们提供保证设计成功所需的资源和团队。

大多数产品的设计通常需要拥有不同专业背景和特长的专业设计人员组成团队来完成。思考图1-3所示的电话,为什么大家愿意购买它?是不是因为它外表美观、运作良好、使用方便、环境友好,或是价格实惠?如果因为外观而购买,那么你是被应用在其中的**美学原理**所打动,这些原理使这部手机看起来很有吸引力。美学原理是人们对所见事物的反应，换句话说，"情人眼里出西施"。

另一方面，如果你被这部手机的音质和它收发信号的能力所吸引，那么你是被应用在其中的数学和科学原理所打动，这些原理创造了有效的电子线路，这是电子工程师的功劳。当然，其他的专业设计也是必不可少的，它们确保手机使用时的舒适性，生产和销售过程中具有竞争力，等等。团队中的其他人还会研究手机在生产和使用过程中对环境造成的影响。总之，生产一件成功的产品需要各类技术精湛的专业设计人员。

设计体系

专业设计人员在完成一件成功的设计时会用到美学和数学/科学原理这两个要素，同时，会遵循道德规范，考虑他们的工作对环境和社会的影响。图1-4中的**设计体系**显示，对各类专业设计人员来说，美学和数学/科学原理对他们的工作都很重要。例如，设计住宅和商业建筑的**建筑师**必须考虑表1-1中所示的所有**原则**。另外，建筑师必须理解并满足所有来自政府的要求，譬如建筑规范或者其他规则，因为建筑师身处设计体系的中间。

图1-3 一部时尚的手机需要复杂的设计来确保视觉外观和运行功能。

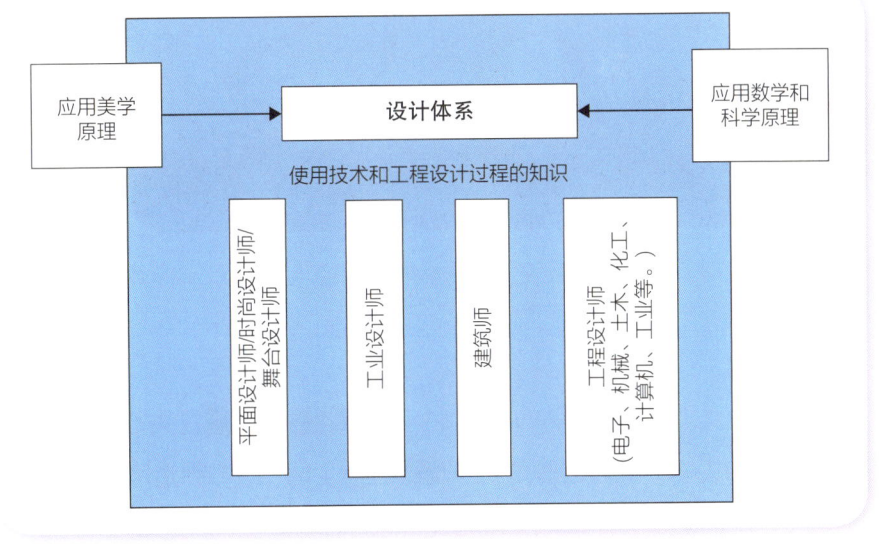

图1-4 设计世界需要很多不同的技能。

表1-1 建筑师处于设计体系的中间

建筑师的考虑	意味着什么
视觉原则	建筑看起来怎么样
功能原则	建筑怎样服务于住户
结构原则	建筑如何抵抗自然灾害
道德原则	建筑怎样影响环境和社会

第1章 技术：人类设计的世界

一些专业设计人员，例如**平面设计师**和时尚设计师，他们会更多地考虑美学原理，但是仍然需要掌握技术，以帮助他们开发新产品。如，平面设计师需要使用计算机程序对页面进行排版布局，修改照片和图片；需要估算纸张和墨水的用量，以及书写说明书指导产品生产。舞台设计师需要考虑剧院的物理空间和入座的观众人数（如图1-5所示）。

图1-5　舞台设计师如何通过合并物体和光来产生独一无二的戏剧空间的两个例子。

工业设计是一个重要的设计行业。**工业设计师**致力于提高产品的功能、价值以及外观，这些改进对**消费者**和生产商（制造者）都有好处。

工业设计这个概念始于20世纪早期，它是生产商之间竞争的产物。报纸和杂志的广泛流通使人们越来越容易看到产品的图片，并进行对比，如此一来，产品的销量就会依赖于外观。

在美国，包括洛伊（Raymond Loewy）和德赖弗斯（Henry Dreyfuss）在内的工业设计师，他们同时也是平面设计师、时尚设计师和舞台设计师。工业设计师与建筑师很相似，因为他们所使用的设计原理是类似的。现如今，大多数新组建的产品研发团队都会包含工业设计师，而且他们是团队的核心成员。

图1-6 G2援救技术切割机（ResQTec G2 Cutter）。这种援救工具获得了美国工业设计师协会的杰出设计奖。它是一种液压救援设备，专门用于解救被困在车内的人员。它获奖不仅是因为外观精美，还因为质轻、高效，并且促进了人体工程学的发展。

商家都知道，经过精心设计的产品，其销量会增加。美国工业设计师协会（IDSA：The Industrial Designers Society of America）每年都会拿出一部分奖金，奖励那些优秀的产品设计（如图1-6）。

设计体系的另一要素是数学和科学原理，我们将目光转移至此时，会发现更多传统型的工程师。**工程师**使用他们所掌握的物理知识来设计并研发新产品、新系统或新工作平台，这就需要工程师拥有很高的数学和科学水平，并且在所选专业领域内掌握更多的知识。如航空航天工程师需要确定航天器机翼的形状和尺寸，土木工程师需要计算混凝土基柱的受力状况，电力工程师则要分析高压电缆的电流承载能力，等等。据美国劳工部分析，2008年在美国工作的工程师大约有160万人，工程师成为美国最热门的职业之一。

轮到你了

假设你要加入下一届校园舞台剧的舞台设计团队。设计过程受限于舞台剧和学校礼堂的规模，如何使用舞台设计原则来使表演获得成功。

美国约有160万工程师,这个数字相对来说较小还是较大?数学可以帮助我们回答这个问题。2008年,美国人口接近3亿,如果工程师有160万,那么可以得出工程师占美国总人口的比率为:

$$\frac{160}{30\,000} \times 100\% = 0.533\%$$

美国工程师的比率随着时间的推移,增加了还是减少了呢?其他国家的这个比率又是怎样的?美国其他行业专家,譬如医生、护士或教师的比率又是怎样的?

设计与工业革命(1750—1850)

人类一直都在改变他们生活的自然环境。为了抵御自然灾害,他们发明了房屋、服装;为了制作有用的物品,种植庄稼,以及保护自身安全,他们创造了工具。早期人类的大多数设计都是手工完成,制作的物品仅供自用,每位手工工匠都是各自设计并制造自己的产品。手工制造的产品耗时长,且价格昂贵,在那个社会,只有少部分人能够负担如此昂贵的产品。

20世纪前,50%以上的人在农场工作,技术大多用于提供食物、住所、衣物以及其他基本需求,历史学家称这段时期为农业时期(如图1-7)。

后来,越来越多的人开始往城市发展,并在工厂谋职,从事非农业的产品生产活动。生产产品的人群首次超过了生产食物的人群,这段时期被称为工业时期(1907—1957),这是人类历史上一个重要的转折点。

20世纪中期产生了另一个重要的转折点。在美国以及其他发达国家,白领的需求量超过了蓝领的需求量,这就意味着公司需要雇佣更多的人来管理产品信息,而不是生产产品。1957年,美国步入信息时代,或者叫技术时代。

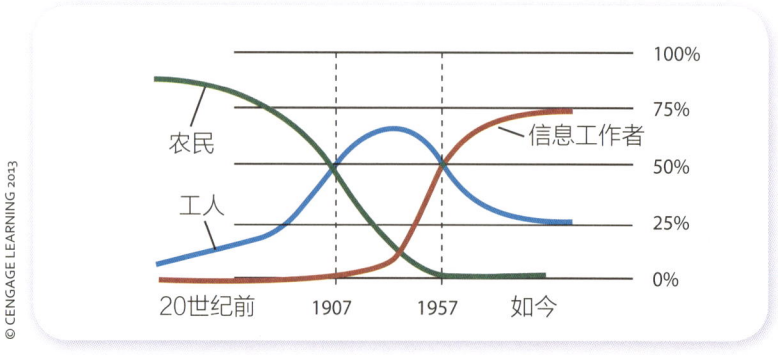

图1-7 技术革新的历史展望。

设计世界里的职业

设计未来

兰迪（Randy Rausch）是通用电气公司的一名计算机工程师，他会接触各种各样的当代技术。兰迪常用发展的眼光识别新兴计算机技术，并将它们运用于通用公司的需求中去。

"如果现有技术无法带来好的产品和服务，我们就需要开发新技术了，"兰迪说，"设计是我们的工作，我们的想法始于客户的需求。我们关注社会、经济和政治倾向，我们为未来设计。"

兰迪：计算机工程师，通用电气公司

工作

兰迪和同事曾经设计过一种控制器，可使发动机安全性能更高；他们也曾设计过人造卫星上的用具；还研发了新的医学影像技术，为医生救治病人提供更丰富的信息。

工程团队对工作的顺利进行至关重要。"我们把全世界可以找到的最优秀的人集合在一起来解决挑战，"兰迪说，"产品的完成通常需要不同技术领域的人才。我与电子工程师、物理学家、化学工程师、生物学家、机械工程师、计算机科学家以及其他专家共同工作，设计新产品。我管理的团队一般有四到十人。"

团队成员用技术来实现他们的设计。"电脑建模比实体模型更简单、更便宜，"兰迪说，"我们还会使用机器和人工智能来评价并改进设计。"

兰迪通过邮件、即时信息、视频会议以及虚拟电子白板，与全球团队进行沟通，他觉得最有效的沟通方式是面对面交流。兰迪出差时间的三分之一是会见不认识的人、收集新想法，以及与项目团队一起工作。

早期经历

兰迪在北达科他州的俾斯麦长大，他父母在那儿经营一家小型家具零售店。有时候，兰迪的父亲会带一些新电脑回家，并让他摆弄。兰迪对它们的工作原理很感兴趣，这促使他探索电脑技术。这种动力激起了他想获得工程学和计算机科学学位的兴趣。

教育经历

兰迪在美国圣母大学获得了计算机工程理学学士学位。在通用公司，作为爱迪生工程技术培训项目一员时，他继续攻读了伦斯勒理工学院的理学博士。

给学生的建议

兰迪认为，工程师需要发展的特质包括分析和解决问题的能力，团队协作能力，以及对新观点具有开放思维。成功的工程事业需要这些特质。兰迪建议学生在项目开始之前，以全局眼光看待整个工程。他说："花时间去学习、准备，或在新设计开始之前进行计划，这会为接下来的工作节省很多时间。"

兰迪希望学生能明白，工程师是一个富有挑战性的职业。坚持不懈是值得的，要善于提问，最重要的是要乐在其中。

GE90-115B是世界上功率最大的引擎。兰迪曾参与开发控制器的算法来提高发动机的安全性。

图1-8 （a）农业时代，乔治·华盛顿（George Washington）通过拥有土地而树立威望；（b）工业时代，保罗·格蒂（J. Paul Getty）利用资金行使权力；（c）信息时代，比尔·盖茨（Bill Gates）利用知识建立了一家强大的现代化公司。

农业时代、工业时代和信息时代具有不同的特征。例如，农业时代，谁有土地，谁就有权力；工业时代，谁有资金，谁就有权力；而如今的信息时代，知识使人拥有能力（如图1-8所示）。有人认为我们正在步入一个崭新的时代，对商业和工业具有国际眼光的人将主宰这个时代。

1750年前后，始于英国的**工业革命**改变了人们设计和生产产品的方式。工业革命使人们从基于手工艺的系统中释放出来，慢慢地转移到工业系统，这种改变需要各种资源，包括：

▶ 大量的工人
▶ 足够的食物（用于供应工人）
▶ 足够的能源
▶ 大量的资金（投入到产品的金钱）
▶ 可以为制造商运输材料，为商场运输产品的交通运输系统

为什么工业革命会在英国开始？因为英国拥有以下所有条件：

▶ 煤矿资源丰富
▶ 运输原材料和商品的船队发达
▶ 政府鼓励个体商业户投入个人资金
▶ 社会各界已准备好发明和革新新产品

18世纪早期，英国工业的发展得到了美国殖民地的帮助，原材料从殖民地运往英国，然后变为产品。此外，殖民者很渴望购买英国制造的商品。

人们从那个时候开始使用法语词**企业家**来描述中产阶级商人团体。这些英国企业家会承担一些责任和固有风险，从多种渠道购买原材料，将这些材料提供给工匠；工匠使用它们来生产产品；当产品完成后，商人企业家寻找消费者，并用船舶将商品运往那些有需求的市场。

随着生产和运输技术的提高，产品的制造成本降低了。价格低廉促使

企业家（entrepreneur）： 该词是从法语中借来的，原意是指"冒险事业的经营者或组织者"。现多指企业的所有者，从事企业的经营管理工作。

市场成长、货币增加、收入提高，进而促进了业务的发展；将收入和利润进行再投资，工业革命的范围扩大到了全世界。如今，我们用企业家这个词来描述那些积极主动和愿意承担风险去开发新业务的人。

美国制造体系

万国工业博览会（详情参考下面的"趣味阅读"栏目）展示了英国、欧洲和美国的产品。参展的美国商户有：麦考密克、固特异轮胎、柯尔特公司、胜家缝纫机，它们在展会上备受关注。有些评论家说美国产品不精致，另外一些却羡慕其设计和制造的独创性。更重要的是，美国是因为创新而被大家公认，这种创新即为美国制造体系。

美国制造体系下产生的麦考密克收割机、固特异轮胎、柯尔特左轮手枪、胜家缝纫机以及其他产品由以下的创新点推动：

▶ 大规模的市场需要大规模生产
▶ 产品制造符合精细的设计标准
▶ 通用件的使用
▶ 机床的广泛使用
▶ 非技术性工人进行简单的操作

趣味阅读
万国工业博览会（1851）（The Great Exhibition）

1851年的万国工业博览会又被称为水晶宫博览会，因为它看起来像一个巨大的温室。场馆长563米，宽138米，可容纳13 000多个展品，以此来庆祝英国工业的成功。

伟大的土木工程师布鲁内尔（I. K. Brunel）与著名的设计师斯蒂芬森（Robert Stephenson），以及拉塞尔（Scott Russell）一起组织博览会的规划委员会。场馆的最终设计方案是由结构工程师福克斯（Charles Fox）和设计温室（如图1-9）的帕克斯顿（Joseph Paxton）共同提出。水晶宫的设计和施工仅用了9个月，使用的是半成品铁组件。展览结束后，它仍发挥作用，用于其他目的。1936年，水晶宫在一场火灾中被毁。如今，所有建筑遗址及其周边被称作水晶宫公园。

图1-9 水晶宫展馆主建筑。插图来自塔利斯历史，描述的是水晶宫以及1851年万国工业博览会。

第1章 技术：人类设计的世界

轮到你了

布鲁内尔参与了1851年万国工业博览会的规划工作，他在工程领域的其他成就有哪些？

工业革命期间，**机床**和**通用件**的使用量增加，且要求越来越高，但是由于没有国家标准，所以很难保证一致性和稳定性。

想象一下：如果你想更换直径100毫米的溜冰鞋滑轮，没有标准将会怎样？这类问题对各个行业都会有影响。所以专家协会就组成委员会，建立国家标准和国际标准来解决此类问题。

> **通用件（interchangeable parts）：**
> 产品的零件或元器件可以在不同类型或同类型不同规格的产品中互换使用，这是工业革命时期的一个重要发展。

工程协会

工程协会在促进所在专业的发展和制定标准的过程中扮演着重要角色（如表1-2）。1880年，纽约著名机械工程师沃辛顿（Henry Rossiter Worthington，1817—1880）参与创建了**美国机械工程师协会**（ASME）。沃辛顿持有蒸汽泵专利，且创建了一个有效的纽约供水系统。早期的蒸汽锅炉设计粗劣，很容易爆炸，经常导致人员伤亡和财产损失。因此，1884年ASME建立的第一项标准是蒸汽锅炉试验规范，这一点都不奇怪。

瑟斯顿（Robert Henry Thurston，1839—1903）是ASME的第一任主席，他参与了创建大学工程类课程的工作。1871年，瑟斯顿在史蒂文斯理工学院开设了机械工程课程。在高校，他创建了美国首个大学机械工程实验室，用于开展各类研究。

表1-2 一些专业设计协会的例子。

创建时间	协会名称
1852	美国土木工程师协会（ASCE）
1857	美国建筑师协会（AIA）
1880	美国机械工程师协会（ASME）
1884（AIEE）	电气与电子工程师协会（IEEE）
1893	美国工程教育协会（ASEE）
1934	国家专业工程师协会（NSPE）
1944（SID）	美国工业设计师协会（IDSA）
1950	女工程师协会（SWE）
1957	美国人因工程学会（HFES）
1963	美国航空航天协会（AIAA）
1991	美国医学与生物工程院（AIMBE）

案例研究

你知道缝纫机是如何工作的吗？

胜家缝纫机是美国最早进行 ==批量生产== 的产品之一（如图1-10）。它的发明是为了代替手工缝纫。缝纫机最初采用脚踏板机制，它可以带动缝针上下运动和布料前移。第一台缝纫机产自于法国，但它却是美国的专利。1846年美国发明家豪（Elias Howe）得到了此专利，他使用两个来自不同部位的线来完成缝合，这在实用性的机械设计中是首创（如图1-11），这种布料缝合方式是缝纫机得以成功的关键。

豪的发明使用带眼的针，布料下方是梭子，这种方法称为双线连锁缝纫法。不幸的是，其他机械设计师也很快采用了这种双线连锁缝纫机理，并应用于他们自己的缝纫机设计中。

图1-11 豪有关双线连锁缝纫机的专利。

图1-10 胜家缝纫机。

1851年，美国胜家缝纫机公司成功地生产了第一批商用缝纫机。机器使用了双线连锁装置，并且加入了一个上下运动机构。豪认为胜家公司的机器侵犯了他的专利权。1854年，他起诉胜家公司对他的专利侵权，并获得了超过两百万美元的补偿金。

其实，很多像豪这样成功的美国发明家和企业家都意识到自己的专利被侵权。虽然专利法保障了他们专利的专属性，但不能阻止他人有意或无意地使用这些发明。当发明人认为他们的发明被用于其他产品时，他们就会拿起法律的武器来认定这是专利侵权。

数学可以帮助你理解财务问题。1854年，一个叫"豪"的人获得了超过200万美元的补偿金。在今天看来，这个数量的金额等价于多少呢？这算是巨额吗？下面的解释可以帮助你进行比较：

1. 1854年，一个面包大约7美分。

2. 利用美元相对价值计算器计算1854年200万美元的专利侵权赔偿款，在现在相当于多少价值。当在计算器中键入数量时，不要输入$符号和逗号。《六种计算美元相对价值的方法，1790—2005》可以帮助你更好地理解经济因素对相对价值的影响。

第1章 技术：人类设计的世界

趣味阅读
《莫里尔法案》

1862年，美国总统林肯（Abraham Lincoln）签署了著名的《莫里尔法案》，又称《赠地法案》。该法案规定，联邦政府依照每个州参加国会的议员人数每人拨给3万英亩土地，并将这些赠地所得的收益在每个州至少资助开办一所农工学院（又称"赠地学院"），主要讲授有关农业和机械技艺方面的知识。正因为如此，今天几乎每所州立大学都有授予工程、建筑及其他设计学科学士和研究生学位（硕士和博士）的资格。

图1-12 如今的弗吉尼亚理工学院前身是在《莫里尔法案》的背景下成立的弗吉尼亚农业与机械学院，它是政府赠地学院中的一所。

标准化（Standardization）： 为适应科学发展和组织生产的需要，在产品质量、品种规格、零部件通用等方面，规定统一的技术标准，叫标准化。

标准化

如果你的自行车变速器或滑雪板固定器的螺丝掉了或者坏了，你会怎么做？自己做一个新的？去找一名机械工程师定制一个新的？不——你只要去五金店或滑雪用品专卖店购买一个标准的替代品就可以了。如果没有**标准化**，你就做不到这点。

标准化对我们生活的方方面面都有影响。如果没有标准，你就无法买到在家里和办公室都能使用的电话机；我们就不能与朋友共享电脑文件；不同区域的消防队在大火发生时就不能彼此协助，因为他们没有标准的软管接头。设定时区也是标准化的例子，是由铁路部门于19世纪后期创立，主要是为了同步火车的时刻表，它对现代通信和全球商业及财政也起着重要作用。标准使生产者和消费者的成本降低，还提高了产品的质量和安全性，并且有利于保护环境。

南北内战期间，美国政府意识到标准轨距（两条铁轨之间的距离）有很多优势，1886年，政府将英国的标准轨距（4英尺$8\frac{1}{2}$英寸）作为其标准。横贯美国大陆的第一条铁路修建时，中央太平洋铁路从加利福尼亚的萨克拉门托向东修建，联合太平洋铁路从内布拉斯加州的奥马哈向西修建，两条铁路都采用了标准轨距。1869年5月10日，"金色道钉"在犹他州的普鲁蒙托里角钉入枕木,两条铁轨顺利合并,宣告铁路竣工,人们举行了盛大的庆典活动(如图1-13)。

图1-13 1869年5月10日,"金色道钉"入枕仪式:联合太平洋铁路与中央太平洋铁路在犹他州的普鲁蒙托里角接轨,铁路全长1776英里。这一壮举宣告了美国大陆在经济运行上开始连成一体,推动美国成为联结太平洋和大西洋的经济大国。美国经济发展开始进入狂飙时期。

趣味阅读

标准来自哪里?

在美国,美国国家标准协会(ANSI),负责研发并监督产品、设备、过程和系统的标准。ANSI也负责协调美国标准与国际标准,从而使产品在全世界都能使用。标准首先是由政府机关、消费者协会、公司和专业组织共同建立,然后交给ANSI做最终选择(如表1-3)。ANSI通过美国国家委员会(USNC)与国际标准化组织(ISO)和国际电工技术委员会(IEC)合作。

标准确保了:
- 产品的特性和性能是一致的
- 生产商和消费者使用相同的定义与术语
- 产品使用相同的标准进行测试

表1-3 标准化组织举例。你能找出含有这些词的产品吗?

ANSI	美国国家标准协会
ASTM	美国材料试验协会
BSI	英国标准协会
DIN	德国标准化协会
ISO	国际标准化组织
NIST	美国国家标准与技术研究院
UL®	美国保险商试验所

20世纪最伟大的工程成就

2006年,美国国家工程院(NAE)列出了20个工程成就清单,并且附上了如下问题:这些20世纪最伟大的工程成就中,哪些是你现在还在使用的?(如图1-14)

通过学习本书中提到的这些成就,你将知道工程设计活动是如何塑造并改变我们的日常生活。大多数20世纪的成就都是以爱迪生(Edison)、本茨(Benz)、贝尔(Bell)、马可尼(Marconi)以及其他19世纪后期的人的重要发现和发明为基础。

图1-14 美国国家工程院列出的20世纪最伟大的工程成就名单。

20世纪的电力

大多数人都知道富兰克林(Benjamin Franklin)是"美国开国三杰"之一,但他同时也是"电学之父"。富兰克林1752年的风筝试验被伦敦皇家学会认定为是一次电力研究工作。我们在家中和办公室使用的电很大程度上归功于爱迪生(Thomas Edison)、特斯拉(Nikola Tesla)、斯坦梅茨(Charles Steinmetz)以及其他像威斯汀豪斯(George Westinghouse)这样的企业家的工作。

1880年到1900年间,爱迪生和威斯汀豪斯进行了一场关于直流电(DC)和交流电(AC)使用的大辩论。最终,交流电因为配电更容易而获胜。20世纪伊始,工程师和企业家就火速设计和研发发电机及配电系统,他们同时也开始设计可用于日常和进行商业用途的产品。如果没有电,我们的现代科技社会将不会出现。

交流电(AC)是指导体中的自由电荷周期性地改变运动方向、往复循环运动形成的电流。我们可以将电流想象成管道中的水流：改变阀门，流动的方向就会反向。与交流电不同的是，直流电（DC）中电子的运动方向不变，具有单一性。

电工学告诉我们：对于同一根电源线（导体），电流（I）与电压（U）成正比，与导体的电阻（R）成反比。这种关系叫做欧姆定律，公式表述如下：

$$I = \frac{U}{R}$$

欧姆定律对任何电路都是适用的，从巨大的输电线路到微小的电脑芯片。

图1-15 胡佛水坝是一个国家性的历史地标，并被美国土木工程师协会认为是美国现代七大土木工程奇迹之一。

直到20世纪30年代中期，电都没有普及到美国大多数农村地区。而如今，几乎美国所有地区都通了电。美国农村地区的电力已经普及，这主要归功于1935年机械工程师库克（Morris Llewellyn Cooke）实施的政府项目。罗斯福（Franklin Delano Roosevelt）总统任命库克担任农村电气化管理局（REA）的局长。在此项目下，到20世纪中期，几乎所有农场都敷设了电线。

胡佛水坝及其所发的电为洛杉矶和拉斯维加斯城市的发展发挥了极大的作用（如图1-15）。

如今，煤、石油、原子能、水力、风以及太阳能都可用来发电。随着人们对化石燃料所带来的环境污染问题的日益关注，基于可持续能源的新型工程技术将面临新的挑战。

电力是我们现代科技社会的重要基石。为了能够使用电，国有企业和私营企业都需要建造输电网。电网包括能量来源、发电机，以及将电力输送到个人和企业的配电线路（如图1-16），所有组件都必须经常进行监控、升级和维护。

图1-16 风力发电是一种可再生能源的发电方式，其所发的电可以并入电网。

第1章 技术：人类设计的世界

电力系统如果出现故障了怎么办？大家都知道整个晚上在黑暗中，不能看电视或玩电脑是怎样的感受。恶劣天气经常会造成停电，强风暴会使树木倒向输电线路使其中断。有时候，当人们试图从输电线下面通过或跨越输电线时，会因触电而死亡。但大多数时候，停电仅仅是一种提醒，让我们知道对电的依赖性有多大。没有了电，你可能会失去电脑中的资料，被困在电梯或地铁中，或者发现自己堵在上班（或者回家）的路上。

大规模停电问题仍备受关注。电力企业的目标是将可靠度提高至99.99%。可靠度是一年内消费者能用电和不能用电的时间的百分比。通过使用更高质量的材料和基于微处理器的监控系统，电网系统正变得越来越可靠。

电的产生对20世纪的经济发展极其重要，它带来了新的发明、创新以及一系列新的消费品。

趣味阅读

断电！

美国历史上出现的一次最大面积的断电事件发生在1965年11月9日（如图1-17）。东北部几个州3000万人在没电的情况下度过了13个小时。约翰逊（Lyndon Johnson）总统对停电事件这样说道："这次停电事故是对健康、安全以及公民财产和国家防护重要性的一种警示。"

- 安大略省水电系统
- 圣劳伦斯-奥斯威戈
- 西纽约
- 东纽约和新英格兰
- 缅因州和新汉普郡的部分地区没有停电

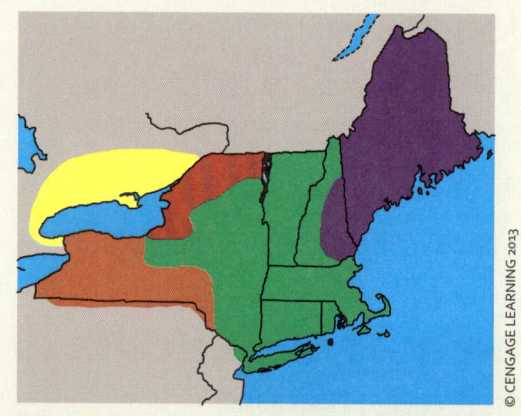

图1-17 1965年11月9日下午5:17停电的地区。

轮到你了

为了保证可靠度在99.99%以内，一年最多可以停电几小时？

工程职业

20世纪伟大的工程成就提高了人们的生活质量。如今还会有谁愿意生活在一个没有电或没有现代交通工具和通信系统的世界里？我们的健康生活得益于水资源净化及其他技术。面对这些工程成就，可能很难分辨出哪方面的工程专家为社会进步作的贡献最大。今天，超过160万工程师在建筑或政府部门从事生产、建造、通信或其他工程相关的工作。美国劳工统计局（U.S. Bureau of Labor Statistcs）最新报告显示，排名前几位的工程专业是土木工程（278400）、机械工程（238700）、工业工程（214800）、电气（157800）/电子工程（143700），以及计算机工程（74700）。当然，其他很多工程专业也起着重要作用，包括航天工程、化学工程、环境工程、核工程、生物工程和农业工程。

工程师是做什么的？我们已经了解到，工程师和其他相关人员运用设计改变自然界，以此来满足人们的想法和需求。如果你也想要"做点什么"，那么工程的任何领域可能都是你职业发展的选择。如果你想"做些改变"，那么环境或健康与安全工程对你来说会是个比较好的选择。如果你想"每天都在玩"，那么设计建造新的玩具或新的运动器械会是一个不错的选择。关于职业生涯案例的讨论，后面很多章节都会涉及，第3章中有一小节会专门介绍工程师的各种职业。

科学与技术

科学与技术是经常共同出现的一对术语，但两者不是同一概念。科学家必然会使用技术，技术专家也一定会使用科学，但两者之间有很大的差别。**科学**探索自然宇宙中存在的问题的答案。科学通过问"为什么？""为什么自然要以这样的方式来发展？"等来揭示我们的自然世界。

举个例子，艾萨克·牛顿（Isaac Newton）爵士对行星的运动方式和物体落到地面的方式感到疑惑，他的答案揭示了重力原理。最近，生物学家成功揭示了细胞再生的具体过程，这使得科学家拥有了克隆哺乳动物的能力。科学对理解自然世界非常重要。

技术，技术专家们更多地考虑如何解决问题，而不是关心为什么发生这样的事。

一些技术专家有很高远的目标，他们会努力提高一项可以用在很多方面的技术。例如，电气工程师一直在努力如何减少电在线路中的损耗。这种技术的提高将会对很多产品产生重要影响。当然，使用工业计算机的工程师也会因为线路耗电量的减少而从中获益。

科学（science）：
人类探索、研究、感悟宇宙万物变化规律的知识体系的总称。科学解决"为什么"的问题。

技术（technology）：
人类为了满足自身的需求和愿望，遵循自然规律，在长期利用和改造自然的过程中，积累起来的知识、经验、技巧和手段。

有时候，对某一科学原理的应用会早于对它的理解。在了解生物学原理之前，人们就已经种植植物和养殖动物了；在了解有机化学之前，人们就已经找到制作白酒的方法，并且发现草药对治疗疾病有效；放大镜是 1267 年发明的，而在那个时期，没人能解释它的工作原理；望远镜的发明比牛顿开始研究光学仪器的物理学原理早 60 年。设计师往往在完全理解原理之前就已经找到了解决方法。

趣味阅读

技术专家提问：如何使电脑变得更耐用？

电脑喜欢干净，被轻拿轻放。然而，大多数人生活在脏乱、炎热、意外随时发生的地方，而且大多数人都没有太多钱。为了帮助每个人都能接触到网络，技术专家们与微软的创始人之一艾伦（Paul Allen）近来正在设计一种价格低廉的耐用型计算机，它几乎可以用在所有地方，特别是一些贫穷国家。

耐用型计算机必须满足下列要求：
- ▶ 经得起粗暴的操作
- ▶ 耐脏
- ▶ 使用便宜的卫星通信
- ▶ 能自己发电

塑料成型、物理/机械设计以及电力/计算机设计领域的专家们将共同研发这种电脑。这些技术专家们将应用涉及电磁辐射、卫星通信、电场力以及材料膨胀与收缩等相关的科学理论。他们将使用这些科学知识解决一系列特定的问题，然后得到特定的产品。

技术的影响

我们在前面提到，设计师必须考虑产品对环境和社会造成的影响，没有一项技术是不用考虑后果的。有时候，结果是可以预测的；有时候，结果是完全不可预测的。首先，我们来讨论下**技术系统**的四个基本组成部分：

1. 输入
2. 处理
3. 输出
4. 反馈

如果在家里我们想使一个房间变暖，可能会在壁炉里生火，这是一个开环系统的例子。因为生火，房间变得暖和了，但是几乎没有方法可以控制房间温度。而家庭暖气系统则可利用闭环系统加热屋子里的所有房间，并可通过自动调温器来控制温度（如图 1-18）。

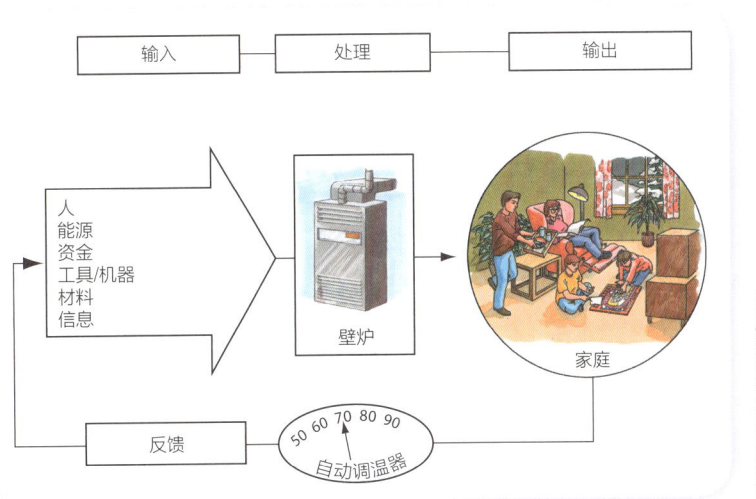

图1-18 家庭供暖系统是一个闭环技术系统的例子。

输入

在技术系统里，输入可以协助系统驱动。输入可能包括材料、能量、信息、人、工具和机器，以及资金等资源。

处理

系统会对材料、能量或信息进行加工处理，在很多系统中，至少要处理其中的两种，一种是能量，例如，皮革、橡胶、线加上电可用来制鞋。你能想象如果一个技术系统没有能量，它还能运行吗？事实上，每个处理过程都需要能量，有时候是人体肌肉产生的能量。

输出

处理的结果称为输出。家庭暖气系统的输出是温暖的屋子和舒适的家庭环境。是否存在影响个人或环境的输出呢？房屋的外面是一个烟囱通风口，不远的地方，是发电厂烟囱的排放物。在所有的技术系统中总共有4种输出类型。

输出类型Ⅰ是预料之中并且期待得到的。这些输出在系统设计时就是希望产生的。例如，热空气是家庭中央供暖系统预料之中并期待得到的输出。

输出类型Ⅱ也是预料之中，但不是我们期待得到的。一些技术系统的输出并不是很明显。例如房间的中央供暖系统在提供热量的同时还产生烟、烟灰、二氧

图1-19 科技活动的四种输出类型。

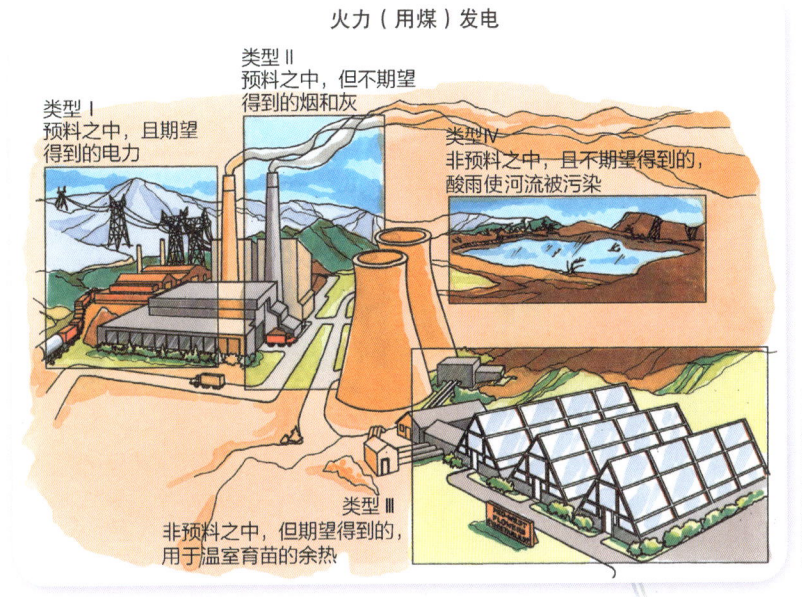

第1章 技术：人类设计的世界

化碳和其他一些我们不希望产生的副产物。在房屋的供暖系统设计中如果加入一个烟囱，就可以将房屋中的烟尘带出房间。房屋中应该安装一氧化碳检测器，用于检测存在的一氧化碳是否对人体造成危害。

输出类型Ⅲ 不是预料之中，但却是人们所期待的。这些产物是该系统独特的，是由于使用某些处理手段或资源而产生的。类型Ⅲ的输出不是有害的，是一个意外的惊喜。例如，发电厂产生的废弃热量一直以来都被认为是一个问题，直到有人想到将其出售给当地的商家，用于冬季的温室育苗。

输出类型Ⅳ 是最让我们担忧的，因为它们不可预料，并且也不是人们所期望的。工程或设计失效往往是由于这种原因。谁能想象孩子们会因为使用电脑而受到物理性的伤害呢？研究显示：孩子们由于使用成人型号的键盘和工作台，造成了骨骼肌系统损伤，孩子们经常会说自己手腕、脖子和手不舒服。设计师没有预测到孩子们使用电脑玩游戏和做课后作业时会受到这样的伤害，设计之初，他们就应该考虑到孩子们的因素。

未来的设计专业人员必须将输出类型Ⅳ作为最重要的关注点，尽可能地解决将来可能会出现的问题。例如，燃烧煤发电是数十年来可以接受的发电方式，但如今却因为酸雨问题而遭遣责，酸雨毁掉了湖泊并造成森林落叶。燃烧的副产物也是全球变暖的一个主要因素。这种非预料－非期望的输出已经造成了复杂的环境和政治问题，而我们直到现在才开始重视。酸雨迫使设计师研发新产品和新系统。例如，设计师们已经发明了洗涤器来减少发电厂的排放物。对比图1-20中的两张地图，从1994年到2004年，酸雨问题发生了什么变化？

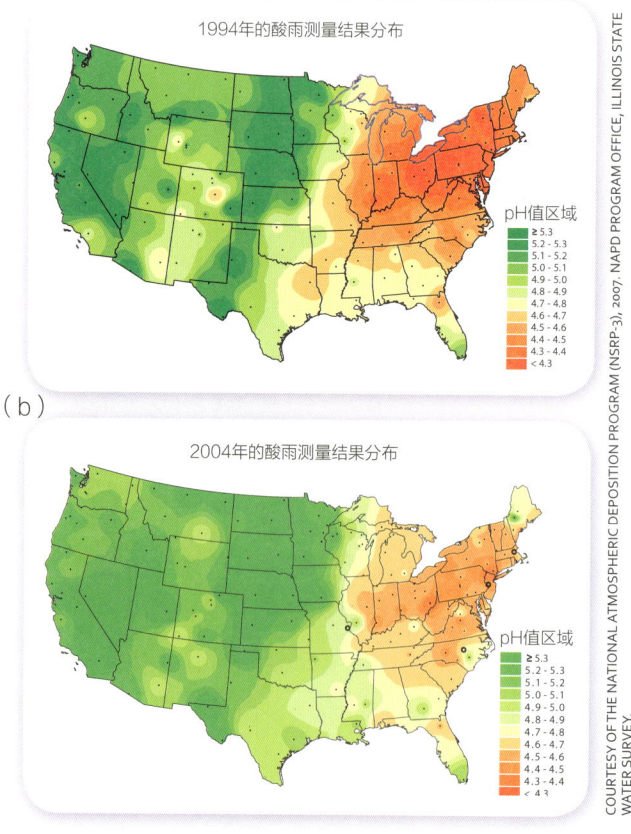

图1-20 地图（a）和（b）中橙色的区域分别显示了美国1994年和2004年酸雨问题比较严重的地区。

轮到你了

找一个技术体系的例子,至少分别识别出一种输出类型Ⅰ、Ⅱ、Ⅲ和Ⅳ。

所有系统的产物都分为期望和非期望,所以新产品和系统的设计都是权衡、折衷的结果。设计专家建议,在权衡时应将所有情况考虑,尽量选择最优方案。如果作了错误的选择,后果可能会很严重。作为公民,我们必须决定什么是可接受的。然而事实是,每种解决方案都会产生新的问题。当你解决一个问题时,你会发现由于初始情况的改变而产生了新的问题。所以说,实际上你已经改变了这个世界。

人们一直希望阻止这种改变。18世纪英国的 **卢德分子** 是以他们的领导卢德(Ned Ludd)命名的。卢德分子妄图通过破坏当时引入到纺织产业的新织布机器,来阻止技术进步。这种新机器取代了人们以往在家工作的模式。但是破坏一部分新的机器并不能阻止这种改变。新的织造技术使英国进入了工业革命。

卢德分子中另一种极端的人相信,任何问题都能通过技术革新更正。这种技术修复的态度忽略了我们应该仔细思考新技术所带来的影响。这种定位也忽略了解决一个问题会产生另一种问题的事实。

卢德分子（Luddites）： 18世纪英国的一个组织,妄图通过破坏当时引入到纺织产业的新织布机器,来阻止技术进步。现在,卢德分子这个词用以描述工业化、自动化、数位化或新技术的抵制者。

产品的生命周期

如图1-21所示,一个产品的生命周期包括五个阶段:
- 设计阶段
- 制造阶段
- 营销阶段
- 使用阶段
- 处理阶段

到目前为止,我们更多地在讨论设计和制造阶段。营销阶段事实上在设计阶段就已经开始。在营销阶段,团队往往会考虑怎样将产品推销出去,以及以什么样的价格销售。使用阶段始于消费者直接从生产商或零售商店购得产品的时候。使用者理解产品的正确使用方法和功能是非常有必要的。经过一段时间,产品还须进行修理。

使用阶段并不是产品生命周期的结束。没有任何产品能持续使用到永远。在处理阶段,产品被扔掉或回收。如今,设计师必须考虑产

可持续设计（sustainable design）： 也称为绿色设计，是指产品、系统或环境的生产过程对环境友好，因为它们减少了对不可再生资源的使用，将对环境的不利影响降到了最低。

品使用的材料如何才能被安全地处理。诸如电池这样的产品，如果没有进行适当的降解，有毒化学物会污染环境。**可持续设计**，也称为绿色设计或生态设计，它是设计师考虑设计方案的生态影响时衍生出来的。可持续设计的实例包括风力发电、混合动力汽车、改进的家庭保温系统以及回收再利用。

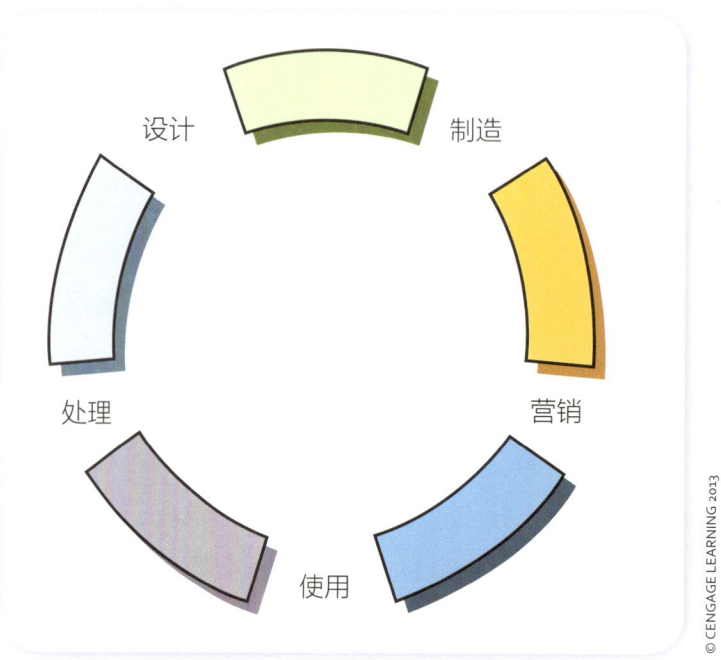

图1-21 产品生命周期。

趣味阅读

漂流瓶

塑料瓶的发明是为了解决以下几个问题：玻璃瓶易碎、生产成本高，以及处理不便。石油（生产塑料的原材料）比较便宜并且容易得到；另外，扔掉一个瓶子似乎比回收一个空瓶子要容易很多。不幸的是，我们发现这种便利的代价是垃圾将我们掩埋了（如图1-22）。目前在美国，只有28%的塑料瓶（PET）是回收的，并且只有40%的公民会使用回收设备。很多教育机构已经在他们的管辖范围内禁止一次性水瓶的使用。即使塑料瓶工业已经得到了政府的允许，但解决瓶子污染问题的方法依然在探寻之中。

最近，欧洲的一项研究结果表明，回收塑料比使用可替代的材料更节能。

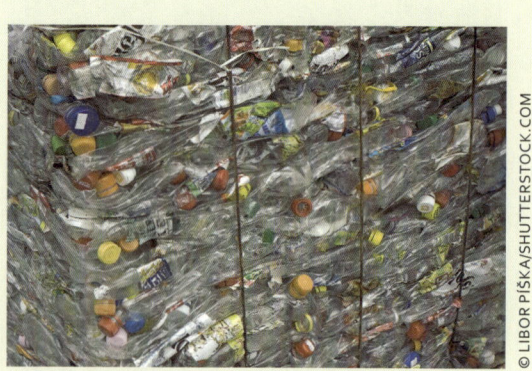

图1-22 塑料瓶在消费者中很受欢迎，这些瓶子正在加剧废弃物污染。

个人、团体，以及公司都在寻找产品处理的更优途径。如今，塑料被回收，用于生产新产品，譬如可循环木塑复合地板。大多数州已经通过了相应的法律，用以减少垃圾堆放，其中典型的计划包括：

1. 拒绝浪费：寻找减小产品尺寸的方法，以此来减少产品中使用的材料，或者使用环境友好型材料。新材料被用来减少汽车、飞机，以及其他消费品的重量。在包装业中，新的生产工艺通过减小瓶子和罐头的壁厚来减少制造所用的材料，另外，新塑料袋用可生物降解的材料来生产。

2. 回收利用：大多数城市已经计划将废弃物中的材料重新使用，在回收的物品中，35%是纸，27%是塑料，22%是玻璃，6%是金属。

3. 堆制肥料：很多城镇和城市搜集花园以及草坪剪掉的草和落叶来制作堆肥，堆肥可以作为肥料或覆盖物被重新利用。

我们的社会需要有技术素养的消费者，他们会关心生产与环境的关系，比如用什么材料生产产品，产品对于个体、社会以及环境的影响，当产品使用期结束后如何处理。

趣味阅读
你贡献的垃圾

一个消费者导向的社会，人均每年产生的垃圾超过1500磅。也就是说，每个人每天产生的垃圾超过4磅！在美国，消费者废弃物的主要组成是纸和包装物。

轮到你了

制作一张图表，用来显示瓶装水的使用量从1997年的33亿瓶增加到2002年的150亿瓶（假设增长是线性的）。按照绘制图表得到的增长速率，今年应该能卖出多少瓶装水？如果每年使用10亿瓶水时，生产者每秒生产31.7瓶，那么为了满足今年的需求，每秒需要生产多少瓶水？

案例研究

挑战者号航天飞机于美国东部时间1986年1月28日上午11时39分在美国佛罗里达州发射,发射仅仅73秒后就解体(如图1-23),机上7名宇航员全部罹难。媒体报道称这是一场悲剧,很多年轻学生观看了挑战者号的发射直播。

美国公民想知道这种灾难性的失败是如何在美国国家航空航天局发生的。总统里根(Ronald Reagan)委派罗杰斯委员会对该事故进行调查。调查发现,飞船右侧固体火箭助推器的O形密封圈失效是导致航天飞机解体的直接原因。

火箭推进器是分段设计的,因为任何系统都不能将一整个火箭推进器运输到火箭发射地点。为了将火箭的各分段集合在一起,航天飞机使用了一个橡胶状O形圈将各分段进行密封。

飞行的第2分钟,O形圈失效,外部燃料舱被泄漏出的火焰烧毁,进而毁掉了挑战者号。罗杰斯委员会发现O形圈存在技术性缺陷。更细致的调查之后,他们确信NASA的组织文化使得工程师不能将问题有效地指出来。调查者也将灾难的发生归咎于极端低温、装配期间O形圈的过压缩,以及缺少适当的检查。

O形圈设计是否有其他可行的更改方案呢?时间和预算是如何影响决策的?设计团队是否清楚地向决策者表明,低于某一温度的寒冷天气,火箭推进器是不能使用的?所有这些问题都属于**道德**范畴。

工程师和其他技术设计师每天都在面临道德问题,并需要作出决定。很显然,在一项设计中,秘密替换劣质材料的决定是不道德的。当人们出现不道德行为时,就会产生灾难性的后果。

图1-23 挑战者号航天飞机灾难常被用来作为设计失败的案例,并被提升为道德问题。

道德(ethics):
哲学的一个分支,是衡量行为是否正当的观念标准,是调整人们之间以及个人和社会之间关系的行为规范的总和。

技术与地球资源

你是相信地球上有足够的资源可以提供至下个世纪甚至更久,还是相信我们很快就会将地球上的资源用完?在最新的报道中,可用的资源还有哪些?

克兰茨伯格(Melvin Kranzberg)是一位技术历史学家,他认为:技术既不是好的也不是坏的,更不是中立的。我们都会面临技术抉择,在做选择时,必须考虑决策对个人、社会和自然社会将产生的影响。产品必须认真地进行设计,消费者必须认真地进行选择,政府也必须做好权衡,并预估技术进步的风险。

趣味阅读

1980年，埃利希（Paul Ehrlich）（《人口增长》的作者）和西姆森（Julian Simon）（《终极资源》的作者）打赌人类会不会用尽自然资源。埃利希赞成马尔萨斯理论，认为人口增长会导致资源的紧缺；而西姆森则赞成资源富饶理论，认为人口增长是好事，人类会解决因资源紧缺而产生的任何相关问题。工程师对这个问题又持有怎样的观点呢？你是如何看待这个问题的？

从这两种世界观里，我们可以学到很多。如今，新产品的设计都会尽可能使用较少的材料，以此来保护珍贵的自然资源。有一位美国当地人说道："地球不是我们从父辈那里继承的，而是从后代那里借来的。"你是否同意我们应该关注未来的环境质量？

道德与设计

技术的影响并不简单，并且经常会涉及道德困境。所有的设计专家都必须是有道德的人，因为他们的工作会影响到个人、社会以及环境。有时候，设计方案中最好的努力都可能是白费的。挑战者号航天飞机的灾难常被用来作为设计失败的案例，并提升为道德问题。

大多数工程协会和商业组织都出版了关于道德伦理的准则。伦理准则描述了协会成员应该遵守的行为，并指出行为该如何执行，或者不道德的人将会受到什么惩罚（详见下面的"工程师道德准则"）。

国家职业工程师协会（NSPE）

工程师道德准则

序：工程是一门重要的、博学的专业。作为其中的一员，工程师被期望展示诚实和正直的最高标准。工程对所有人的生活质量有着直接和重要的影响。因此，工程师提供的服务必须诚实、耐心、公平和公正，并且必须致力于保护公众的健康、安全和财产。工程师必须在一个特定的专业行为规范下工作，必须坚定不移地遵守道德行为的最高准则。

基本标准：
工程师在履行专业职责时，应该做到：
1. 最重要的是确保公众的人身安全、健康和财产安全；
2. 只在力所能及的范围内提供服务；
3. 以客观和真实的态度发表声明；
4. 做客户或雇主最忠诚的代理人或委托人；
5. 避免欺诈行为；
6. 以诚恳、负责、道德和法律立身立命，提高职业信用、名誉和价值。

总　结

纵观整个历史，人类已经在使用技术来满足他们的需求和欲望：

- 农业时代：人类历史的大部分时间被认为处于农业时代。直到20世纪，大多数技术活动才开始关注吃、穿、住和其他基本需求。
- 工业时代（1907年—1957年）：越来越多的人搬往城市，并且在工厂从事非农业的产品生产活动。在美国，形成了一种产品生产的新形式，被称为美国制造体系，该体系被应用于大规模的产品生产，使用可替换的零件、机床，以及不熟练的工人来完成简单的工序，以制造新产品。
- 信息时代（1957年至今）：参与产品信息管理的人多于实际生产产品的工人，这个时期也称作技术时代。有些经济学家认为另一个重要的改变正在发生，商业和工业将会更加国际化。

设计体系

如今，设计师致力于创造我们日常生活中使用的产品。我们可以认为专家们在工作中应用的知识是基于设计体系。一些专家，譬如平面设计师，很大程度上依赖于美学原理；其他专家，譬如工程师，则很大程度上依赖数学和科学原理；建筑师和工业设计师依赖于对美学和数学/科学原理的理解。

专业协会与标准

设计师的角色越来越重要，学士学位水平的正式培训变得很有必要，于是就产生了专业协会和学会。机械工程专业是最先形成的专业之一，1880年美国机械工程师协会成立。专业协会在建立新产品标准时扮演了重要角色，无论是国内标准还是国际标准。

20世纪的工程成就

2006年，美国国家工程院列出了一个对我们生活产生重要影响的工程成就清单。如今，电气、机械、土木、工业以及其他工程师都在为21世纪社会面临的问题寻找解决方案。

技术的影响

技术活动的结果具有双面性，既可以是积极的，也可以是消极的。因此，在设计时，考虑其对社会、个人和环境的影响非常重要。每一项设计活动都有期望和非期望、预料和非预料的结果（输出类型Ⅰ-Ⅳ）。我们在生产新产品时，必须考虑产品将如何使用现有的资源。近年来，大家越来越关注资源紧缺问题，环境友好型可持续产品在市场上变得越来越畅销，然而，这些产品还是难免浪费。所以，尽管技术会帮助我们解决问题，并提高生活质量，它同时也会产生新问题。工程师和其他设计师根据专业组织制定的道德准则，引导他们的设计工作，并确保设计活动中尽可能得到最好的产出。大多数人都认为新产品使他们的生活变得更好了，满足了他们的需求，并且拓展了他们的能力。

课后作业

观察/分析/综合

1. 设计一份调查问卷，调查人们对"技术如何影响生活"的理解，至少包含10个问题。
2. 列出你所在社区拥有的设计师，并帮他们在设计体系中寻找合适的位置。
3. 选择某一位设计师，让其准备一份总结，用于阐述进入该专业所需要的准备工作，以及与该专业相关的工作性质。
4. 进一步学习为什么铁路需要时区。
5. 1880年到1900年，对于直流电和交流电的使用，爱迪生和威斯汀豪斯进行了激烈的讨论。究竟是什么原因最终导致交流电成为发电以及分配到我们家中的标准电？
6. 以班级或小组为单位，进行头脑风暴，列出未来15年内会成为现实的潜在技术。准备一场关于"世界资源的消耗如何影响技术发展"的辩论赛。
7. 制定一个标准来评判产品是否具有可持续性。
8. 制定一个策略，用于鼓励学校、家庭或社会进行材料回收利用。
9. 以下列出了一些存在潜在道德问题的事项，选择一项进行评价：
   - 用油轮运输原油
   - 计算机数据库的信用评级
   - 转基因食品
   - 燃烧化石染料
   - 回收塑料
   - 废物焚烧
   - 私家车V.S公共交通
   - 农药和除草剂的使用

补充作业

工程设计分析挑战

选择如下技术设计失败案例中的一项，进行研究分析：

1. 日本福岛第一核电站核危机
2. 堪萨斯城凯悦酒店人行天桥垮塌事件
3. 挑战者号航天飞机爆炸事件
4. 福特平托油箱爆炸事件
5. SUV翻车
6. 波士顿中央枢纽工程隧道塌方事件
7. 塔科马海峡吊桥倒塌事件

判定是什么原因导致了这些失败。设计师或团队、管理者、产品生产的组织者或政府，是否存在不道德的行为？如果有，是什么？违反了什么数学和/或科学原理？这些失败的设计对个人、社会或环境产生了怎样的影响？该如何预防类似事故的发生？做成PPT，在学校或社区，向班级同学或其他团体展示你的分析结果。

第2章
设计的过程

Menu

 **头脑准备**
学习本章内容时，思考如下问题：

1. 在设计体系中，不同的设计师，为何具有相似的设计过程？不同之处又在哪里？
2. 问题解决过程的典型案例是什么？
3. 如何更好地定义设计过程？
4. 设计过程的三个主要组成部分是什么？
5. 设计步骤的有序性和重复性为什么是有益的？
6. 设计过程的主要步骤或阶段是什么？
7. 设计过程的创造性和创新性是怎样的？
8. 对于大多数设计项目来说，什么类型的限制条件是通用的？

>> 引语

有计划地改变事物的过程叫设计。这不是偶然的改变，而是通过对改变的过程做计划后得到期望的结果。**设计过程**的目标是减小不良影响并控制风险。设计也是创造新事物的过程，是人类活动的独特形式，与解决技术问题息息相关。本章中，我们将对其进行研究。

设计过程贯穿设计体系。数学和科学是设计体系的要素之一，工程师在设计中更多地使用数学和科学工具，他们设计各种产品，从电脑游戏到尖端医疗设备。

设计体系的另一要素是艺术，平面设计师在设计过程中决定颜色、对比度、型号、形状、排列和透视等，他们通过设计过程来达到某种视觉效果，他们的设计包括网站、广告牌、产品包装和电视节目等。

在很多产品，如电视电脑游戏（如图2-1）以及汽车的设计过程中，设计体系的两个要素都会被用到，即既要借助数学和科学原理，又要结合艺术创作。

设计过程可能很复杂，但是要记住一点，设计无非就是合乎逻辑地解决问题的技术，这项技术已经被证明非常有效。深入地理解解决问题的技术，不仅有助于产品的设计，对解决生活的其他问题也有用。

解决问题这种行为对人类来说，显然不是新鲜事。和"科学方法"一样，有效地解决问题也是文艺复兴时期（14世纪到17世纪）和工业革命时期（18世纪和19世纪）的核心（如图2-2）。现如今，人类依然在改进解决问题的过程。

设计过程（design process）：
根据一定的标准和限制条件，系统地、重复地制定解决问题的策略，包括设计多种可能的方案，或满足人们的需求和想法，并缩小有效方案的范围。

解决问题（problem solving）：
理解问题、拟定计划、实施计划以及评价计划是否有效的过程，用来解决某一问题，或者满足人们的需求和想法。

科学方法包括以下这些步骤，或重复这些步骤：

1　描述：观察或度量

2　假设：理论理解

3　预测：使用逻辑推理

4　试验：对以上所有情况进行测试

图2-1　游戏系统开发需要具有高技术的电子和机械工程师，同时还需要平面设计师。

图2-2　科学方法的四个步骤。

第2章　设计的过程　31

有效解决问题的波利亚（Polya）四步骤

波利亚（George Polya）是撰写有关解决问题的书籍的著名作家，同时也是一位终身致力于提升数学教育事业的数学家。1945年，他撰写了一本名为《怎样解题》（How to Solve It）的书，总结了他在解决问题时做的工作。波利亚解决问题的四个步骤分别是：

1. 理解问题
2. 制定计划
3. 实施计划
4. 回顾计划

设计过程是解决问题的一种更细致化的方法。波士顿科技馆发展了解决问题的五个步骤：

1. 提问
2. 构思
3. 计划
4. 实施
5. 提升

你是否发现，波利亚解决问题的四步骤其实包含在五步骤过程中？

所有的设计过程都包括三个重要的部分：计划、执行顺序和反复迭代。

计划

设计过程，简言之，就是一个**计划**。经验丰富的设计师会花时间做计划，列举所有项目，排序，并考虑优先级。对于简单的设计问题，

计划（plan）：
（名词）执行或实现某件事的详细的建议；（动词）将计划整合起来的行动。

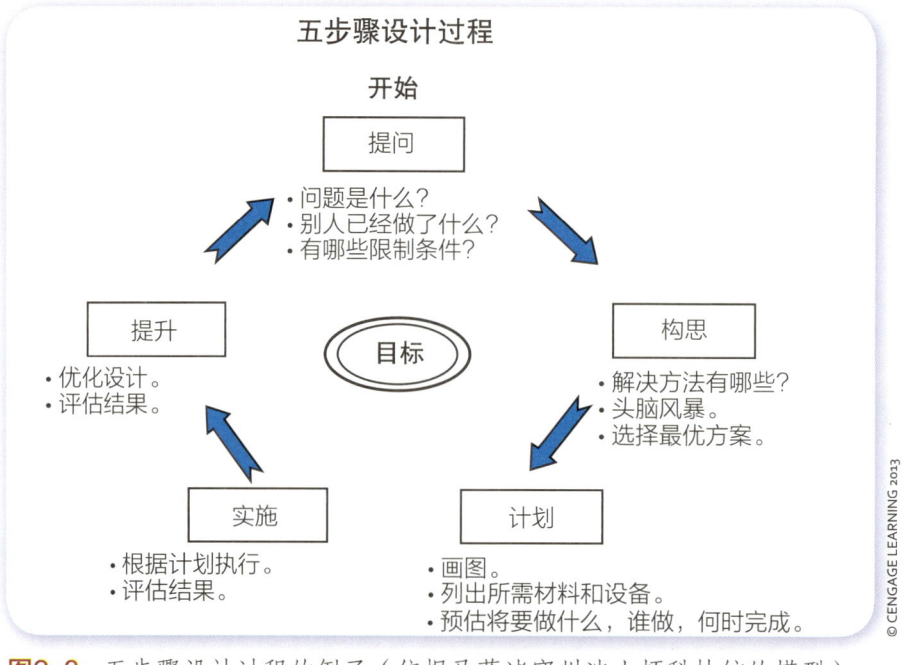

图2-3　五步骤设计过程的例子（依据马萨诸塞州波士顿科技馆的模型）。

比如今天穿什么衣服，你只要在脑子里形成一个计划，并且几秒之后就可以实施。然而，随着设计问题越来越复杂，为了更高效地解决问题，你需要想方设法强化你的计划。如，在运行轨道上设计并建造空间站的问题就非常复杂，需要用到复杂的工程管理软件来调配成千上万的任务（如图2-4）。

执行顺序

大多数设计过程都以某种**顺序**进行，这个顺序是一个**依次进行**的过程。在此过程中，每一步都是按照一定的顺序进行。

图2-4　国际空间站。

波利亚的四步骤在解决问题时，是依次执行的，制定计划后就立马实施，计划实现后就开始评估。

五步骤的设计过程（如图2-3）也以一定的顺序进行。图2-3中的箭头按顺时针方向指出了顺序。然而，对于设计过程而言，步骤之间的顺序仅仅是一种参考而已。设计师也可以不按五步骤设计过程执行。

打乱次序的过程让设计师可以在各步骤之间跳来跳去，这样可以更高效地解决问题。例如，某位设计师本以为已经做好准备选择某种胶水来粘合两个部分，但她突然意识到还没有足够的信息做出明确的选择。在打乱次序的设计过程中，她会返回去研究新材料的其他信息，然后再跳回到材料选择阶段。

反复迭代

设计过程的第三个重要特质是反复迭代。**反复迭代**简单来讲就是重复。五步骤过程的第五个步骤是提升，就是让你重复整个设计过程或某个步骤。重复整个或几个设计步骤是理解设计过程实施情况的最好方式。在重复的过程中，会获得额外的信息和更好的想法，进而使成功的可能性更大。设计过程中的反复迭代与第1章提到的闭环系统类似，重复允许在过程中有反馈。

当设计项目成功时，迭代过程会收敛，即，项目越来越接近设定的目标，并最终达到目标。当项目**不收敛**时，团队需要暂停，并可能需要更改设计。这说明目标可能很难达到，或者需要重组团队。

想象一下，如果你是一个团队的外科医生，想要设计一个外科机器人。机器人会帮助医生实施视力矫正手术，使患者不再需要配戴眼镜（如图2-5）。整个过程，最重要的是保证零失误，且手术不能使患者受到伤害。

有序的（sequential）： 形成或遵循逻辑次序或顺序的。

反复迭代（Iteration）： 遵循一系列步骤的重复行动，直到指定的情况出现。

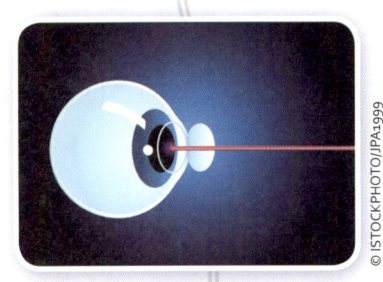

图2-5 激光眼科手术中,准分子激光器中射出的单个信号脉冲重塑眼角膜表面,使患者得到更好的视力。外科手术机器人可以帮助实现手术方式的重复性和高效性。

第一次非人体原型试验时,机器人表现得很出色,几乎准确地完成了所有任务。但是,计算机控制系统在1小时的试验中重启了好几次,这会对患者造成伤害,所以原型机器人没能完成目标。

之后的几年内,机器人设计团队继续致力于修正所有设计缺陷。最终,他们达到了医疗零失误的目标。不断地重复之后,外科手术机器人设计团队越来越接近当初设定的目标,得到了收敛的结果,并最终获得了成功。

让我们通过另一个设计的例子,来总结一下设计过程中比较重要的几个方面。假设你的团队要为商用客机设计座椅,座椅的三个主要目标是:(1)至少与现有座椅一样舒适,(2)使用寿命是现有座椅的三倍,(3)质量减轻一半。项目的最初设计动机是想通过使用最新的轻质复合材料来降低能耗和维护成本。设计团队按照顺序,通过五步骤设计过程的"提问"、"构思"和"计划"进行实施,当将计划整理成文档时,他们发现了一些严重的错误,于是又返回到"提问"和"构思"阶段。团队没有继续往前至"实施"阶段,因为当存在大量错误时,制造座椅原型是一种浪费时间、浪费精力和浪费金钱的行为。

记住,并非一定要按照顺序照抄照搬所有的设计过程步骤。反复做前面的三个步骤的目的是为了得到更好的结果。设计过程的灵活性——自由更改顺序、重复步骤和重新计划——使设计师或者整个设计团队在受约束的情况下依然能够保持创造力和技术创新。飞机座椅设计团队选择了这种灵活性,在相当长的一段时间内停留在前三个步骤阶段,最终得到了惊人的成果:团队设计了一款新颖的软件,它能够有效地评价座椅所使用的新型复合材料所有重要的力学性能。事实证明,这款软件也可用于机翼部件的评价,这为公司里的航空工程师带来了很大的便利,帮助他们在设计工作中节省了很多工作时间和资金。

什么是复合材料?与木头、钢材和铝材这种传统标准材料相比,复合材料的优势和劣势是什么?

项目管理

所有的设计项目都具有一定的挑战性,有的比较大,有的比较小。胶水够牢固吗?微处理器的速度够快吗?弹簧够可靠吗?所有的挑战都会存在一定的风险:容易解决的挑战,风险相对较低;而难以解决的挑战,风险则相对较高。所有的设计项目都有相应的风险,唯一没有风险的是已经确定解决方案的设计项目。

趣味阅读

美国国防部高级研究计划局（DARPA）是美国国防部的一个中央研究部门。DARPA的无人驾驶汽车大赛是一项针对**自动驾驶**车辆（无人驾驶并且完全自我控制）的有奖大赛。DARPA计划通过鼓励该项研究，来提升美国的国土安全。DARPA已赞助了几场比赛。未来，DARPA很有可能会在其他技术领域开展类似的挑战赛。

2005年的挑战赛于10月8日上午6:40开始。斯坦福大学赛车队的一辆名叫"斯坦利"的大众途锐最终赢得了比赛，该团队也因此获得了两百万美元的奖金，这是当时机器技术史上奖金最多的一场比赛。斯坦利以6小时53分58秒完成了212.4千米（132英里）的越野比赛。其他有四辆无人驾驶车也顺利完成了比赛。

图2-6 "斯坦利"无人驾驶车。

轮到你了

DARPA是否还资助了其他的挑战赛？描述过去的DARPA挑战赛以及它们的大奖。你对这种挑战赛的想法是什么？

大多数设计问题都有多种可能的解决方案。每种解决方案都有其自身的挑战性和风险水平。通过设计过程，对**项目风险**进行管理，会帮助团队做最重要的决定。错误的风险管理会使设计失败，而正确的风险管理通常会使设计取得成功。设计团队应该尝试将最大风险首先排除，将不重要的风险留在后面。

让我们回到之前的飞机座椅设计的例子。设计之初，团队将注意力集中在理解新型复合材料的性能上，并没有考虑座椅的美学和人体工程学，他们知道，只有全面了解所使用的这种复合材料的关键属性，有关设计的美学和人体工程学问题才能迎刃而解。设计团队在最初只关注关键因素，这很好地管理了风险。

对于设计者来说，一般会先挑选自己感觉最舒适的工作，而不是去做那些能够剔除最大风险的工作，这是人类的天性。设计者应该经常问这样的问题："项目最终取得成功的关键是什么？"一旦确定了关键问题，就可以优先考虑，然后制定计划，对其重点关注。

总而言之，你应该明白设计可以依次进行，但并不一直是依次进行的过程。设计的时候，你不会以单个、依次的步骤进行思考和运作。创造要求设计师在提问、构思、执行以及评估之间来回运作，将风险尽可能地降到最低。

设计过程

五步骤设计过程的简易性使它成为设计过程的典范。然而，模型复杂的设计过程需要更多的步骤。下面，我们将设计过程中可能出现的所有步骤罗列出来，用十二步骤的设计过程展开讨论。与五步骤过程一样，计划、执行顺序和反复迭代的概念在十二步骤中依然很重要。

图 2-7 显示的是十二步骤建议的顺序。如箭头所示，设计师有时会返回到其他步骤，形成迭代。下面，我们来介绍下十二步骤的每个步骤。

▶▶步骤1：界定问题

设计过程的开始，需要对问题进行识别和定义——问题是什么？从表面上看，这可能是一个简单的问题。然而，很多项目由于没有清晰地定义和理解问题就开始实施，所以一开始便注定会失败。对问题有效地定义需要细致的观察和客观的分析。如果是客户、教师、管理者，或者其他非团队成员界定了问题，就要特别重视问题的特点和他们对解决方案的要求，尽可能全面地理解他们的用意。

为了更好地理解步骤一，想象一下你将参加 FIRST 机器人比赛（参见"趣味阅读"部分）。2006 年的 FIRST 比赛，得分点为将球投进不同的目标区域（如图 2-8）。在这个例子中，客户已经确定了问题，并设定了一些限制。如何解决问题完全取决于团队的决策。

2006 年的比赛，每场的第一分钟是自由发挥阶段。这段时间内，

图2-7 十二步骤设计过程模型。

图2-8 2011年美国FIRST®机器人比赛。

趣味阅读

FIRST®比赛

卡门（Dean Kamen）于1989年创建了科技启发与认可（FIRST）组织，旨在启发工程和技术领域的学生的灵感。卡门因为发明了赛格威而出名，赛格威是一种电力的、自平衡的、两个轮子的交通工具（如图2-9）。该组织还有一个研究部门，位于FIRST总部新罕布什尔的曼彻斯特，这是一个为学生和老师举办教育项目和夏令营的地方。

图2-10 比赛中的FIRST®机器人。

从高中到小学，FIRST组织创办了四个层级的比赛：FIRST®机器人比赛（如图2-10）、FIRST®技术挑战赛、FIRST®乐高联盟和初中FIRST®乐高联盟。

FIRST机器人比赛

FIRST机器人比赛（FCR）为高中生提供了与专业工程师一起设计机器人的机会。第一届FCR比赛于1992年举办。2011年的FCR比赛（高中水平）吸引了超过2000支高中生团队和超过51000位来自巴西、加拿大、以色列、墨西哥、荷兰、美国、英国以及其他国家的参赛学生。挑战赛的题目每年都会变化，并且团队不能重复使用以前比赛时使用过的组件。机器人的重量约为120磅。比赛的细节要求会在每年的1月初公布，团队有6个星期的时间制作一个比赛机器人。

FIRST技术挑战赛

FIRST技术挑战赛（FTC）始于2005年，是为了给学校提供更便捷和可负担的选择。FTC机器人的大小约为FRC机器人的三分之一，需要中级技术水平。2011年，FRC比赛吸引了1500支高中生团队和15000位学生。

图2-9 狄恩·卡门，发明家，骑在两轮平衡车上。

机器人必须独立操作——也就是说，脱离团队成员的引导。团队可以在这段时间内获得关键的分数。一分钟后，团队成员才可以使用操控杆"驱使"他们的机器人。

你的团队会选择设计一个自主式机器人吗？如果答案是肯定的，那么你的团队需要解决的困难可能会更大。为了做出更明智的选择，团队需要计算潜在的得分优势。另外，团队还需要考虑是否具有，或者说可以获得创造这项自动设计所需的专业知识。

轮到你了

最近一次的FIRST机器人比赛和FIRST技术挑战赛的细节要求是什么?

再举另一个例子,某工程团队需要设计一个设备,用于满足某项特有生理缺陷的人的需求(如图2-11和图2-12)。这些人,由于受伤、疾病或者先天缺陷,无法与那些行动便利的人一样。生理缺陷的人可能需要某些辅助设备,帮助他们走、看、听,或者简单地捡起一个很平常的物体,譬如杯子或梳子。我们可以用什么样的方式来帮助这些人呢?请注意,问题的提出方式并不是预先指定一种方法或是技术来迎合某项需求。这种界定问题的方式很实用,因为它不会妨碍团队以预先确定的方式去思考问题。如,一些有轮子的装置可能已经出现在你的脑海中,但还有其他的可能性。电学或光学技术会有帮助吗?支撑式的设计对解决某项移动性问题是否更有效?花时间寻找根源,或着眼于手头一些非常基本的问题,是非常重要的,而且很多时候,这并非易事。

图2-11 结合了先进电子系统的外骨骼机械设计被用来服务残疾人。图片中,吉泽(Jason Gieser)和梅纳(Tamara Mena)正在试用这个由伯克利仿生公司开发的先进电子系统。吉泽和梅纳胸部以下都完全没有知觉,先进电子系统使他们有力量能够站立起来,并重新行走。

创新可以始于问题界定阶段。通常,识别问题本身就是创新的关键所在。我们快速地来看一些例子,感受一下问题识别在创新设计过程中的重要性。某一时刻,有人发现,剪刀或锉刀都不是剪指甲的最佳选择。因此,现在我们更多的使用指甲剪。指甲剪的发明人认清了问题,他的解决方案使亿万人的日常生活发生了改变。这个例子就说明识别问题是重要的一步。

另一个例子是便利贴诞生的故事。傅莱(Arthur Fry)参加礼拜时,习惯在歌本内夹张纸条作为标识,但纸条经常在翻页时脱落,通过使用一种特殊的黏贴剂,他发明了便利贴。便利贴是一种便签纸,贴纸背面带黏性(如图2-13所示)。

步骤2:头脑风暴

一旦问题被很好地界定,设计团队就可以进行合作,这个过程称为头脑风暴(如图2-14)。此时,团队里的每个成员都可以针对这个问题提出他(她)的想法。对每位成员来说,不带偏见和不钻牛角尖至关重要。开放的思维、积极向上的态度,以及创新(打破常规的)

思维对过程来说也很重要。

头脑风暴会议中，通常设记录员1至2名，要求认真将与会者的每一观点不论好坏都完整地记录下来。指定1名会议领导同样也很有必要，领导的职责可能包括指定会议时间和地点，确保人员出席率，以及为团队制订议程。议程是会议进行的顺序，头脑风暴开始后，需要确保每个话题都能被讨论。

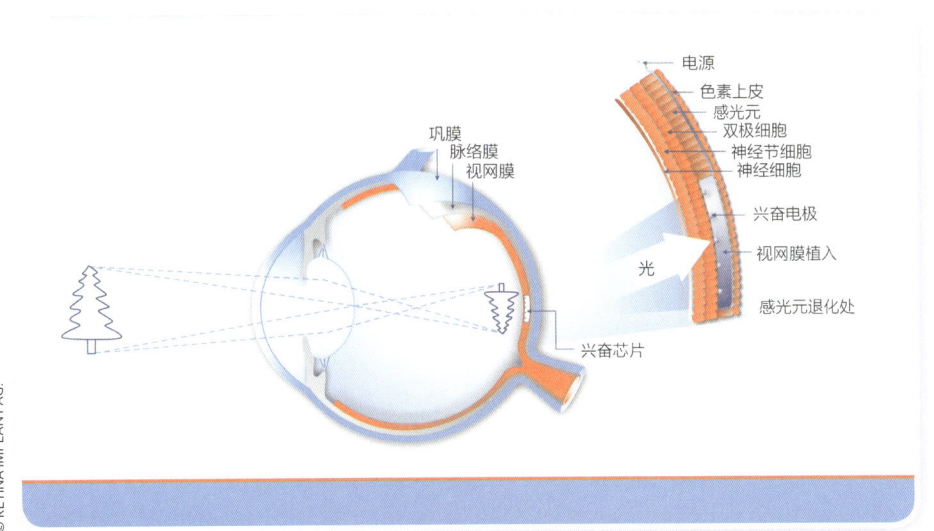

图2-12a 眼植入术。生物光学和生物电子学的最新研究表明，将来的某一天，人们将有能力在一定程度上修复普通失明者的视力。研究人员探索了多种工程方法，这些方法用到了一种微型人造视网膜设备，该设备由视网膜植入项目团队研发，是麻省医院眼耳科（波士顿）、麻省理工学院（MIT；剑桥，马萨诸萨州）和哈佛医学院（波士顿）共同研究的成果。这个设计的原理是，将一个外部的激光器和微型摄影机安装在一副用于获取图像的眼镜上，图像被转换成数字信号；然后用激光输送到植入的芯片上；最后，人造视网膜芯片将电信号传送到大脑中。

图2-12b 1美分硬币上2毫米大小的ASR设备。

图2-13 便利贴的背面带粘性，可重复使用，可记下你想要做的事情，然后撕下来贴在你容易看见的地方。

图2-14 一群人在进行头脑风暴。

第2章 设计的过程

> **趣味阅读**
> **头脑风暴的准则**
> ▶ 将所有的观点都记录下来,待头脑风暴会议结束时再进行评判
> ▶ 鼓励奇怪的、夸张的观点
> ▶ 注重观点的数量
> ▶ 在别人的观点上进行拓展,使用他们的观点来激发自己

头脑风暴团队的领导主持会议,并保证它按时召开。头脑风暴是开放的、不受束缚的多产出活动。控制会议的一种简单方法是:只有记分员可以发言,其他人必须安静并聆听,会议的领导者享有与记分员相同的待遇。

步骤3:调研并产生想法

调查与研究可以帮助人们获得先前的知识,它们会对解决某些特定的设计问题有帮助。通常,之前使用过的处理手段会被使用或修改后使用在新的方案中。研究现有的设备和方案,以及探索现有的知识对设计师构思新解决方案有帮助。逆向工程也有助于产生想法(见第6章),这是另一个会产生创新和打破常规想法的阶段。本章前面的内容中,我们讨论了简单的日常设计过程,譬如今天穿什么衣服。你是否会先做调研再做决定呢?答案是肯定的,人们通常会上网、看电视、看新闻,或看看窗外来判断天气状况。生活在信息时代,信息的收集以及任务的分配变得更加常规和简单(见第7章)。

调研的内容可以来源于图书馆、网络或之前的工程文件(如图2-15),直接咨询你想使用的相关技术或设备的专家也可以帮助你进行研究。然而,为了确保信息的可靠性,最佳的方法是多方面获得参考资料。产品目标客户的信息经常会被忽视,其实,应优先与实际客户进行沟通,以便更好地理解他们的需求。将客户的需求或特点区分开来是很有必要的,我们将其分为四类:(1)必须具备,(2)强烈需求,(3)略微期望(并非完全需要),以及(4)不需要(一点也不想要)。这种结构很好地量化了可能存在的特性或功能,因为四级系统是对单纯考虑"好"

图2-15 网络可能是对问题开始研究的好地方。

表2-1 特性矩阵的例子。

权衡需求	特性
必须具备	◆ 与实体模型一样的内部空间 ◆ 36英里/加仑（公路），30英里/加仑（城市） ◆ 前轮驱动 ◆ 十年保修期
强烈需求	◆ 四轮驱动（可选项） ◆ 45英里/加仑（公路），35英里/加仑（城市） ◆ GPS导航
略微期望	◆ 集成电视（可选项） ◆ 可加热座椅
不需要	◆ 柴油燃料（目前，新型混合技术的汽车仅在汽油辛烷值为89时工作） ◆ MP3功能

或"坏"的极大提高。表 2-1 是四级分类系统在新型混合动力运动型多用途车（SUV）上的应用。对于这个问题，汽车公司的营销团队已经就新型混合动力 SUV 的特性与一些重要客户团体进行讨论。例如，"必须具备"或"强烈需求"的特性就要求包含在设计中。然而，当考虑其他限制的时候，"略微期望"的特性就会被排除。最后一类"不需要"的特性就可以完全被忽略（见第 4 章）。

对问题进行调研的过程，还可以帮助理解设计过程中所需要的技术、流程或材料的类型。举例来说，问题的解决是否具备以下要求：（1）特定的人因设计，（2）特殊的结构或机械设计，以及/或者（3）光学或电学性能？本书的后续章节提供了更详细的讨论。

步骤4：确定标准并明确约束

这个阶段需要描述你想做什么（**标准**，或需求）以及施加的限制条件是什么（**约束**）。本阶段，工作重心放在搞清一些理论上的知识，可以使用开放的方式提问，帮助理清问题，或者调查方案中可能会使用到的技术。"确定标准并明确约束"阶段需要做一些决定，虽然有时很难下结论。比如，团队是否会尝试设计或建造一个自主式的机器人？对于一辆新型动力 SUV，最终的特性需要包含哪些？什么是需要的，什么是不需要的？如果问题聚焦于帮助残疾人的移动设备，这个设备是给成人的还是儿童的？它是自主供电还是需要充电？它的设计是简洁型还是折叠型？团队必须编制一个清单，列出方案的标准，或需求，保证重要的标准包含在内，并且把不重要的标准去除——没必要浪费时间和资源去描述一些不需要的标准（如图 2-16）。

标准（criteria）： 评价或决定一些事物时所依据的准则或指标。

约束（constraint）：（1）设计过程的限制条件。约束可能是资金、空间、材料以及人的能力。（2）客观条件的限制或束缚。

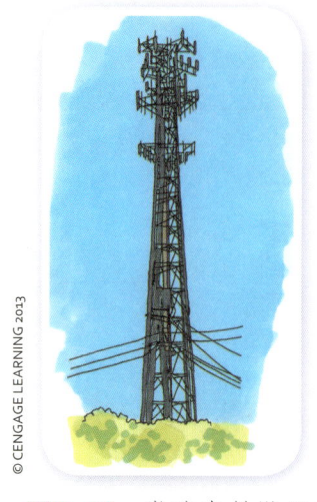  

图2-16 微波发射塔用于传送和接收信息，包括电话通话的声音和网络数据。图中展示的是三种实际的发射塔的设计。这三种发射塔的功能是一样的，但是每种设计的标准却完全不同。

编制和设定约束也出现在本阶段（详见第8章）。标准用于体现产品或设计本身的特性，而约束恰恰相反，它是整个项目的限制条件。一个项目中有很多约束条件是很正常的事（即使是很简单的项目）。约束一般就是时间和预算；同时，团队也会在电动工具或手工工具的使用上有一些约束；或者，有时候受到某种约束，只能使用钉子紧固物体，而不用螺钉或胶水。

我们回过头来看看FIRST机器人设计挑战赛。FIRST机器人比赛的例子中，客户已经阐明了问题并且设定了一些约束。团队成员需要做的是如何解决问题，或许他们还会额外考虑一些约束。团队成员的数量有限制吗？家长和老师允许团队成员工作多长时间呢？团队的预算又是多少？设计团队还需要理解FIRST组织者设定的所有其他约束，譬如尺寸、重量或材料。而很多新的问题也会随即产生。本章后续内容中，我们会讨论项目中可能存在的各种各样的约束。学生可以自由选择并以这些常见的约束为引导，以此保证设计中包含了所有重要的约束。

当确定了标准和约束后，你会发现已经获得了很多信息。通过对这些信息的研究和学习，你会做出一些重要的，一般也是很难的决定。这些关键的决定又会使标准和约束更明朗。设计团队应将这些关键的决定记录下来，以便随时参考。

现在是时候将所有信息以简洁明了的方式记录下来了。**设计纲要**总结了问题的标准和约束（如表2-2）。设计纲要旨在鼓励大家以开放性思维全面思考问题。设计纲要不会列出或建议使用任何方法或解决

设计纲要（design brief）：
一份书面计划，阐述需要解决的问题以及标准和约束。设计纲要鼓励大家在尝试解决方案之前，先将问题的所有可能困难都考虑清楚。

表2-2 电脑桌的设计纲要帮助设计师将电脑连接线和普通桌子材料组织起来。

设计纲要	
客户	谷物链有限公司
设计师	莫尼（Lan Mohney）
问题描述	电脑桌所在的区域很混乱。大量桌面的物品（白纸、打印纸、回形针、胶带等）以及过多的计算机连接线和附件杂乱无章地堆放在那，造成工作效率降低。
设计描述	对商用电脑桌系统的原型进行设计、建模与测试，降低桌面和计算机连接线的混乱状况，并且保证电脑正常连接（USB、接口等等）。
约束	（i）生产成本最高为175美元（产品数量为100 000）——主机板，（ii）生产成本最高为250美元（产品数量为10 000）——整体，（iii）8平方英尺的最小工作区域（标准高度为30英寸），（iv）搁板最大高度为7英寸，（v）重量最大为130磅——整体。
成果	（i）用草图表达想法，（ii）设计日志，（iii）工程制图，（iv）生产成本评估，（v）后续计划与成本估算。

方案。我们要审核设计纲要，确保它准确地传达了设计团队的工作。

"确定标准并明确约束"阶段的最后，你可能对问题已经有了足够的了解，这样你就可以对关键任务限定期限。对本阶段进行总结时，为你的计划建立一个大致的时间计划是个很好的做法。高水准的时间计划可以帮助整个团队信息灵通，并且能专注于关键任务以及完成的截止日期。表 2-3 显示的是设计"巨型捕鼠器"的时间轴，这里使用了 EXCEL 软件。

轮到你了

撰写一份设计纲要的草稿，描述你认为在年轻人中会流行的新型智能手机。

表2-3 "巨型捕鼠器"的时间轴。

	项目：巨型捕鼠器								
	第1周	第2周	第3周	第4周	第5周	第6周	第7周	第8周	第9周
材料研究	■								
定义附属过程	■	■							
设计纲要		■							
细节设计			■						
设计建议			■	■					
设计					■				
测试设计						■			
再设计（如果需要）							■	■	
最终报告									■

步骤5：探索可能性

对问题、问题的约束和标准（设计纲要）有了很好的定义，以及通过头脑风暴和调研得到了需要的附加信息后，你可以开始全身心地探索所有可能的解决方案了。这个阶段需要很多精力来细化工作。怎样才能在约束范围内满足所有的标准？这个阶段，你应该考虑头脑风暴和调研阶段的所有想法。你将使用什么技术、材料、设计，或制造工艺？本阶段需要做大量的妥协。单独来看，很多标准都很容易实现，然而，当很多标准放在一起后，会出现冲突。在探索阶段需要收集多少信息呢？答案很简单：当收集的信息能够足以证实你决定的设计方案是可行时，当你准备开始研究下一步时，探索的阶段就算是完成了。

在探索阶段，你需要策划备选的解决方案，这意味着你必须有能力判断进一步的选择是什么，解决方案可能会产生什么问题。这点很重要，因为未雨绸缪比亡羊补牢更方便，更高效。此时，需要发展更加细致的多种解决方案或设计途径，以便对重要的结果有全面的理解。

在早期，设计多种解决方案意味着要考虑尺寸、形状、位置或者材料的选择，使用草图会使你更好地探索想法。你可能需要完成一份详细的分析报告，描述机械、电子或者美学设计在方案中的可行性。这可能包括计算机建模（如图2-17），或者与供应商讨论，这些都是高效和准确的探索方法。

你应该用一本工程笔记本记录所有有用的信息，包括草图、想法、

图2-17 用于探索自行车组件（车把手）应力效应的CAD结果。

计算过程，以及计算机建模的结果等。工程笔记本是一种非常重要的工具。你的笔记本是收集重要信息的资源，它对于设计师和整个项目团队来说都非常重要。工程笔记本也可以作为创新和潜在专利、想法的确切数据的有力证据（如图2-18）。工程笔记本频繁使用在工业中，在法律上，它代表创新的"复印件"式证据，可以成为申请专利或者成功保护专利的决定性因素。更多关于设计项目文件的信息将在第8章中详细描述。

探索阶段，你会细致地思考想法，分析时，你需要高度紧张，全神贯注。在这个阶段，对设计中较易解决的标准存在质疑是很正常的。因此，要不断地问自己"哪个标准，或哪些标准是特别麻烦但又是特别重要的？"关注这些标准是成功战胜挑战的关键所在。

我们回顾一下混合动力SUV设计团队。SUV设计团队的成员完成了他们的设计纲要，并且已经记录了头脑风暴会议和调研过程的一些好的想法。利用已有的知识和经验，团队成员相信，他们已经有了明确的途径去满足表2-1中所示的"必须具备"的四项要求。然而，在这个阶段，他们还需要借此机会探索可能的备选设计。现在他们需要探索这些标准的可选项，因为接下来他们将致力于特殊的设计途径，如，即使是很容易获得的标准，设计团队还是会不停地问自己，是否存在其他组装方式或设计，可以大幅度降低成本或时间。

对于两项"强烈需求"的标准，SUV设计团队正处于两难的情况。团队不知道如何同时满足标准（1）45英里每加仑的油耗，以及标准（2）四轮驱动。根据他们的研究，有好几种可行的方案可以获得前轮驱动的45英里每加仑油耗，但是这样做增加了重量和四轮驱动的摩擦力，四轮驱动又导致油耗最高为39英里每加仑。在设计过程中，两个或更多的标准或规格之间产生冲突是常见现象。

设计团队是如何解决这个冲突的呢？他们是如何同时满足四轮驱动和45英里每加仑油耗的要求的？减轻重量会有用吗，要减多少？四轮驱动组件之间的摩擦力能减少吗？他们需要非常努力地探索这些问题，并且寻找可行的解决方案。团队决定回到之前的设计过程，对这个问题进行更多的调研和头脑风暴。

基于额外的头脑风暴讨论，发动机设计小组的成员提出使用柴油发动机的想法。在这个问题上，设计团队一直都将想法局限于使用更加便利的汽油发动机。使用柴油发动机是一个非常有创意的想法。头脑风暴会议之后，发动机专家对柴油发动机这个备选方案进行了细化研究。使用软件进行计算后，工程师发现，使用四轮驱动，不仅可以

(a)
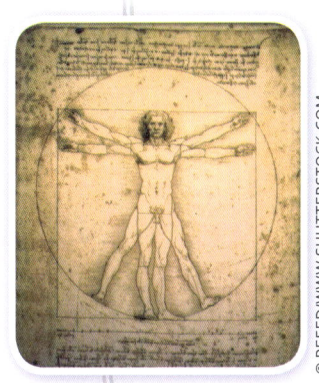

(b)

图2-18 工程笔记本的例子。(a) 达·芬奇 (Leonardo da Vinci) 的记录本。(b) 基尔比 (Jack Kilby) 发明集成电路时的记录。

达到45英里每加仑，甚至可以达到50英里每加仑的油耗！这说明使用柴油发动机的方法或许是完全可行的。

但问题是，发动机在柴油的驱动下可以正常工作吗？燃烧方面的工程师提出，可以通过一些改变，将汽油发动机转换成柴油发动机。与另一个国家的混合动力发动机研究团队讨论时，工程师发现使用柴油燃料的发动机实际上已经在一个特殊的政府项目上使用并工作。这个政府项目，是为军事运输车辆研发混合柴油发动机。而且研究团队已经生产出了混合柴油发动机。

创新探索会很有成果。混合SUV设计团队回归到根本，重新进行探索，找到了问题的解决方案。

> 假设你将驾驶一辆平均每年行驶15 000英里，并且在市场上属于高能耗的汽车。下面的两辆车满足了你其他所有的需求：（1）汽车A油耗为38英里每加仑，使用89辛烷值的汽油，汽车总价为19 000美元，（2）汽车B使用柴油燃料，油耗为47英里每加仑，汽车总价为27 000美元。使用寿命按8年来算，如何选择才能达到最省钱的目的？使用你所在地区燃料的均价来计算，有可能的话，甚至可以估计一下未来8年里油价的变化情况。柴油和标准汽油之间的价格有差异吗？

步骤6：选择方案

探索阶段后，或者重复其他前期步骤后，设计团队的备选项应该都很明确，并清晰地定义。团队可以从可行备选项中做出选择。团队需要进行**评估**，然后选择一种设计方案，或者如果团队有足够多的资源的话，可以选择多种设计方案。设计的想法需要通过选择或评估进行对比。几乎所有设计团队都不会有足够的资源去尝试所有的设计想法，因此团队需要并且只能选择那些他们认为最可能会成功或实现的想法。这就是风险管理的关键之处——此刻的决策可能是项目成败的关键。

有时，可能多种备选项都是切实可行的，并且都能解决问题，但是团队必须选择其中的一种。有两种方法可以帮助你在多种备选项中做出抉择，你可以同时尝试。第一种是，简单地列出两种方案的所有优势以及不足，并进行比较。

评估（assessment）： 一种评价的方法，需要分析优势和风险，权衡利害关系，然后确定最佳方案并实施，主要是为了保证有利的输出大于不利的输出。

第二种是定量分析法，涉及决策矩阵。矩阵的一个轴，你可以列出标准或者规格；另一个轴，可以列出可选的方案。矩阵的内部区域用于填充每一种方案如何满足每一项标准或规格。

团队需要确定打分系统。这里介绍几种实用的系统，如，在每个空格中简单地填入"是"或"否"（或者"好"或"坏"），这是两级打分系统的例子；你也可以使用三级打分系统，将下面词汇中的一个填入决策矩阵中：（1）超标准，（2）满足标准，（3）低于标准，或者简单地使用＋（正的），0（中性），以及－（负的）等级；你甚至可以使用和学校一样的多级打分系统；你也可以选择1到5这样的数值量化打分。

对某些重要的标准或需求，一般使用加权打分的方法给予量化。表2-4的决策矩阵中，每项需求按照重要性进行了权衡。

团队对选择某种特殊方案的原因会进行总结并记录。所有策略都应该满足团队文件材料的要求。记录决策制定阶段的过程是工程师手册中的一个重要部分，在后续过程中可能会有用。

> 按照表2-4中给出的数据，如果不对设计标准进行加权，应该选择哪种设计方案？

模型（model）： 一个详细可见的、数学的、二维或三维的物体或设计的代表物。模型通常比最终想要的设计小，一般用于测试设计的想法，通过模型可以学习类似的真实物体是如何工作的。

>>> 步骤7：提出设计方案

在可能的解决方案中，设计团队现在已经完成了足够的工作，有信心去选择其中一种来解决问题。团队需要完成所有的准备去制作一个**模型**或**原型**。在这个阶段，团队的目标是完成一系列文件来创造一

原型（prototype）： 一个已经完成，或将要完成的全尺寸模型，满足设计之初所期望的形状、功能等。原型通过真实的观察，并进行任何需要的调整来测试设计的概念。

表2-4 决策矩阵的例子。

项目：巨型捕鼠器		设计矩阵				
		设计方案				
标准/规格	权重	捕鼠板1	捕鼠板2	捕鼠板1和CD轮子	双驱动	特殊轴
成本	1	5	4	4	3	2
制作时间	2	5	2	3	2	2
测试时间	1	5	5	5	4	3
再设计时间	2	5	3	4	3	2
峰值速度（5英尺/秒）	2	2	5	2	2	4
每分钟移动距离（30英尺）	4	2	4	3	5	4
合计		42	45	39	41	37
5=最好，1=最差						

> **设计方案（design proposal）：**
>
> 一系列的书面文件，用来清晰地描述怎样制作一个模型、原型，或者最终的设计。设计方案一般包括：（1）材料，（2）尺寸，（3）制作过程。

个设计原型或模型。这个时候需要"一丝不苟"。制作原型前，需要设计一份清晰的描述文件，这些文件称为**设计方案**，可以包括计算机辅助设计（CAD）绘图、文件描述，或者手绘图。无论如何，文件必须干净、易读，以及易懂。最终的绘图需指出所有的（1）材料、（2）尺寸和（3）制作原型或模型的过程。

之前的阶段，团队分析了很多想法来确定使用哪种解决方案。然而，原型制作前，可能会出现更多需要解决的问题。例如，团队现在需要对先前不重要的决定进行分析。也许在早期探索阶段，团队发现制作FIRST机器人的胳膊最好的材料是铝，因为它质轻，相对来说强度也较大。但是，铝的种类有很多，哪种类型是最好的？也许按照设计的需求，铝需要可焊接。也许需要做决定的只是简单的成本或可用性问题，可立即使用（有现货的）的最便宜的类型是哪种？铝的类型在这个阶段被确定，因为最后绘图阶段需要对此作出明确定义。如果不明确选择的材料，机械构造就无法确定。

▶▶▶ 步骤8：制作模型或原型

现在，设计提案完成，团队已经准备好为方案建立模型或原型（如图2-19）。此时完成的所有设计都需要测试。这些解决方案，或者方案的主要部分运行正常吗？回答这个问题，需要制作模型或原型，或者两者都制作。现阶段，团队需要收集材料，体力劳动在此开始，也在此阶段结束。原型比模型或"实体模型"在很多方面都更先进，因为模型的目的只是用来测试最终设计的一部分功能或特性，而原型与最终的设计在形状、构造、功能上都更接近（如图2-20）。

让我们回到FIRST机器人设计团队。团队决定对机器人的主要框架制作一个木制模型，这个"盒子"包含所有的发动机、电脑和供电系统。框架最终将由金属制作，制作木制模型是为了帮助团队快捷地将组件组装在一起，并测试组装之后某些组件一起工作是否会有困难。

图2-19 丰田汽车在第32届曼谷国际车展上展示的FT-EVII城市电动汽车原型。

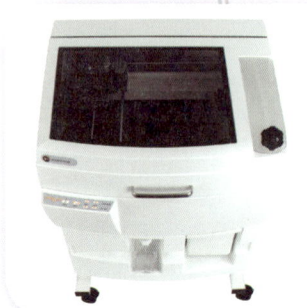

图2-20 三维（3D）机器原型和样本模型。

木制框架的模型有助于确定物理限制，当然，这并不是机器人的初始工作版本（原型）。

步骤9：测试与评价

在这个阶段，团队使用模型或原型评价设计是否很好地满足了先前预定的标准（详见第9章）。团队将如何测试模型或原型？团队成员将在什么情况下对原型或模型进行测试？在测试与评价阶段，团队需要收集哪些重要的信息？他们会花多长时间测试？如果团队已经充分地完成了之前的设计步骤，那么测试与评价阶段应该会为团队提供极其有价值的信息。

在之前的设计步骤中，支配时间和精力的"关键"部分是什么？测试与评价阶段应该给出该部分的重要信息。在工业生产中，对于一些项目来说，测试与评价阶段非常重要，需要一个完全独立的设计团队设计并实施详细的测试过程："测试计划"。你能想到在哪些市场中，测试阶段是非常重要的？

医药行业就是这样一个市场。医药行业使用大量的资源进行测试和评价。即使制药公司已经进行了很多内部测试，美国食品与药品监督管理局（FDA）还是要求药物投入使用前，要进行几年的外部测试。很显然，为了保证绝对安全可靠，高要求的测试非常有必要。另一个重要领域是软件行业或者包含大量软件的产品，如电子游戏、手机、MP3播放器、制表软件以及文字处理软件等。

测试与评价阶段最需要考虑的因素是什么？推荐以下几个：

▶ 列出对测试很重要的特性。

▶ 针对特性列表，设计一系列的试验。在这一系列的试验中，在两种条件下进行测试：(1)处于可控条件下，以及(2)正常的工作环境下。

▶ 收集并记录测试数据，分析数据，并与设计的标准或规范进行对比。

▶ 针对测试，写一份总结报告，确定重点关注的方面，这可能是进行重新设计工作的焦点。

当测试过程确定后，设计团队仅仅测试是否符合要求（通过或失败）吗？不管制作的是模型还是原型，团队都应该充分地认识到测试并不仅仅只是为了通过标准。当然，确定是否满足规范也很重要。然而，如果团队明确知道设计超过或低于规范多少值，会更有价值。如果设计的效果比标准好很多，那么团队就会考虑在将来的工程项目中提高

图2-21 气象站的功能性电子微控制器原型板。这个实体模型是新泽西学院技术专业的学生制作的。

标准，或者协商是否有必要界定额外的边界。如果设计的效果低于标准，那么非常有必要知道低于标准多少，是否需要重新设计，或者通过一些调整，是否就能满足标准或规范？

一些设计要求改进电子系统。对于测试与评价来说，电子系统都需要特殊的工具。图2-21显示了气象站的微处理器原型，工作站用于测试风速、风向，以及温度。

让我们再回到FIRST机器人设计团队的工作。他们已经完成了多种模型，包括木质框架。在可控的条件下，经过测试与评价一些重要的子系统模型后，团队构造了一个完整的工作单元——原型。除了在可控条件下测试原型外，团队也故意让其在完全不可控的条件下"进行测试"。

为了模拟竞争条件，团队邀请附近的一支竞争队伍将他们的机器人带来，模仿真实的比赛。在真实条件下进行测试是非常有价值的。举个例子，如果其中的某个得分标准是从地上将球捡起，你就需要评估你的机器人是否动作连贯，并且发挥稳定。当机器人自己在赛场上时，它能捡起10个球中的8个，但是当竞争者的机器人也在比赛场地上，并且持续地撞击你的机器人时，机器人就只能捡起其中的4个。40%的效率足够吗？通过调整设计，能使百分比增加吗？

设计或产品测试可能需要最终消费者的直接参与（如图2-22）。在为残疾人提供帮助的实例中，测试的内容就包括将设备提供给一些人使用一段时间。设计团队可能会直接通过观察这些人使用装置时的情况进行研究，或者通过观看使用者的录像进行更细致地研究。设计团队也可能会在真实情况下测试时，对消费者进行采访，有价值的反馈能促成重要的提升和修改。

图2-22 真实世界中测试玩具娃娃。

>> 步骤10：优化设计

问题会不可避免地伴随整个设计项目。很少有项目进行第一次尝试就会成功。因此，再设计和"调整"也很有必要。在这个阶段有两种可能性，如果测试与评价阶段的结果满足了所有的标准或规范，那么团队就可以前往步骤11；否则，团队就要进行再设计。

在工业生产中，设计计划通常会包含重新设计。有时候，团队可能需要重新设计过程，而不是再次设计。测试和评价后，后续的设计中需要注意哪些事项呢？

测试与评价阶段的其中一项输出是"遗留问题"。本质上，这就是在重复"界定问题"阶段——十二步骤中的第 1 步。通常情况下，第一轮的重复设计能大量减少解决新问题或遗留问题的难度。在这里，团队会决定他们是否需要进行头脑风暴、调研，甚至再次评价标准和约束的准确性。

步骤11：创作或制作

设计过程到这里，几乎已经完成了。在这个阶段，设计或产品已经足够成熟，可以最终制造（见第 10 章）。设计变为产品的过程需要一些必备的工具和材料。一些设计只需用到现成的工具和材料（如图 2-23），而另一些设计可能需要非常特殊的工具。案例研究"随时 ™ 多功能椅子"（见第 10 章的案例研究）描述的是工业设计师罗斯（Richard Rose）使用设计过程进行设计并生产商用椅子的事例。

作为商业应用，这个阶段又被理解为为生产做准备。两种常用的生产类型为：（1）批量生产和（2）定制生产（见第 10 章）。

批量生产是将设计或产品多次拷贝的快速生产。定制生产是设计或产品在小范围内少量生产。批量生产的例子包括手机、微处理器芯片、电子游戏，以及数量达到千万的流行小说。定制生产的例子是，只生产一个 FIRST 机器人，新型试验假肢器官的生产。

最好在产品设计过程就决定是否会量产，并且将其作为重要的约束条件。例如，

图2-23　使用钻床生产零件。

轮到你了

分别举几个设计/产品的例子：（1）只需现成的工具，（2）需要非常特殊的材料和工具，来进行制作。

设计纲要上写的约束可能是："混合动力 SUV 的设计必须 100% 匹配现行批量生产的过程和设备。"对于批量生产的产品，其设计和生产制造系统连接非常紧密，如果最初设计时不打算批量生产，最后是不可能实现批量生产的目标的。

在这个阶段，将成功的原型转换为产品很重要。测试的结果依赖于材料、尺寸和过程的详细选择。通常，组件部分不应该改变，如果非要改变，设计团队，一般是生产设计团队，需要负责证实改变是可行的，并且确认不会对产品产生消极影响。

步骤12：交流过程和结果

当团队完成了解决方案的评估，并且确定了生产的产品性能达标后，就可以讨论**最终设计文档**中的设计细节了。讨论应该包括：（1）设计的产品是什么，或（2）设计进展如何。最终文档应该包括所有必需的图表、计算过程、CAD 图形、模型和用来体现最终设计的仿真模拟。工业生产中，最终设计文档非常丰富，包括描述产品的数以百计的图纸信息。

除了最终设计文档外，设计的信息，或者说产品的信息还包括市场、分布以及销售。任何与设计相关的专利同样也是重要的信息，而且应该能被追踪（如图 2-24）。

大量跨越设计体系的职业案例研究会贯穿整本书：图表设计（第17章），工业设计（第6章和第9章）以及激光设计（第2章）。

最终设计文档（final design document）： 设计文件的完整形式，在设计过程的最后阶段进行准备。最终设计文档清楚并且完整地描述了设计是什么，以及设计如何将问题解决好。最终文档应该包括所有必需的图表、计算过程、CAD 图形、模型和用来体现最终设计的仿真模拟过程。

图2-24　日亚化学工业有限公司中村修二（Nakamura）的部分专利。中村修二使用基于氮化镓化合物的材料创造了第一束蓝色半导体激光，极具商用价值。蓝色激光是一项技术创新，它是大容量光盘存储——单面容量高达25GB——必需的技术。

案例研究

肯，物理学博士，激光设计师

肯（Ken Dzurko）已在激光设计行业从事15年有余。他曾在多家公司工作过，也做过专业顾问，他建议公司在新技术和市场领域应用激光设计，以此来提升自己的价值。他将大部分工作关注于大功率半导体激光器在医药、打印、远程通信以及标记/加工上的应用（如图2-25）。一些激光器甚至已成功地应用于人造卫星，极大地满足了工程需求。

和很多其他工程师一样，肯的职业始于对数学和科学的强烈兴趣。肯获得了工程物理科学专业的学士学位，并且继续攻读了电气工程专业激光与光电方向的硕士和博士学位。肯专门从事半导体激光的研究——也就是说，激光器的工作介质是半导体材料。电脑芯片也是由半导体材料制造。半导体激光器体型小（几粒盐大小），却具有良好的性能，同时由于易量产，制作成本也低。

半导体激光器是光纤光学的核心。没有它们，互联网就不可能存在。半导体激光器同时也是人类所知的效率最高的光，一般达65%，有时候高达80%。而普通白炽灯和日光灯的效率最高也就百分之十几。

发光二极管使用了类似的半导体技术，它迅速占领了汽车和交通信号灯市场，并且开始频繁应用于商业照明。

为了成功地设计大功率激光器，肯需要了解大量有关半导体和光学的数学和物理知识。半导体激光器的电流注入处同时会产生光和热，因此，肯需要熟练运用软件来计算激光腔中光、电流和热量的分布。另外，肯也必须学会激光器封装设计，因为他必须使用特殊的封装材料和技术，将热量从激光器中带走，否则，激光器的寿命就会很低。

通过头脑风暴和在该领域先前工作的研究，肯开始了很多的激光项目。他发现，尽快将工作计划（包括时间轴图）整理成文非常有用。计划包括对问题的清晰定义、目标（标准和要求）、约束、如何测试设备，以及最终报告的大纲等。书面计划帮助他和同事对问题的重要方面始终保持关注。良好的时间管理能力在很多领域都非常有用，激光工程也不例外。

工程笔记本也是肯职业生涯的一个重要部分。他经常使用工程笔记本，并用电子表格和演示文稿作为补充，记录进展和想法。这些笔记本在申请新型激光器设计概念专利时也非常有用。

肯非常喜欢设计并测试激光器。有趣的应用和科学相结合，加上与多学科团队紧密工作，肯觉得每天的工作都富有激情。当发现自己的设计变为产品，并被消费者在日常生活中使用时，肯觉得这一切都是值得的。

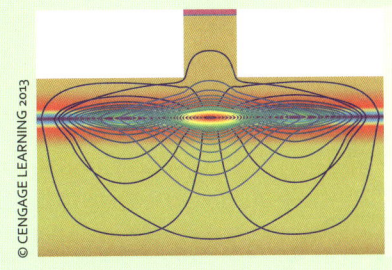

图2-25 计算得到的某种半导体激光器各种各样的电磁模型。光是从中心红色区域射出。

第2章 设计的过程

设计过程的创造性与创新性

正如前面所说，设计过程就是一份详细的计划，设计过程包含 12 个步骤，因此有很多工作要做。要关注如此多的细节，团队能够成功完成所有的设计步骤，并且进行创新吗？答案是肯定的！每天都有成功完成的创新设计过程——每年每月都有各种各样的新产品被研发、投入市场，并销售（如图 2-26）。

当进行本章所描述的设计过程时，需要使用大量的时间和资源进行创造和创新。

12 个步骤中有 3 个步骤特别需要创新：头脑风暴、调研并产生想法，以及探索可能性。另外，步骤 10 需要团队重复大量过程，也需要创新。最后一个步骤也可以创新，通过有效地扩大"团队"规模，使外部成员加入进来就是一种创新。

设计过程需要专注，这对创新来说至关重要。专注和"关注"现有的问题都非常重要。虽然 12 个步骤中只有 5 个需要创造和创新，但其余 7 个步骤都应倾向于保持设计团队对问题的高度关注。如果团队

(a)

(b)

(c)

图2-26　多年来，自行车的发展呈现出不断的创新。

图2-27　户外运动器材提供了很多设计挑战。与室内使用的设备不同,户外运动设备必须耐得住严酷的环境条件。

成员考虑问题时效率高,就会出现有创意的、新颖的想法,而且还有希望产生有用的物品。最近出现的很多新型运动设备,就得益于新材料和特殊材料的产生(如图2-27)。

在过去20年到30年间使用的新材料,对运动设备的设计和功能产生了哪些有利影响?新材料会对下列行业产生什么影响?为什么:(1)汽车,(2)医药和制药,(3)住房,以及(4)电气?

再次回到步骤1"界定问题"。这个步骤要求设计团队只关注问题的定义,这就需要对问题是什么达成共识。设想你在一家设计户外运动设备的公司工作,并且是设计团队的一员。月例会上,行政事项讨论后,会议开始讨论开发一款新型产品的可能性:一个可以测量温度、湿度、气压以及其他天气相关数据的气象站。

会议结束后,机械工程师指出,产品的新颖性应在于气象站如何依附在墙或者阳台栏杆,他们将花时间来设计有趣的连接方法。

与此同时,电子工程师将其视作使用低成本微处理器的机会,微处理器可以通过无线电技术与任何家用电脑进行通信。

电子工程师非常激动,因为他从供应商处拿到了一些新型微处理器的免费样品。

人因工程专家认为,气象站所显示的内容应易于阅读,所以显示屏的亮度要高。于是，在电子工程师的帮助下，人因工程专家研发了使亮度更高的方法。

团队成员都极具创造性，并且都在试图创新他们进行的某些工作，这在现在看来可能并无用处，但在将来可能会特别有用。其实，他们还是没有界定问题，因为这次会议仅仅是简单地讨论有关产品的可能想法，这并不是界定问题或产品的正式会议。

事实上，管理者没有把自己的意图表达清楚，他真正想说的是营销团队正在考虑将大气测量的功能加入到公司现有的产品中去——如背包、帐篷、指南针、自行车码表、衣服等。

设计过程没有走上正轨，团队成员在各自擅长的领域奋力前行，却忽略了共同的、明确的目标。没有正确界定问题的情况下，创新可能会出现，但可能是无效的。工程师各自考虑自己的想法，对新产品来说，这些想法虽然具有创造性，但大部分是没用的。

管理者决定不再举办这种开放式的讨论。正确的设计过程是产生创造性和创新性的保障。

设计的限制

问题的准确描述以及高效解决，需要对限制做出明确的定义。设计或设计项目的限制，也可以称为标准、约束、规格、要求，有时候就统称为限制。对大多数人来说，规格和要求是某一特定的属性或标准，是非常明确的定量测量。如，一台新的电子游戏机，其最大功耗的规格或要求可能是 25.6 瓦特。

类似地，很多人理解的约束是一种整体限制——考虑整个设计环境，而不是特殊部分的设计。举个例子，工程项目预算为 1575 美元，或者半瓶胶水，这些就是具有代表性的约束条件。

事实上，团队所谓的限制与项目相关的限制相比，并不是很重要。如果设计团队的成员对限制不是很清楚，那么他们可能会对结果非常吃惊。让我们回到前面的 FIRST 机器人团队。机器人已经彻底完成了，从实际测试以及后续改进来看，机器人似乎有机会在地区赛中取得高名次。然而，团队还是没有竞争力，因为他们没有将比赛的入场费，以及差旅费列入工程设计的费用约束中。团队没有很好地理解、管理项目的约束，所以不幸的是，他们将面临惨痛的后果。

下面列出了设计团队可以参考的一些限制项目，团队可以查阅并确认是否包括了所有重要的限制。

可能的限制：

1. 资源
2. 人力资源
3. 材料和设备
4. 时间
5. 经济因素(包括所有费用,如材料费、劳务费等)
6. 物理因素
7. 美学
8. 市场能力
9. 可靠性
10. 生产能力
11. 安全性(人类、动物、自然环境)
12. 伦理道德

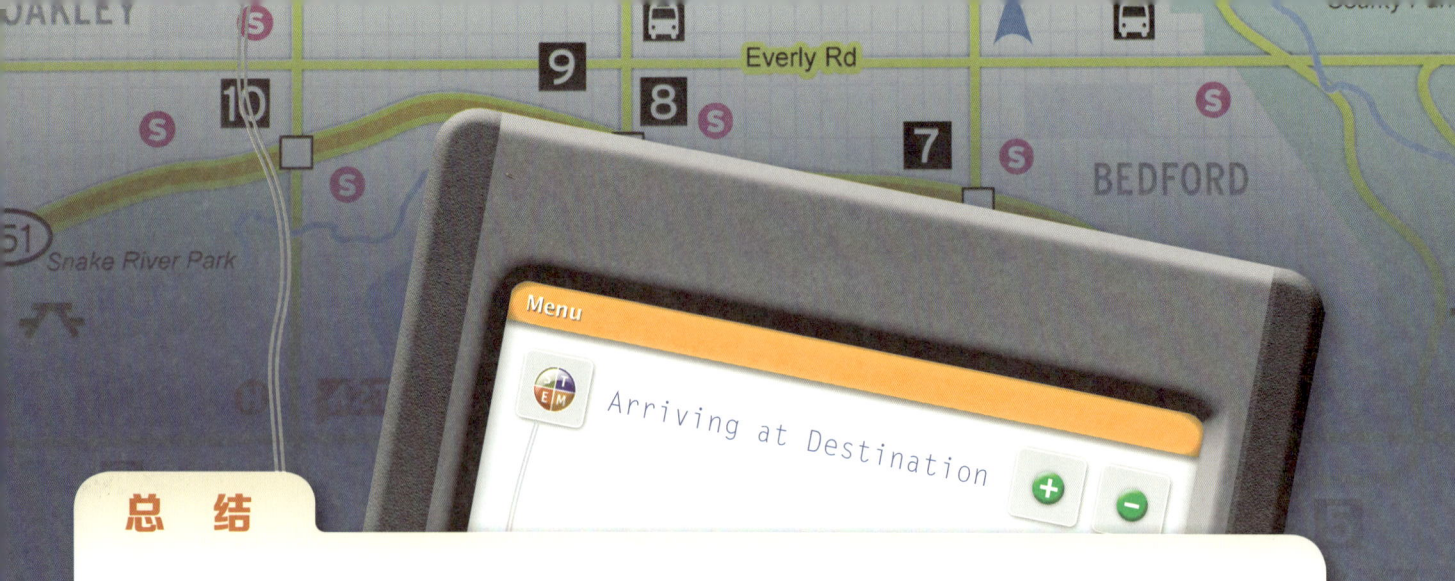

总 结

有计划地改变事物的过程叫设计。设计过程是解决问题的一种更细致化的方法。设计过程是一种详尽的、合乎逻辑的问题解决技术，经时间证明，这种技术对于设计师来说非常高效和有用。设计过程在一系列设计项目上已成功应用，工程师和艺术家处于设计体系的两端，他们都会使用设计过程，但使用的工具不同。工程师更多地使用基于数学和科学的工具，而艺术家则更多地使用基于艺术的工具。

十二步骤的设计过程本质上包含了所有设计过程中可能遇到的步骤。设计过程有3个重要的方面：（1）设计过程是一个计划，对问题有明确的定义与限制；（2）设计过程的步骤有逻辑顺序；（3）设计过程通常会重复进行。

当正确实施设计过程时，不会扼杀创新性，相反，会促进创新性。设计过程强调关注现有问题，鼓励创新性。

课后作业

观察/分析/综合

1. 列出工程设计过程的步骤，并且简单描述每个步骤需要做什么。
2. 将五步骤设计过程（如图2-3）叠加到四步骤问题解决过程，是否每个步骤都来自五步骤过程？
3. 用十二步骤过程重复上面的题目2。
4. 谁发明了指甲剪，什么时候发明的？"便利贴"又是何人在何时发明的？
5. 设计一个测试列表，并评判以下案例是否成功：
   a. 5岁孩子的玩具娃娃
   b. 路边的应急灯
   c. 地图
   d. 大学生的背包
   e. 文字处理系统
   f. 智能手机的游戏应用
6. 为下列每种场景撰写一份合乎逻辑的设计纲要：

课后作业

    a. 我希望房间内能有更多空间存放书本和奖杯。

    b. 当我骑自行车去沙滩时，携带冲浪板很困难，并且很危险。

    c. 我孙女行动不便，但不能依靠拐杖行走。

    d. 我有一个箱子，里面装满了老照片，每次寻找想要的物品很麻烦。

    e. 我有大量重要的功课和照片存储在一台旧电脑中，每次翻找都要花很长时间。

7. 为下列每一种情景写一份相关的问题描述：家庭、学校、社区、教堂、假期以及运动。

8. 为下列每项问题写一份设计纲要。使用你对这些项目已有的知识：

    a. 沃尔特（Walt）叔叔只有一只手，因此对他来说，打开易拉罐是件很困难的事。

    b. 我父亲从来都找不到他的钥匙。

    c. 存储在地下室的书本很潮湿，容易发霉。

9. 调查下列问题，写一份设计纲要，包含潜在客户或目标消费人群，以及合乎逻辑的限制（约束、标准、规格/要求）。

    a. 大型高速公路上的路灯通常使用"并网"发电。调查能照亮大型高速公路标志的"脱网"发电法。

    b. 手指关节炎患者通常在抓取小件物品或抓紧物品时很吃力。

    c. 夜晚的狗叫声把我吵醒。

10. 你能想出5个在测试阶段需要大量时间和精力的产品或市场吗？

补充作业

工程设计分析挑战

1. 按照难易程度，将下列问题排名，最困难的排在第1位。给出这样排名的理由。

   ■ 很多州希望通过大型高速公路标志"脱网"供电的方法省钱，并且正在寻找可替代的方法。

   ■ 很多人对于废弃物的数量没有概念，所以也就没有保存和回收的想法。

   ■ 手指关节炎患者通常在抓取小件物品或抓紧物品时很吃力。

   ■ 夜晚的狗叫声把我吵醒。

   ■ 对于专业摄影师来说，将支架调平通常要花费很长时间。

2. 想3个问题，能激发激动人心的设计项目，并能在约束范围内完成。将3个问题的设计纲要写出来。

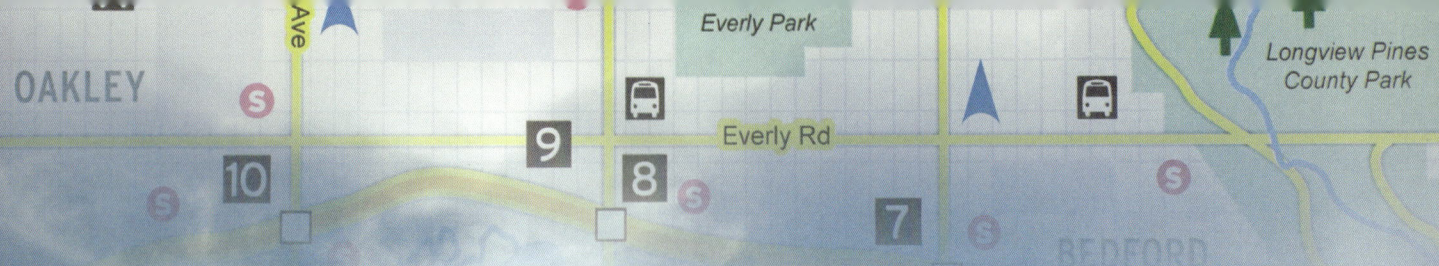

第3章
团队建设

Menu

 **头脑准备**
学习本章内容时，思考如下问题：

1. 20世纪前，工业是如何运转的？
2. 设计团队中工程专业人员有哪些？
3. 如何才能成为设计团队的成员？
4. 成功的团队是如何保证正常运作的同时，尊重个体差异的？
5. 团队领导的职责是什么？
6. 团队建设中，运用什么工具来促进积极有效的沟通？

>> 引 语

工程设计的过程饱含人类的精神、智慧以及愿景。当人们为同一个问题共商解决之道时，他们能够提出新颖的方案。当团队成员之间相互沟通和倾听，共同探索实现目标的不同方式时，就会出现一种特殊的力量，叫做合作。良好的团队合作能力和沟通技巧可以产生协同作用，从而提高创新能力。所有这些特性——团队精神、沟通、合作，以及创新——都是创造和生产新产品所必需的。

团队在现代工业中的应用

现代工业主张将**团队**应用于设计和产品的方方面面，这与过去几个世纪的工业组织完全相反。工业革命早期，斯密（Adam Smith）（经济学的主要创立者）致力于研究提高生产效率的方法，他发现，以往的手工生产活动，每个人要完成一件物品的所有工作，效率很低；而如果生产过程中，团队成员经过训练后，只从事制造过程中的某项工作，就可以大幅度提高生产效率。这种将工作分割成一系列清晰定义的单独任务的方式，几十年来已经成为了生产和工程的典范，这称为劳动分工，并且至今仍然很有意义（如图 3-1）。

团队（team）： 由多人组成的一个共同体，它合理利用每一个成员的知识和技能协同工作，解决问题，达到共同的目标。

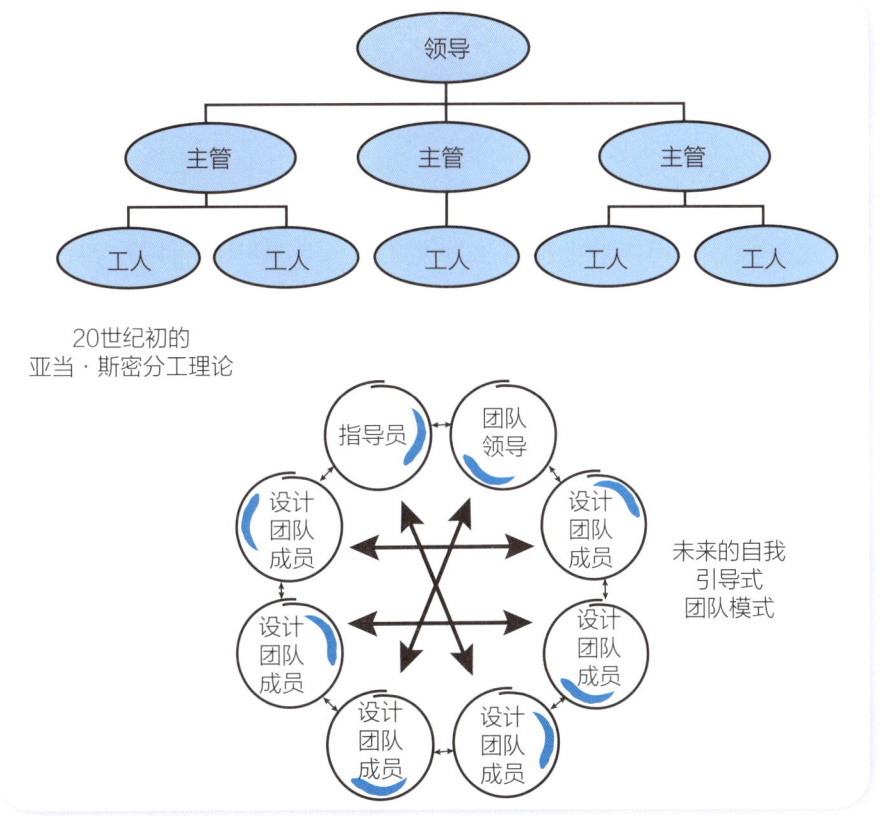

图3-1 工作类型的变化历程。

第3章 团队建设

不管怎么样，工程的改变使设计团队的每个成员都有了更宽泛的职责。

如今，大部分产品的生产都是由多学科设计团队完成，包括不同工程领域以及商业、金融、市场和生产等方面的专家。如，新型智能手机设计团队很可能会包含机械或物理设计、电子设计、计算机系统设计、光学设计（显示屏与内部光学连接）、人因工程设计、工业/生产系统设计，以及产品研发、客户服务和商业代表等方面的专家。

工程专业人员

第 1 章中，我们将工程师定义为设计专业人员的一个大类，讲述了工程协会如何在 19 世纪形成，其中包括工程课程是如何引入大学本科和研究生课程的；工程协会在标准化过程中扮演了重要角色，对经济发展和产品安全性起了重要作用；还了解了"20 世纪最伟大的工程成就"，工程在保护环境过程中的职责，以及"工程道德标准"保证设计过程得以成功的重要性。

你会如何回答这些问题？

1. 你喜欢动手制作吗？ 工程师的职责就是设计和制作物品。出于各种原因，电气化成为20世纪第一项最伟大的工程成就。作为一个团体，电气、电子，以及计算机硬件工程师是工程专业人员中最大的一类。20世纪20年代，美国的电气化引发了照明设备和节省劳动力的装置在工作、家居、休闲上的重大发展。照明设备改善了我们的生存条件，使我们的生活变得更加安全、更加舒适。你享受过通宵观看棒球比赛的乐趣吗？回想一下所有与电子电气和计算机硬件与软件设计相关的问题，这些设计在美国职业棒球大联盟的夜间比赛中都可以看到。

电气工程师 设计、研发、测试并监管与电气和电子设备相关的器械生产，包括发电和电力输送、机械控制，以及通信（如图3-2）。与电气工程师相关的例子包括电动机、照明设备、计算机（通常是微处理器）、全球定位系统（GPS）、智能手机，以及雷达系统。大多数日常使用的产品中，至少有一个组件是由电气工程师设计。

机械工程师 设计、研发、测试并生产主要的机械设备。机械工程师是广泛的工程学科中的一个分支。他们设计诸如内燃机、发电机，以及蒸汽和燃气涡轮机等动力设备的机械部分。他们也设计冰箱和空调系统、工业工具、材料处理设备，以及升降电梯和自动扶梯这样的行人运输系统。机械工程师在交通运输行业设计汽车、火车、公交车和

图3-2 电气工程师设计、研发并测试诸如发动机、照明设备、计算机（通常是微处理器）、全球定位系统（GPS）、智能手机，以及雷达系统的产品。

卡车的部件；在农业行业设计种植、储存和收割谷物等设备的部件。

在其他相关的工程学科，包括材料工程的工作中，材料工程师设计新型复合材料，以提高材料的强度和重量特性；航空航天工程师、航海工程师和海军建筑师则设计飞机、宇宙飞船和船舶（如图3-3）。

工业工程师 在团队中，帮助确定最好以及最有效的产品生产方法。他们主要考虑如何培养强大的业务实践能力，并引进技术帮助人们提

图3-3 机械工程师的工作行业非常广泛，包括航空航天行业。

第3章 团队建设

高工作效率。他们设计生产系统时，使用数学建模、财务规划和成本分析的方式，确保生产的产品质量高，并具商业竞争力。

土木工程师 设计并完成道路、桥梁、隧道、商业建筑、机场、大坝、供水和排水系统的建造。土木工程是工程学科中最大的一个分支。土木工程师必须了解政府的政策，并考虑可能的环境因素，包括地震和飓风、龙卷风这种恶劣天气。大多数土木工程师都有专业执照，这授予他们进行设计的权利。

化学工程师 应用化学原理，解决在大规模化工生产中的设备和过程设计问题。化学工程师的工作包括石油化工和制药行业，另外，还涉及能源、食品、服装和造纸相关的技术行业（如图3-4）。这个学科覆盖了氧化物、聚合物、涂层、雕刻，甚至包括纳米材料设计等与化学过程相关的问题。化学工程师需要特别关注环境、生产者和消费者的安全问题。

生物医药工程师 结合生物、药学和其他工程学科的知识，设计设备和程序，提高人类健康水平。他们的工作主要是研发人造器官、假肢、仪表仪器和其他医疗保健服务。生物医药工程师可以设计先进的影像系统、胰岛素药物自动输送设备，以及治疗具有某种生理缺陷的人的设备。相关的工程学科包括确保工作场所安全的**健康和安全工程**，需要考虑技术发展对人类和野生动植物影响的环境工程。环境工程师。**环境工程师**致力于解决水污染和空气污染、危险废弃物的管理、酸雨、全球变暖、汽车尾气排放以及臭氧层空洞问题。通过学习工程的每个分支，你可以判断想要做的物品能够解决什么问题。这些问题的解决会对新产品、系统和环境带来哪些影响？

图3-4 化学工程师可能在制药行业工作。

2. 你喜欢拯救地球吗？ 工程师设计解决方案，帮助人们改善环境。作为一名工程师，你可以设计一个太空殖民地、拯救一座城市，或者保护海洋。你可以考虑那些亟需解决的问题，如改善城市交通系统、减少水污染问题等。通过学习工程的每个分支，你可以考虑如何解决人类和环境相关的问题。

3. 你喜欢整天玩耍吗？ 一般来说，我们不会把工程和玩耍联系在一起，但是似乎工程中的每件事都与音乐、运动和娱乐相关，举例如下：细想一下近10年来，网球拍和高尔夫俱乐部是如何改变的？电影有哪些变化？音乐发布的方式又是如何演变的？通过学习工程的每个分支，你可以考虑如何解决与娱乐相关的问题。这些方案如何使玩乐变得更享受？

工程教育 工程师通过获得某一工程学科或专业的学士学位，慢慢融入该学科。大多数学位课程都与土木、机械、电子/电气、化学，或者生物医药工程学科有关。其他像航空航天或环境工程专业，需要具有某些基础工程学科的专业背景。这些专业需要对数学和科学有较深的理解，因为他们需要应用数学和科学原理，以及其他学科知识去解决新问题。工程教育通过使用计算机和在实验室获得的经验，来理解现实问题，并寻求解决方案。工程学科的学生需要解决各种类别的设计问题，一般来说，大四时他们需要完成一项重要的设计项目。

本科毕业生可以直接去工作，也可以继续攻读研究生。一般情况下，如果考虑在工程领域做研究，或者去高校教书，就需要继续攻读研究生。工程项目由美国工程技术鉴定委员会（ABET）授权。对工程教育感兴趣的学生，应该在数学，包括微积分和其他大学学科等方面有扎实的基础。预计未来5到10年内，工程领域内所有从业人员的薪酬都会迅速增长，增长速率最快的领域是生物医药工程和环境工程。《职业发展手册》（2011年）中显示：工程专家的平均年薪，从最低的68 730美元到最高的108 020美元不等。工程师常常会考虑往管理岗位发展，因为这，很多工程师会攻读商学硕士学位。本章以及贯穿全书的职业生涯简介会帮助学生更好地理解工程师应该做什么。

从国家利益出发，在小学、初中和高中都应该讲授和学习一些工程概念。所有的工程协会和美国国家工程院都已表示，要在社会所有阶层提高公民的工程技术素养水平，其中一种有效的方法就是读大学前进行工程教育。因此，初中和高中阶段通常会包含所谓的"预备工程教育课程"。这个课程可以使学生在设计方面获得经验，并让他们感受并验证数学和科学的应用对设计方案取得成功的重要性。

人人参与设计过程

作为设计团队的成员，应该创造让大家互相珍惜、互相尊重的工作氛围。只有团队的所有成员（包括生产、销售/配送）都投入工作，设计才会最终变为产品（如图3-5）。在如今的市场经济环境下，公司的竞争力来自每个人的高效率产出。在团队模式下，人人都有机会为

> **合作 (collaboration):** 为了共同的目标而一起工作的过程。

项目的成功贡献自己的力量,并且在出色的工作中获得个人成就感。决策制定过程和为问题提供解决方案的过程中的投入,可以使团队成员获得更多的责任感和更强烈的满足感。

一个设计项目可能会涉及多个团队,因此团队每位成员的职责在项目早期就应该被确定。设计项目中,每个团队都可能会碰到困难,所有成员共享有用的信息很重要,因此,大家必须密切**合作**。

(a)  (b)

(c)  (d)

(e)

图3-5 各种资源的输入造就了最终的产品:(a)工程师,(b)设计团队,(c)生产,(d)销售,以及(e)配送。

案例研究

团队对两位印制电路板设计师的重大意义

这个案例研究中，雷诺兹（John Reynolds）和富恩特（Reina De La Fuente）为科罗拉多州柯林斯堡的PCB设计师讲解了作为工程师时，团队工作相关的经验：

招聘新员工时，大家关注的一项就是团队合作能力。那些在面试时吹嘘"我做了这，做了那，公司若没有我，这些都做不成"的人，就应该最先被淘汰。为什么呢？因为没有人可以仅靠自己就能成功。

对于一个具备各种支持、能够进行开放式的沟通，并且具有愿意与所有同事合作的人的团队，工作容易获得成功。我们所有人都在自己的职责范围内工作，很多时候，为了使团队工作更加高效，我们必须超越指定的职责以取得令人满意的表现。每个人必须积极投入项目，知道他或她可以如何对工作过程作贡献，并且与团队成员和谐相处。另外，聆听他人的意见也很重要，不能总是以自我为中心。

很多公司都提供团队建设的课程和研讨会，这会帮助人们在职场进一步意识到团队协作是成功的关键。在一个与同事和领导互相尊重、共同合作的环境中工作，我们会变得更加自信。

为了按时完工，所有人都应努力产生新点子，共同解决危机。当每个人都作出贡献时，大家会在每天的工作中获得满足感。当每个人都为自己的工作感到自豪，并懂得如何有效沟通时，产品的性能（数量和质量）自然而然就提高了。

团队合作可以分解为很多类型的团队。我们公司有两种类型的团队。一种类型是工作团队，这通常是针对某一特定项目而组成的：每位成员对项目中某项特殊的任务负责，项目的结果取决于每个人。另一种类型叫做任务团队，这涉及公司各种资源之间的间接合作，为了完成目标，可能需要其他领域的资源。团队的进展和挫折可以用图表、数据表格，以及流程图来描述。反复讨论和交流工作的进展和情况，对团队的发展来说至关重要。

虚拟团队及其在工程设计中的地位

过去的10年到20年里，技术的发展和日益增长的经济全球化产生了一种新型的团队，叫做"**虚拟团队**"。虚拟团队是一个在地理位置上分散的团队，成员都是任务驱动型，他们拥有特定的或互补的技能，为了共同的目标，使用各种沟通工具和应用程序来支持团队的发展。虚拟团队的使用，在公司里已是老生常谈的话题，很多机构因此改变了项目和工程的管理方式。虽然虚拟团队的使用存在很多挑战，但是利大于弊，挑战一定会慢慢被克服。

工业中，典型的虚拟团队平均由12到25人组成，他们来自世界各地。最新研究估计，使用虚拟化的项目团队，实施的第1年，整体的成本一般会减少15%到30%。通过虚拟团队的使用，从时间和成本

虚拟团队（virtual teams）：

不同地域、空间的个人通过各种各样的信息技术联系在一起，完成一个或多个任务。团队成员可能来自同一个组织，也可能来自多个组织，甚至成员之间可能从未见过面。

图3-6 虚拟团队依赖于持续不断的沟通,通常是在全球范围内的远距离沟通。

来看,项目都可以以一种更高效的方式进行设计和分配。另外,虚拟团队的使用意味着团队不再受到诸如地理位置、时区,以及熟练劳力的获取等限制。公司也因此更容易组成合资公司、联盟,并且可以与供应商和零售商进行无缝对接。虚拟团队能够整合独特的技术和来自世界各地的资源进行战略优化,并能够对复杂和竞争的商业要求作出高效的反应。

我们应该清楚地认识到,虽然虚拟团队与传统团队存在明显的不同,但还是存在很多共性,包括需要对目标进行良好的沟通、强力的协作、工作优先级的确定以及对特定任务和行动的责任认定等。

虚拟团队的增长是由竞争力所驱动,包括:
▶ 商业全球化和消费市场全球化;
▶ 企业范围内的方案和区域聚焦的项目;
▶ 不断发展的技术能力/远程通信工具(视频会议,**云计算网络**,IM,等等;如图3-6);
▶ 降低项目成本(商业旅行、办公室需求,以及其他花费)的需求;
▶ 市场给产品和服务(虚拟团队有能力在不同时区持续工作)配送时间带来的压力。

> **云计算网络(cloud computing network):**
> 通过各种各样的技术(包括计算机、网络、服务器和互联网)处理任务的过程。

虚拟团队的优势和挑战

虚拟团队拥有显著的优势,但是也存在一定的挑战,我们必须清楚地认识这一点。一个明显的问题就是虚拟团队的成员不容易聚集在一起,毫无疑问,面对面交流是最佳的沟通方式。虚拟团队的挑战就是运用通信技术来解决这个问题。值得注意的是,对于任何虚拟团队来说,信任、项目愿景以及沟通都是使项目得以成功的重要因素。虚拟团队的主要优势和挑战如下:

优势 以下是虚拟团队的一些主要优势:
▶ 更易获取专家意见。远程工作最有价值的优势之一是,有能力为特定的职位聘用最好的人员,这将促成更多的创新。
▶ 允许人们在不受时间、地理区域和固定资源限制的情况下共同工作。
▶ 设计团队成员可以跨职能合作和共享资源。
▶ 项目可以实施7天×24小时工作制,通过降低成本、加快配送时间以及提高产品质量，提高了生产效率。
- 便于建立更强大的商业伙伴关系和联盟。
- 在全球市场竞争中增加了敏锐性和灵活性。
- 当作为**虚拟**团队一员进行工作时，可以提升**协作**学习和领导的经验。

挑战 虚拟团队如今面临的主要挑战包括：
- 文化差异。团队需要强调尊重文化的不同并关注文化差异、政治和文化风格。
- 团队整合和社会化。团队成员特殊的经验和能力经常会不被他人所知；远程交流时，个人冲突可能很难被发觉。
- 非语言沟通。记住，人类大部分的沟通都是非语言（面部表情或者其他肢体语言）的，而虚拟团队的成员通常不能看到彼此，因此虚拟团队需要采用额外的方法来保证良好的沟通。当在虚拟环境中工作时，你可能需要"充分沟通"，才能保证所有的团队成员都获得准确的信息。
- 决策制定。虚拟团队成功与否取决于决策的制定与沟通，随着团队的规模越来越大，形式越来越丰富，制定决策变得越来越困难。
- 责任心。让虚拟团队中的成员具有责任心往往会更困难。
- 语言障碍。在全球化的团队中，英语是最常用的语言，但会存在语速不同与理解程度不同的情况，因此需要耗费更多的时间。另外，不同的方言又有不同的解释。
- 术语的错误使用。这也是非常普遍的，错误交流包括对预期目标不明确、特殊任务责任不清等等。
- 时区的不同。一般情况下，团队成员分布在不同的时区（如图3-7），这就意味着会议安排需要具有灵活性（保持工作/生活的平衡）。
- 基础设施。计算机的带宽、速度，以及技术能力，在不同的地理区域之间可能存在很大的差异（声音/视频性能），因而会影响会议的效率。

最佳实践 成功组建一支虚拟团队

成功组建一支虚拟团队需要在团队管理中融入一些特殊的元素。首要的元素包括：
- 通过设定适当的期望，并且在团队成员中建立清晰的沟通模式，来建立信任。其次，要意识到个体的差异（在虚拟团队中，差异并不是表面上的）以及沟通方式的不同，建立更加开放和

虚拟（virtual）：
一个专业术语，用于描述模拟真实世界和想象世界中存在的事物的形式和状态。大多数虚拟环境主要是视觉体验，要么在电脑屏幕上显示，要么采用其他形式的通信技术。

图3-7 由于时区不同造成的工作时间的调整会使组织工作变得更复杂。

透明的讨论机制，这是关键所在。

▶ 定义、分享并重申团队"愿景"。从一个明确的以及可量化的视角开始，然后经常沟通。虚拟团队项目的管理者需要为团队制定一份清晰易懂的沟通策略和计划。这个视角应该被用于开展高效的会议、定义团队强度，以及进行周例会。定期的会议对虚拟团队的成功至关重要，包括：

a. 提前制定明确的会议议程；

b. 记录关键决议，以及付诸行动的项目；

c. 为整个项目团队发送会议纪要/总结。

▶ 最后，耐心和坚持也是关键元素。这在反复论证和沟通的过程中尤为重要，对团队内部和外部都有好处。总之，建立一支高效率的虚拟团队需要时间，需要制定计划。

虚拟团队在如今工作中确实存在，因为它能降低成本、提高资源利用率、优化生产力，以及更快速地配送高质量的产品和服务，并且以更低的价格向市场和消费者销售。

4 团队建设

团队的形成和架构与团队目标、成员共同工作的情况，以及团队成员对工作或产品的认可度有关。团队由各领域的专家和有能力适应项目调整的人组成。

当他们有共同的愿景时，就组成为一支团队。愿景是团队想共同完成的目标。愿景驱使团队完成目标，患难与共。

在工业中，团队可能有一位领队。通常，团队出现了困难时才需要领队，这个角色类似于足球联赛的教练。如果团队无法射门得分，教练会帮助他们找到转攻为守的方式（如图3-8）。设计团队和运动团队一样，在运行顺畅时不需要领队。愿景使团队具备高水平的性能，并激发斗志。团队愿景的一个例子是，市场上对于设计最薄手机的需求。

创建有愿景的团队并非易事，团队所有成员都必须接受愿景的挑战。团队必须有一个行动计划去实现愿景。团队成员必须问自己："我对愿景的理解是否与团队一致？"

协同效应（synergy）：
团队或集群的能力比个体的能力总和更强大，简单地说，就是"1+1>2"的效应。

图3-8 成功的团队中，每个团队成员都会作出贡献。

团队的成功

团队的成功取决于**协同效应**。当每个人都把自己作为团队成员而工作时，团队会变得更加强大，也就出现了所谓的协同效应（如图3-9）。此时，团队比团队中任何一个个体都更强大。如果成员积极工作，并相互合作，团队就会成功。

每个成员必须相信团队中其他成员，并在其他成员需要时，及时提供支持。这就要求团队成员能够知道何时给予别人帮助，何时向别人寻求帮助。

团队的成功同时也依赖高效的领导力，不论这种领导力是自我管理的形式，还是委派的形式。有些团队是由他们自己领导，这种称为自我导向型团队。自我导向型团队的工作模式是每个人都有指定的工作，目的是达到共同的目标。为了达到这个目标，团队成员都可能担任领导的角色，这取决于他们的专业领域。

当团队成员不理解团队目标，或者当团队成员不再具备团队合作精神时，团队就会失败。如果所有的成员都不理解团队应该如何运作，或不接受团队目标，团队肯定会失败。

当所有成员都理解了团队带来的好处时，团队就会成功。这种意识帮助每个人舍弃自己的目标，带着支持团队目标的想法加入团队。

一旦团队成为了有愿景的团队，每个成员都能从中获益。如下是团队能带来的一些好处：

▶ 实现协同效应。

▶ 当个人了解到自己在实现团队目标中所作出的贡献时，会产生极大的自我满足感。

▶ 具有愿景的团队是一支极具驱动力的团队。

▶ 共同的团队愿景可以建立更好的团队工作。

团队就是一群人聚集在一起形成的团体，这群人拥有不同层次的专长、对专业的敏感度也不同，并且心甘情愿地加入到团队中。团队成功的精神依赖于将个人价值和信念转化为团队价值。通过规范化的步骤可以完成这个过程。规范化过程建立的目标对于团队取得任务的成功，必须是可度量的，可实现的。

图3-9 当一支团队建立相互依赖时，它会比个人能力相加的总和更强大。这就是协同效应。

团队规范

规范是一个被大家熟知的，并且是既定的行为。举个例子，不能在学校走廊乱跑是一项很确定的规范。团队按照非常明确的步骤来建立团队规范。

规范（norms）： 群体所确立的行为标准。它们制约着团队的成员，用于指导、控制或者规范适当的和合理的行为。

规范是非常重要的，因为它能控制个人和团队的行为。通常情况下，规范在团队成员没有意识的情况下，就已经存在了。举个例子，话多的人可能已经自动成为了团队的领导者。有时，如果某个人经常迟到，那么他在团队会议时迟到就会变得可以接受。如果这些不言而喻的规范难以被接受，那么对它们进行讨论就变得非常重要，因为这会降低团队沟通的效率。作为团队，必须同意改变一些不可接受的规范。

轮到你了
组建属于自己的设计团队

与团队成员和老师合作，一起定义团队任务、团队价值观、团队规范，以及团队成员的优势/劣势。

每个团队都是各不相同，它所建立的规范将会折射出它的唯一性。一个团队要想成功，需要考虑一些基本的规范，如，激发团队所有人员的斗志，包括内向的人。沉默是强敌，它会破坏团队的努力。建立一种使团队达成共识的方法很重要——例如，一致意见与少数服从多数原则，这可以是一种规则。

可以考虑的一些其他原则，包括团队会议安排，为每次会议记录议程和时间。规则也可以描述一些重要的考虑，如机密性，或者团队处理矛盾的方式。

成功的团队不会存在侥幸心理，他们有清晰、成文的规定，规范了每个成员的行为。这个成文的文件有时候叫做 **章程**。

章程（charter）：
规范性文书。

▶▶ 步骤1：定义团队任务

开始阶段始于团队首次聚集在一起时，团队需要定义下列内容：
▶ 团队的任务是什么？
▶ 团队需要做些什么？
▶ 如何完成任务？
▶ 为什么这么做？
▶ 有哪些可用资源？

一份成文的任务陈述阐明了要做的工作。愿景可以产生动力，对于要完成的任务有一个共同的愿景，是团队成功的开始。

▶▶▶ 步骤2：建立团队价值观

接下来的步骤是确定团队的价值观。所有的团队成员应该列出对自己来说很重要的事项，并考虑自己可以为团队的成功带来什么。**价值观**是团队最基本的真理，不会随着时间改变（如图3-10）。

价值观列表应该简洁明了，并且与项目的价值观相符合。团队成员的价值观必须与团队的价值观<mark>一致</mark>。一致性是指为了团队的利益，所有成员达成共识，即使成员个人认为对他而言这并不重要。

价值观（values）： 指导性的准则或想法。

一致（consensus）： 意见的统一性，意见的一致性。

趣味阅读
山顶

一个任务清晰的团队更容易完成使命。一个登山团队登上山顶的情况，与为了营救受困于山顶的人员而登上山顶的团队给人的感觉是不一样的，虽然最终都是登上山顶。

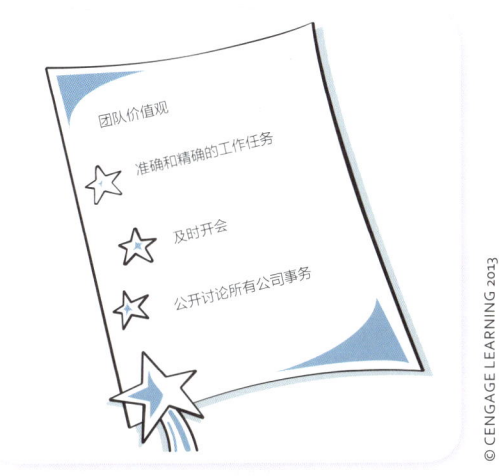

图3-10 团队价值观的例子。

▶▶▶ 步骤3：建立团队规范

团队规范指导团队成员如何对待其他成员。规范是每位团队成员都同意遵守的规则，因为这是由团队创造的。可以按照下面的过程制定一系列的团队规范：

▶ 通过头脑风暴，建立规范清单。没有一条规则是"愚蠢的"规则。

▶ 着眼于每一条规则，并讨论其对团队和团队目标的影响。

▶ 确定大家能达成共识的关键规则，此列表要相对简短。如果规则被打破，要承担什么样的后果。人们希望公平，事实上，人们也需要公平。

▶ 最终规则被采纳前，给每位成员留足够的时间，让他们思考并

第3章 团队建设

提供想法。

▶ 如果有一位团队成员投了反对票,那他需要说明做出改变的必要性。如果有需要,可以适当调整规则。

步骤4:确定团队成员的优势和劣势

团队将要开始产品的研发或想法的孕育,此时,成员的角色和职责也有了明确的分工和委派。现在,团队需要确认每位成员的优势和劣势。这也是团队作为整体进行工作的关键。团队必须一起工作,充分利用成员的优势来平衡团队的劣势。犹如荒野求生一样,团队需要了解可以依靠什么专家,限制又是什么。如果荒野求生团队中只有一人能看懂回家的地图,就应赋予此人地图阅读的职责。

每位团队成员都应列出他或她的特长、技能以及不足之处。这个过程有助于确定是否需要进行交叉培训,如何分配工作职责,谁需要更多的培训,最重要的就是使团队意识到整体的优势和劣势。

每位团队成员的优势综合在一起,就成为了弥补团队成员劣势的支撑系统。这个过程再次使"整体的力量强于整体中部分力量的总和"的协同效应成为了现实。

影响团队执行计划的关键可能是沟通方式、个人行为和工作习惯、个人在项目中获得的知识和培训水平的差异,以及团队成员之间互相尊重的情况。为了将差异转换为优势力量,首先应该定义这些差异,然后讨论如何利用这些差异来创造力量,帮助团队实现目标。可使用表 3-1 作为指导。

表3-1 团队优势和劣势的例子

团队	优势	劣势
成员A	各种汽车行业的工作经验 CAD:实体模型	设计分析(例如:有限元分析[FEA]) 误差分析知识 字迹潦草
成员B	越野比赛和机械经验 创造力	没有有限元的使用经验 汇报文档/格式
成员C	生产技巧和经验 对项目有浓烈的兴趣	时间管理 争强好胜
成员D	分析和实体建模 数学技能 工作经验	工作分工 对物理解释的分析和计算
成员E	组织和领导能力 注重细节	协商能力欠缺 计算机知识 集中注意力的时间较短

趣味阅读

在团队建设过程中，做决定的过程一般耗时较长，这样的好处是，对决定的认可度一般会非常高。

团队成熟的周期

团队已经整合在一起，每件事看起来都离成功不远了。而事实是，团队在成长过程中还会出现问题，并且由于团队成员工作经验的不同，团队的发展速度也会不同。

团队建设需要经历的五个阶段

1. 取向（成形）。对于团队来说，每位成员都是新人。他们很可能会感到焦躁不安，或兴奋不已，但对于被期望什么以及必须完成什么任务却全然不知。这段时间，团队成员有了初步互动和交流，他们正在进行方向定位，获取并交换信息。

2. 不满（调整）。此时的挑战是如何形成一支有凝聚力的团队。个性、工作和学习的方式、文化背景以及可利用的资源（会议的时间、会议地点的共识、交通的便利性等）等方面的差异慢慢会浮现。会议中经常会出现意见不统一，有时甚至会发生冲突，会议的特点就会是：批判非议、中途打断、出勤率低，或者甚至是出现敌对状态。

3. 解决（规范）。当建立了团队规范后，不论是口头的规定还是默认的规则，不满会慢慢消散。这些规则同时用于指导生产过程，解决冲突，并关注共同的目标。规范是条例，有助于团队成员之间建立合适的角色关系。

4. 成果（实施）。这是团队工作的发展阶段，团队成员共同合作，对完成的工作感到激动和自豪，觉得团队活动很有趣。对任务的完成、高效的工作，以及乐观主义具有极高的定位和评价。

5. 结束（解散）。任务完成后，团队就准备解散。此时，需要共同反思任务完成情况和团队运行情况。另外，不要忘了庆祝。

以上整个过程通常称为"规范和调整"。团队在经历一次或两次调整后，会极大地提高工作效率。如果团队的成员积极向上，共享从经验中获得的知识，并且在胜利时会庆祝，那么团队的改变将会变得非常顺利。团队的另一个重要变化可能是成员的免职。如果某一成员经常不能有效地支持团队的愿景，那么团队领导或整个团队就有可能解雇这名成员。这会改变团队的活力，因此这时有必要重新回顾团队的规范、优势和劣势。

5 团队领导力和团队管控

团队领导力和团队管控是一个持续性的讨论话题。最开始，将领导职位交给那些有权利的人，或那些说话比较多的人，是一件很容易的事。然而，随着团队越来越成熟，领导职位的掌控权渐渐从领导分散到每位成员身上。这不是一个顺利的过程，每个人必须为他们的行为承担相应的责任（如图3-11）。

当一个学生团体第一次整合为一个项目团队时，领导还没有选出来。商业中，通常是在管理层选择领导。对于学生团队，可能是老师或班长选择团队的领导，也有可能老师让团队通过不记名投票来选择团队的领导。下面是一些选择团队领导时，需要考虑的问题：

▶ 这人有很好的聆听能力吗？
▶ 这人可以把事情解释清楚吗？
▶ 这人对整个项目感兴趣吗？
▶ 团队其他成员认同这个人的领导能力吗？
▶ 这人能够理解并且描述团队所有的需求吗？

正如前面提到的一样，当团队出现困难时，需要领队进行调整。对于你的团队来说，领队可能是老师，或是外面机构或代理公司的指导员。渐渐地，领队会承担越来越少的职责，因为团队变得越来越强大，越来越牢固，而且团队和团队的领导之间也已经建立了良好的关系（如表3-2）。

图3-11 团队中领导职位的调整。

表3-2 从领队到团队领导

领队	团队领导
领导团队从不独立过渡到独立	使团队维持在一个工作的状态
管理冲突	管理冲突
建立协同效应和团队信任感	维护协同效应和团队信任感
承担风险，并且帮助团队成员认识到自己的优势	管理团队的目标以及宗旨
为团队的功能理出清晰的思路	促成团队会议的召开
倾听与调解	鼓励风险的承担和团队利益中的个人主动性

设计行业的职业生涯

经得起考验的工作

安妮（Anne Fabrello-Streufert）用一套乐高积木开创了结构桥梁工程的道路。从小，安妮就喜欢把想到的事物搭建起来。当她在外面玩耍时，她会在房子附近的小溪上建造桥梁和大坝。

安妮喜欢建造能够站起来的物体。当一位高中老师告诉她有人以此谋生时，安妮决定在工程行业求学。安妮说："从建造树屋，到建造桥梁和码头，我都能挣到钱！每天我都会为设计和建造新事物而感到愉快。从根本上说，我让建筑物站了起来。"

工作中

安妮在华盛顿的西雅图工作，她是一名土木工程师。她是公司多个设计和建造项目的结构工程师和项目负责人。安妮工作的项目包括桥梁、挡土墙、隧道、建筑物、码头以及许多其他类型的结构。安妮说："工作中最大的挑战，也是我最喜欢的部分，就是我们的设计被承包商建造出来的时候。挑战是：使建造结构的承包商理解设计工程师的设计和愿景。当所有内容被整合，结构站立起来时，一切都是那么美好。"

早期经历

安妮最近管理的一个项目是为华盛顿州西部一座小镇上的公共工程重建一座桥梁。挑战是用满足现行规范的新桥去代替原有的桥梁。公司必须在原有的曲线桥址处设计一座新桥，并且符合旧桥的功能特性。为了满足这个挑战，安妮与各种专家组成的团队一起工作。

首先，他们调查了旧桥，确定桥址（地面轮廓线）。然后岩土工程师测试土壤，并设计一种适合这种地基的基础；水资源工程师确保设计不会对小溪造成影响；道路工程师布置道路和人

安妮在华盛顿的西雅图工作，她是一名土木工程师。

行道；土木工程师为水流设计一条水流道，以排走桥梁道路表面雨天的积水；最后，环境工程师需要确保桥梁交付使用后，不会对植物、鱼和野生生物造成影响。安妮结合团队工程师的所有结果，形成最终设计。

承包商建造完工后，桥梁还必须满足最后的检验标准。"建造一座桥梁需要一个大团队，需要技术高明的人，将所有工作整合起来是一种快乐，"安妮说，"保证团队成员在一起作为团队进行工作，是我的职责。"

教育经历

安妮在华盛顿州立大学获得了土木工程理学学士和硕士学位。暑假的时候，她在一家建筑公司实习，在这里她建造纸板模型，并临摹已有的建筑。

给学生的建议

"做自己喜欢的事吧！"安妮说。有些人会说工程的道路极其艰难，然而，对于安妮来说，看到她的建筑拔地而起时，她觉得所有的辛苦都是值得的。"任何研究工作都需要付出努力，当你的工作同时又是你的兴趣时，你将一直处于快乐的状态。"

与团队共享信息

对任何团队或组织来说,如果想将想法变为实际产品,必须制定一份执行计划。计划中包括逐步达成共识的目标、行为标准,以及沟通方式和预期效果。如果交流不在计划之内,可以随机进行。缺乏沟通以及不充分的沟通常常会带来危机,这种沟通方式会滋生不满情绪、流言和绯闻、败坏团队的整体名声。

因此,沟通是保持设计过程走上正轨的工具。当大家不共享目标或愿景时,沟通就会失效。只有每个人的想法都被聆听和尊重,沟通才有效。

让团队的沟通奏效

团队有效沟通的水平会极大地影响设计过程进行的情况。团队成员必须与团队之外以及团队内部成员进行沟通。让我们检查一下团队有效沟通的内部动因。

为了使团队的沟通更有效,整体的目标必须清晰。这就需要了解团队的期望以及团队的目标。有效沟通的一种方法是设定标准和规范。我们已经讨论了团队规范的制定及其重要性。现在我们再强调一下鼓励团队成员之间开放沟通的规则。沟通规则的一些例子如下:

1. 团队成员共享一个观点,不论正确、错误还是无所谓对错。
2. 任何问题都不会是没有意义的。
3. 所有重要的沟通都必须有记录。
4. 团队需要安排每周或每两周开一次例会,讨论团队中存在的问题。
5. 反复核实团队所有成员都理解团队目标。
6. 对于好的想法给予奖励和积极的反馈。
7. 重要决定要达成一致意见。

证实团队对问题的理解程度的过程是一个提问的过程。鼓励团队成员随时提问。理解问题的另一种工具是过程汇报,这种方式让所有成员都知道他们处在哪个阶段。

轮到你了
为团队写一个关于沟通的规则

对上面的沟通规则实践后,选择对你的团队来说,最有效的一个。

设计师有时会构造场景进行沟通。场景讲述的故事是某事如何行得通，这是一个解释过程和设计结果"假设并求证"的好方法。设计团队可以使用场景，来辨别不同条件下，零件可能存在的潜在问题。举个例子，NASA空间站设计团队可能会创造场景，来模拟太空舱中可能会发生的所有情况，例如起飞时的震动、高温和低温的温差、失重环境下进行维修等等。场景帮助排除潜在问题，并且很好地应用于问题解决活动中。

达成共识

团队沟通中，应该聆听所有人的意见，保证所有人都能发言。当所有团队成员都支持一个决定时，共识就产生了。达成共识并不表明每个成员的赞同程度相同，仅仅是大家都同意了。

你可以通过以下10个步骤来达成共识：

1. 定义团队要决定的目标。
2. 利用数据和信息做明智的决定。
3. 将自己对问题的看法与团队的想法进行对比。
4. 分享自己对问题的看法。
5. 聆听团队其他成员的观点。
6. 澄清任何不清晰的问题。
7. 重视有分歧的观点。这些观点会帮助你从另一个角度看待问题。
8. 对事不对人。
9. 找出整个团队都能接受的有价值的观点。
10. 全面支持团队的讨论，并且在整个项目过程中，责任到人。

一致性的决定有益于促进团队的工作。如果一致性不起作用，就可以依赖投票和少数服从多数的原则。底线是保持团队的沟通和斗志。

运用反馈机制促进开放性沟通

通常情况下，不同的团队具有不同等级的技能、能力和天赋。如果团队想作为整体发挥作用，每个人都必须接受反馈，并且愿意给别人反馈。当产生积极的、有建设性的反馈时，个人和团队都会得到成长。团队中，反馈是一个双向过程，它既包含了你的观点，也包含了别人的观点（如图3-12）。

记住，反馈既有积极的，也有消极的。在给出反馈和接受反馈时，个人对团队的信任，以及表现出来的情绪都是至关重要的。反馈必须是有建设性的意见，并且是积极有效的。提供反馈的方式，决定了别

图3-12 团队反馈的例子。

人是否会采纳你的反馈。

　　给出反馈和接收反馈最重要的因素是对事不对人（如表3-3）。组成团队是为了某一项工作，成员之间不一定要成为朋友。

　　接受反馈时，要牢记相互尊重彼此的观点，别人可能是从不同的角度看待问题，礼貌地给出以及接受反馈可以产生一些卓有成效的想法，这对整个项目都有好处。

表3-3

给出反馈
1. 关注与团队结果相关的反馈。
2. 就事论事，避免主观臆断。
3. 为避免防御性定位，邀请他人参与讨论。
4. 制定一份共同商定的行动计划。
5. 对沟通进行总结，并且制定行动计划。
6. 让他人知道你很感激他们的参加和出席。
接受反馈
1. 仔细聆听涉及的主要领域。
2. 将反馈看做成长的契机。
3. 通过提问和解释关键点把问题搞清楚。
4. 提升对现状的想法，同时保持客观性。
5. 提供关于提升或改进现状的观点。
6. 安排后续会议，给出进度报告。
7. 对给予你反馈的人表示感谢。

团队沟通应具有组织性

无论团队沟通是书面的还是口头的,电子邮件或者邮寄的,下面是一个不错的格式范例:

什么(W)——解释目标;

谁(W)——谁负责;

为什么(W)——执行这个任务的原因;

怎样(H)——对目标完成可能会有帮助的建议;

什么地方(W)——执行工作的地点;

什么时候(W)——项目时间表;

什么(W)——结果、奖励以及惩罚。

有人把这个叫做"3-1-3"方法(www-h-www)。

如果临近截止日期时团队还在工作,就会产生压力,沟通也会随之散架。表3-4提供了一些当消极行为出现时,促进团队积极沟通的建议。

表3-4 当出现消极或者不适当的行为时,下面是一些促进积极沟通的建议。

保持诚恳;
对事不对人;
保持团队合作精神——这是"我们"的问题,因为我们是一个团队;
积极面对;
关注丢失的机会,而不是批判个人行为;
换位思考,体会他人沮丧和生气的感受;
保持淡定;
不要以生气回报;
不要大声说话;
在"我们一起以及我理解"的基础上建立沟通的桥梁;
对解决方案了然于胸,并且知晓每个人的职责。

积极聆听有助于促进沟通

当我们一起工作,并且试图沟通时,如果发现他人没有聆听,你会觉得非常沮丧,这样的沟通是无效的,犹如"对牛弹琴"。当你和一群人打电话时,你是否还记得和最后那个人打电话时描述的信息与最初的已经完全不同了?我们认为聆听是理所当然的,因为我们认为它与听是对等的。

事实上,听和聆听是不一样的。聆听需要理解所说的话,这是一个持续的过程。你可以使用技巧去更高效地聆听，其中一种方法是积极聆听。积极聆听是一种听清信息的能力，用你的眼和耳，完全的聚精会神。

积极聆听的有效技巧

- ▶ 发送聆听信号。
  - 眼神交流。
  - 点头示意你已听到。
- ▶ 减少分心。
  - 将精力聚集在说话者身上。
  - 避免焦躁不安或者转笔头。
  - 避免打哈欠。
- ▶ 聆听整段信息。
  - 避免打断说话者。
  - 避免直到结束才给出你的意见。
- ▶ 运用语言线索巩固沟通。
  - "我想知道更多……"
  - "对最后的……请详细解释一下"
- ▶ 确认信息
  - "我听到你说发生了……"
  - "如果我正确地理解了你的话，那么接下来是……"
- ▶ 保守秘密
  - 在会议中不要讨论或者重复团队成员说的话。
  - 不要与非团队成员讨论设计想法。

沟通最大的障碍之一是，我们在明白说话者的意思前对所听到的内容加以评论。我们必须意识到说话者的观点是真实的，即使他们与我们的想法不一致。

低水准的聆听技巧会造成生产力低下、时间浪费以及工程、结构和生产过程关键性失误。如果你更多地聆听，而不是争吵或讨论，会从整体上提升你的沟通能力。积极聆听是在团队成员之间建立相互尊重的一种方式。

如今，我们可以利用在设计团队中广泛地使用各种沟通技巧这一有利条件。对于团队沟通，我们可以选择很多方法，每一种情况都需要确定使用哪种沟通技巧是最好的。图3-13是几种典型例子。

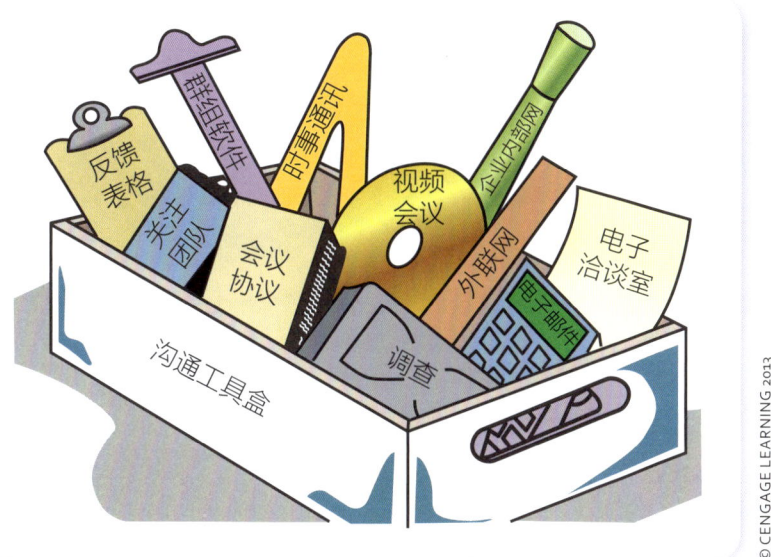

图3-13 沟通工具盒的例子。

一个精心设计，并慎重考虑的沟通策略，会成为驱动创新的润滑剂：它有助于解决问题，并且可以使设计团队的愿景成为现实。

> 技术包括使用技术设备来提高人们之间的沟通效率。如今，团队已经提出了很多复杂的沟通技巧。这些例子包括电子邮件、短信、互联网和外部网、虚拟团队的电话会议、电子洽谈室和博客、用来展示想法的白色书写板，以及无论设计师在哪都能够进行及时沟通的手提电脑。

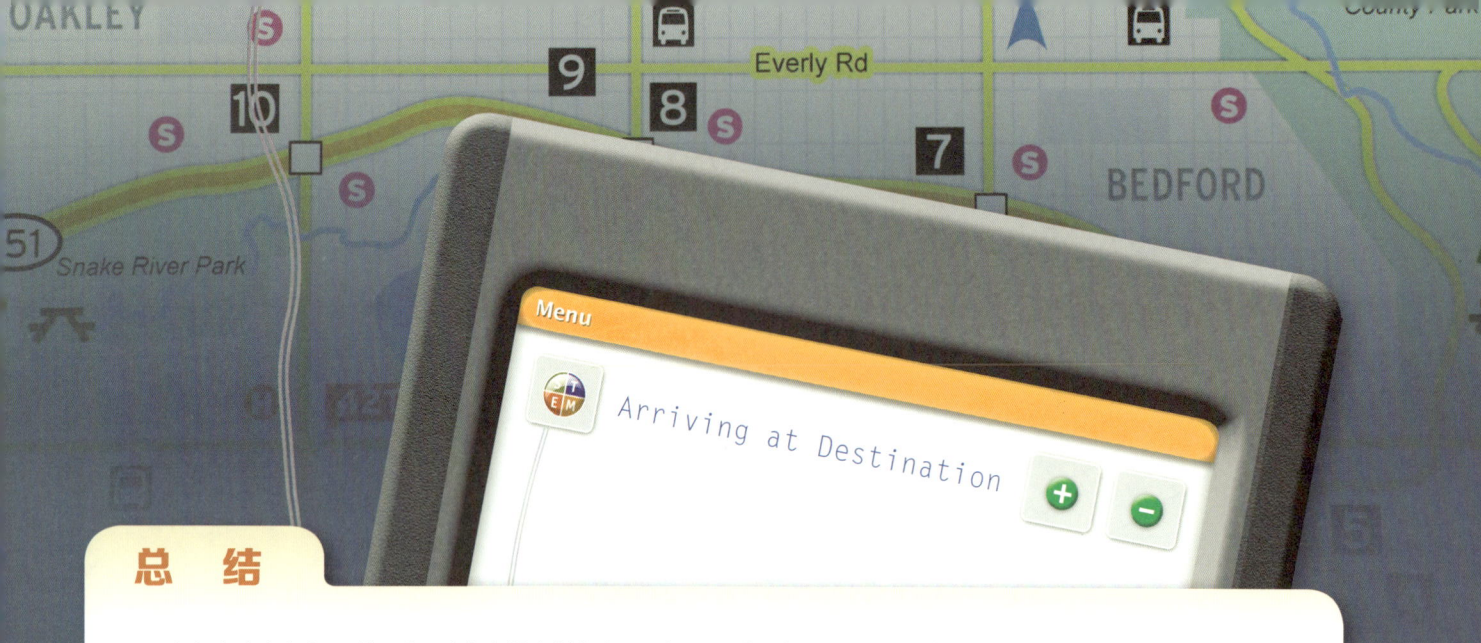

总　结

团队和团队工作可以创造协同效应。成功的团队可以成为比部分总和更大的整体（也就是"1+1>2"）。

当我们将团队放在工程设计的背景下时，每个小团队就是大系统的一部分，这个大系统形成一个整体，设计新产品。团队无处不在，从工程设计公司，到工厂，到通过电子聊天室和电子邮件沟通的网络空间团队。这种工程设计的主要力量，已经改变了产品的研发模式，以及投入市场的方式。

不断发展的市场需求驱动着工程世界进入新的发展环境，创新和革新能力对每个人来说都很重要。工程使创造技能处于更高的优先级。商业中，设计调查问卷和面试，来确定应聘者是否具有创造力和革新能力。

创造性是如今设计世界向前迈进的重要部分。为了具备这种能力，人们必须训练自己的创造思维，必须学习如何在团队/团体环境中工作。在千变万化、基于信息的社会中，利用最有价值的资源——人力资源以及他们的创造性、知识和共同工作的能力——能创造出顶尖的作品。

创造性是一种生活技能，必须持续培养。有创造性，就是与别人看待同样的问题时，能够得到独特的理解。

说到沟通，这里有一些建议，可能有助于你对团队的信息保持最新状态：对承担的工作负责，并且参与所有信息会议，不管是虚拟会议还是现实会议；花时间寻找所有可能存在的信息源，并且与队友沟通你所知道的以及能做的；聆听团队中所有人的想法和建议。

课后作业

观察/分析/综合

1. 说出19世纪美国制造公司用于组织工作的最普遍系统，并描述其与当今大多数工业组织系统的不同点。
2. 说出医药工程师可能会找到工作的三个行业。
3. 描述工业设计师如何对产品设计作出贡献。
4. 说出三类你能在工程设计团队中找到的专家，并描述他们对产品作出的贡献。
5. 用自己的语言描述团队领导的职责。
6. 用完整的段落描述术语"调整和规范"。
7. 列出五种能使团队产生积极沟通的工具。

补充作业

工程设计分析挑战

在老师的指导下，组建一支4到6人的团队，确定设计项目。根据设计项目，确定并建立如下内容：

- 为产品设计写一份团队行动目标。例如：制作一种特殊型号的新型手机耳机，来适应摩托车头盔。
- 制定一系列的团队规范和价值观（保证每项有5个）。
- 写一份完整的团队成员列表，以及材料、制造、供应商等其他信息。
- 创建一份时间安排表，来满足团队的行动目标。
- 设计一份表格，包括每位团队成员的优势和劣势。
- 根据团队成员的优势和劣势，建立工作分工。
- 确定产品设计的资源。
- 写三份团队执行任务报告，团队会以此来确定行动目标成功的可能性。例如：团队会在两周内完成新产品的设计过程。
- 用PowerPoint软件制作团队的展示材料，在班级或学校、社团中进行交流。

第3章 团队建设

第4章
产生和开发想法

Menu

 **头脑准备**

学习本章内容时，思考如下问题：

1. 哪些策略有助于人们创造性地思考问题？
2. 想法需要通过开发使其变得切合实际和有用。你能够做些什么来提炼设计想法，使想法落到实处？
3. 外观对产品的成功有影响吗？
4. 材料的选择对产品的外观有什么意义？
5. 产品的美学设计一般会用到哪些设计元素和设计原理？
6. 如何选择最优设计？

>> 引 语

著名科学家、诺贝尔奖获得者鲍林（Linus Pauling）说过，"得到好创意的最佳方法是拥有很多创意。"没有比这更正确的了。当你拥有很多创意时，就增加了其中一个是好创意的概率；而只有一个创意时，它是最好的创意的概率很小。

对商业来说，创意很重要。新产品源于创意，科技进步源于创意，更有效的管理方式也源于创意。创意是商业得以创新和成功的核心。

创造性思维

很多设计过程都蕴含了创造性，所以设计人员和设计团队都需要应用本章所述的一些技巧。没有专门的训练和实践，人们很难具备创造性思维。这是因为大多数人的教育经历和做决策的情况均隐含收敛的和推断的思维，这种思维包含明确的逻辑顺序。我们总是被教导去寻找问题的"正确答案"，如果答案不正确就意味着失败。而在创造性思维中，并不存在正确或错误的答案——只有创意。当有了很多创意时，我们就可以用逻辑进行筛选。创造性思维领域公认的专家德博诺（Edward de Bono）将创造性思维分为横向思维和纵向思维两部分。

从逻辑上讲，纵向思维中的每个创意都是建立在另一个创意之上的，就像房子建立在地基之上一样。德博诺将它描述为高概率思维，也就是说我们每天都运用这种逻辑思维进行活动。纵向思维允许我们根据以往的经验作出一些假设，而不是对每一项行为进行单独思考，比如当我们看到门把手的时候就会不假思索地将门打开。离开纵向思维，我们的生活将会变得很艰难。

而横向思维是低概率思维，它要求打破常规。横向思维允许新的想法，不遵从已有的方式。学会横向思考，跳出思维的限制是创新和设计中的重要一步。当你面对设计的过程时，你能否辨别哪些步骤强调逻辑或纵向思维，哪些步骤强调创新或横向思维？

创造性（creativity）：

将概念或想法变为产品的能力；是一种创造能力。

横向思维（lateral thinking）：

一种打破逻辑局限的思维方式，有时称为低概率思维。

产生想法

对设计者和设计团队来说，得到解决问题的备选方案是很关键的一步。实际上，有些顾客会要求设计师在实际项目开始之前，提供多种可行性方案供他们选择。例如，平面设计师总是会提供多个设计思路，

第4章 产生和开发想法 87

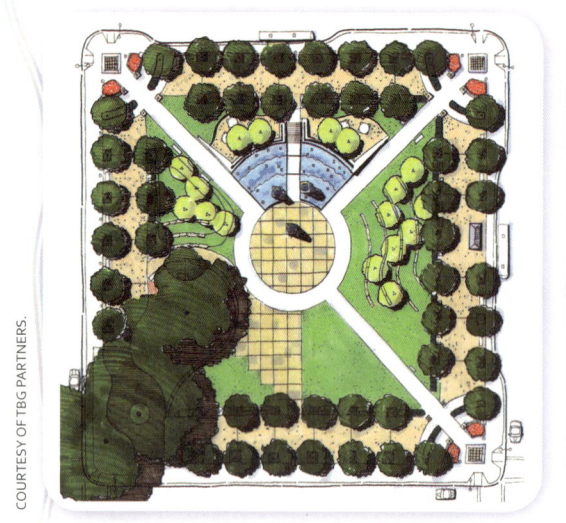 

图4-1　得克萨斯州，奥斯汀人民公园的两种景观设计方案。

因为顾客期望在海报打印前可以进行选择。与此类似，景观设计师也会在实际方案实施前提供多个方案供顾客选择（如图4-1）。

纵向思维

你可以运用德博诺提出的方法来挖掘自己的创造性思维潜能。其中的一个技巧是，当你尝试寻找创造性的解决方案时，学会辨别主流观点。例如，以前的个人台式电脑主要包括三部分：（1）主机（主要是硬件），（2）显示屏，（3）键盘和鼠标。市场中的主流想法是保持这种形式或结构，通过改善其中一个或几个部分来提升电脑的性能。然而，某电脑公司对这种部件之间相互独立的方式提出了挑战，他们的设计是将处理器和显示屏合并。整合之后，不仅为顾客提供了更为简易的操作方式，还减少了杂乱的电源线。

主流观点好比是在地上钻一个洞后，将这个洞扩大或者挖得更深，继续挖这个洞比重新再挖一个洞容易，而重新打洞则是"开辟新天地"的一种常用方式。识别和理解这些主流观点可以帮助你远离主流观点，并寻找其他合理的方式。

在科学领域，典型的例子是牛顿的工作。牛顿之后的几个世纪，宇宙力学的相关思想已被很好地用于科学技术领域。然而，牛顿理论中也存在一些小瑕疵，这些瑕疵是对问题缺乏理解或存在观测误差而产生的。随着时代的进步，实验设备的精度越来越高，这些瑕疵不再被忽视。这就需要一个既懂牛顿定律又可以跳出这种主流思维方式的人，来建立一套可以符合观测证据的新理论。爱因斯坦对牛顿定律的一个基本假设——时间——提出了质疑，他提出了处理弯曲时空的现代广义相对论和狭义相对论，由此为人类理解宇宙带来了革命性的飞跃。

当你认识到主流思想后，你会用不同的方式看待问题。达·芬奇（1452—1519）曾说，"我们所有的知识在自己的意识中都有其根源"。达·芬奇强调的重点是对现实的认知，以及现实本身的对立面都会控制人的思维方式。你必须尝试突破自己的认知，深入了解不同的观点，这些观点可以帮你看到问题的不同维度，而仅靠逻辑往往是达不到这个效果的。你的立场会影响你看待问题明显点和隐晦面的能力。下面一些产生想法的方法可以让你学会以不同的方式来看待问题。

类比

类比就是找出两种不同事物间的相似性。在解决问题和设计工作中，类比可以对产生新想法起到很大作用。据说，1455年，谷登堡（Johannes Gutenberg）发明印刷机就是类推了硬币冲压机和酒榨机（如图4-2）。他将两种设备的工作原理相结合，实现了各个字母可以重复印刷的功能。

图4-2 谷登堡的印刷机被称为是硬币冲压机和酒榨机的结合体。

设计工作中，你能够看到不同问题之间的相似之处吗？一些问题的解决方案对你要解决的问题有帮助吗？如果你在试图解决一个结构设计相关的问题，你可以从植物的结构、人体的骨骼或者其他与设计问题毫不相关的领域找到可比之处。发现这些相似之处可以为你解决设计问题提供帮助。

头脑风暴

头脑风暴是建立在创造性思维不同于传统智慧这个共识之上的。一般在头脑风暴时，不少于两个人聚在一起互相交换各自的想法，用他们的想法来激发更多的想法。他们试图通过打开脑洞和寻求令人吃惊的解决方案等方式摆脱传统智慧的束缚。这可以帮助他们打破传统（纵向思维），提供一种鼓励创新的氛围。在头脑风暴中，参与者不应该受任何条条框框限制，应该放松思想，让思维自由驰骋（如图4-3）。

参加头脑风暴会议的每个人都不得对别人的设想提出批评意见，因为批评对创造性思维无疑会产生抑制作用。头脑风暴会议结束后有评价各自想法的时

> **头脑风暴（brainstorming）**：无限制的自由联想和讨论，一种解决问题、产生新观念、激发创造性思维的方法。

图4-3 几个人在进行头脑风暴。

第4章 产生和开发想法

表4-1 组织头脑风暴会议。

组织一场头脑风暴会议
头脑风暴会议是一种可以产生解决方案的有效策略。以下是头脑风暴的一些重要准则： 1. 至少3~4人为一组。 2. 必须有一个人负责记录；新想法的及时记录对回顾先前的灵感很有帮助。 3. 问题的定义要准确，并确保每个人都理解。 4. 对每个问题设定一个相对短的讨论时间（30-60分钟）。 5. 保持主动，能够跳出常规思维，充满想象力。 6. 仔细聆听他人的想法，可以在他们的基础上提出自己的看法。 7. 不要批判、评价，也不必做过多的解释（重要！）。 8. 在保证质量的前提下，努力争取数量。 9. 必须坚持当场不对任何设想作出评价。

© CENGAGE LEARNING 2013

间。以下是头脑风暴的基本宗旨：

▶ 提出的想法越多，出现高质量想法的概率就越大。

▶ 集体的思考能力要强于个人的思考能力，因为团队成员会相互激发灵感；当只有一个人时，头脑风暴通常是无效的。

▶ 没有任何威胁的环境有利于自由发表各自的看法；所以，评论要在头脑风暴结束后进行。

▶ 有限的时间范围可以提升创新氛围。

通常，当学生们尝试头脑风暴时，他们很难成功。主要有两方面原因：首先，参与者对头脑风暴的过程并没有经验，而且他们通常不会严肃对待；其次，参与者通常比较拘谨，害怕自己的言语显得愚蠢。为了成功进行头脑风暴，你需要熟悉相关方法。表4-1描述了组织头脑风暴会议的一些准则。除了这些准则，下面的一些头脑风暴方法或许可以帮助你的团队打破常规，激发出更多有创意的想法。

思维导图 这是一种自由词联想和头脑风暴相结合的方法。该方法的基本思路就是围绕一个主题尽可能激发更多的想法。将主题作为起始点，写下你突然想到的想法。这一步要尽可能地快，不要做任何分析。你将会想到一些与主题相关的词语（主干），然后由此展开，得到更多与这些主干相关的词语或想法（如图4-4）。

打破常规 得到新想法的一种简单方法是逆向思维或者将之前的想法相互结合。打破常规的方法允许对常规问题提出革新性的解决方案。例如，按照传统，设计师会将电梯放在建筑物内部。而一个富有创造性的建筑师会考虑将电梯放在建筑物外部。这种创新不仅使建筑更加美观，而且更能引人注目，同时还节省了建筑空间。

名义群体法 名义群体法是指在决策过程中对群体成员的讨论或人

思维导图（mind-mapping）：
一种自由词联想和头脑风暴相结合的方法。思维导图的思路是围绕一个主题激发尽可能多的想法。

创新（innovation）：
对现有技术产品、系统或方法的一种提升。

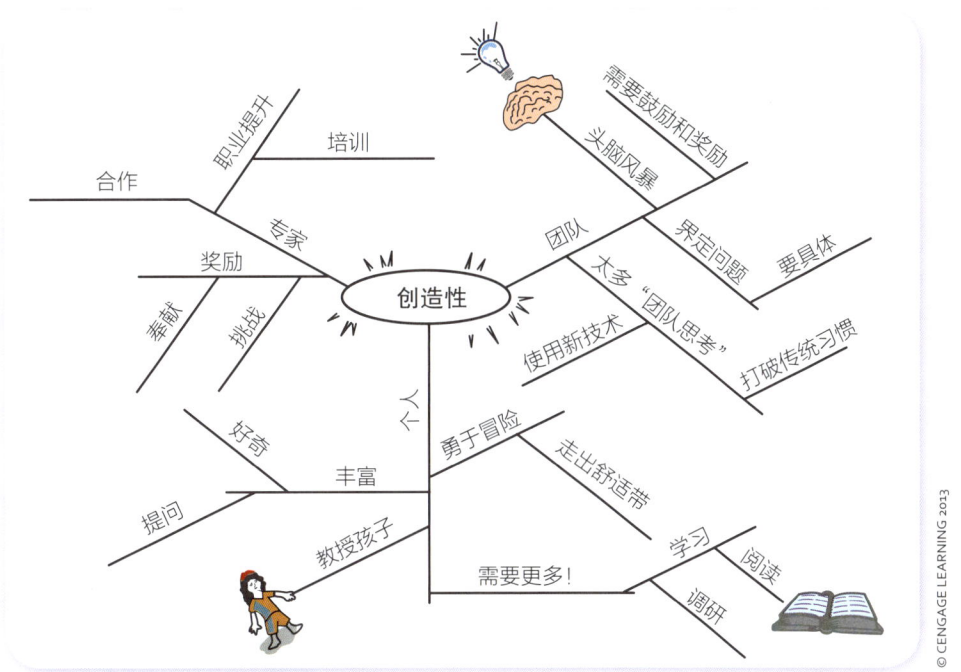

图4-4 创造性思维导图模型示例。

际沟通加以限制，但群体成员是独立思考的。像召开传统会议一样，所有成员都出席会议，但每个成员首先进行个体决策，确保考虑问题的全面性，并由此产生最优的决议。具体步骤如下：

》》第1步：产生想法，各自写下来

名义群体法的第1步就是让小组成员独立写下他对问题的看法。下面是这一步骤的好处：

1. 有充足的时间来思考和反思自己的想法。
2. 可以避免相互干扰。
3. 避免小组成员间相互竞争，从而使大家看到所有人的想法。
4. 避免过早选择某个方案。

》》第2步：记录下所有想法

名义群体法的第2步是将小组成员的想法记录下来（通常记录在活动挂图或白板上）。每个成员将自己的想法提交给群体，然后一个接一个向大家说明自己的想法，直到每个人都表达完并记录下来为止。这种记录法的好处在于：

1. 鼓励每一位成员平等参与展示环节。
2. 促进"去个性"——能够将想法与人分离开来。
3. 可以带来很多想法和选择。
4. 促进思维的碰撞。

5. 鼓励"搭车"——记录在白板上的想法可以激发另一个人想出之前没有想到的方案。小组成员在汇报时可以随意补充自己的新想法。

研究表明，思维共享和平等参与可以增加小组的创造性，衍生更多选择。这种鼓励成员轮流提想法的方式是一种有效的行为模式。

第3步：连续讨论，澄清想法

名义群体法的第3步是轮流讨论每个想法，目的是将各个想法阐释清楚。轮流讨论就是将每个想法按顺序罗列在白板上，给想法提出者一小段时间阐释自己的想法。记录者指着第一条，大声询问是否有疑问或需要进一步解释。然后记录者为提出该想法的小组成员留出时间阐述自己的想法，接着把所有问题过一遍。这一步的主要目的是将自己的想法阐述清楚，而非争论谁对谁错。好处是：

1. 可以避免过度集中于一个或某几个观点。
2. 可以帮助消除误解。
3. 可以在没有争论的情况下将观点的不同之处记录下来。

第4步：连续讨论，作出评估

名义群体法的第4步是评价之前提出的想法。记录者从第一个想法开始，轮流询问大家的意见、观点、同意或不同意的理由，赞成与反对等。不同想法之间，记录者会留出讨论的时间。这一步的目的也不是争论输赢，而是说清楚每个想法的优势与劣势，好处在于：

1. 提供机会讨论各自想法的合理性。
2. 提供机会讨论某个观点的利弊。
3. 提供机会提出反对意见和不同的观点。
4. 考虑既有方案的可行性。

第5步：根据重要性投票

每位小组成员按照自己对问题重要性的认知，将所有想法在白板上按优先次序排序（最重要的想法排1#）。平均分最小的选项即为小组集体选出的最重要想法。

想法提出阶段，名义群体法会议平均每组产生至少12种想法（相比来说，传统的会议只能产生3到4种）。通过一系列讨论，小组成员开始理解他人的想法、他人想法的基本原理以及每个想法的争议之处。无论如何，最终会通过投票将个人的评价整合起来，确定个人想法的相对重要性，然后得出小组的决定。

换位思考法

换位思考法是用于挖掘不同角度想法的一种方法。目标是将"熟悉的变陌生，陌生的变熟悉"。这就意味着换位思考有助于以一种全新的方式看待问题。在该方法中，设计师扮演产品或设备的某一部分，问"谁影响了我？而我又影响了谁？"在列好清单后，设计师扮演每个受影响的人和涉及的物体，尝试理解他人的观点。在换位思考法中，设计团队一起工作比单独一个人工作会产生更好的效果。

例如，大家对篮球鞋都很熟悉，经常穿的人并不会从中得到什么启发。如果你来负责运动鞋的设计，你可以想象自己是双鞋，比赛期间被运动员穿在脚上。当运动员准备起跳时，你会感觉到层层泡沫和鞋底材料挤压在一起，当你从运动场的一头到另一头时，你会感到不停地被挤压和拉伸。尽管听起来有些匪夷所思，但这是一个可以让你摆脱纵向思维的束缚，产生新想法的有效策略。

草图和涂鸦

书面语和口语都有很多规则，这些规则限制了设计师的思维。设计师发现，直观、自然的交流方式效果会更好。图是所有设计师的共同语言。快速随手画图（称作草图）是将自己的想法在消失之前快速表达出来的有效方式。

画草图的能力可以提升你在解决问题和设计的过程中的创造力。第 5 章将介绍画草图的一些技巧，也提供了大量练习来帮你提升画草图的能力。草图有助于你想象、改进用来解决问题的设备和系统（如图 4-5）。画草图会使你深入思考部件与整体系统的关系。如，当你要画某个物体的草图时，你需要靠近它仔细观察，在脑海中画草图的过

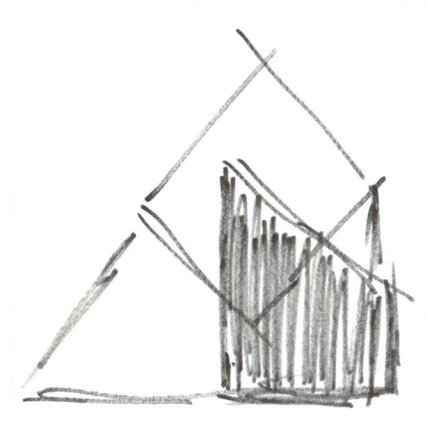 

图 4-5　太阳能屋的草图及真实的太阳能屋。

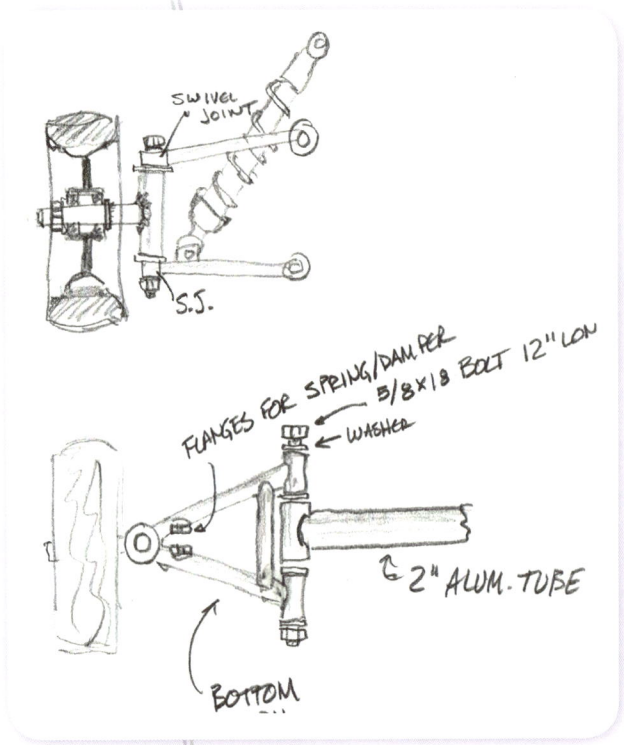

图4-6 典型的草图示例。

程会使你更加注重细节。

如果你正在尝试为坐轮椅的人设计开门的装置，就需要把可能开启的方式都画出来：滑动、旋转、折叠等等。你的草图可能包括一些简单的开门系统，例如电动机、杠杆、气缸等。当你继续画草图时，会有更多的细节浮现在脑海中，直到开始考虑这些想法有什么优点。

图4-6是单座赛车前悬架的草图。这张草图中包含了各种零件一起工作的细节。接下来，设计师会关注材料的细节。这是一个很好的草图示例。

使用正式的仪器绘制正式的图会抑制创新意识。被这些仪器和实例强加的结构就像口语和书面语，往返于你的想法和纸面之间，所以大多数设计师都认为最好的草图方式是用纸和铅笔画。随着设计软件的日益更新，电脑上绘制草图也成为了可能，尽管它现在还有些笨拙。

孵化期

大脑总是在不停地运转，因此，为大脑孵化想法提供时间是很有价值的。想问题想一天没有结果，沮丧着去睡觉，第二天醒来突然想到了问题的解决办法，这并非罕见。这对于正在准备考试的学生也适用。这是因为，睡觉时，我们的大脑会对信息进行筛选分类。

尽管期望自己能在早餐前突然想到清晰的设计方案，不过暂时放空一两天，让它在大脑中孵化通常是有利的。及时记录自己的灵感很重要，如果不及时记录，这些幻灯片一样的灵感很容易消失。

轮到你了

比例是两个数量之间的关系，如矩形的相邻两边，称为**高宽比**，用 $x:y$ 表示，其中 x 表示矩形的宽，y 表示矩形的高。我们生活中有很多标准比例的矩形案例，例如，传统电视机屏幕的高宽比是 4:3（1.33:1），高分辨率的电视机高宽比是 16:9（1.78:1）。

矩形的黄金高宽比是 1:1.618。上网查找以下问题：（1）黄金矩形的特殊之处是什么（黄金矩形是如何定义的）？（2）如何运用几何学的概念构造黄金矩形。

开发想法

想法的发展有两个重要阶段。第一个阶段是产生了一些想法，并且每个想法都有一定的潜力来推进项目的发展。这一阶段，不管项目设计中是否包含这些想法，我们都要发展它们。第二个阶段是最终解决方案被选定。在这一阶段，想法需要进一步深化，因为所有的设计细节都需要确定。开发工作将因解决方案复杂程度的不同而不同：简单的想法几乎不用深化，但是复杂的想法总是需要很多努力。设计过程的早期，深化想法的目的是让想法成型，以此判断是否可行。当你得到第一个可行的解决方法时，不要停止，用同样的方式深化其他想法。

在发展了很多可行的想法后，你要选择一个去实施。在这个阶段，你选择的方法要经历更远的发展，目的是实施想法。你可能需要决定细节，如尺寸、形状、材料、紧固件、表面处理或其他的考虑。在非物质导向项目的情况下，比如编程、电子，或者媒体，决定可能会涉及流程图绘制、逻辑顺序、故事板或其他因素。

如果解决方案涉及实物产品的制作，设计者会使用**工程图**确保与其他专业人员以及产品或系统的实际操作者之间的交流。第8章会介绍更多关于工程图细节的信息。

工程图（technical drawings）：
生产组件或系统时需要用的图纸。

拼插组合套装

发展早期想法的一个非常有用的策略是使用市场上可买到的各种拼插组合套装。如果产品涉及机械系统，乐高、科乐思、慧鱼、麦卡诺等会为你测试想法提供简单快速的方法。

一些拼插组合套装用来搭建复杂的机构。拼插组合套装使你能轻松地制作复杂的结构和机械设计，完全自己构建会更困难和费时。你可能需要设计和制造一个齿轮减速机构，以此来增加一个小电动机的转矩，达到"举起"的动作任务。从标准化的零部件和材料到建立机械系统的框架结构，建模过程需要很多技巧和时间。一旦熟悉了特定的部件和套装的连接紧固技术，这些任务都可以通过拼插组合套装轻而易举地完成。用拼插组合套装做的原型也可以进行重要的工程设计分析，例如，可搭建一个特定的齿轮箱，从数学和实验上验证设计所需的机械优势。

拼插组合套装最大的优点可能是，它有能力在三维空间实现想法。绘画和草图可以用来深化并改进技术创意，但它是二维的，是画在纸上的。如果设计师经验不足或者缺乏具体的细节设计，草图可能会无用。

拼插组合套装使潜在的解决方案在三维空间内的可视化成为可能，

图4-7 用于设计自动运载工具的VEX拼插组合套装。

图4-8 由麦卡诺建造的一种模拟计算机的"转矩放大器"。

图4-9 由CAD绘制的发动机装置。

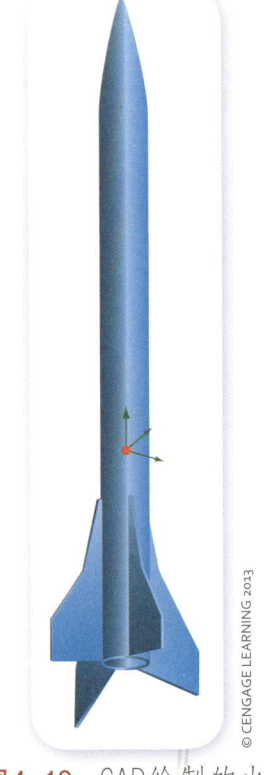

图4-10 CAD绘制的火箭模型。

使用它可以验证问题和想法，并且马上得到设计可行性的反馈（如图4-7和图4-8）。这是所有包含运动部件的设备发展过程中至关重要的一步，对于用标准工业材料来建造的项目来说，它是一个有价值的工具。

电脑辅助设计

电脑的使用使设计出现了革命性的变化。随着台式机的引入，以及应用于设计、分析、检测和信息研究的软件的发展，设计公司已经发生了翻天覆地的变化。电脑使产品开发人员，包括工业设计师和工程师、供应商、承包商，都可以参与到产品的开发过程。电脑也使团队核心人员间的距离不再那么重要，地球上任何一个地方的设计人员都可以参与到项目中。

与其他工具一样，电脑和软件限制了设计者的某些能力。据说，一双有经验的眼睛能够辨别出建筑是否使用CAD设计，因为软件限制了建筑师画图的形状和风格。新的CAD软件功能更强大了，它赋予设计者更多的发挥空间。然而，限制设计的不仅仅是软件的复杂性，使用者的能力也是限制因素。知晓的越多，软件的操作能力就越强，在设计中的选择就会越多（如图4-9）。

参数化实体建模的使用使虚拟3D模型的发展成为可能。这些程序，如Inventor，Pro/ENGINEER，SolidWorks等等，使单个部件的制造，以及由部件组成整个产品成为可能。与绘图不同的是，此处的部件可以旋转，用于检查部件是否与其他部件匹配。如果有必要，部件之间的间隙还可以测量和调整。将供选择的形状和尺寸建成一个整体，叫做"**配置**"，设计人员可以查看和分析许多"假设"场景，随时进行解决方案的优化设计。

实体、3D模型套装软件促进了机械和结构系统的发展，同时也可以用于模型的分析。举个简单的例子，重力中心（CG）位置是火箭稳定性的一个重要因素（如图4-10），火箭模型设计过程中，可以借助模型软件对其进行分析。CG是火箭发生旋转的点——平衡点，就如跷跷板一样。第二个因素是空气动力中心，或者说CP。如果CG在CP的太前或太后，火箭在飞行时都容易侧翻。

火箭模型爱好者创建了专门的CAD模型程序，用于火箭模型设计。这些程序，比如RockSim，SpaceCAD，可以让爱好者们预测他们设计的火箭模型的稳定性和飞行特征（如图4-11）。

许多行业中，CAD取代了初级设计工具，设计人员可能创建具有真实感的图片，这有助于设计想法之间的交流，也有助于将想法向管理人员和顾客展示。工业设计者和其他设计人员也会使用其他软件，例如用AdobePhotoshop来创建直观的图片（如图4-12）。

外观美化

美学经常被认为和艺术有关，它涉及我们生活的方方面面，是生活的一个主要部分。**美学**用来描述使我们感到愉悦的事物。无论我们是否意识到，我们都已将美学加入是否喜爱、是否购买的决定中。在设计工作中，美学也是一个需要重点考虑的方面。

更多关于产品外观的信息将在第17章中介绍。如今，所有的公司都会考虑产品的视觉外观，正因为如此，在设计团队中，都会有一位工业设计师。美学和视觉**设计原则**与产品的发展联系在一起，包括市场和个人或团队关心的展示效果，这些将在第18章中介绍。第1章中提到，当工业革命发展，工厂开始生产消费品时，市场的竞争就得到了激化。产品的外观精美（并且质量也保证），公司就会销售出更多的产品。但是，在当时，大批量地生产3D模型仍然很困难，制造商只能利用黄铜、铁和其他金属，将其加热后倒进模子，批量生产一些表面看起来复杂的模型。这样，产品的设计就被限制了，并且很笨重。

美学（aesthetics）：基于对所见事物的视觉反应，研究事物的外观形态；属于哲学的一个分支。通常人们在此过程中会产生喜欢或不喜欢的主观感觉，这与文化、经济、政治、道德观念有关。

设计原则（design principles）：描述设计师如何把不同的设计元件组合成完整产品的法则。

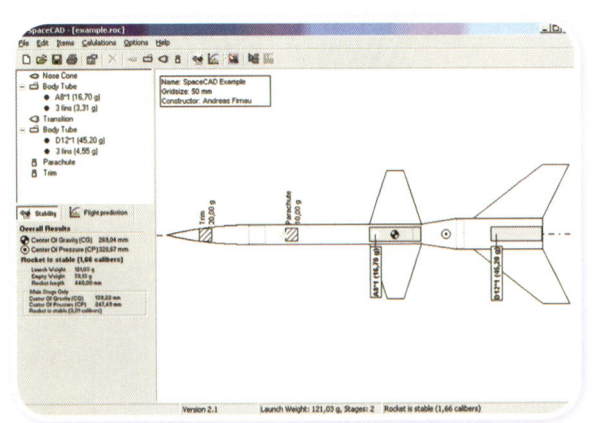

图4-11　SpaceCAD设计图展示了CG和其他性能。

图4-12　工业设计中用Photoshop绘制概念自行车。

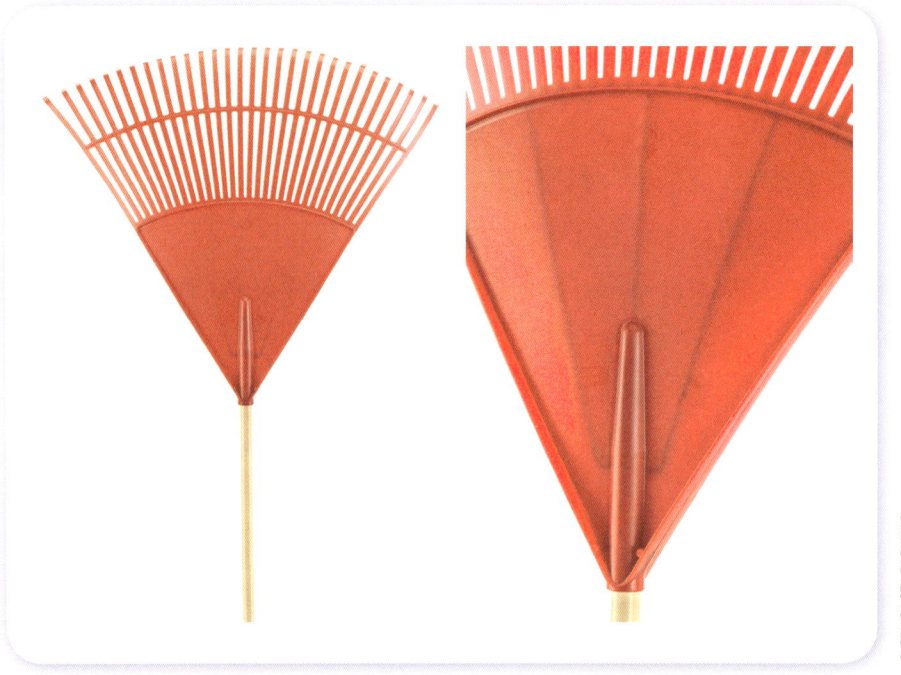

图4-13 材料的选择对产品设计和生产有影响。此处展示的是用塑料做的搂草器。

在20世纪，导致设计方式改变的一个重要因素是市场上新材料的引进。1927年，塑料作为制模原料被引入，这使得生产多种类型的消费品成为可能。与金属一样，塑料能够用模子浇铸；与金属不同的是，大多数塑料质轻。醋酸纤维素、聚氯乙烯、低密度聚乙烯、聚苯乙烯等的发展改变了产品的设计，使生产美观的产品成为现实。

材料的选择决定产品的生产和外观。图4-13和图4-14展示的是两

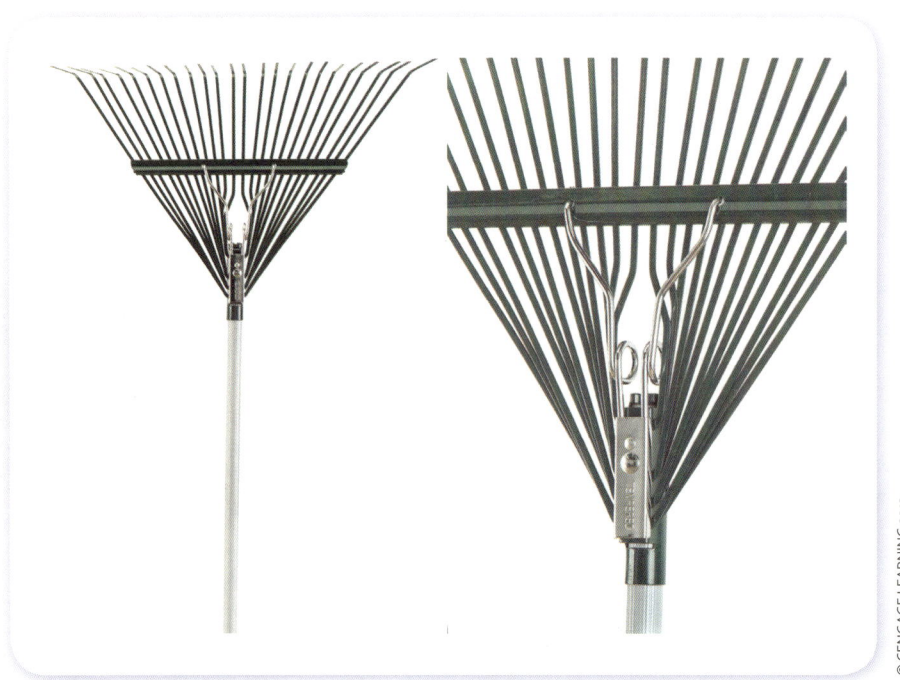

图4-14 钢制搂草器，尽管和塑料搂草器有一样的功能，但设计却完全不同。

个草坪搂草器，一个由塑料制成，一个由钢制成。塑料搂草器是一整块，用的注射成型的方法，并且可以制成任何形状和任何颜色。钢搂草器是用24根分开的耙齿组合而成，需要涂上油漆防止生锈，加固件位于中间手柄连接的顶部。不考虑耐用性和成本等问题，塑料搂草器在美学方面给设计者更自由的选择。

搂草器的例子表明材料的选择会影响美学。选择材料时要考虑各种因素，包括长度、耐用性、费用、制造过程、环境影响等。

视觉设计元素

你可能想在开发工作中考虑很多的设计要素。这些要素一般包括美学和功能。下面是一些常用的设计元素。

线条　装饰表面的一种常用方法就是使用直线。注意一下用在电脑、收音机、计算器，甚至沾有你汗水的袜子上的线条或压痕。图4-15中的大功率闪光灯就是将线条作为设计元素的例子。

线条可以打破枯燥或无趣的表面，给人以动感或速度的印象。20世纪早期，线条广泛应用于艺术装饰设计。

颜色　颜色可能是最容易理解的设计要素。我们会从感性层面对颜色做出强烈的反应，它直接影响我们对产品的印象。物理上，颜色具有多种维度，包括波长［波长决定了颜色的种类或"色调"（红、绿、黄等）］、数值和亮度。第5章将举例说明如何将颜色有效地应用于设计中。

形态/形状　一条线被画在一张纸上，并被封闭时，便得到一个形状。有些形状看起来比较随意、蜿蜒曲折，或者说是"自然的"。直线形状一般是人为的，直线在拐角处交汇。形状可以有轮廓鲜明的边线或者模糊的边缘，可以是亮的也可以是暗的，不透明的或者是透明的，被涂上颜色或者只是纹理。三维的形状被称为形态。所有物体都有自己的形态，我们必须在空间和时间里移动物体或自己，才能欣赏它们。同一特征被应用到形状中和形态中，效果是一样的，但是大多数产品功能是依靠形态。总体尺寸、重量、材料和设计目的限制了汽车、飞机、建筑和雕塑的形态。

形态有时与时尚相关。如果你看19世纪40年代的汽车，会发现形态是类似的：流线形、圆形、

图4-15　大功率猫眼LED闪光灯应用了线条设计原理。

有关颜色的科学：我们使用的无线电信号、光和热都是不同频率的电磁辐射。当我们看见不同的颜色时，实际上是看到了不同频率的电磁辐射，这些电磁辐射的频率存在于窄频带，我们称之为可见光谱。当特定的频率刺激眼睛的视网膜时，我们会看到特定的颜色。如果所有频率的可见光都呈现在眼前，我们看到的将是白色；如果几乎没有可见光频率在眼前，我们看到的则是黑色。印在纸张上的字之所以呈现黑色，是因为黑色墨水有这种特性：吸收并且不反射几乎所有频率的光。

有关颜色的技术：制造好的颜料和染料需要复杂的技术过程，这个过程利用了有机化学和无机化学的知识，以及其他学科的知识。这些化合物被用于作画、为乙烯基或者其他塑料着色、为金属涂色，以及为染料公司制作大量的墨水。为了保证一批染料与另一批染料的一致性，人们发明了通过电脑控制的机器，它通过测量染料混合物吸收和传递光的频率，来控制生产过程中不同颜料的添加数量。

有关颜色的工程：工程师团队设计控制染料和颜料生产的机器和系统。物理知识和化学知识，以及强大的机器设计和电子产品设计的背景是成功设计这些设备的必要条件。具备所有这些品质的设计师非常罕有，因此一个成功的设计团队包括许多不同领域的专业人员，他们共同致力于产品或系统的开发工作。

有关颜色的数学：没有数学，几乎不可能从精确的角度谈论颜色。电脑的画图程序中，颜色被描述成红色、绿色和蓝色所占的百分比，或者通过色调、饱和度和数值来描述颜色。更多精确的颜色定义中包括颜色的波长和频率，红色的频率在384-482太赫兹之间，或者波长在622-780纳米之间。

> **设计元素（design elements）：**
> 与平面设计师的工作相关，并可由其操作的因素，包括线条、形状、形态、数值、颜色和纹理。

如图4-16。而19世纪80年代，方形成为了汽车的时尚（如图4-17）。现在，大量的汽车公司又兴起复古之风，借鉴19世纪30年代到40年代的车型。

形态既可以是对称的也可以是不对称的。图4-18所示的莲花跑车背面是对称的，而图4-19所示的房子是不对称的，它使用了各种不同的**设计元素**（如屋顶、门和窗户的位置设计）来达到这种形态或形状。

空间：三维空间的应用也是重要的设计元素。如，教室或卧室是否凌乱不堪，许多物品随意摆放分散在屋子里？空间是否被设计和组织地井井有条，得到了高效的运用？高效利用空间在许多设计中都非常重

图4-16　福特轿车采用圆形形态。

图4-17　1987尼桑Maxima采用方形形态。

图4-18　莲花跑车背面是对称体系的典型代表。

图4-19　这个房屋的设计偏离各种不同的元素来达到不对称的形态。

要。在建筑设计中，高效地利用空间尤为重要。例如，如果学校走廊的宽度是现在的一半或者三分之一，会怎么样？如果走廊的空间以这种方式变小，势必会严重影响学生和老师的活动，使学校失去应有的功能。

轮到你了
用草图分析一个简单的机构

大多数房子内的门有这么一个机构：由球形旋钮或者执手和一个可插入门梃中的锁舌组成。旋转旋钮（或者向下按执手）使锁舌收回或者弹出。

1. 画出草图，展示这个机械动作是如何完成的。绘制尽可能多的细节来描述这个机构。
2. 如果可以的话，认真地拆分一扇门的构造并详细地画出它是如何工作的。

第4章　产生和开发想法　　101

图4-20　轮胎上凹凸不平的表面能够增加摩擦，使汽车紧贴道路行驶。

图4-21　颜色和明度。

纹理　出于功能性和审美性的目的，纹理的存在非常有用。相对于数值和颜色来说，纹理使表面更加生动，应用于物体上时，使物体变得更有触感，有光和影的效果。轮胎、工具手柄、冲浪板和滑板上的粗糙纹理能够提供必要的摩擦，从而使人们更好地操控它们（如图4-20）。

数值　在图形方面，数值表示一种颜色与黑色的相对值。比如说：红色的数值可能从一个非常亮（白）的鲜红色到一个非常暗的带黑色的红色。它可以是极端颜色，也可以是中间的任何一种颜色。明度数值用百分比来度量，体现明暗对比关系。一道光在视觉上的表现，要么是高数值的黑色，要么是低数值的可见光。图4-21展示了黑和白两种极端颜色之间不同颜色的明度。

选择最优设计方案

一旦你得到了许多可实施的方案，你就需要进行评估，从而找出最优方案。**最优**方案必须是可实施的，并考虑到所有必需条件和设计上的约束（如功能、费用、耐用性、可靠性、安全性和其他重要的因素）。在一个复杂的设备或系统中，选择最优方案更加困难，因为所有的因素都要加以考虑。本章的前面部分，我们讨论了创造性思维在开发想法时的重要性。而在选择和优化方案时，我们会更多地使用**分析性思维**。

标准选择

"最好的"或者说最优的可以包含多种意义。以现实和明确定义的标准为基础进行选择非常重要。一些方案，尽管在概念上优于其他方案，但是无法在学校项目允许的时间内实现；或者是你没有相关的设备或专业知识；又或是材料昂贵或者稀有。基于学校的项目可能有许多约束，其实企业在设计项目或产品时，也要考虑很多限制。

产生和开发想法阶段，一个好的起点就是回顾设计过程最初设置的规范。工程上，设计标准一般都比较具体，为整个工程指明方向。

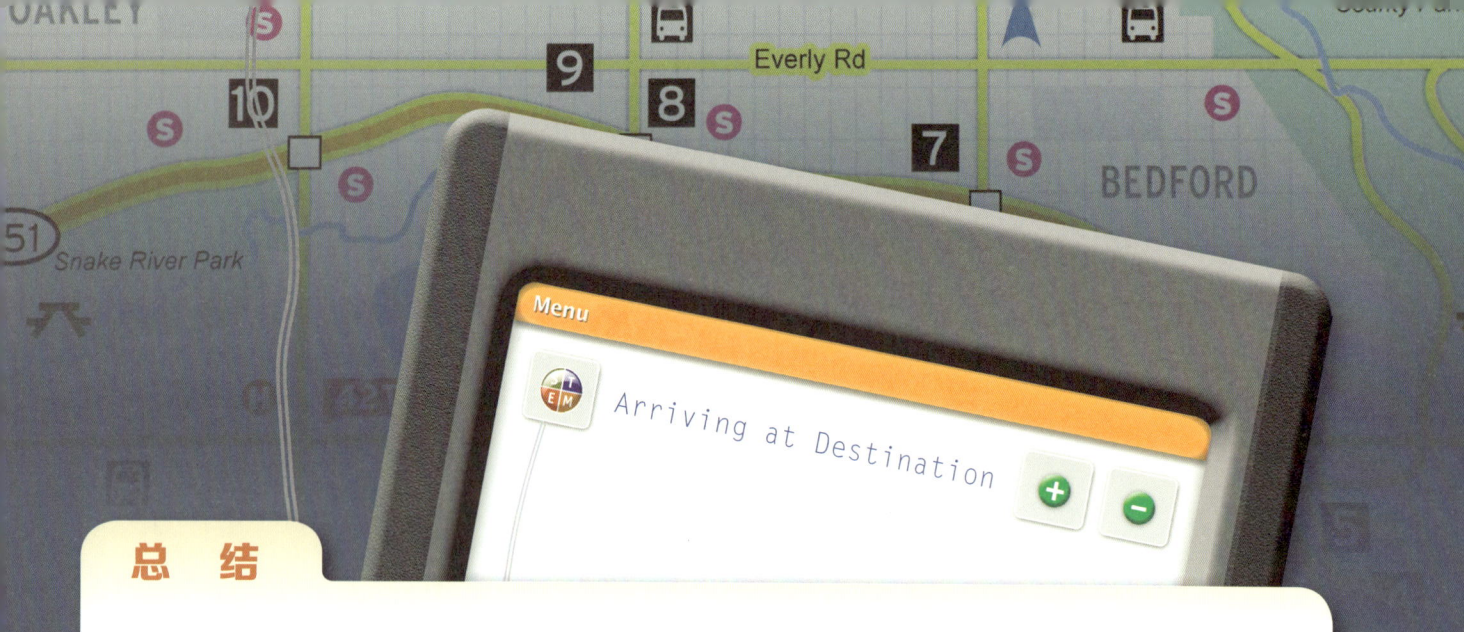

总　结

　　产生和优化想法是设计过程的核心。那些富有创造力和想象力，并擅长优化创意的人，对任何公司来说，都是宝贵的财富。初学者和专家都可以用策略来产生想法，并且利用横向和纵向思维思考。

　　不能过分强调要尽可能多地产生新想法。但是需要明白的是，产生的想法越多，找到解决问题的最优方案的可能性就越大。在工程技术中，设计者面临发展各种思维能力的挑战。爱德华的横向和纵向思维模型被用来展示如何通过传统和非传统的思维技巧找到全新的解决方案。通过使用主导思想、类推法、头脑风暴、名义群体法、画草图和涂鸦，你可能会发现额外的想法。大多数想法需要经过孵化期后，才能充分发展。

　　当设计者认为产生的想法已经足够多时，必须开始对每个有潜在优势的想法进行深度挖掘，近距离地观察这些想法，看其是否有价值。发展性工作的目的是为了确定想法是否有可实施的机会。通常，会优化每个想法的结构、功能和美学外观。视觉设计元素包括线条、颜色、形态或形状、空间、纹理和数值。对于优化中的想法，设计者会运用多种材料和技术，比如电脑设计程序、草图和制图、组合套装。需要同时考虑使用者和环境，这通常是设计成功与否的决定因素。

　　设计人员会基于一系列因素来选择最优方案，这些因素包括：成本、工程学、外观、人体工程学、可制造性以及其他道德和环境因素。选择的过程应该基于已有的标准，而这个标准应该与产品早期的开发过程是一致的。如果产生和开发想法的过程已经被完善，就应该相信：已经选择的想法对于确定的问题来说肯定是成功的解决方案。

课后作业

观察/分析/综合

1. 列举生活中运用纵向思维的10个例子。
2. 列出十二步骤设计过程，标出哪些步骤着重于纵向思维，哪些步骤着重于横向思维，并写明原因。
3. 选择以下其中一个话题，与至少4人组成一个团队，组织一场时长3分钟的头脑风暴会议：a. 丢弃的塑料饮料瓶的再利用；b. 为当地学生科技协会分会或者其他学校组织进行募捐提供想法。列出想法并上交给老师。
4. 上网查找资料，至少找出5个不同的商业产品的例子，并且是以"线条"为设计元素，简单描述如何使用"线条"。
5. 上网查找资料，至少找出5个不同的关于产品在控制及显示中体现的对称平衡的例子。
6. 找出以下屏幕的高宽比：a. 相机照片打印全尺寸时的输出值；b. 书信和小型画报版式；c. 学校微机室的电脑屏幕。
7. 就某一消费品，从不同角度对其拍摄，并就其美学做分析，在一张书信大小的纸上打印这些照片，每张照片约4英寸×6英寸。并在周边空白区域说明产品中使用了哪些设计要素，如线条、形状、形态、数值、颜色、纹理等。

补充作业

工程设计分析挑战

■ 如果要对某些结构和简单机械想法进行测试，查看其是否有进一步优化的可能，拼插组合套装非常有效。建模前先将运行机制的草图详细地画出来。完成后，有条件的话拍摄一下模型的照片。写一小段文字，介绍草图是如何展示实际模型的，在建模过程中为了达到功能要求，你做了哪些改变（如果有的话）。上交的作业包括草图、照片和介绍。

1. 设计并制作这样一种机构，转动是输入，摆动是输出。输入是手柄的持续旋转。
2. 设计并制作这样一种机构，转动是输入，直线往复运动是输出。输入是手柄的持续旋转。（提示：查找"齿条与齿轮"装置）

第5章
通过绘图开发设计想法

Menu

 **头脑准备**

学习本章内容时，思考如下问题：

① 为什么说徒手绘图是设计师、科学家或工程师的一项重要技能？

② 工程师和其他设计师为什么要记录自己的工作？

③ 左右脑分别为艺术家、设计师或工程师提供了哪些不同的能力？

④ 可以融汇到有效设计中的六大"视觉设计元素"是什么？

⑤ 如何运用色彩更好地表达设计理念？

⑥ 可以用哪些绘画技巧在工程笔记本和设计作品中记录和呈现想法？

⑦ 工程笔记本和设计作品集是如何发展而来的？

>> 引 语

第2章已经介绍了设计过程，这也是所有技术和工程设计的核心活动。在第5章，我们将介绍一些设计师之间沟通时使用的技巧，尤其是设计初期，此时想法正在脑海中酝酿，需要进一步深化。

设计一词由拉丁语"designare"（规划）衍生而来，随后发展成法语词"dessiner"（画）。因此，设计与绘图的关系由来已久。

绘画，或者使用某些方法作图，是专业设计师或者工程师的必备技能（如图5-1）。绘画有助于"日常技术专家"——有房一族、父母或商人解决实际问题。

图5-1 马来西亚吉隆坡的国际汽车展上，一位年轻艺术家正在用数字化素描展示一款概念汽车。

绘画的用途

绘画在设计过程中扮演着多种角色（如图5-2）。这些角色主要分为三类：探索、思维发展和文献记录。就本章而言，绘画包括**草图**（快速、**徒手**绘画），以及一些更精确的绘制，例如使用圆规和直尺等工具进行的制图。草图即艺术家所说的速写，用于快速记录信息，例如在视觉头脑风暴时使用。与草图相比，详图记录得更加细致，但很耗时。

探索可见世界

探索是我们收集和理解信息的方法。绘画要求我们仔细观察事物，将注意力集中于细节。人类接受到的信息中，有90%来自视觉，但是我们一般很少仔细观察世界。对于以绘画为目的的观察，要求注意力完全集中。绘画是个很好的研究工具，它有助于我们理解事物的运作机制，以及各零件之间的关联。

改进想法

我们通过产生和分析各种想法来解决设计问题。刚开始，解决问题的想法通常十分粗略，草图可以帮助我们将思维形式化，并帮助我们更加清晰地考虑如何完善想法。成功的绘图让我们能抓住每一次改

草图（sketching）：
绘制粗略的图画来呈现事物或场景的主要特点，通常用于初步研究。

徒手（freehand）：
手动完成，不借助尺子等工具。

第5章 通过绘图开发设计想法 107

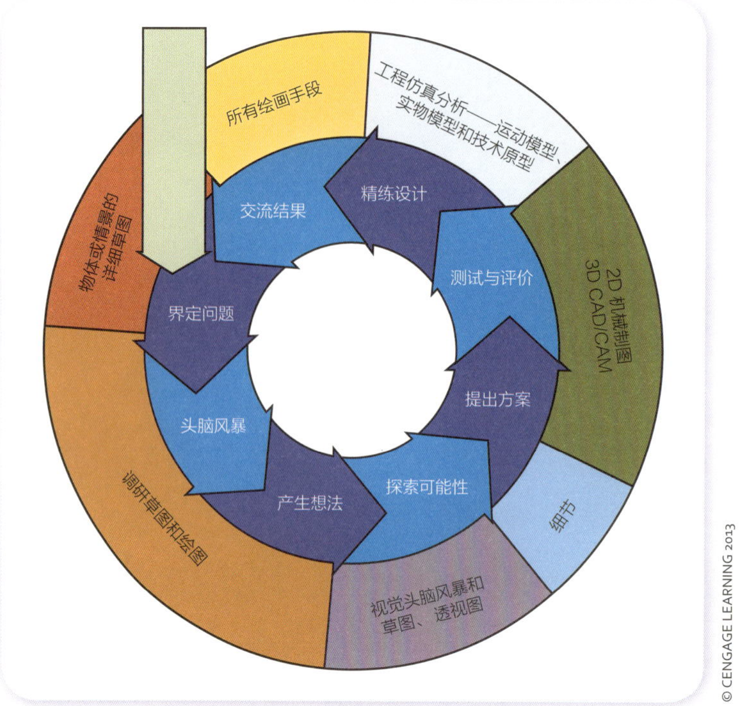

图5-2 设计过程依赖绘图和建模。

进的机会。绘图是最便捷的工具,可以用来记录想法,改进想法,直到我们满意为止。

探索和改进想法是创造的基础。本章中介绍的徒手绘图和绘画为我们大脑中的思想与现实世界中的物品和产品之间搭建了桥梁。手绘的即时性使我们能捕捉创意或转瞬即逝的想法,以备将来使用。

将想法变为产品时,我们就要用到技术来拓展绘画的技巧。一直以来,**绘图员**主要借助画板绘画,手工绘制图案和设计图,手动测量精确的尺寸,添加注释。第10章中,我们将看到,如今的画图一般会运用**计算机辅助设计**(CAD)程序来完成,设计师可以使用颜色、光效和逼真的表面渲染来添加**透视图**的效果。

文件编制

文件编制就是将设计过程的思路和问题解决的过程进行收集整理。图5-2展示了绘图和建模是如何支持设计过程的。外圈显示了能使设计师开拓思维并改善想法的各种绘图和建模技术。当你在工程学预科课程上做文件编制时,你就学会了一项基本的设计技巧,同时也提供了一个让老师了解你思维的窗口。

将想法和发展过程进行记录是设计的主要部分(如图5-3)。**设计师**这个词被广泛地应用于各个职业。工程师为我们的日用产品和系统进行技术设计,包括手机、饮用水、游戏,以及我们上学、工作或度假

透视图(perspective): 立体图的一种形式,使用消失点来表现人眼所看到场景的深度和失真程度,透视图可以用一个、两个甚至三个消失点。

文件编制(documentation): (1)文档资料,以及和设计过程相关的证据和证明;(2)包括安装、操作和服务指南在内的图纸或打印信息。

时使用的交通工具；建筑师和土木工程师设计的是建筑物；==版面设计师==的工作对象是页面上的元素，比如字体、页面==布局==和图片等，用来设计出版的资料；工业设计师的工作对象是实物产品；时尚设计师设计的对象是服装和配饰。上述职业都包含设计工作，记录的本领是他们都必须具备的。

工业和商业领域，==工程师笔记本==细致地记录了某个项目的创意、计算过程、想法和计划（如图5-4）。对于工程师来说，中途退出项目，并在半年或几年后重拾项目是很正常的情况。这时，工程师笔记本上采集的内容以及编制的文档可以帮助他们节省大量时间。

图5-3 建筑师正在与客户分享自己的概念图。

同样的，当几个类似的专利申请被提交时，工程师的记录可能成为获得==专利==的法律依据。如"哪项申请最先提出决定性的创意或设计？"的问题就能用文件证据来回答。与普遍的看法相反，创意并不是以完美的形式腾空出现；它们是逐步形成并发展的。创意发展的文件编制过程就是逐步收集原始手稿、笔记、计算和其他证据的过程。

工程师必须保存好思维演变的证据，并不只是为了法律目的，更重要的是当你不可避免地走入"歧途"时，能"原路返回"。设计是一个复杂的过程。明确过往的历程才能保证未来的发展，因为我们都是健忘的，好的文件编制能帮助设计师保留重要的事实和信息、想法，以及解决设计问题的细节。

设计作品集 创新领域的工作者和准备在创新领域工作的学生都应记录工作内容。尽管工程师笔记本有重要的技术和法律地位，但还是

> **==工程师笔记本==（engineer's notebook）：**
> 也称为工程师日志或设计师笔记。用途如下：(1) 当其他工程师还未宣称是自己的设计观点时，可作为设计想法的一种记录；(2) 记录新观点和工程调研成果，作为取得专利的证据。

> **==作品集==（portfolio）：**
> 一系列旨在证明一个人的能力或记录创意发展的过程的作品。

（a）　　　　　　　（b）

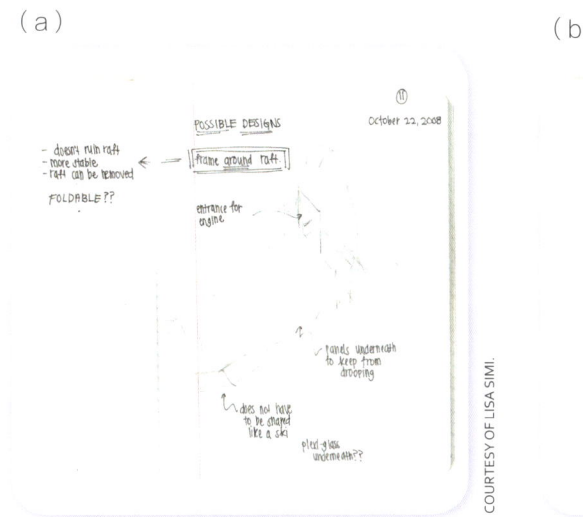
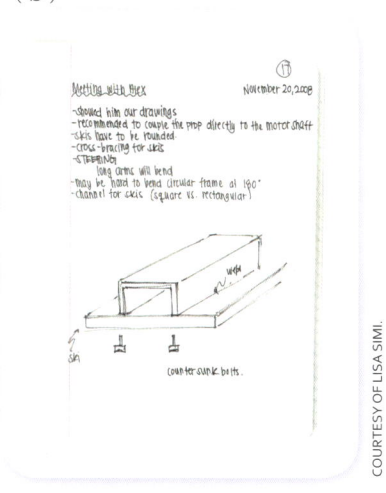

图5-4 工程师笔记本上的图画样例。（a）运用草图展示一种可行性方案；（b）运用草图交流想法。

第5章 通过绘图开发设计想法 109

需要有 **作品集** 来收集材料，用于记录个人的想法和实际工作。建筑师会给潜在的客户展示作品，让客户评估以前的项目，如果潜在客户认为作品的质量和风格都满足了工程需求，那么交易便可能成功。整个过程，建筑师会使用图画或照片与客户交流工作。作品集在设计师和客户的关系中起着重要作用。

和建筑师一样，其他设计师也都明白作品集的重要性（如图5-5）。设计师可以为潜在客户展示他们的作品集，或者利用它来申请专利或展览。多年来，设计师都是通过拍照的方法，将自己的作品制作成幻灯片。现在，越来越多的设计师开始使用电子化的记录方式，并把作品集发送到互联网。

图5-5　浏览者可以在艺术家网上作品集里看到每一件作品。

工程师笔记本　工程师或其他设计师或许也会有类似的作品集，以照片、草图、插图和出版物的方式描述项目和原创作品。这些记录可以用在晋升和求职时，甚至可以用来申请项目资助或创业。

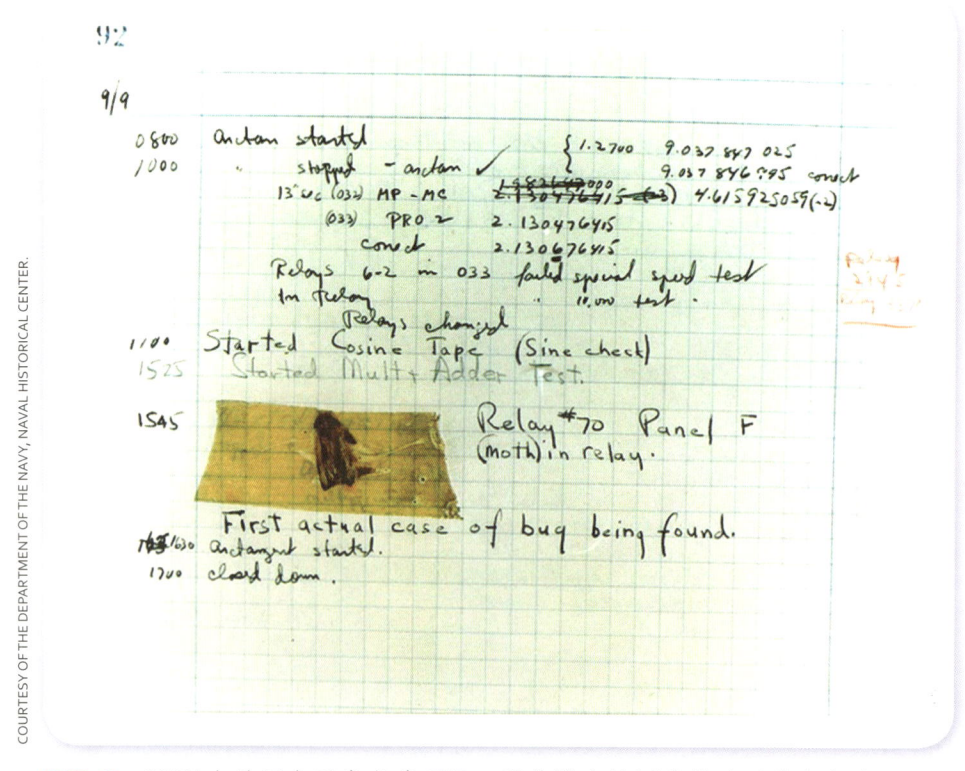

图5-6　COBOL电脑语言开发者葛丽思·霍普博客的图片描述了首个电脑"bug"。

美国的专利体系是奖励第一个研发出新产品的人。工程师笔记本或日记能够帮助证明你是第一人（如图5-6）。工程师笔记本记录了每天的活动，包括日期和任何解决问题过程的图画。通常会有标准来证明设计和日期的真实性和可靠性。工程师可能不会为专利而去保护新方法，但会记录在项目开发过程中所作的决定和标准，用于复现结果和评估整个过程和产品。

学生设计作品集　在教育领域，作品集有其不同的重要性。许多教育评论家指出，通过笔试来检验学生知识掌握程度很片面。因为考试只能评估某一时刻学生的知识水平，并不能证明他们对知识的实际了解程度；我们极有可能为了考试而学习，考试过后便忘了知识。然而，作品集展示的是通过一段时间记录下的一个人的实际行为，这份证据不是在学校最后一周突然出现，而是靠数周、数月甚至多年的积累而成的。

作品集在技术和工程学预科课程上都极其有用（如图5-7）。因为许多设计和创意深化工作本质上都是图形化的。正由于作品集是图像化的证据，所以作品集在两个层面成为设计过程的核心部分：

1. 在作品集中，每个问题的解决过程都有追踪和记录；

2. 单个项目的独立作品会纳入一个积累的作品集中，用来申请大学或职业培训项目，或在工作、奖励、荣誉和竞争中作为佐证材料。

记录设计作品是学习和理解设计过程的必备过程。通过作品集的方式，你可以收集证据证明你的观点、创意和进行的开发工作。

（a）

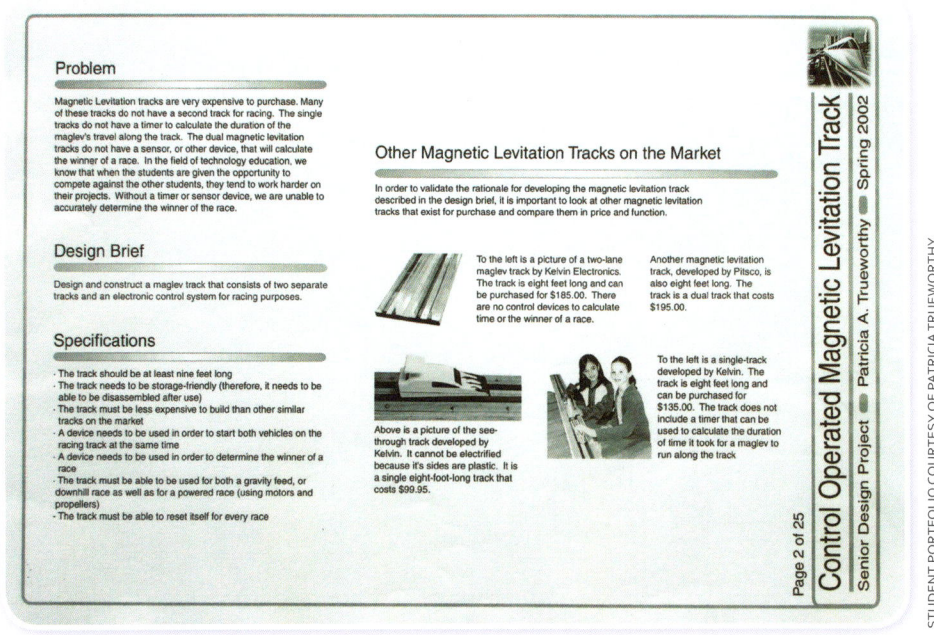

图5-7　学生作品集展示。

图5-7（续）

(e)

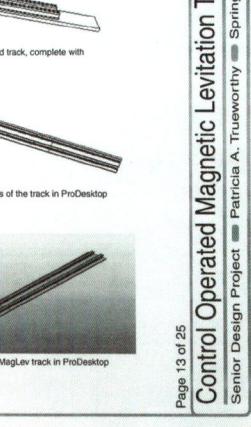

(f)

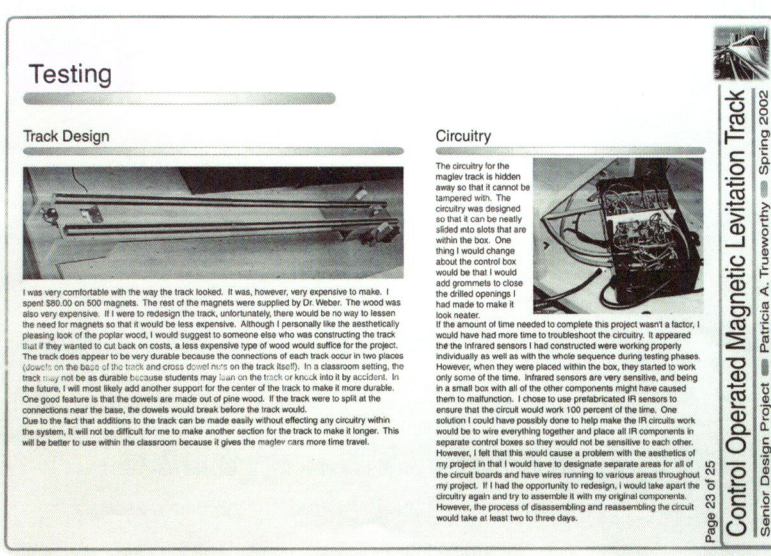

(g)

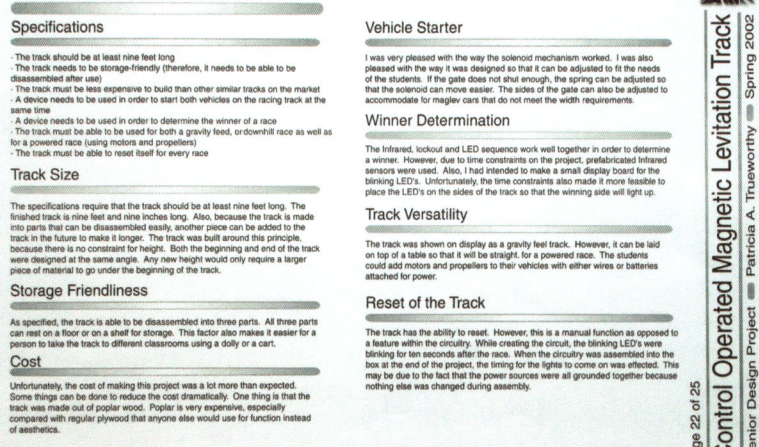

图5-7（续）

通过绘图进行交流

图画是描述视觉世界的一种语言，它使想法**视觉化**、可提炼、可分解和可交流。这是一项可以习得的技能。有些人具有速写或绘画的天赋，但每个人都可以学会这些**技能**并掌握基本的技巧。

并不是只有艺术家才能绘画或速写，只是有些人觉得很容易，而大部分人必须通过练习相关技能和"招数"才能成为成功的视觉交流者。快速、初步的绘画被称作草图。通常，草图被用于抓住事物的本质或某场景，以供未来参考，或是简要描述一个仍需进一步改进的观点。草图的主要目的在于，以尽可能快而有效的方法在纸上记录想法和观点。

讨论画草图的技能之前，须先明白，大部分人在成功学会草图和绘图前都要克服重重阻碍。障碍之一就是怕别人嘲笑自己不会速写或绘画，尽管很少有人承认自己有这种担忧。让他们草绘一个想法或一张地图时，他们通常冒出来的第一句话就是自己画不好。克服这个困难需要一些努力，但最后的结果会非常令人满意。常言道：一图胜于千言万语。

全脑绘图

其实人人生来都是绘图高手，只是到了青春期，许多人不"记得"怎么画了。绘画需要我们将思维从顺序化的语言模式转变为更加直观的方式。科学家认为**语言思维**由左脑控制，而**视觉思维**由右脑控制。人们在孩童时代总是自然地使用视觉思维，但随着学校教育在七、八年级时对阅读和数学的集中关注，我们忘记了绘画还可用来观察细节和事物关联性。

练习可以帮助人类有意识地激活右脑——这也是艺术家绘画和雕刻时使用的部位。最主要的一个策略就是让大脑挑战不擅长的事情，刻意让过度开发的左脑暂停。最终目标是让你能够使用整个大脑，左右脑同时开工，各自完成最擅长的部分。

热身练习

下面的练习可以在白纸，甚至复写/打印纸上完成，需要使用一支削尖的软硬适中的铅笔，比如 2B 或者 B、HB 铅笔。

你曾经遇到过因观察方法不同而被认定为不同事物的图片吗？一个典型的例子就是"人脸或花瓶"的难题（如图5-8）。你可能看到的是人脸，也可能是花瓶，但两者无法同时出现。心理学家用这个例子来说明，大脑

图5-8 视觉图像——"人脸与花瓶"。

在两个图像之间来回翻转，但在同一时间只能处理一组图像的信息。

练习1：绘制镜像 我们来分析一下"人脸或花瓶"。不论你看到的是两张脸还是一只花瓶，所有形状和线条都如图中呈现，侧脸的轮廓同时也是花瓶的轮廓。一张图里的物体形状（阳面）成为了另一张图的背景形状（阴面）。

> **右脑（right brain）：**
> 小脑的右半球，被认为善于处理同步的、整体的、空间的和关联的信息。

绘制这样的"难题"正好可以调动我们的<mark>右脑</mark>。接下来，让我们自己动手画一画"人脸或花瓶"。

步骤1：垂直放置一张8.5英寸×11英寸的纸。在纸的上端，从右端边缘几英寸的地方开始，画一个女巫的侧边脸。并不一定是哪个特定的女巫，只要是你心中想象的样子就行。

步骤2：从额头开始，使用连续的线条画出足够大的侧脸，确保脖子在页面的底端，略低于下巴（如图5-9）。注意：整个侧脸必须画在右半张纸上。你可以边画边告诉自己：首先，画前额，然后画眉峰，再画鼻子，接着画上嘴唇和一些丑陋的牙齿，最后画下嘴唇直到下巴，脖子的线条延伸到纸张的边缘。这一切应该不太困难。这是一个非常"<mark>左脑</mark>"的活动，因为你可以叫出所有部分的名字，并且可以使用脑中已有的符号代替"女巫的下巴、鼻子、额头、嘴唇"等。

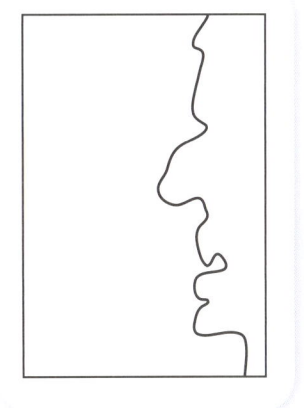

图5-9 女巫侧脸。

步骤3：现在，用右脑思考。在左半张纸上，画一张与你刚才所画侧脸互成镜像的图形。看起来就像是两个相同的女巫在注视对方。这次你不能仅仅依赖脑中的符号。你需要一个实际的轮廓，并将它从右到左翻转（如图5-10）。这时再用绘制右边侧脸的方式去绘制就没有好处了。因为画一个镜像图形需要的是观察两者之间的关系并通过视觉测量距离。

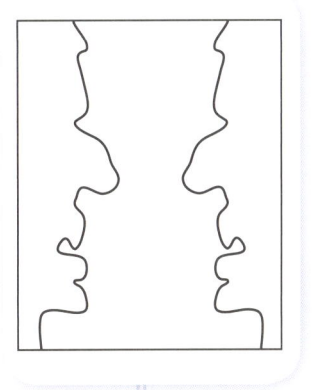

图5-10 对视的女巫。

画完后，看一看你的作品。哪边的女巫更容易绘制？她们看起来完全一样吗？你是否意识到画第二个侧面时，与画第一个侧面使用了不同的技巧？（不要将纸对折后临摹。这个例子是让你知道左脑始终想帮助完成绘画。）

顺便注意一下两个女巫中间的形状，它应该看起来是一只花瓶或一个瓮罐。（用这幅画作为一个视觉迷惑的例子——标准的"人脸或花瓶"难题——你可以修改部分轮廓，当然那将会改变你画中女巫的样子。）

练习2：上下倒置 人脸或花瓶的练习让你了解了如何启用右脑进行绘画。如果你觉得很简单，很可能你已经与你的右脑建立了较好的联系；如果你觉得很困难，或许你拥有一个发展很成熟的左脑，它希望掌管你的思维。

> **左脑（left brain）：**
> 小脑的左半球，被认为善于处理线性的、语言的、分析的和逻辑的信息。

图5-11 脸部正面朝上。

REPRINTED WITH PERMISSION FROM DRAWING: A CONTEMPORARY APPROACH, SIXTH EDITION, BY BETTI AND SALE. COPYRIGHT © 2008 WADSWORTH

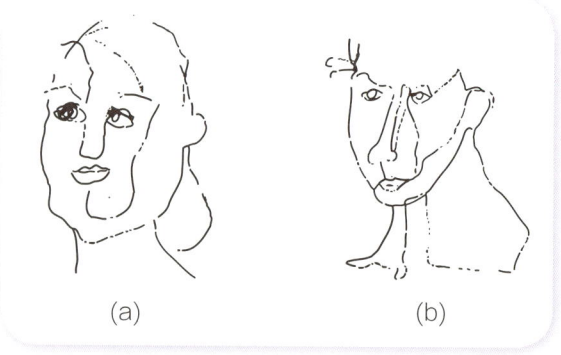

图5-12 学生绘图作品。

REPRINTED WITH PERMISSION FROM DRAWING: A CONTEMPORARY APPROACH, SIXTH EDITION, BY BETTI AND SALE. COPYRIGHT © 2008 WADSWORTH

步骤1： 接下来我们来看一张女人的脸部素描图（如图5-11）。在一张与刚才尺寸相同的纸上，尝试把图片复制下来（如图5-12）。给自己大概15分钟的时间完成这幅画。如果你觉得很乏味，别担心，这很正常。完成之后，将画放到一边。

步骤2： 将你刚才临摹的图片上下颠倒（如图5-13）。再用一张相同尺寸的绘图纸，临摹这张颠倒的图片（如图5-14）。给自己大约15分钟的时间完成这幅画。（你可以设置闹钟，或是找人提醒你时间快到了，因为右脑对时间不太敏感，且不太容易控制时间。）

图5-13 脸部颠倒。

REPRINTED WITH PERMISSION FROM DRAWING: A CONTEMPORARY APPROACH, SIXTH EDITION, BY BETTI AND SALE. COPYRIGHT © 2008 WADSWORTH

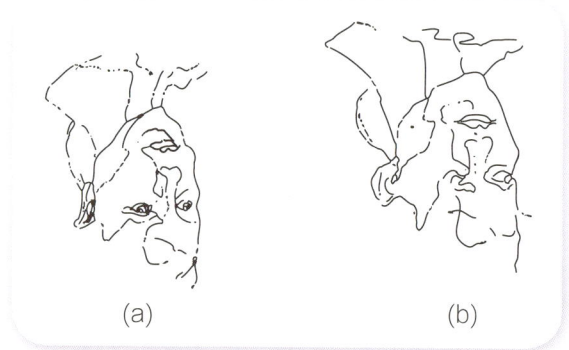

图5-14 学生绘图作品。

REPRINTED WITH PERMISSION FROM DRAWING: A CONTEMPORARY APPROACH, SIXTH EDITION, BY BETTI AND SALE. COPYRIGHT © 2008 WADSWORTH

一旦开始了这项活动，你会发现你正在画的东西（眼睛、脸颊轮廓、耳朵）变得无关紧要。一切只与线条、**空间**以及这两者的关系有关——高一点、低一点、距离。这是右脑真正喜欢的那种无声的活动。

步骤3： 完成这幅画后，将它上下颠倒。将这张图与你刚才所画正面朝上的图对比。哪一个看起来更好一点？大部分情况下，第二幅更好一些，它看起来更加自然、放松。仅仅看每幅图用到的线条，你会发现颠倒放置的图片线条更流畅。**比例**虽会有些失

调，但只要你接受右脑的辅助，你对尺寸关系的观察力便会随着练习而逐步提高。

如果经常练习绘制倒置画，你会渐渐习惯以视觉关系观察世界。你将随时能够使用这项技能。事实上，你已经在其他更擅长的活动中使用过右脑——比如运动、跳舞、骑车或是开车。无论何时，如果需要迅速且持续地判断距离和 **空间关系**，你的右脑便会默默地掌控全局。如果你擅长这些活动，你或许会感到既兴奋又放松，这正是艺术家们绘画时的感受。如果你还学会了利用右脑去绘画，你便掌握了一种非常有效且轻松的交流技巧。

练习3：触觉素描 如果你战胜了以上挑战，试试第3项练习，这将带你进一步走入右脑的世界。艺术家们将这项活动视为视觉、触觉和绘画的合体。这项练习将帮助你学习如何模仿事物的形状：**轮廓素描**。

步骤1： 如果你习惯用右手绘图，将一张8.5英寸×11英寸的纸放在右手边的桌子上。为了防止纸张移动，可用胶带固定。侧坐，保证右手能够在纸上绘图，同时脸朝前并轻微向左转，避免很轻易就能看到图纸。左手握一个小物品（如瓶子、鸡蛋、杯子）（如图5-15）。这件物品就是你绘图时关注的对象。如果你习惯用左手绘图，那么此刻你的大脑将接受更大的挑战，按照与上面相反的方向，保证纸张在你的左边，物品在你的右手。

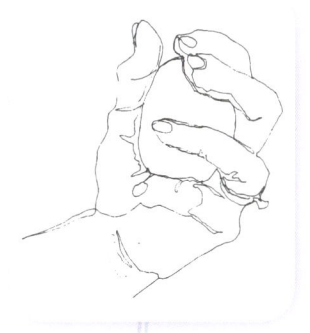

图5-15 手和鸡蛋的照片，以及连续线条画作。

步骤2： 将铅笔放于纸张底部某处。视线集中到手腕处的一点。

步骤3： 视线随着手的轮廓移动，从手腕移向手指，移向手握的物品，移向手腕的另一面。

步骤4： 用铅笔描绘刚才视线在手上经过的路径，不要看着纸。一开始会很难，因为没有眼睛的反馈我们很难判断距离。强迫自己去尝试，如果你感觉到手离开了纸张，沿着你所画的线条返回到纸面后再继续。当你的视线完成围绕手的路线时，绘画也同时完成了。

步骤5： 看一看。你几乎不可能画出一幅比例协调的手部素描，但却可能完成一幅貌似手指和你握着的物品的流畅线条图（如图5-16）。

图5-16 学生轮廓素描作品。

轮廓绘图无法让你有即时的满足感。然而，如果你乐意多尝试几次，你会对自己在以下几个方面的进步感到惊讶：

▶ 细节的观察
▶ 距离的判断
▶ 对绘画的手和纸上线条的掌控能力

尝试描绘你的脚（先是光着的脚，然后是穿上运动鞋的脚）、纸

第5章 通过绘图开发设计想法 **117**

袋或者盘子里的三明治。另一种较好的练习方法是绘制地图轮廓，试着画一画国家地图（也许你会发现自己有 **绘制地图** 的天赋）。

前三个练习主要是让你接触自己的右脑。如果你希望自己能画得像伦勃朗一样好，那你的期望就太高了。通过练习，你会发现自己越来越重视细节了，并且可能会发现，只要左脑没有尝试参与评判，自己已经能够偶尔画出自信而流畅的线条了（如图5-17）。

练习4：正负形 很多时候，我们认为世界被物品充满，周围没有任何东西。出于绘画的目的，物品周围的空间对我们来说需要是可见的，这对于有效且按比例地绘画很有帮助。一个让负形更加可见的方法就是将你要绘制的对象置入一个框架，如此一来，围绕物品的空间就有了边缘。画负形是一种右脑活动，因为负形很难用语言描述。

步骤1： 将一张浅色卡纸对折，在中间裁剪出一个6英寸×8英寸的矩形或是8英寸×8英寸的正方形，作为框架。将此框架置于投影仪的玻璃台上，使得矩形或正方形的形状投射到另一张粘在墙上的白纸上。调整投影仪的位置，保证透射出的框架在墙上的那张纸的内部。在纸上描绘出框架的形状。

步骤2： 将一把张开的剪刀放置在投影仪下的框架内。调整剪刀的位置，保证剪刀的边缘至少与框架的两条边重叠（如果剪刀大到超出四条边也没关系）。

步骤3： 观察投射在纸张上的阴影形状。你可以看到剪刀的形状，而剪刀周围是光的形状，这就是负形，或者说是负空间的形状。描出负形的轮廓，然后关闭投影仪，看看纸上画的图像。小心翼翼地在负形上做好标记，然后将它们剪下来，扔掉剪刀的形状。然后，在一张颜色对比强烈的纸上，将剪下来的负形摆放好，用胶水粘好。如果你能按原来图像一样排列好那些负形，就能在作为背景的纸张颜色上还原剪刀的形状（正形）（如图5-18）。

运用负形还原正形常常会得出惊人的形状。一旦你稍微改变负形，就可能改变正形。这项练习可以让你了解这两种图形（正形和负形）。如果要将刚才所学知识应用到作画的过程中，你可以为自己准备一个小的取景窗：剪一个 1 英尺 ×1 英尺或是 1 英尺 ×1.5 英尺的框架，将这个框架在你的眼睛前后移动，让它框住作画的对象——物品或场景。这个框架能帮助你去掉绘画对象周围的大量干扰信息。如果你能快速画出框架内的正负形，便可以非常高效地获得需要的图像。

经过几次练习后，即使不再运用框架你也可以注意到事物周围的负形了。如果你在绘画过程中遇到比例上的困难，随时可以转换到右

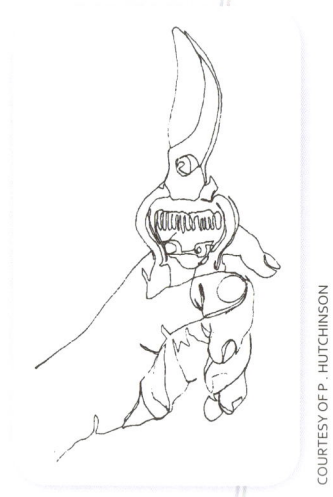

图5-17 熟练学生的轮廓素描。

图5-18 观察并画出剪刀的负形。

脑模式，将注意力集中在负形上。如果有哪个负形看起来不正常，认真研究这个负形，这会使你的正形更加好看。

绘画的基础知识

当你初次绘画时，可能会拿起铅笔或钢笔直接画线条。但真实世界中没有哪个事物是仅由线条围绕而成。轮廓可以帮助你划分出事物存在的空间，但要真正看到这个世界，你同时还要注意<mark>阴影</mark>、颜色、<mark>纹理</mark>、形状和形态的种类，以及该事物与周围其他事物之间的关联。

物理世界的以下几个方面成为了绘画以及后面将要谈论的<mark>设计元素</mark>的"可视化工具"：

- 线条
- 形状和形态
- 明暗（渐变）
- 色彩
- 纹理
- 空间

你在观察和绘画上花费的时间越多，这些元素就越有用。

<mark>设计元素（element of design）</mark>：设计作品最基本的视觉组成部分或构件（例如线条、形状和形态、明暗、颜色、纹理或是空间）。

线条

数学上定义的线条只有方向和长度，没有宽度。在素描中，线条不但有宽度，并且对绘图的外观至关重要。HB 铅笔对于大部分的素描来说，都能画出好线条，因为根据力度的不同，HB 铅笔既可以画出细线条也可以画出粗线条（如图 5-19）。铅笔很快就会变钝，所以保持尖锐很重要。可以试着去画一画不同的线条：直的、弯的、模糊的、粗细不一的，或者变化多样的。

图5-19 不同的线条。

形状/形态

一个物体的<mark>形状</mark>就是由线条包围起来的<mark>二维空间</mark>。形状可以是自然的或<mark>天然的</mark>（自然界的事物，如云朵、树叶和岩石），几何的（正方形、矩形、圆形或是这些数学图形的组合图形），或者是自然和几何形状的任意组合。仅有直线组成的形状叫做**直线形状**（如图5-20）。

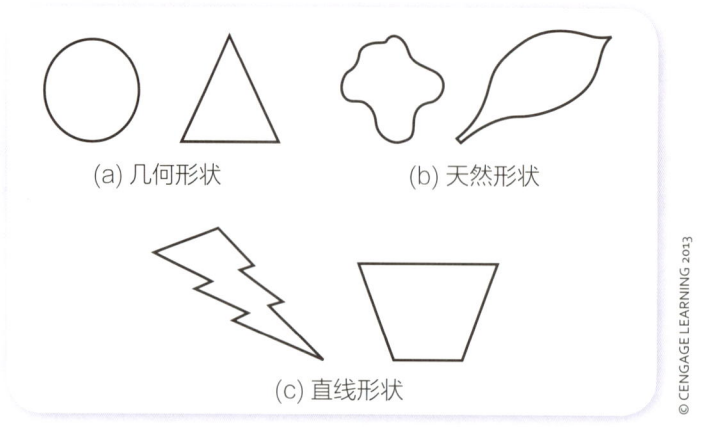

图5-20 形状的种类：（a）几何形状，（b）天然形状，（c）直线形状。

当形状被赋予第三个维度后，就成了**形态**，速写中，可以用线条、明暗和/或颜色来表示。几何中的立方体、圆柱体、圆锥体和球体就是由正方形、圆形和三角形绕对称轴旋转形成（如图5-21）。这些形态是许多常见制成品的基础（如图5-22）。

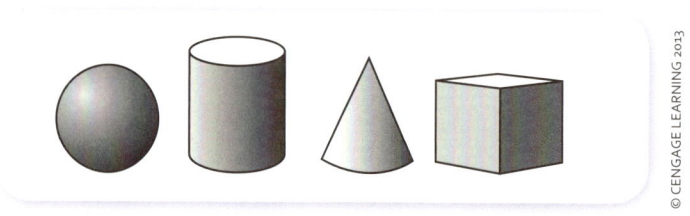

图5-21 基本形态：球体、圆柱体、圆锥体、立方体。

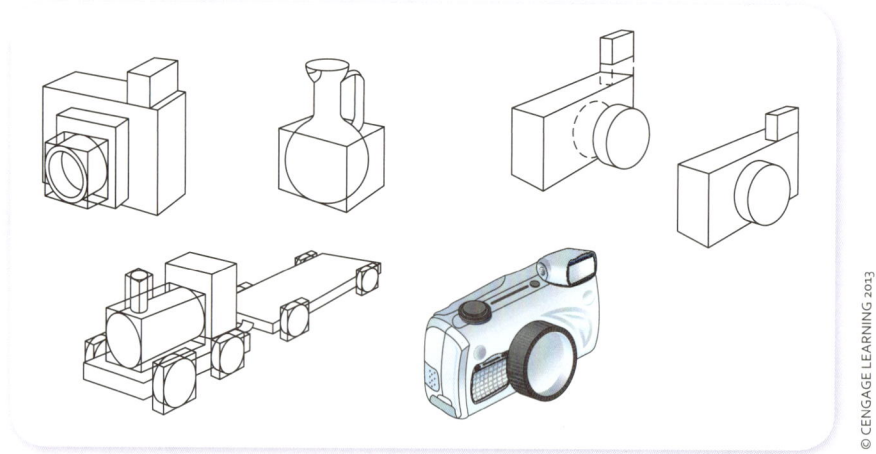

图5-22 上面每个物品都是由几何图形组合而成。艺术家们先用线条框出形状，再去除重叠和速写线条，最后加上阴影、颜色和背景，让物品看起来更具真实性。

其他还有很多常见的几何形态，如四面体和各式的**棱柱形**（如图5-23）。

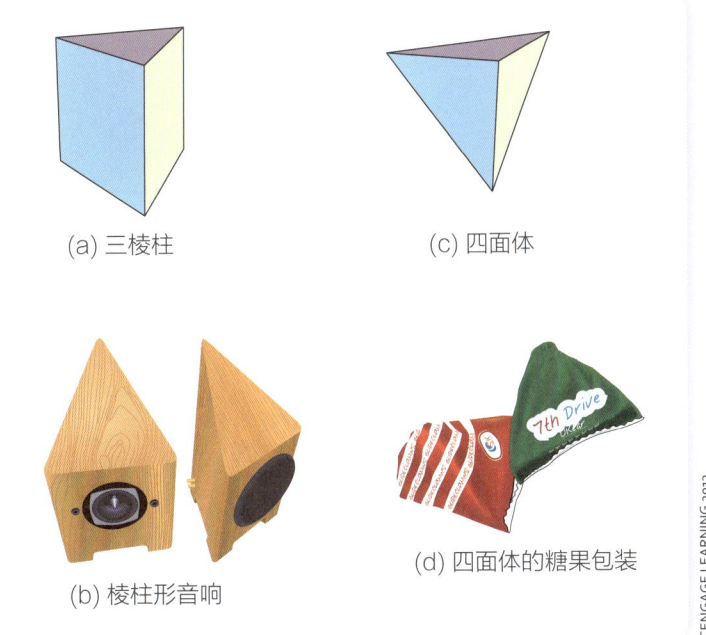

图5-23 （a）三棱柱；（b）棱柱形音响；（c）四面体；（d）以四面体为基础的糖果包装。

除了几何外形，自然形态也常被作为产品和结构的基础，例如图5-24中的建筑物。

图5-24 （a）美国佛罗里达州的仙纳度屋被称为"未来屋"，由天然形态组合而成，现已被拆除；（b）西班牙毕尔巴鄂的古根海姆博物馆是由弯扭和变形的几何形态组成。

第5章 通过绘图开发设计想法 121

轮到你了

明度表

步骤1：画一个纵向矩形，2英尺宽7英尺长。分成7格，每格为2英尺宽1英尺高。最上方的格子留白。

步骤2：用铅笔将底部的格子尽可能地涂黑，颜色尽可能平滑，这样就看不见笔触的痕迹了。

步骤3：将介于白色格子和黑色格子中间的五个小格渐变地涂抹，由浅色过度到深灰。试着统一每一格的明度，让颜色均匀而平滑。下笔轻时颜色较浅，下笔稍重则会使颜色较深。这些原则同时适用于普通铅笔和彩笔。当你来回涂色时，便可以调和色度，涂抹漏掉的地方。平滑均匀的色调离不开长期的练习（如图5-25）。最好下笔轻一点，然后反复多次地涂抹，避免下重笔而造成条纹的不均匀。注意:从矩形的上端（最浅的灰色）开始，不断加深颜色。保持谨慎——加深比变浅容易。

步骤4：返回来观察颜色，是否从上至下平滑渐变——上面的格子不能比下面的深。

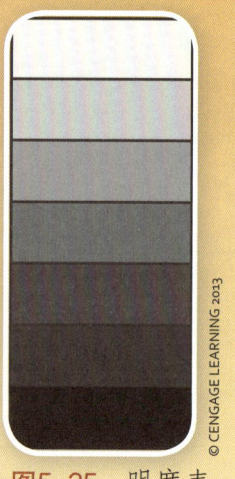

图5-25 明度表。

明度

图 5-21 中圆锥体底部的曲线和立方体的三个可视面让我们对<mark>三维</mark>形态有了初步印象，使形态更加真实的其实是阴影。

阴影实际上是光照在物体表面的结果。阴影或<mark>明度</mark>的范围越大，三维效果越强烈。作画时，可将纸张的白色视为最明的，铅笔能画出的最深的黑色就是最暗的，两者之间的是不同程度的灰色。处理好明暗效果有两个要求：控制好画笔，尽可能观察到最多的明暗变化度。

光源和阴影　我们看一个物体时，投射到物体上的光的多少会影响我们看到的色调。由于光线通常只出自一个主要光源，比如太阳或室内的台灯，物体朝光的一面光照最多；相邻面，或是较远的一面，反射的光不多，看起来要暗一些。即使出现多个光源，由于光线的亮度和光源与物体的距离之间的差异，我们在观察时也总会有一个主要光源。

图 5-26a 中的立方体是通过勾勒两相邻面的边线而成。这个立方体看起来沉闷而没有生气。而图 5-26b 中，同样的立方体，经过铅笔的描绘，三个可视面对光的不同反射产生了不同程度的阴影，同时还在立

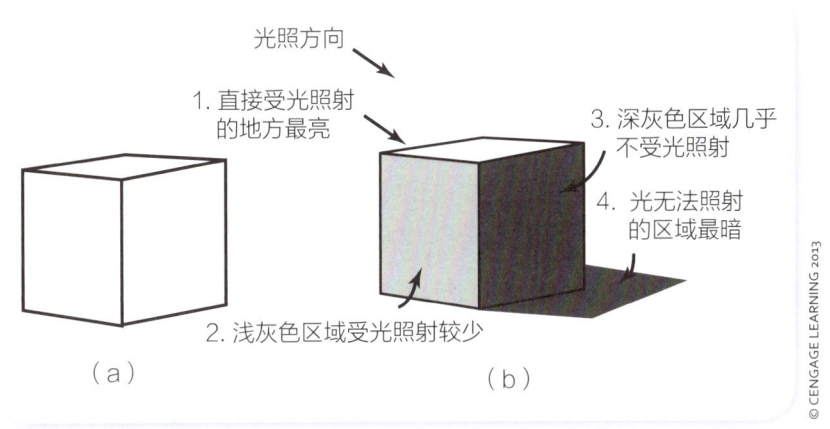

图5-26 立方体(a)加入不同程度的阴影和灰度后成为了立方体(b)。

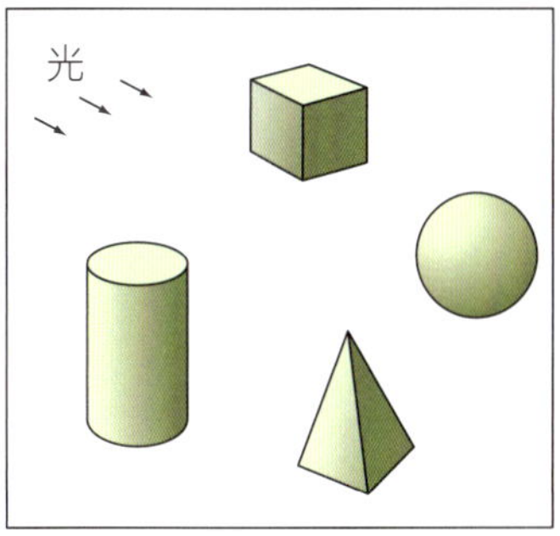

图5-27 光源的方向以及物体与光源的距离会影响物体每一面的明暗程度。

方体放置的一面添加了阴影,这使得第二个立方体显得有立体感且更加真实。这是因为它更接近我们现实中看到的物体的样子。

有时为了绘画,可以想象光源来自你的左肩方向(如图5-27),这可以帮助你想象哪些面浅一点,哪些面深一点。

沿着形态的长轴方向涂色,握笔时将铅笔与纸张夹角减小,让笔芯尽可能多地与纸接触(如图5-28)。

高光 当光投射到明亮或有光泽的物体时,就会产生高光与反射。绘画时,为了使图片看起来更有冲击力、更加真实,我们往往会夸大高光和反射的部分。有光泽、扁平和水平的平面呈直线高光(如图5-29a)。这样的高光可以很简单地用铅笔、记号笔或其他方式添加到画作中。曲线或圆形形状,比如球体或圆柱体,会使照射在它们表面的光线发生扭曲(如图5-29b)。圆柱体通常会拉伸高光,圆柱体内部的曲面甚至也会反光。球体会以圆形的方式反光,人们往往会画窗户的形状作为球体的高光。注意,方形的窗户会在各个方向凸出,因为球形表面使窗户看起来类似圆形(如图5-29c)。

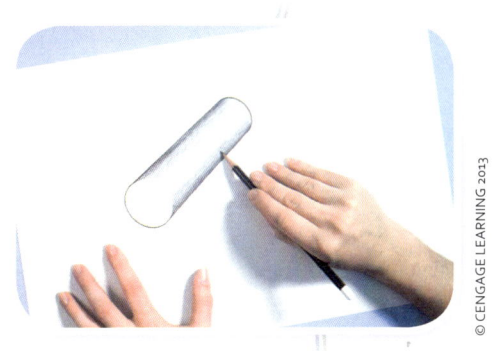

图5-28 使用铅笔绘制圆柱体的混合阴影。

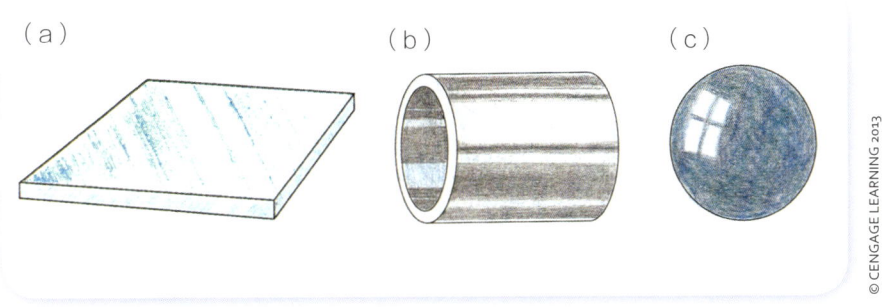

图5-29 (a)扁平、反光的表面;(b)圆柱体上的高光;(c)球体反射的光。

第5章 通过绘图开发设计想法 **123**

5 色彩

颜色是生命的一个重要组成部分，在多个层面对我们产生影响。颜色已经融入到我们的日常语言之中，帮助我们表达情绪。例如：蓝色表示"情绪低落"（feeling blue），绿色表示"羡慕不已"（green with envy），红色表示"火冒三丈"（seeing red），这些词是颜色进入我们语言的一些例子。颜色对我们的情绪和幸福感也有深刻的生理和心理影响。闷热环境中的"冷"色调，寒冷环境中的"暖"色调，都可以用来帮助人们应对极端温度。平静的颜色可以用在医院、学校甚至监狱，帮助人们将愤怒和混乱的情绪最小化。颜色也是传统、宗教甚至是我们日常生活的一部分。

我们之所以能看到颜色，是因为物体反射的光波进入了我们的眼睛。我们眼球视网膜的**光感受器**，又称作**视杆细胞**和**视锥细胞**，对颜色的亮度和强度十分敏感。视杆细胞区分颜色的明暗程度，而视锥细胞能够感知清晰和昏暗程度。光线暗淡时，如黄昏时分，我们几乎看不到颜色；光线强烈时，颜色会显得更加强烈。

色相、纯度、明度 **色相**指颜色的特定名称——如红色、紫红色和鲜绿色。色相参考光谱上实际光线的波长。红色的**波长**最长（频率最低700纳米）。光谱的另一端是蓝色色相，蓝色的波长最短（频率最高400纳米），如图5-30a所示。

色彩的鲜艳程度称为**纯度**。纯度最高的色彩是原色，是最鲜艳的颜色，但通过与色环互补颜色的混合，鲜艳的颜色可以被抵消或变暗，如图5-30b所示。

明度通常是指颜色的明暗程度。明度高的颜色称为**浅色**，明度低的颜色称为深色。明度描述的是颜色真正反射的光线量。颜色的亮度可以通过加入白色或黑色色相来调整。不同程度的浅色和深色如图5-30c所示。

原色 画家、印刷工人和食品工程师所谈论的**原色**，是指组成所有其

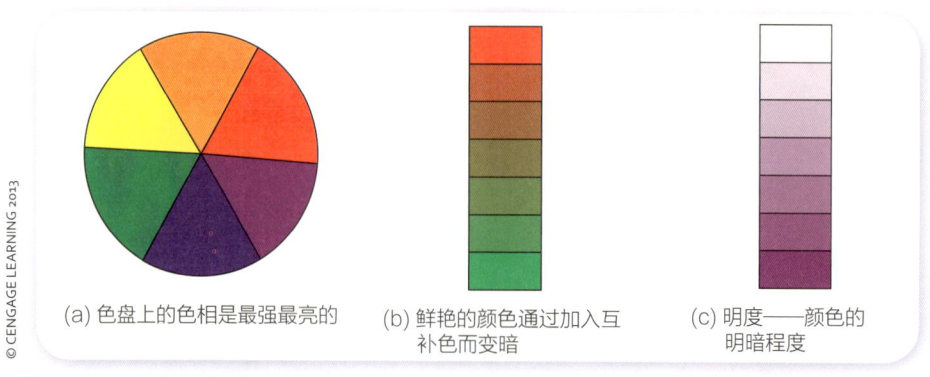

(a) 色盘上的色相是最强最亮的　　(b) 鲜艳的颜色通过加入互补色而变暗　　(c) 明度——颜色的明暗程度

图5-30 色相、纯度、明度。

他颜色的基础颜色。但由于每个人使用颜色媒介和光线的方式不同,他们所指的原色也不同。颜色相关的理论详见第18章。可以利用着色的黏土、树脂和其他吸收光线的物质制成的颜料和铅笔为画作增添颜色(如图5-31)。

二次色和三次色 将两种原色混合便得到了一种**二次色**。红蓝混合生成紫色;红黄混合生成橘色;黄蓝混合生成绿色。将一种原色和一种二次色混合便生成了**三次色**(第三种颜色)。目前为止,所有可能的组合一共可以产生12种颜色,这些颜色展示在**色盘**里。

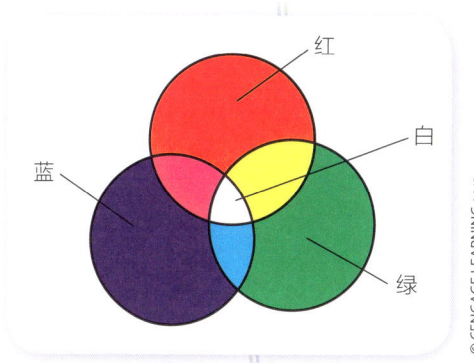

图5-31 通过增添减损光线的颜料来混合颜色,让每种新颜色更深。

色盘是选取颜色的便利工具(如图 5-32)。色盘里包含三种原色、三种二次色和六种三次色。

如果想要混合出所有的二次色和三次色,大部分艺术家会使用不同色相的原色。要想用相同的红色混合出紫色和橘色会很困难,所以艺术家们通常会使用"暖"红色来混合橘色,"冷"红色来混合紫色。暖红色是指偏黄色的红色,冷红色则是指已经略带紫色(或偏蓝)的红色。深红色、鲜红色和洋红色都是不同色调红色的命名(如图 5-33)。

图5-32 色盘。

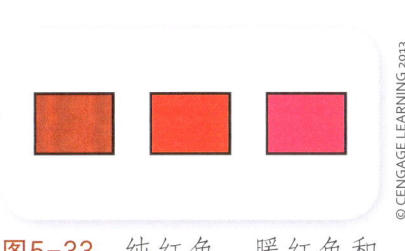

图5-33 纯红色、暖红色和冷红色。

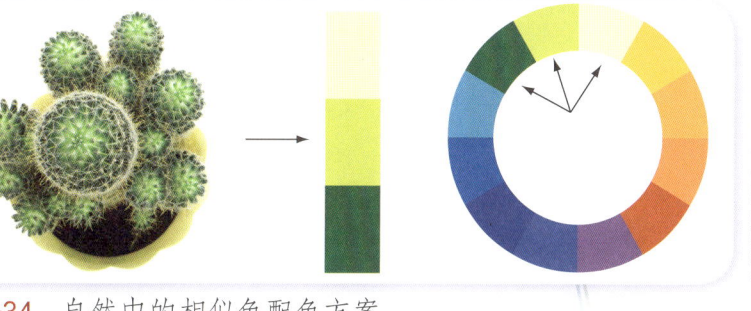

图5-34 自然中的相似色配色方案。

色盘上相近的颜色,比如蓝色、蓝绿色和绿色,称为**相似色**(如图 5-34),它们因为拥有相同的成分而相互关联。室内和时尚设计师经常使用相似色来创造协调的配色方案。

色盘上相对的颜色被称为**互补色**;因为它们形成对比,可以在配色方案中产生强调效果。如果想在设计中制造突出的视觉效果,理解互补色的原理非常重要。比如,在红色背景使用绿色形状,可以创造震撼的视觉效果,如果将其应用在夜总会的墙纸上会有良好的效果,但因为红色和绿色明度相近,红色包装上的绿色字很难从远处看清。对于远视的情况,明度的反差比颜色的反差更为重要。所以如果你在白色背景上使用深绿色,在远处就很容易看清。如果你在白色背景中再混入少许红色,制造出淡淡的粉色,那么由于互补色的对比,绿色会显得更亮。即使是细微的颜色运用,也会对设计理念的展示产生重要影响(如图5-35)。

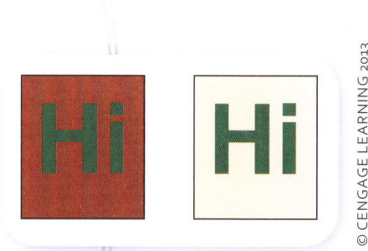

图5-35 红色背景和浅粉色背景下的绿色字。

第5章 通过绘图开发设计想法

色彩科学与技术

15世纪文艺复兴时期，艺术家们就开始建立了色彩理论。牛顿在1704年的论文《光学》中就尝试从科学的角度描述色彩的本质。得益于电脑美工、光学科学家以及工业化学家的贡献，我们对色彩的理解在不断地加深。

从光学的角度来看，我们知道，眼睛只对光谱范围内极小一片区域的光线敏感，这些光就是"可见光"。可见光的波长范围为400纳米到700纳米，色域涵盖从紫到红。人眼无法看到可见光谱范围以外的光。可见色彩按波长从短到长依次是紫、蓝、绿、黄、橘和红。紫外线的波长比可见紫光的要短，红外线的波长比可见红光的更长。白光是可见光的合成光，黑色就是完全没有光。

我们能看到颜色的这种能力是一种不可思议的适应和生存工具。技术帮助我们扩展了物理能力，如，借助红外片和护目镜，我们可以看到超出可视光范围的图像。

纹理

纹理是材料的一项重要特征。对产品而言，纹理既有使用功能也有美学价值。它既可以体现在某个工具的防滑"手柄"、地板表面或滑板上，也可以给产品增添有趣的视觉元素。纹理可以是源自材料本身的质地，也可以是产品的一项设计，比如塑模（如图5-36）。

图5-36 许多物品通过塑模线条和其他的特征来获得纹理。有些纹理是功能性的，有些纯粹是装饰性的。

绘制材料的纹理并不困难。建筑师会使用一些标准图形来代表混凝土、泥和绝缘泡沫等材料（如图5-37）。纹理及其他一些技巧可以对绘画产生很大影响，让观看者更好地了解物体的真实外观。

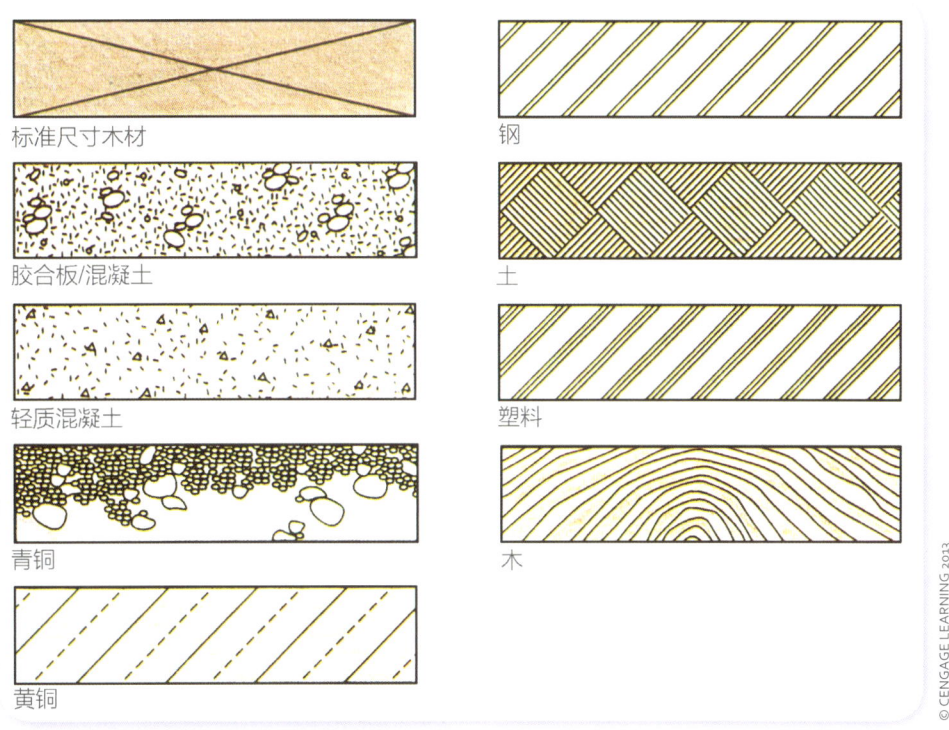

图5-37　一些材料的标准图形。

最容易绘制的材料是木材。稍加练习，你就可以画出不同种类的木材，如松木、红木和橡木。不同的颗粒特征使得这些木材容易辨别。其他的纹理也很容易绘制（如图5-38）。

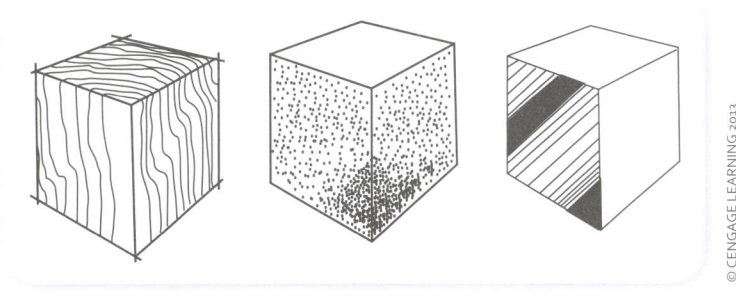

图5-38　用简单的素描技巧完成纹理外观的描绘。

艺术家有很多模仿纹理的方法（如图5-39），其中一种是用砂纸或压花金属在真实材料上拓印。可以用蜡笔（粉笔）或是彩色铅笔在粗糙的纸面上绘制纹理，然后将图形裁剪下来粘贴到某个平面上，以此来**模拟**织物、水泥或石头等。这些模拟出来的纹理以及真实的纹理，可以通过扫描和打印后融入到图画中。

图5-39 模仿纹理的例子。

空间

我们看到的所有物体都存在于空间里。我们可以将物品单独拿出来仔细观察,但当从视觉上观察某个场景,或是向某人展示设计产品的使用效果时,就必须明白如何展示空间。能帮助我们了解场景的空间线索至少有5个:

- ▶ 高低位置
- ▶ 大小关系
- ▶ 重叠关系
- ▶ 线条在远处交汇
- ▶ 在雾霾天气里近处的事物比远处的清晰

这些线索在现实世界中为我们指引方向,让我们不会与事物相撞,它们还会帮助我们更好地绘画。

速写和绘图技巧

如果需要展示空间中的事物，可以使用下面几种绘制透视图的技巧。**透视绘制**技巧有助于在平面上更好地展示三维物体。所有的透视绘制都会巧妙地用到**消失点**来确定物体线条在远处汇集的地方。**正等轴测图**也被用来在平面里展示三维物体，但没有使用消失点，因此，这种画法展示的并不是我们实际看到的事物的样子，但可以用来快速地展示物体。除了这些透视技巧，还可以用**技术制图**技巧来展示物体，这种技巧包含了产品生产时所需的所有高精准度的信息，我们将在第8章中进行详细介绍。

徒手速写和绘图会用到很多工具。用铅笔、钢笔和标记笔进行徒手速写既方便，又功能齐全；绘制较高精准度的图形时，可使用直尺、丁字尺和三角尺，还可以同时使用绘图板；另外，速写和绘图还会使用方格纸和绘图软件。速写推荐使用的铅笔包括软的6B、软硬中等的2B、硬的2H。标记笔有极细和极粗之分；有水性的，也有油性的（如图5-40）。纸的纹理也会影响绘画的最终效果，如果要刻画小细节或做笔记，可以选择较光滑的纸；在非常坚硬的纸面上用软铅笔绘制图线容易模糊。

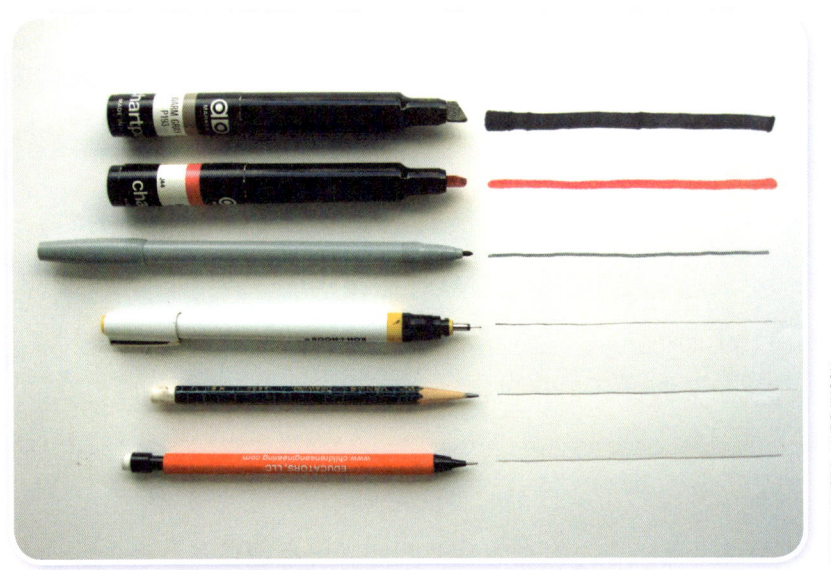

图5-40　不同的绘图工具画出来的线条质感会不同。

绘制透视图

三维世界中，我们知道远处的物体看起来会较小。例如，远处的一辆车会显得非常小；而当它靠近时，便会越来越大，尽管这是同一辆车。通常，我们并不会在意这一现象，认为这是理所当然的。

图5-41 顺着屋顶、窗户、柱子的两端和护栏寻找消失点。

对于长廊也是同理（如图5-41）。在近处，我们可以看到墙面的整体高度，而建筑物的远端，显得很小，而且屋顶由近到远倾斜。同时，靠近我们的墙的底部看起来比远处的要更高一些。

从站立的位置拍摄到的建筑物的照片可以帮助我们理解透视图。如果我们沿着屋顶和地面画两条线，会发现这两条线最终会相交，这个交汇的点就是<mark>消失点</mark>。沿着窗户的上沿和底边绘制的线条也会在同一点交汇。

线性透视 文艺复兴时期，科学家/艺术家/工程师们提出了用以解释右脑自然懂得的透视规则，也就是<mark>线性透视</mark>系统。利用水平线、消失点、关键边、正面等术语，大师们可以教学徒如何展现复杂的场景。线性透视系统十分复杂，但可以很好地展示真实空间。19世纪，当涅普斯（Nicephore Niepce）创造出第一张永久的照片影像时，照相机的"视角"验证了几个世纪前提出的透视规则。

一点透视 只用到一个消失点的透视图叫做<mark>一点透视</mark>图。这个消失点位于<mark>水平线</mark>上，这条水平线代表视线高度。水平线的位置很重要，它决定了物体在透视图中的表现形式。图5-42展示了透视图中水平线的位置对物体外观的影响。

在一点透视图中，消失点用于描绘物体的单面或两面，也就是<mark>正面</mark>。物体的正面被"迎面"绘制。消失点最好不要离物体的一边太远，否则物体会显得扭曲。

线性透视（linear perspective）：

用于绘图，指的是我们眼睛观察到的图像在平面上的近似呈现。代表性的例子是，远处的物体画得较小，从某个角度观察的物体会显得扭曲。

一点透视（one-point perspective）：

一种写实主义的绘画方法，物体离观察者近的面是平坦的，与这一平面垂直的其他所有线条都可以延伸至某一点，即消失点，交汇。

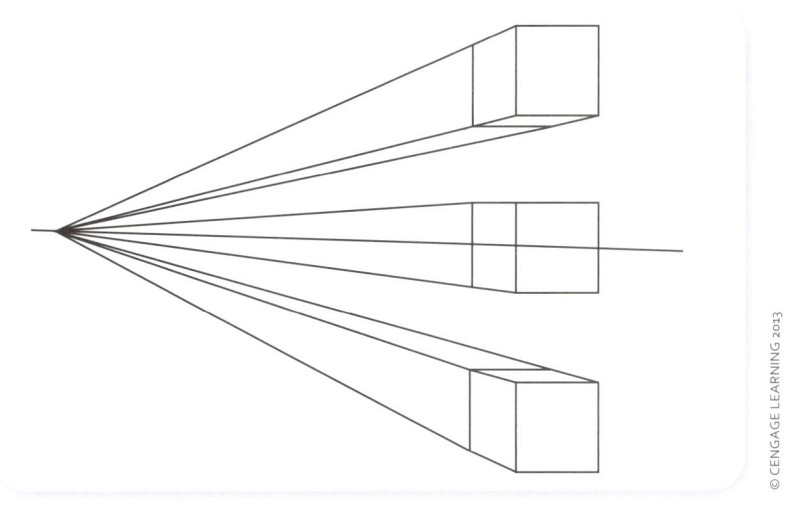

图5-42 水平线的位置影响物体的外观。

练习5：立方体的一点透视图

步骤1： 借助尺子可以保证每条边都是直线，使用方格纸可以保证每个角都是直角。按照图5-43所示的位置，画一个正方形、一条直线和一个点。这个正方形就是正面——你所要画的立方体离你最近的面，水平线是你视线的高度，消失点是视线交汇的点。从消失点可以判断出你站立的位置，因为它是从你的视线透射到水平线上。

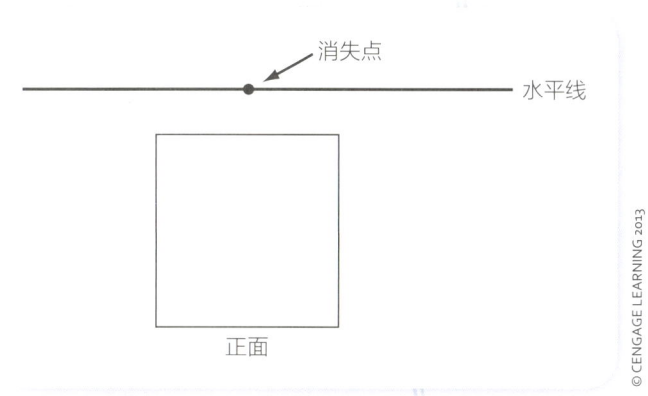

图5-43 步骤1。

步骤2： 从正面的每个角出发，画虚线至消失点，这些是想象的线条。接着，在正方形与水平线三分之一距离处，作一条平行于正方形上边的虚线，将这条虚线置于两条对角线作出的虚线之间。注意，这条虚线比正方形的上边要短，与正方形有一定距离。如果从刚才绘制的虚线与

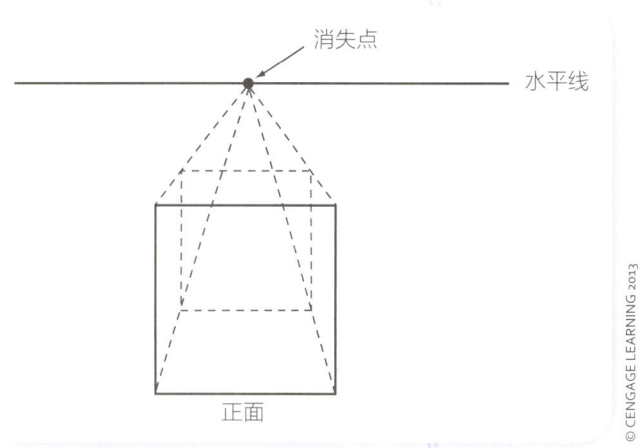

图5-44 步骤2。

对角线交汇的两点出发，分别向下作平行于正方形左右两边的线，就得到了正方体背面的两个上角。正方形正面两底角与消失点的连线，与两条上下贯穿的虚线各有一个交点，连接两个交点，作虚线，此虚线与正面底部平行。图中，除了正面的各边和水平线，其他线条都是虚线，得到的就是一个透明的立方体（如图5-44）。

第5章 通过绘图开发设计想法

步骤3: 水平线和消失点的位置告诉我们,你处于正方体前方略微偏上的位置。所以,你能看到正方体的正面和上面,将这些部分用实线描出来(如图5-45)。图中清楚地表达了哪些部分能看到,哪些部分不能看到。

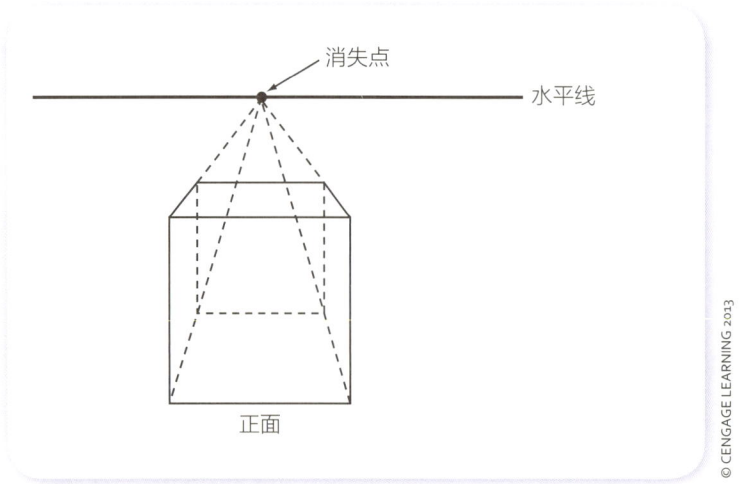

图5-45 步骤3。

内景 一点透视也可用于绘制房间内景或室外场景。如果从一个站立点绘制一个场景,水平线一般位于中心略微偏上的位置,消失点在水平线的中间(如图5-46和图5-47)。

图5-46 厨房内景的一点透视图。

(a)

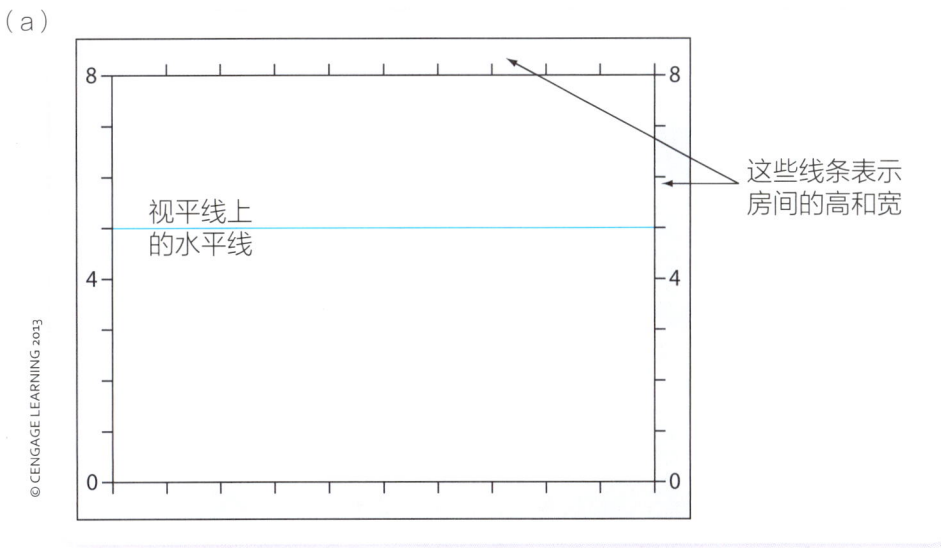

a）一点透视一般从正面开始，正面就是纸面本身。在中间稍微偏上处画一条水平线。如果绘制的是房间的内部场景，可将水平线与站立视线平齐。在草图(a)中，墙上画有以英尺为单位的刻度线，房间天花板的宽度为8英尺，视线高度为5英尺6英寸。

(b)

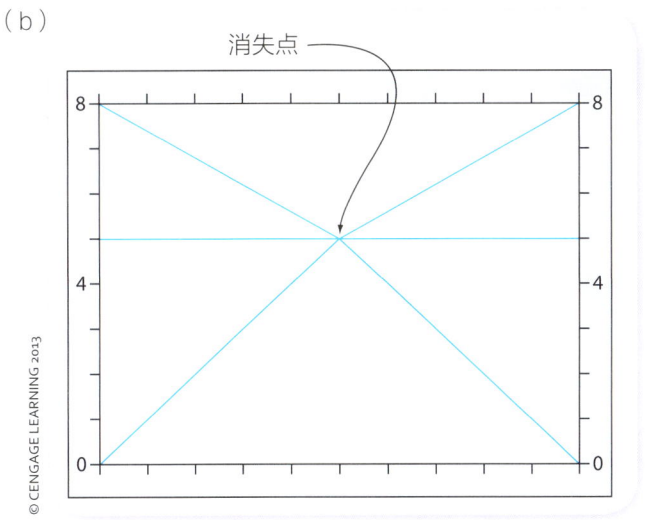

b）水平线中间的位置画上消失点。将房间近处的角与消失点相连。消失点可以不在水平线的中间，只要位于房间的墙内，就可以画一点透视图。

(c)

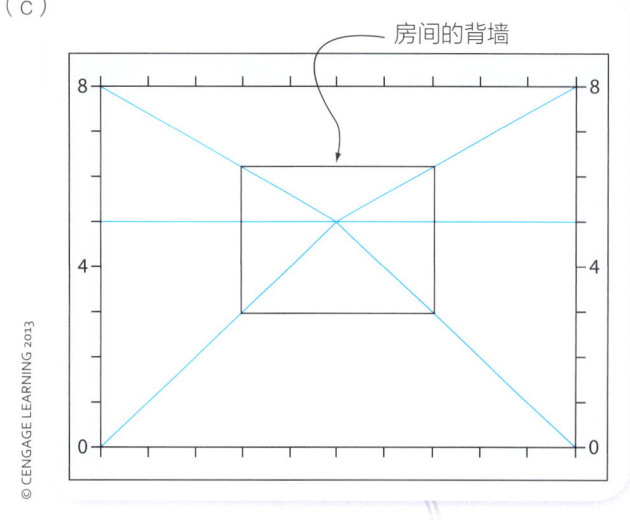

c）画一个与原房间轮廓比例一致但较小的方形，代表房间的背墙，四个角位于对角线上。你需要预估房间的大小来决定这个方形的大小。

(d)

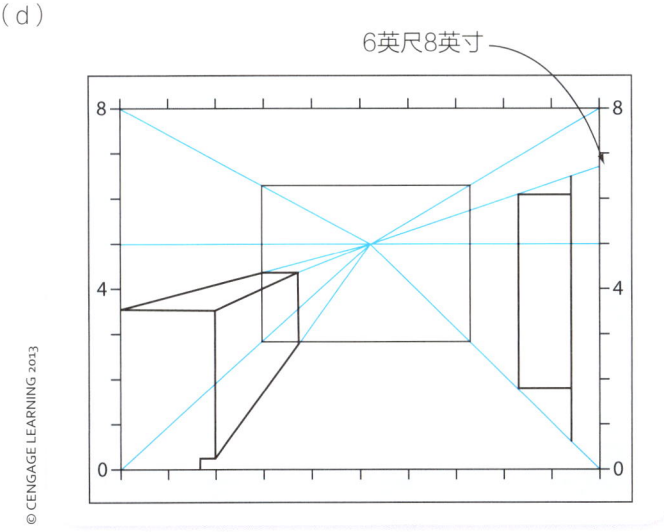

d）用消失点画出橱柜、门窗和房间里的其他物品。每件物品都是一幅小的一点透视图。从正面开始画——物体面对你的那一面就是正面。在绘制过程中，橱柜的高度和深度用轮廓线表示，轮廓线的延长线交于消失点。

图5-47 房间内景的一点透视图。

图5-48展示了一点透视下的室外场景。建筑的边线一直往前延伸，最终相交于一个点。

两点透视（two-point perspective）： 绘制三维物体的现实主义画法，包括一条水平线、一条关键边和两个消失点。

图5-48 室外场景的一点透视图。

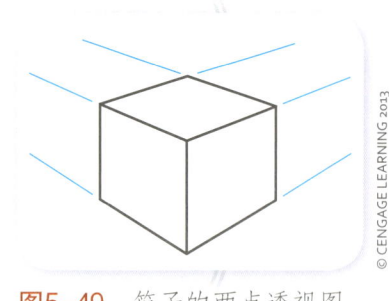

图5-49 箱子的两点透视图。

两点透视 两点透视和一点透视很相似，它被用在更为常见的场景，例如当你没有站在想要绘制的物体的正面时。在两点透视中，你与物体之间有一定的角度；所以离你最近的不是一个面而是一条边，这条最近的边叫做**关键边**。以一定的角度观察事物时，就会出现两个消失点，这些消失点决定了你看到的两个或三个面的轮廓形状（如图5-49）。

水平线的位置取决于视线的高低。如果你想表现"**鸟瞰**"的视觉效果，水平线就应位于画纸上方的位置，高于要绘制的物体（如图5-50）；如果想看绘制对象的底面，就把水平线放置于画纸靠下方的位置，低于所要绘制的物体。

两个消失点的位置会影响你所绘制物体的外观。很多时候，你需要将消失点放置在纸张以外，为你绘制的物体带来更加真实的外观。两个消失点放置得太近，就会扭曲物体的外观。图5-51展示了消失点位置的不同所带来的不同效果。有一条重要的法则是：所画盒子的底角不应小于90度，除非你想达到夸张的效果。

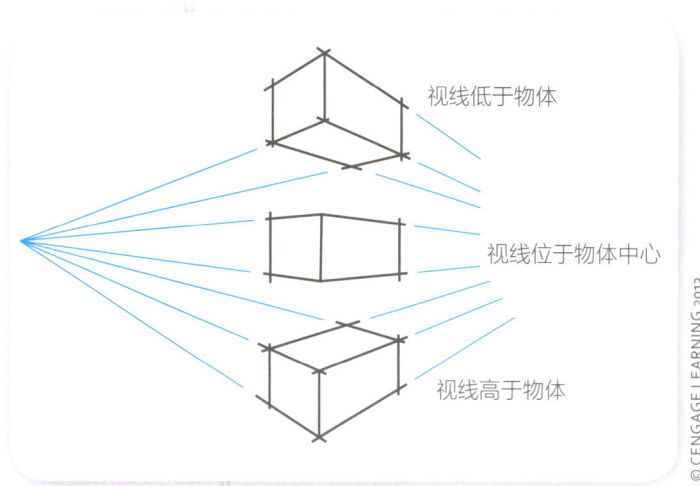

图5-50 水平线就是视平线。低的水平线代表你在物体下方，能看到物体的底部；高的水平线带给你一种"鸟瞰"的视觉效果。

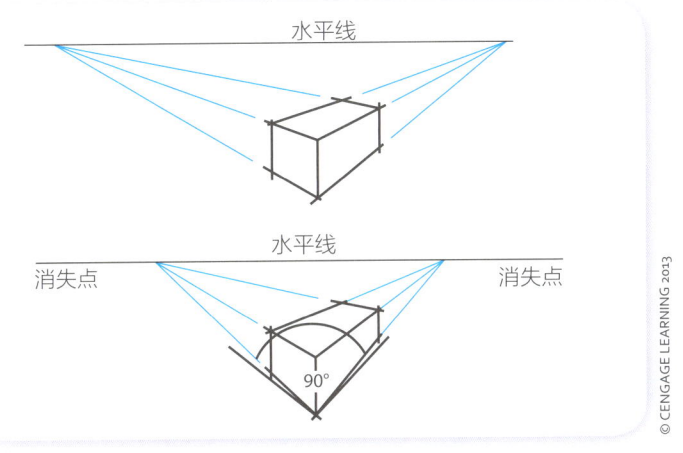

图5-51 消失点近和远情况下效果的对比。

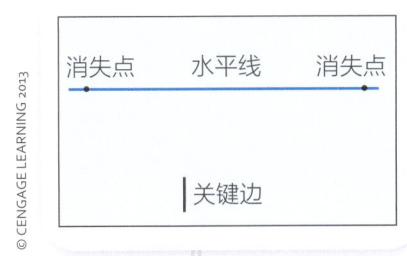

图5-52 在图纸上，从上往下四分之一处，画一条水平线。在线上靠近两端的地方标上两个消失点。然后在画纸的下半部分画一条短的垂直线，作为关键边（如图所示，放在中心偏左的位置）。

练习6：水平线和消失点

步骤1：用两点透视法绘制盒子时，画完水平线和消失点后，应该画垂直边（关键边），而不是方形面（如图5-52）。关键边就是你想画的盒子离你最近的那条边；水平线还是你的视平线，两个消失点分别位于水平线上，在关键边的两侧。如果你把两个消失点放置得太近，就会得到非常夸张的效果图（有时图形会扭曲到看起来不舒服），并给人一种你离盒子很近的感觉。如果两个消失点离得足够远，那么看起来就会舒服得多。

步骤2：从关键边的两端各画一条线到两个消失点（如图5-53）。

步骤3：画两条垂直线，表示关键边所在两个面的另外两条较远的边（如图5-54）。

步骤4：从两个可见面的角上引两条实线到相对的消失点（如图5-55）。这样就绘制出了盒子的顶面轮廓。由于你在盒子的上方，所以可以看到盒子的三个面——两个侧面和一个顶面。

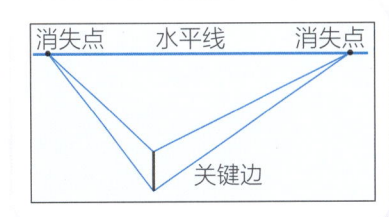

图5-53 连接关键边的两端和消失点。

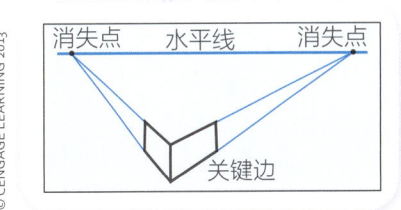

图5-54 绘制两个可见面的较远的边。

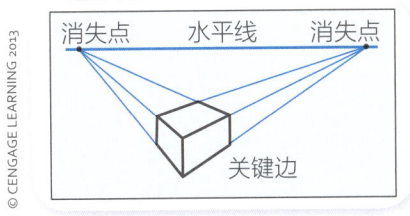

图5-55 连接立方体的远角和另一边的消失点，然后加黑立方体的轮廓。

图5-56的建筑外景和图5-57的房间内景都是通过两点透视的方式绘制。在关键边的两侧，延长墙、天花板、屋顶、门窗的边缘所在的线，将会汇聚形成两个消失点，这样就得出了两点透视的画面。这两个点的连线就是水平线（即你的视平线）。

图5-56 两点透视法下的外景。

图5-57 两点透视法下的内景图。

线性透视图的绘制有很多规则,需要耗费大量时间来学习和应用。这是一种左脑主导的绘画技巧,可以翻译为计算机代码。许多建筑师、工业设计师和工程师使用的绘图软件都可以迅速地画出透视图,让客户看到真实图像。通常,软件可以对正等轴测图和正三轴视图做改动,使其变成透视图。

透视和数学

透视是一种描绘物体空间关系的方法或技术,起源于文艺复兴时期。在这之前,中世纪的艺术家通常会根据物体和人物的重要程度,来决定他们的大小,而不是相对距离。

1300年前后,艺术家邦多纳(Giotto di Bondone)在绘画中使用了一种代数方法来确定远处线条的位置。但是,直到20世纪,他的方法才被人们广泛接受。15世纪早期,布鲁内莱斯基(Filippo Brunelleschi)通过在镜面上绘制多种佛罗伦萨建筑,展示了几何透视法。他发现,将建筑物的轮廓线延长到镜子以外,所有的线条都会汇集在水平线上。

不久后,几乎所有佛罗伦萨的画家都在绘画中使用了几何透视法,所有的平行线一直往后退,导向画面深处,最后汇聚于消失点。透视不仅可以用来表现深度,还能绘制场景图。

如今,电脑辅助设计软件和一些电脑游戏(特别是3D游戏)都用线性代数(特别是矩阵乘法)来制造透视效果。场景是点的集合,这些点集中在一个平面上(电脑屏幕),位于视点(观察者的眼睛)之前。透视的数学问题不过是在平面上找到与场景上的点相对应的坐标。在透视画法中,根据线性代数的理论,矩阵乘法可以直接计算出需要的坐标,从而绕开任何几何学理论。

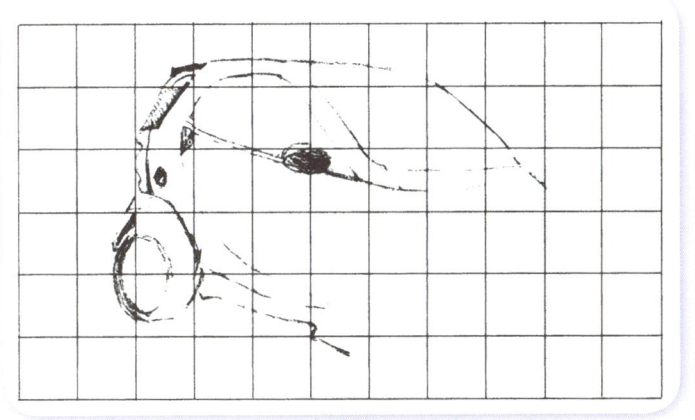

图5-58 使用网格临摹绘画作品。

通过视觉理解透视 艺术家的右脑似乎可以绕过透视的语言规则，来判断空间关系，不像电脑辅助设计软件，需要对每个点进行布局。这是因为人的右脑就是从全局出发，关注整体的视觉关系的，它并不需要理解图形随距离的不同而发生的变化。

透明网格（图5-58）和取景框（图5-59）是画家们经常使用的绘图辅助工具。在场景上放置透明网格可以将场景分割成更小的部分。网格帮助我们重新组织所见之物，使我们在同一时间段内将注意力集中于可控的信息范围内。

将手持取景框置于眼睛与物体之间，可以帮助我们过滤掉周边那些干扰注意力的信息。

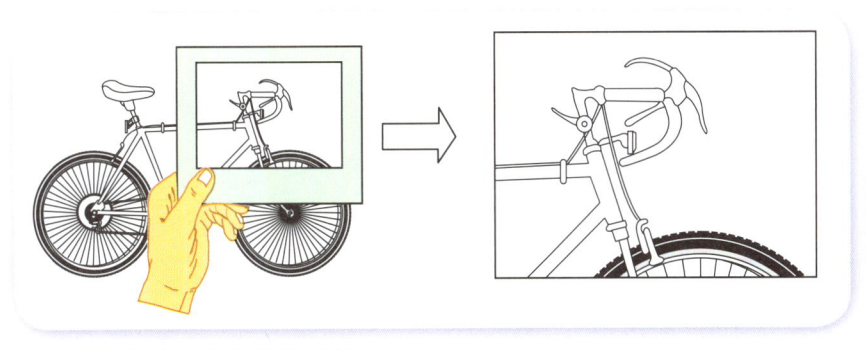

图5-59 使用取景框排除干扰。

练习7：利用网格捕捉全景

步骤1： 在一张干净的投影胶片上，用尖头记号笔画2英寸×2英寸大小的网格，画纸上也画同样的方格。在窗户正前方找出一块空隙（在这里绘画），并确保透过窗口可以看到外面的建筑（有远有近）或街景。将画纸置于舒适的位置。你可以将本子或画板靠在书上让其呈一定角度，这样就可以避免在绘画过程中过多转动头部。再将网格粘在窗户上，透过它观察你要绘制的场景（如图5-60）。

图5-60 重现通过透明网格观察到的景象。

步骤2： 一格一格地依次画出你透过网格看到的场景，或者说，将你在窗户左上方第一格看到的线条和图形画到纸张左上方的第一格，以此类推。（注意：当你使用网格将场景一格一格分解时，你的思维从左脑转移到了右脑，因为你无法说出绘制对象的名称。）

趣味阅读
将速写作为研究过程

将想法——那些只存在于脑海的东西——以绘画的方式描绘出来的最佳方式就是练习绘制周围的事物。

尽管大多数人都能通过观察，有效地避免被家具绊倒或者撞上房门，我们却很少关注细节，除非有什么事物引起了我们的注意。对日常事物进行更细致地观察，可以让我们看到以前忽视的那些特征。这些特征可以是比例关系、材料或者线条和材质等设计要素，也可以是部件与部件之间的连接方式。学习绘画艺术的学生不仅仅是在课堂上画几个小时那么简单，他们需要在课外不断练习绘制其他各种事物。

正等轴测投影图 使用正等轴测投影纸，可以不使用水平线和消失点就画出之前绘制的那些物体。在正等轴测视图下，物体和视线呈一定角度，因此可以一次性看到最多的面（三面）。所有的平行线都是绘制成平行的——所以不需要消失点。代表水平边的斜线与水平基准线呈30度角。使用这种画法时，测量十分简单，因为长度并没有随着距离缩短。

==正等轴测投影图==展现的并不是我们看到的事物的真实模样，设计者可以利用这一技巧快速地展现自己的想法。在透视图中，所有的基本图形都可以用正等轴测投影图画出来，更为复杂的图形则可以由这些基本图形组成。

正等轴测构图用于速写十分方便且实用，尤其在视觉头脑风暴时，图像的来源是脑海中的想法而非眼前真实的事物。我们可以用练习8来练习视觉头脑风暴。正等轴测投影图采用机械设计软件的绘图规则和标准，我们将在第10章进一步学习这种方法。

未来的技能

一些未来主义者提出，左脑绝大多数的逻辑和顺序能力最终都将被电脑取代。平克（Daniel Pink）在他2005年的新书《全新思维》中指出，在==工程==、法律、医药、统计等领域，超过半数的工作是通过应用这些能力完成的。而右脑的能力——想象、情感互动、全局思考——不太可能被电脑复制，因此这些能力对于未来的专家和企业家而言，更为重要。所以，从现在开始培养这些品质，可以让你在未来的职场中占据优势。

练习8：绘制正等轴测投影图

步骤1： 画出立方体前面的垂直边（如图5-61）。

步骤2： 画出与水平线成30度角的两底边，画至所需长度（如图5-62）。

　　　　注意：在标准的正等轴测视图中，所有长度都和实际长度相等。

步骤3： 画立方体后面的垂直线（如图5-63）。

步骤4： 画立方体顶面的所有的线，与水平线成30度角（如图5-64）。

步骤5： 试将图5-65的遥控器画成正等轴测图。

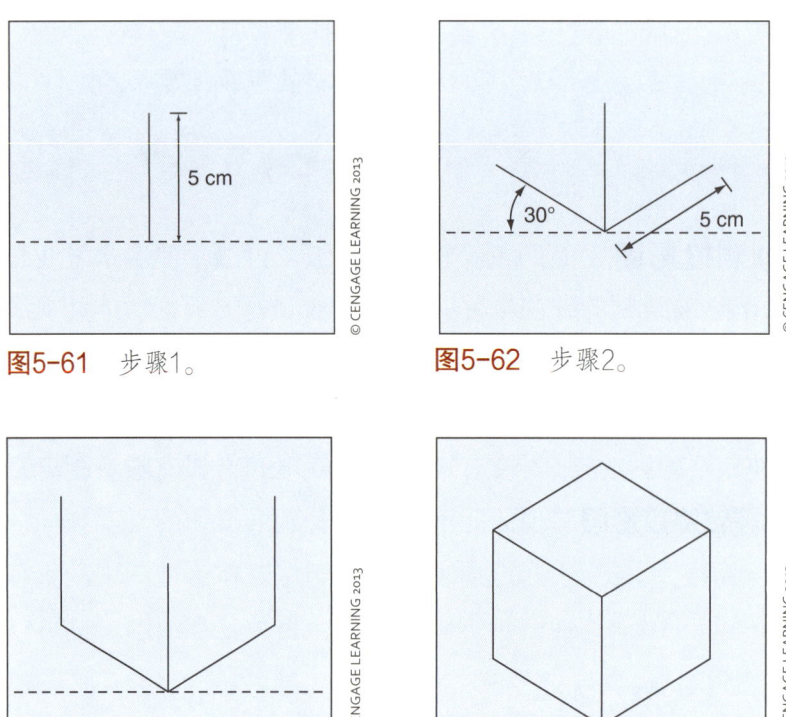

图5-61　步骤1。　　图5-62　步骤2。

图5-63　步骤3。　　图5-64　步骤4。

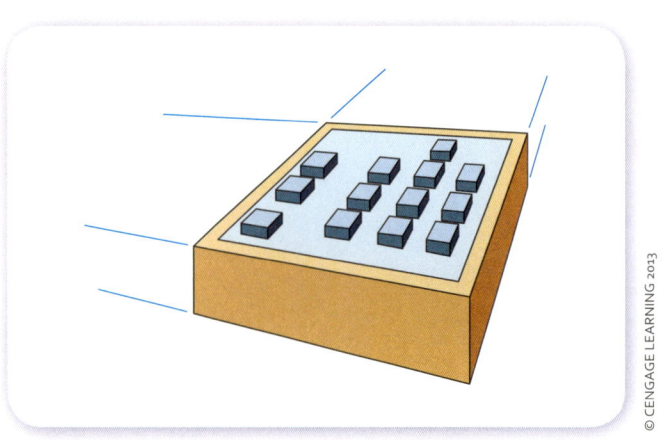

图5-65　遥控器的两点透视图。

绘图的种类

▶ **三视图** 展现物体的三个不同面，如同正对着三个面看过去一样（如图5-66）。

▶ **剖视图** 用一条切开的边来表现物体内部的结构（如图5-67）。

▶ **零件分解图** 表现物体的零件如何组合（如图5-68）。

▶ **剖面图** 展示物体内部切片，就像一幅CAT扫描图像一样（如图5-69）。

上述绘图方法帮助我们把工作对象的某一方面独立出来，在绘图时，经常使用这些方法是有益的。

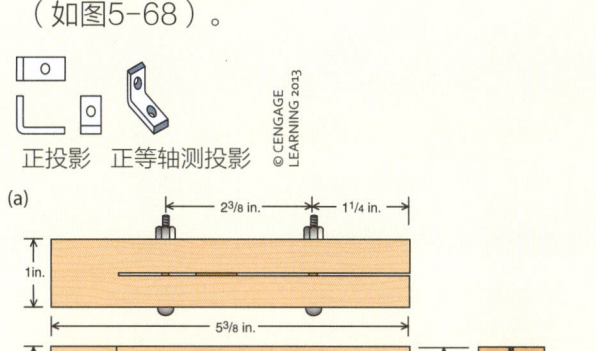

图5-66 三视图。

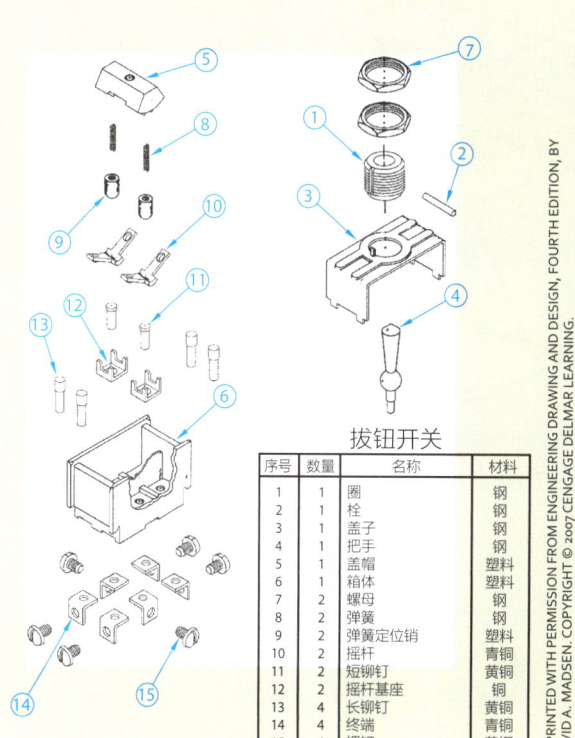

图5-68 零件分解图。

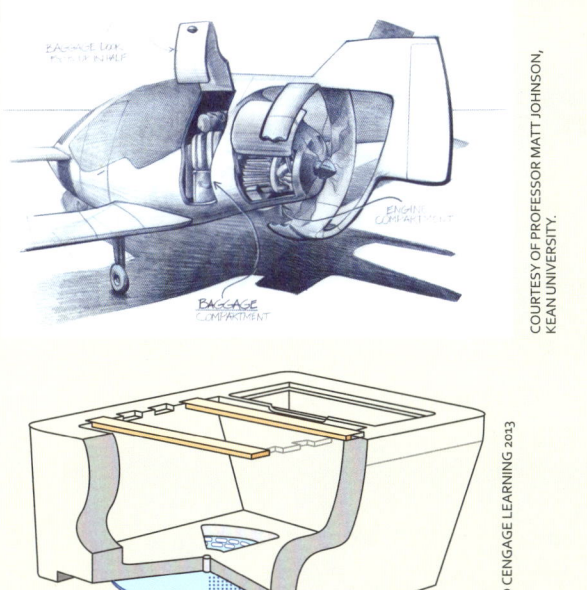

图5-67 剖视图。

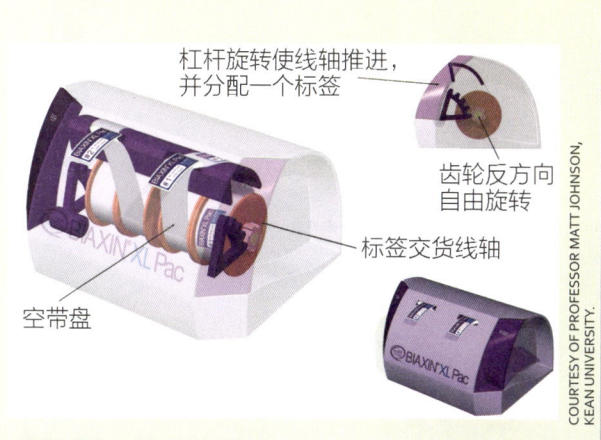

图5-69 剖面图。

第5章 通过绘图开发设计想法 141

其他绘图规则

除了透视图和技术制图技巧外，设计者也会使用很多其他的制图方法来记录或传递设计理念。

框化作图

框化作图就是将待绘制物品放入一个盒子或箱子的可视化过程。首先用一点透视或两点透视画一个立方体。这个立方体可以用来帮助你完成其他的基本图形，例如圆柱、圆锥和球体等（如图5-70）。使用对角线找到立方体各个面的中心。在画圆柱时，圆柱两个底面的中心连接起来就成了圆柱的轴线；圆锥的顶点位于立方体顶面的中心，而底面圆和立方体底面的边相切于边的中点；球体和立方体每一个面的中心内切。更复杂的图形也可以由这些基本图形组合而成，如图5-71。

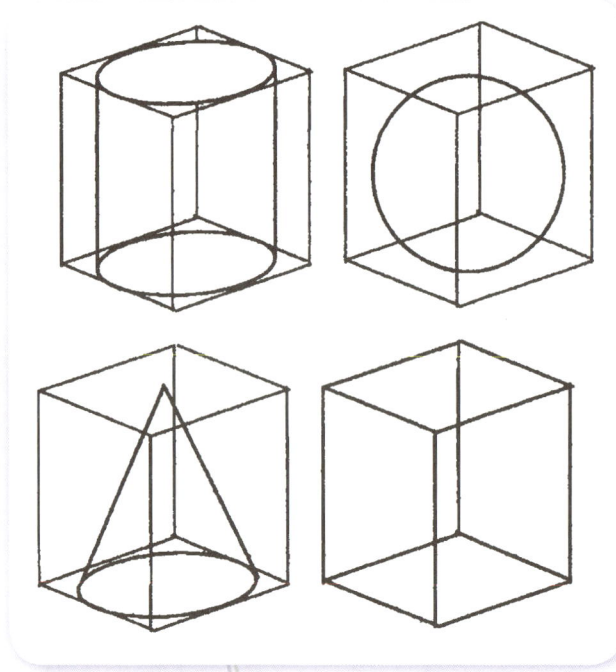

图5-70 正等轴测视图下框内的基本图形。

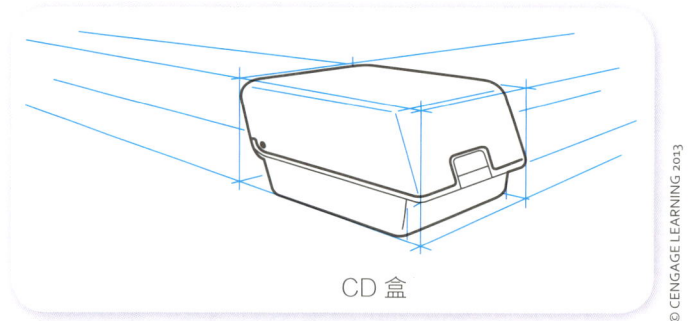

CD 盒

图5-71 借助盒子或箱子素描物体。

天然（或者不定型）图形更不容易利用透视法绘制，因为它们没有直边。把新型胶带切断机想象成一系列基本图形的集合，然后想象（设想）它恰好可以放置在一个箱子或盒子里。延长盒子的边到消失点可以让透视的效果更加明显（如图5-72）。

（a）

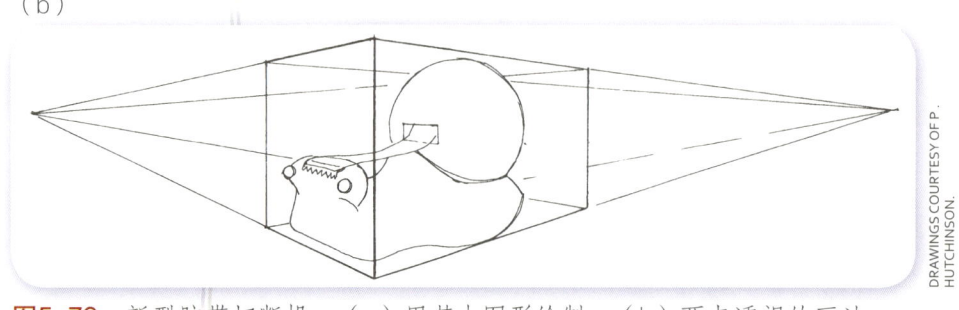

（b）

图5-72 新型胶带切断机：（a）用基本图形绘制，（b）两点透视的画法。

目测法

绘画初期，我们很难将人物或物体的比例画得协调。**目测**有助于处理绘画过程中的相对比例关系。艺术家在作画时，会在周围寻找各种工具，帮助自己进行**视觉测量**。

尝试绘制图 5-73 所示的无绳电话，注意不同部分的相对尺寸。上方浅色的长方形的尺寸和下方深色的按键长度相近，屏幕约为 3 个按键宽，整部手机约有 5 个天线长。事实上，长度关系能以某一细节为计量单位进行测量，使绘制的作品看起来比例更协调。

这种方法也适用于绘制远处的建筑物。此时，可用门窗作为计量单位，用铅笔测量距离。这种方法只有在测量对象与你的眼睛保持一定距离时才适用。

手握铅笔，末端朝上，伸直手臂，铅笔的末端对准门框的上沿，用拇指标记门底部在铅笔上的位置（如图 5-74），然后以门高为一个单位，对整个建筑物进行比例测量，如正面高度是 1.5 倍门高，长度是 2 倍门高，以此类推。

画人物时，画家们常说一个人有七头高，手臂有三头长。数学家们将这种方法称为**非标准单位**测量法，它可以帮助你在绘画中找到物体之间的比例关系。

下面的绘画技巧在需要时可以用于你的作品集。技巧没有确定的使用情形——只要满足当前的使用目的即可，比如说，素描不需要借助尺子，徒手就能完成；视觉风暴时不一定要用线性透视。

描绘轮廓

描绘轮廓有助于表现图形的空间特征（如图 5-75）。用黑线描出物体的轮廓可以使其从背景中凸显。描绘物体最近的面可以使形状看起来更具三维立体感。同时使用阴影和轮廓会显得混乱，因为阴影表现的是空间中光线如何照射在物体上，而轮廓会将画作回归至平面图形。

图5-73　通过目测法绘制无绳电话时，可用按键和屏幕作为测量单位。

图5-74　目测时用铅笔作测量工具。

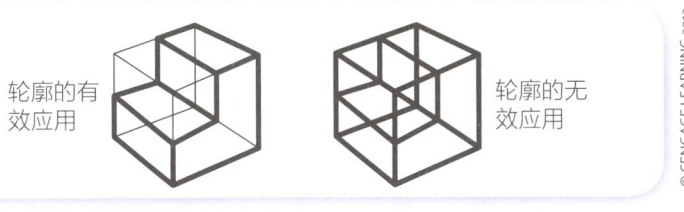

图5-75　轮廓呈现出的特殊效果。

图5-76 对比三幅画作,哪一幅中物体更容易被观察和理解?

增加背景

对比鲜明的背景可以分离并凸显物体。可以用一支黑色或深色的马克笔粗略快速地画出背景。仅仅描出物体的轮廓是不够的,因为轮廓会和物体本身争夺注意力,可以将绘画扩展到轮廓外,让模糊的形状成为背景。背景的边缘不应引起人们关注,否则背景会与物体争夺注意力(如图5-76)。

使用彩笔

为了使素描或画作达到更加有趣、生动、写实的效果,可使用彩笔。彩笔可以用来绘制彩色背景、轮廓、高亮或阴影。彩笔可以帮助我们绘制阴影和进行平滑地<mark>过渡</mark>,还可以很好地展现<mark>漫射面</mark>(纹理细致但不反光)。

用铅笔的尖头绘制阴影,目的是在一块区域从不同方向反复绘制,创造出柔和的混色(如图5-77)。一定要注意轻压笔尖,使颜色达到渐变的效果。

图5-78 用彩笔给球体画阴影,使它更具三维立体感。

图5-77 用彩笔绘制柔和渐变的颜色。

彩笔很适合绘制阴影,它能使物体看起来更具三维立体感(如图5-78)。绘制时要注意球体边缘,颜色较深,线条较细,从边缘向中间移动时,色彩逐渐缓和。为了完成清爽、整洁的画作,需要小心地混合色彩。

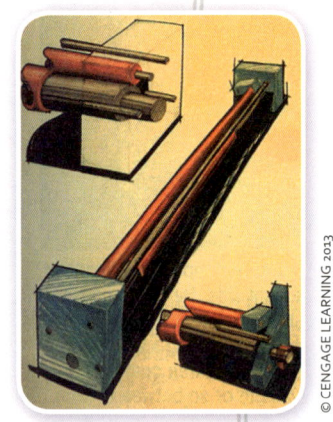

图5-79 用标记笔绘制阴影。

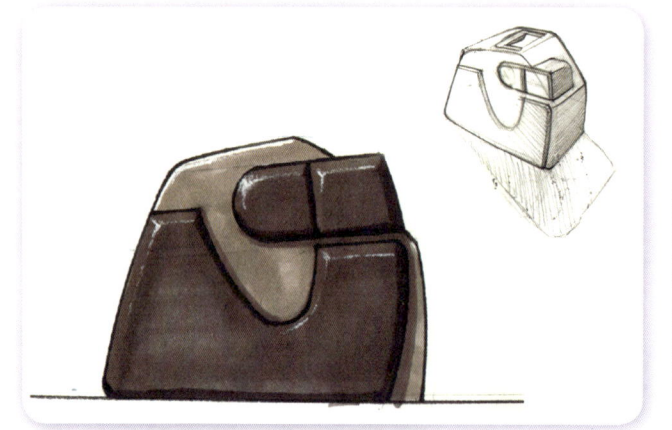

图5-80 用标记笔绘制概念图。

使用彩色标记笔

用彩色标记笔打底是一种有效且实用的技巧，虽然看起来很复杂，但实际运用时并不难。尽管需要一定练习，但也可以采用一些"技巧"使你的画作像图 5-79 和图 5-80 那样专业。图 5-81 所示为一些简单的技巧。

a）采用正等轴测图或透视图速画一个立方体，用铅笔轻画线条，可在画纸下另加两张白纸，防止画纸被划破。

b）拿两张纸作为遮挡物。将遮挡物放在素描纸上，只让立方体的顶面露出来。用一支中粗的标记笔，从立方体顶面的一侧画到另一侧。每次落笔时，从遮挡物上开始，快速画出粗的、笔直的线条，最终穿过立方体的轮廓线，你可以画"V"形。不要返回来描绘没画到的地方。

c）旋转画纸，使自己可以以舒服的方式使用标记笔。调整遮挡物，在已经上色的顶面和将要上色的左侧面之间留一道细细的缝隙。这块空间将作为立方体面与面之间的夹角。仍然用同样的技巧画"V"形，不同的是，1 分钟后再在这个面上用标记笔涂一层。这使得这个面比顶面颜色更深一点。

d）再次旋转画纸调整遮挡物，只露出右侧面。确定遮挡物的位置，使立方体面与面之间留有未上色的空间。再次画"V"形。在这一面上，用标记笔上三层色，每次上色后等待 1 分钟。三次上色使这个面的颜色最深。

图5-81　用彩色标记笔增加画作的感染力。

图5-81（续）

e）为了渲染立方体，用黑色宽头标记笔将立方体最外延的六条边描成黑粗线。这个技巧能使物体凸显于画纸，并且使轮廓线变得清晰。

f）黑色标记笔线条之间的交叠使物体的画面感更加强烈，更具设计感。你也可以将这种技巧用在铅笔素描中。

g）另一种渲染技巧是将立方体裁出，用胶水粘在另外一张纸上。可以事先用颜色对比鲜明的标记笔在这张纸上涂好背景。

h）如图是用标记笔渲染后的圆柱、圆锥和球体。注意观察标记笔线条是如何沿着圆柱的轴线绘制，以及颜色如何在顶面边缘由暗到明，又如何在底面边缘由明到暗。标记笔线条从圆锥的顶点出发，向底面辐射发散。

手工绘图有两个主要目的，一是将所见之物表达出来；二是将脑海中的构想表达出来。本章论述了绘画概念和技巧并提供一些使绘画变得更加有效的工具。设计初期我们经常会用到这些方法。当想法逐渐变得清晰，回答的问题也变得越来越专业时，设计师会使用**技术制图**和**建模**方法。关于如何使用CAD/CAM和工程模拟软件进行技术完善、测试和评估，以及曲线图、**电子表格**和其他的电脑程序等的使用方法，我们将在其他章节进行讨论和学习。

所有这些工具都有助于记录设计过程，在制作设计作品集时，你可以尽可能多地使用它们。

> **建模（modeling）：** 以图像、数学或三维方式详细呈现一个物体或设计，通常比原件小。建模常被用来检验设计理念、更改设计，或进一步了解在近似的真实物体上会发生什么。

绘图在设计中的应用

前面讨论的绘图技巧是用来帮助将所见之物呈现出来，这对于研究周围的世界，理解事物的工作原理、组成成分，以及它们是如何组合在一起的等，是极其有用的。这种类型的绘画在信息采集过程中发挥着重要作用，它使你以可见的形式将解决方案在实际运用时的状态提前呈现出来。

草图

徒手绘图有助于完善想法，并将其呈现。最初呈现在纸上的理念往往是采用草图的形式表现出来（如图 5-82）。草图讲究的是速度，避免思路被打断，这一过程不应当被直尺、圆规或其他绘画工具所限制，这些工具会延缓创作过程。

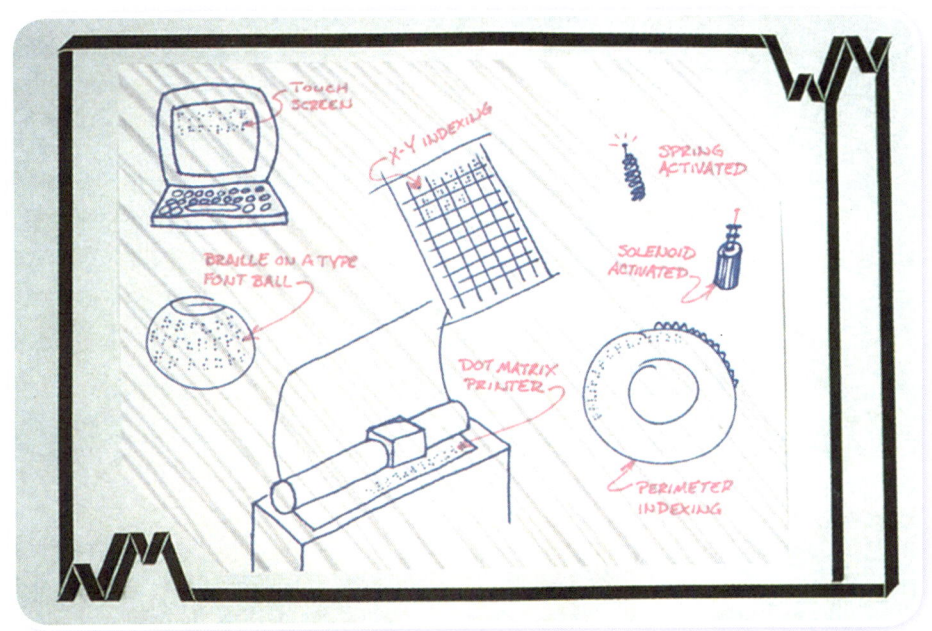

图5-82　关于电脑识别盲文想法的草图。

在设计过程的初期，将设计灵感从脑海中取出并尽快呈现在纸上会很有帮助。随后我们就可以完善和交流这些想法。象征符号和技巧的运用，可以简化绘制草图的过程，比如用火柴棍代表人，草绘地图时，只标注目的地。

视觉头脑风暴和语言头脑风暴一样，是一种在尽可能短的时间内刺激并表达所有可能想法的方法。在"轮到你了"的练习部分，尝试使用这种方法，你可以画出想要改善的一件物品，比如滑板（如图 5-83）。

视觉头脑风暴（visual brainstorming）： 一种通过绘画（区别于语言头脑风暴）来产生大量想法的构思方法。首先，画出一个实际存在的物体，然后在那个物体的基础上进行变动，再在变动后的想法上继续改动，以此类推。

轮到你了
视觉头脑风暴

步骤1：画出图5-83中滑板的草图。

步骤2：在草图上作5处改动，如果有复印机的话，可以复制5张原来的草图，然后在上面画出你想要修改的部分。

步骤3：选出看起来最有趣的一份改动，在这个版本上再次完成5处改动。

步骤4：在这些版本中挑选最好的一份，进一步完善细节。

这个活动应当尽可能一气呵成，不要被细节所限制。

图5-83　利用视觉头脑风暴对滑板进行创新。

注释草图

在图中增加关于材料、紧固件及其他特征的附加说明（**注释**），称为**注释草图**（如图5-84）。这些标记有助于你完善设计理念。如果不立刻记录想法，后期容易遗忘。

优化的草图和绘图

设计的下一步是在最初的草图上进一步优化设计理念。这些**优化的草图**随着想法的完善将包含更多的细节（如图5-85）。优化草图完

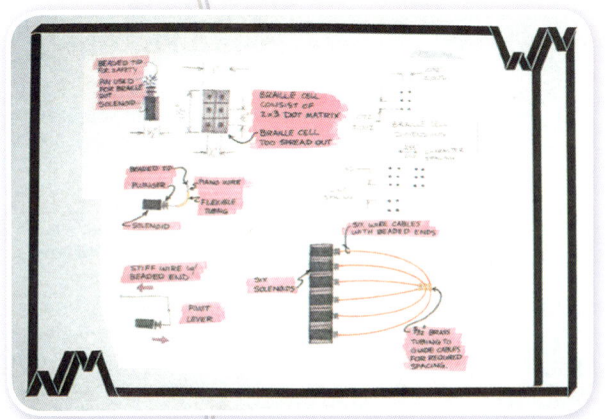

图5-84　电脑识别盲文的注释草图。

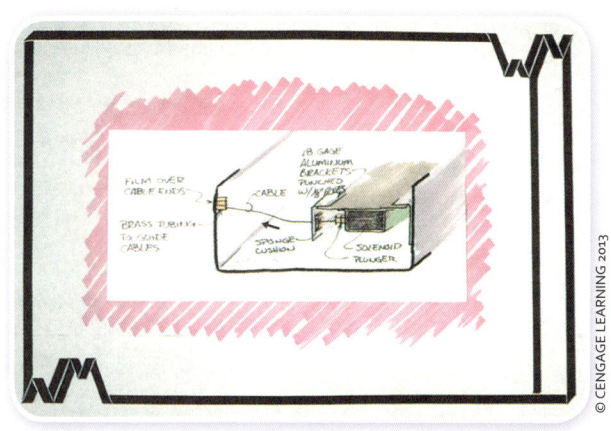

图5-85　优化了的盲文识别系统中的电磁控制装置草图。

成后，解决方案应当是可行的，其中应包括机械连接或者电子线路等特征。注释通常是优化草图的一部分。优化草图的过程同时会使用手绘和 CAD 软件。产品开发的软件使用方法将在第 8 章详细介绍。

装配图

在最后阶段，需要完成包含实际解决方案的装配图（如图 5-86）。装配图通常是按比例绘制，以便确定最终的尺寸、比例和一些特征信息，如孔的位置等。

(a)

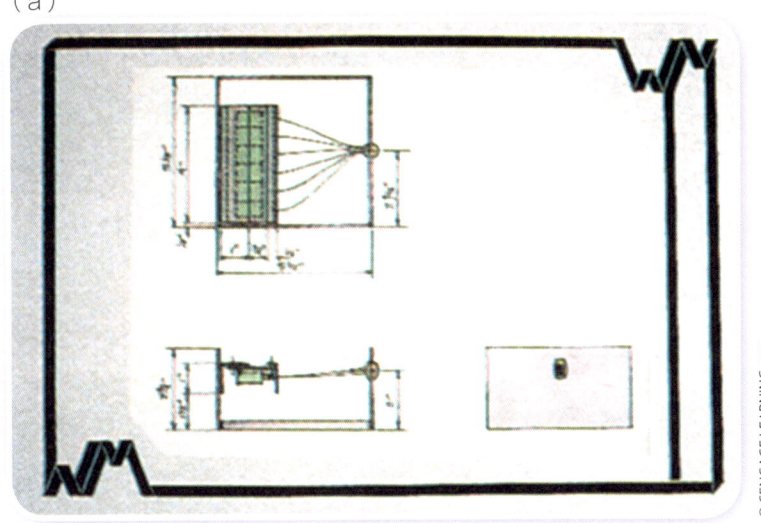

(b)

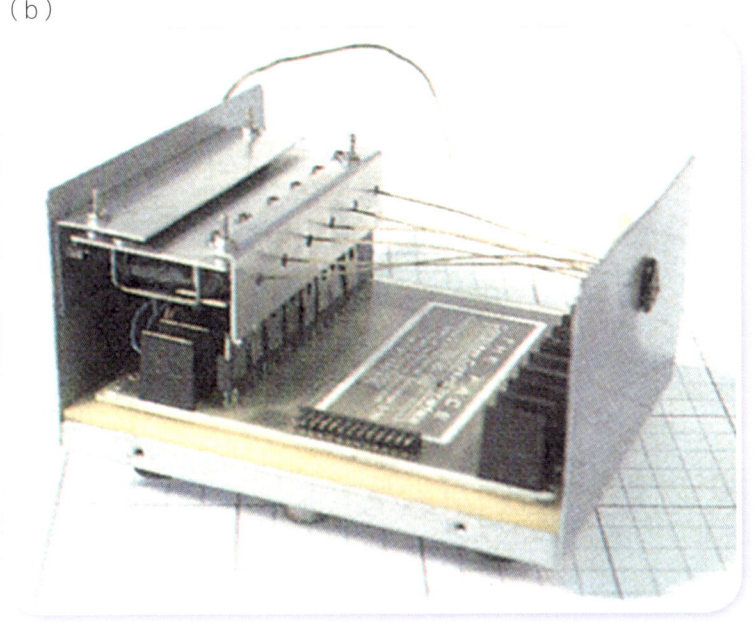

图 5-86　盲文识别系统的装配图：（a）放置零件的最终位置和（b）产品模型。

趣味阅读
如何记录设计过程

设计步骤	记录技巧
界定问题	通过描述一个技术场景来解释问题，使用书写、绘画、注解的方式，用电子表格或者整洁的手写笔记来记录。
头脑风暴	收集团队成员的想法。
调研并产生想法	可采用笔记、草图、文字、采访录音、参考文献和图像，将目录和其他参考资料作为复印件，将应用的机械或电子原理图包括在内。
确定标准并明确约束	附有规则、工作环境和要求的实际摘要说明，使用电子表格或者整洁的手写笔记。
探索可能性	笔记、草图和带有注释的详图、二维模型，使用铅笔、彩笔、标记笔、技术笔和其他设备，是一个详细描述的过程。
选择方案	矩阵比较解决方案的需求清单。用彩笔、标记笔或其他彩色介质画出展示图。
提出设计方案	演示模型的图片包括：木料、塑料、硬纸板/纸、泡沫塑料、金属、陶瓷、现成品；电脑模拟、配套元件、黏土、录影带、光碟等等；图纸，如正投影图；最终解决方案的色彩呈现图。
制作模型或原型	收集各阶段的图片，描述必要的改变和改进。
测试与评价	数据清单、曲线图、图表、相片、幻灯片、录影带、光碟，评估（对测试结果及自身进行评估描述："逼迫式"和自我评估），电子表格或者整洁的手写笔记等；此外，标题页一般都很有用；如果作品集太长，加上目录页可以显得更有条理；作品集的各部分和前文所提到的设计步骤应保持一致。
优化设计	包括重新设计产品时将要解决的问题列表，并提供问题已经解决的证明。
创造或制作	提供证据表明整个生产过程可以完成，并且符合所有设计要求；如果有必要，还可以展示生产过程如何被修订。

7 工程日志和设计作品集

正如本章前文所述，工程日志通常由很多页装订而成（如图5-87）。工程日志的目的是用文字记录一个或一系列项目中完成的重要工作。日志条目应当包括计算过程、曲线图、设计理念、重要事项和测试或调查结果。工程日志中详细地记录了专利想法，采用这种形式的话，日志中的专利想法通常需要相关见证人阅读并理解后，签字。所有的记录都应当注明时间。有关工程日志更详尽的内容，我们将在第 6 章中讨论。

设计作品集用来向客户展示设计过程，因此美学效果比形式和内容更重要。对于设计专业的学生而言，设计作品集也可用来向老师或评委展示设计过程和解决方案。工程日志和设计作品集都要包含设计过程中的关键信息。下文将介绍作品集所包含的信息列表，以及一些记录策略。

作品集

设计作品集与工程日志相比，没那么正规，所以不需要特殊的格式、相关技术或内容。根据项目的复杂程度，设计作品集包含的内容有所不同。如果设计问题较简单，则包含内容较少，在前文"趣味阅读"中挑选某几个步骤即可。大的项目将包括所有或者绝大多数"趣味阅读"中列出的步骤，或将各步骤合并成其他合理的形式。

图5-87　装订好的工程日志。

标题页，页码索引和目录

设计作品集应当有吸引人的标题页，注明作品集的目的和作者。作品集的每一页都要编号。一本设计作品集应当有关于设计步骤的目录，以及注明在哪里找到它们。如果遵循合理的配图设计规则，作品集将会更加有吸引力。关于配图设计规则的更多信息将在第 18 章进行说明。

页面排版

在页面上排版时，作品既可竖排，也可横排（如图 5-88）。选择合适的纸张大小，保证除设置边框和**标题栏**外还能提供足够的绘画空间。标准的 11 英寸 ×17 英寸的纸张就足够大，并且方便携带，其他的尺寸也可以接受。你也许还需要制作或者购买一个封皮或文件袋，以防纸张撕裂，并保护你的作品不被风、雨等损坏。

商标

公司为使自己的产品、关联物、广告容易被他人识别，会开发一种符号，称为**商标**。你也可以为设计作品设计商标，运用到作品集和各种设计方案中。在作品集里，商标可以出现在每一页。

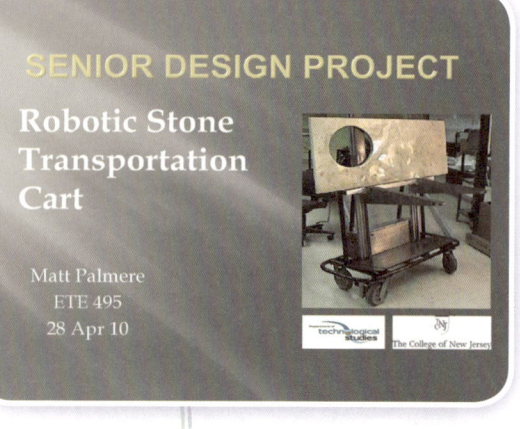
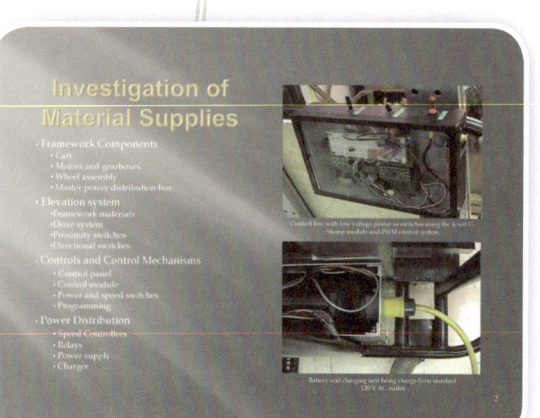

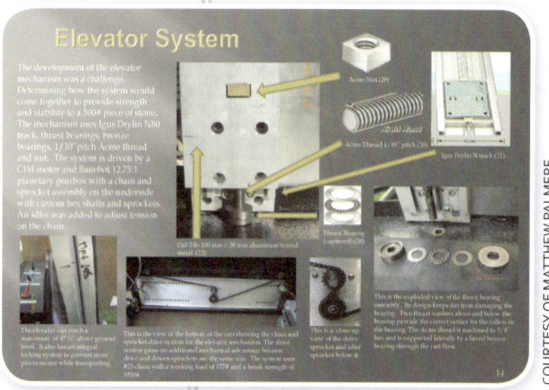

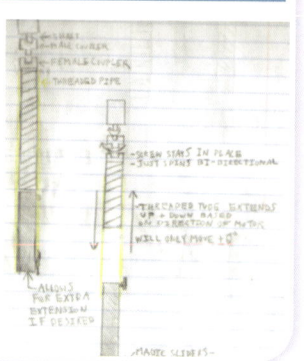
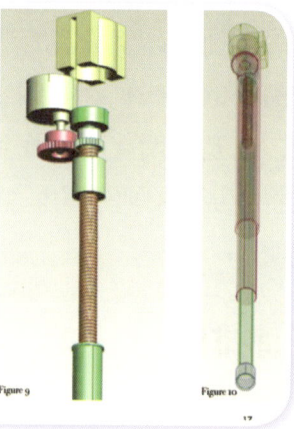

图5-88 高级设计作品集选页。

装订

纸张的装订可以在左侧或顶部,可以用塑料装订,也可用其他方法装订。

页面内容

平衡一页纸上信息量的多少十分重要。通常作品集的一页纸可能有多张图组成(如图5-89)。然而,这些图并不一定在最开始就画在

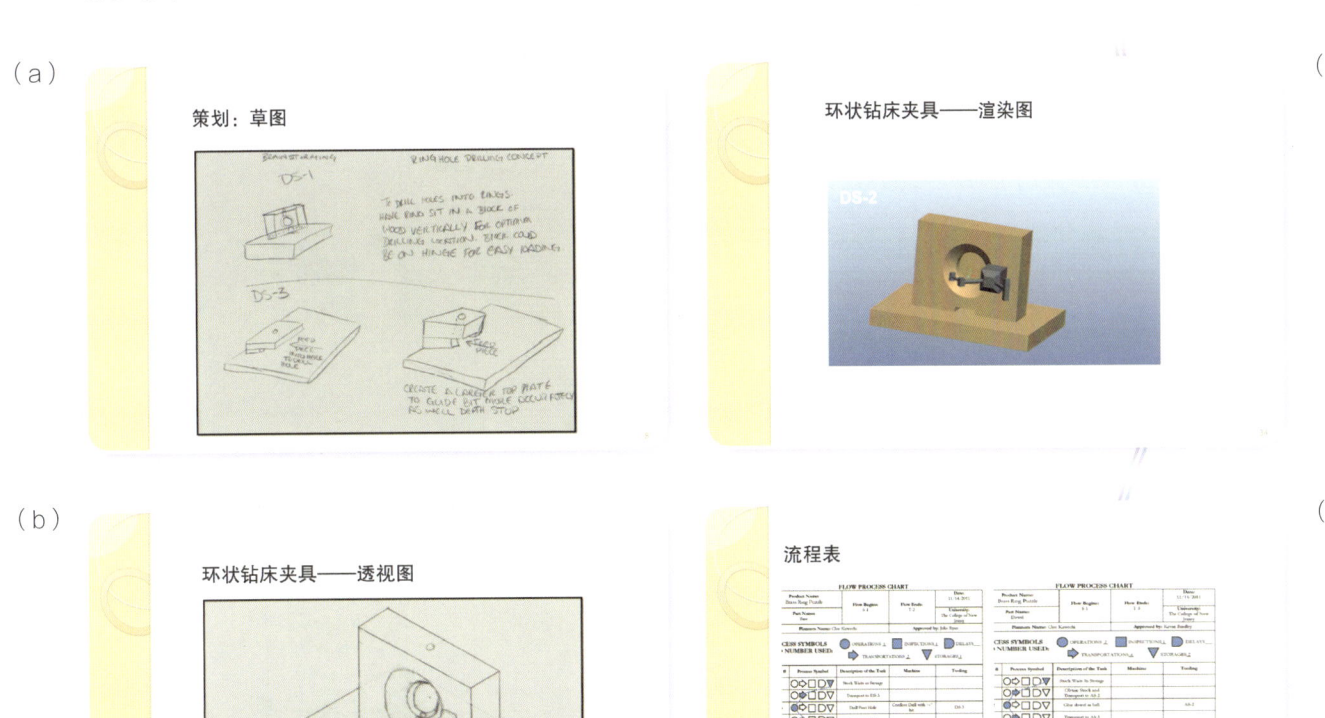

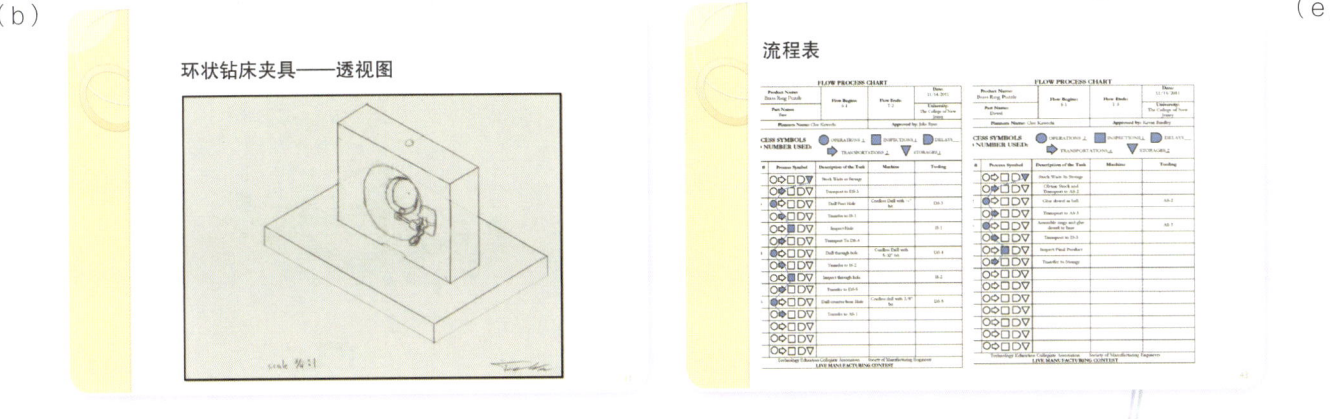

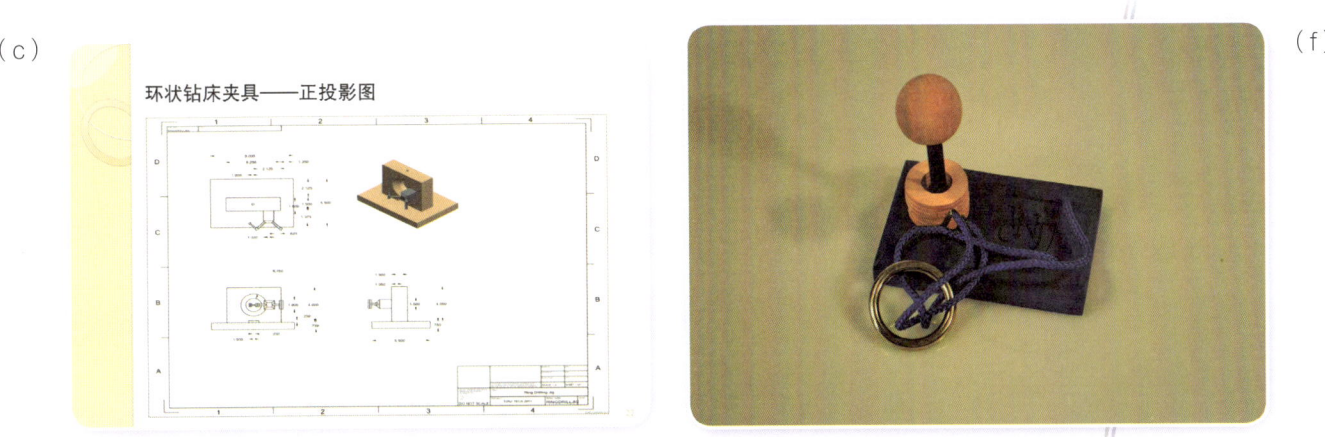

图5-89 作品集中的几页,展现设计过程中各种绘画技巧的使用范例。(a)草图,(b)透视图,(c)正投影图,(d)渲染图,(e)表格,(f)最终产品。

COURTESY OF JULIE RYAN, CLOE KAWECK, KEVIN BRADLEY, TANNER WILSON, JOE CARSON, AND DALTON FOWLER, TCNJ TEAM MEMBERS, TECA EASTERN REGIONAL MANUFACTURING DESIGN CHALLENGE

第5章 通过绘图开发设计想法 153

同一张纸上。你可以比照原图后，重画在一张纸上，或者将很多图剪粘在作品集的同一页。这些技巧可以帮助你以一种有趣且简洁的形式展示想法。

版面设计

版面设计是作品集外观的一个重要部分。图5-90说明了一系列可以让页面变得生动的方法。

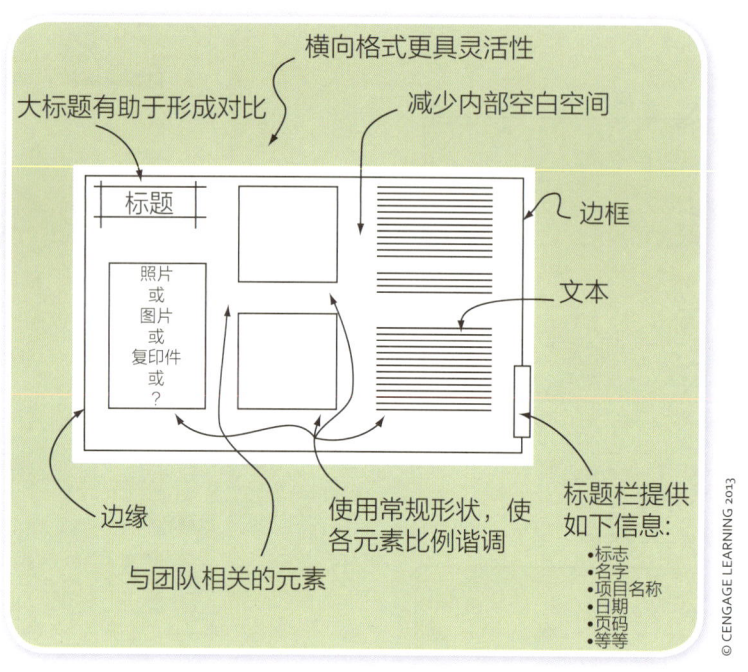

图5-90　良好的版面整合便于阅读和理解，它遵循对齐规则。

总　结

绘画对设计和研究来说都是不可或缺的。设计理念是科学假设和技术创新的种子，它定义了我们的现代世界，只有公之于众，才能生长。通过研究鸟类的翅膀，莱特兄弟完成了关于飞行的构想和理论。达·芬奇的每一项发明都是通过一系列的画作发展完善。戴森（James Dyson）和伊夫（Jonathan Ive）这样的当代改革者，也都是通过绘画来完善他们的创作。

如今，计算机提供了强大的绘图工具。CAD和实体建模程序让我们绕开了绘画这门学科。但是软件不能替代人在设计过程中扮演的角色。当我们在徒手素描的过程中获得信心时，就获得了检验和交流想法的宝贵工具。这种信心来自用整个大脑理解所见之物。与手写、键盘输入、编辑文档或者使用电脑鼠标一样，素描也是一种动作技巧，所有的这些技巧都可以通过练习来提高。

绘画要素包括线条、形式、形状、深浅、颜色、材质和空间，绘画技巧包括线性透视、阴影化、颜色混合、网格作图、框化作图和剖面图等，对这些的关注会让我们成为更资深的科学家、设计者和发明家。作为学生，我们可以用这些技巧记录我们的作品；作为专业人士，我们可以用这些技巧与合作者或客户交流；作为房主、家庭成员和科技世界的居民，我们都可以使用这些能力。

课后作业

观察/分析/综合

1. 用一支HB铅笔，绘制下列某个物体的一点透视图：VHS盒式磁带、录音带、"随身听"、音乐播放器、黑莓电子记事簿。
2. 用彩笔在周边画阴影，使一个立方体凸显。
3. 用彩笔画出不同色度，使一个立方体呈3D效果。
4. 用刻度尺或卡尺，画出下列某个物体的三视图，包括正面、顶面和侧面，可以是标准或一半大小：熨斗、电吹风、电钻、个人音响、无绳电话。
5. 调查和再现特殊地图中使用的一系列符号，比如地质勘测或者航空拍摄地图。
6. 使用视觉头脑风暴的技巧，对一顶野营用的帐篷做出5处设计上的改进。从中选择你最喜欢的，再制定出5种不同形式的解决方案。
7. 扫描、打印或者复印5份你觉得最好的帐篷设计，使用5种颜色方案来吸引5种不同人群（如，家庭、青少年、退休人员、女孩或者军队）。
8. 设计并制作一份作品集，其中包括原始标识、公司名和用来填写项目名称、日期和其他必要信息的标题栏。
9. 利用本章学到的技巧，完整地记录一个设计问题。

第6章
逆向工程

Menu

 **头脑准备**

学习本章内容时，思考如下问题：

1. 逆向工程如何引领我们重新认识产品的功能？
2. 逆向工程如何减少产品浪费？
3. 专利如何保护公司的产品？
4. 逆向工程的过程是什么？
5. 为何要用逆向思维设计产品？
6. 如何实现逆向工程？如何通过拆卸产品来获取信息？
7. 哪些信息不能由功能、结构、材料和制造分析体现？

>> 引　语

你是否曾经好奇过，如何使产品在市场上一直受欢迎？你是否发现有些人很快就能设计出最时髦的服装款式？事实上，所有新产品，诸如成功的平面设计、车型、手机，都反应了相似产品的某些特性。如果你注意一下第1章提到的工程成就相关的那些产品，就可以追溯出一条技术革新的历史线。试想一下贝尔（Alexander Graham Bell）发明的电话，它也是经过革新，才进化成了现代手机。

所有伟大的工程成就都包含某种形式的新设计。发明创造对设计而言，就是带来某些独特的或新颖的产品。通常创新的产生都是基于早期的发展，如，贝尔发明电话之前，电必须是已经在使用了（如图6-1）；其他的发明，如汽车、飞机、收音机、电视和计算机都是在科学和技术有重大突破的前提下产生的。

为了从法律上保护一项发明不被盗窃或滥用，个人和组织可以申请专利。第7章将讲述更多关于专利的信息。

发明之后通常会有一系列的产品创新。产品创新是对已有产品进行提升或改进的过程。这个重要的设计过程已经被历史证明，并且成为了现代工业经济的基石。企业必须不断提升他们的产品，才能在市场中保持竞争力；他们也必须设计新的产品，使产品线更加的多样化。

作为一名设计工作者，我们有时会想知道设备是如何运作的，原因很多，可能是出于好奇，也有可能是产品发生了故障，我们想修复它，亦或是我们在尝试设计新产品时，希望从其他有类似功能的产品中借鉴学习。搜集已有产品的信息有利于我们设计出在市场中具有竞争优势的产品。

设计师会运用逆向工程去拆解一个产品，了解它如何工作以及如何被制造。逆向工程促进了日用品的发展，如手机。例如，其他公司很快就复制出了一款新型超薄手机，但零件和零件配置都是最新设计。那么竞争对手是如何学会制造类似的超薄手机的呢？

图6-1　早期的电话。

许多公司会运用逆向工程原理检查和分析产品外部及内部性能。这个过程中获得的知识通常能引领新的产品设计或提升设计。1997年，卡恩（Philippe Kahn）正在妇产科病房等待女儿的出生，他突然有了一个想法，即通过无线连接向朋友和家人发送女儿的照片。卡恩在手机和相机之间做了个测试，看能否将两者连接起来。他一边从当地一家无线电商店购买设备，一边在笔记本电脑上写程序将两者连接。经过几小时的努力，卡恩终于将女儿的照片通过无线网络发送给了世界各地的家人和朋友。如今，拍照手机的广泛使用使我们可以获得各种一手信息（如图6-2）。

图6-2　手机可用于拍照和录像，非常方便。

逆向工程（reverse engineering）： 一种产品设计技术再现过程。即对一项目标产品进行逆向分析及研究，以制作出功能相近，但又不完全一样的产品。

第6章　逆向工程　157

通过逆向工程重新认识产品

什么因素会吸引我们使用新产品？产品功能、易用性、可靠性、外观和价格是设计团队在设计产品时都必须要考虑的。设计精良的产品不仅对客户来说物有所值，对制造商也是利润丰厚。

调查研究是设计过程中重要的一步。平面设计师想设计一张新贺卡时，他们会去贺卡商店看看已有的贺卡；土木工程师被指派去设计一座桥梁时，他会看已建好的桥梁的图纸；电气工程师设计新的地下室设备电路时，可能会拆卸或**测试**原有设备的电路；机械工程师要设计一台新的机械设备时，很可能会用逆向工程来了解一个具有相似功能的产品是如何生产的。他们共同的目的就是对成功的设备、结构或产品有更好的理解。

通过逆向工程来了解一个产品的功能是研究竞争对手产品的途径之一。然而，为了在市场中具有竞争力，公司会对潜在客户的人数、观点和偏好进行研究，第7章将介绍调查消费者的方法。公司还必须考虑产品样式和包装设计方面的最新潮流。吸引人的、包装精美的产品更容易畅销。第18章将会讨论有效的平面设计和包装设计所带来的效益。

逆向工程原理通常被应用于消费品，通过拆分物品来研究产品内在的构成和运行机制。传统的工程设计过程开始于问题，目的是寻找解决方案。而逆向工程开始于已完成的产品、系统或过程，致力于理解产品、进行文档化，也许还会产生新的想法；逆向工程用来分析产品的功能、机械特性和材料属性，从而理解产品的整个生产过程。

这种分析通常能带来设计上的变化，增强或提升产品特性或外观。

> **技术**：进行逆向工程时设计团队的一个基本原则就是从调查具有类似功能的产品开始。

逆向工程减少产品浪费

模具制造行业习惯于使用逆向工程替换老设备上旧的或坏掉的零件。这给那些不再生产的产品或机器新的生命。没有逆向工程来研究替换零件的话，很多停产多年的机器只能报废。

逆向工程还会用来提高生产效率。当原有产品的图纸不能使用或已有图纸不准确时，公司会拆卸产品以创建可用的文档及电子数据。设计师利用精确测量工具、坐标测量机及3D激光扫描仪生成几何图形，然后导入**计算机辅助设计系统**（CAD），CAD会通过三维几何建模方法重构实物的模型并生成新的产品图纸。

案例研究

俄亥俄艺术公司和神奇画板（Etch A Sketch）

在这个案例中，你将了解到俄亥俄艺术公司是如何运用持续提升的技术，使神奇画板流行50多年。随着对本章内容学习的不断深入，你将有很多机会运用逆向工程原理研究神奇画板。

俄亥俄艺术公司于1960年首次在市场上推出神奇画板（如图6-3），其原始版本是格瑞恩杰（Arthur Granjean）于20世纪50年代后期发明的。据说有一天，巴黎一位名叫格瑞恩杰的电工在安装开关板，他将开关板上的标签剥下来后，在上面做了一个标记，突然发现标记在标签的另一面呈现出来了。对格瑞恩杰来说，这是灵感迸发的时刻。

图6-3 早期的神奇画板。
THE ETCH A SKETCH® PRODUCT NAME AND CONFIGURATION OF THE ETCH A SKETCH® PRODUCT ARE REGISTERED TRADEMARKS OWNED BY THE OHIO ART COMPANY.

随后，格瑞恩杰研发了机械绘画屏幕，然后带着他的玩具来到了德国纽伦堡的国际玩具博览会。高昂的价格使许多玩具厂商放弃了这款新奇的玩具，但俄亥俄艺术公司为这个发明进行了投资，并花了1年时间探索解决机械和零件配合方面的问题。他们将这个玩具改名为神奇画板，于1960年向消费者推出。

新玩具的广告出现在电视屏幕上后，立马出现了供不应求的情况。为了使加利福尼亚客户在圣诞节收到玩具，圣诞前一天中午，公司还在赶制神奇画板。

你可以去问问父母或祖父母，他们在孩童时期是否玩过神奇画板？尽管这个玩具在市场上已经超过50年，它的内部运作方式几乎没有变化（如图6-4）。

图6-4 现在的神奇画板，你可能在商店货架上看到过它。
THE ETCH A SKETCH® PRODUCT NAME AND CONFIGURATION OF THE ETCH A SKETCH® PRODUCT ARE REGISTERED TRADEMARKS OWNED BY THE OHIO ART COMPANY.

和其他公司一样，俄亥俄艺术公司通过**持续提升**方法，来巩固和提升客户的兴趣。如今，除经典版神奇画板之外，俄亥俄艺术公司还推出了口袋版神奇画板和旅行版神奇画板。通过不断改进和扩展产品线，公司还生产了自由神奇画板，可通过控制器进行360度旋转，如图6-5所示。

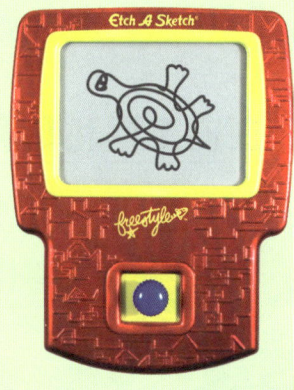

图6-5 自由神奇画板边上有一旋转器，可以轻易创造弧线、圆环和其他复杂的设计。
THE ETCH A SKETCH® PRODUCT NAME AND CONFIGURATION OF THE ETCH A SKETCH® PRODUCT ARE REGISTERED TRADEMARKS OWNED BY THE OHIO ART COMPANY.

如今，经典版神奇画板依然可以在商店货架上看到。然而，为了在市场上立于不败之地，产品利用新材料和新制造工艺进行了再设计。通过运用逆向工程原理，你可以发现这些变化并对其进行研究。在研究神奇画板的过程中，你可能会发现某些部件需要手动装配。本章后面你会知道是哪些部件以及为什么。

> **持续提升（continuous improvement）：**
> 一项工业策略，使已有产品更具创新性，更加与时俱进。

轮到你了

本章我们将以神奇画板为例来说明逆向工程原理。你知道神奇画板是如何工作的吗？它使用的材料是什么？制造过程又是怎样的？

很多商品都可以通过拆卸和细节研究、测试、归档的方法进行逆向工程。逆向工程会帮助你提升研究和归档的能力，并拓宽你对产品的理解。这个过程可能包括虚拟模型的制造。理解逆向工程里每一步的顺序就像理解设计过程的每一步一样，一旦学会，你可以轻而易举地运用到其他情况。

有限元分析（finite element analysis）(FEA)： 一种计算机控制的数字分析方法，可用来解决机械工程问题，如压力和热量在零件中的分布。

CAD 创建的实体模型利用了**有限元分析**，如压力分析和质量属性计算。一些测量系统可以将尺寸精确到 0.005 毫米（0.0002 英寸）。CAD 数据可以转换为计算机数控代码，传输到成型机，为零件的再制造提供详细的模具。这些精确、集成的生产过程，通常称为**计算机辅助制造**（CAM），这能显著减少产品的浪费。

逆向工程和专利

工业上，逆向工程常被用来分析竞争对手的产品。设计团队经常对已有产品进行逆向工程来发展新的认识，这很可能被用到新的或类似的产品中。然而，什么能保护一家公司，使自己的产品免于作为逆向工程的成果被抄袭？专利权和道德守则正是为了保护产品发明而产生的。但是，这仍然无法保证设计一定不会被抄袭。如果一家公司拥有一项专利，而他们认为竞争对手侵害了他，那么起诉竞争对手**专利侵权**是他们的职责。惠特尼（Eli Whitney）发明了轧棉机，但他没有保护这项专利，发明被抄袭了（如图 6-6）。尽管这项发明很成功，但那些不乐意支付专利使用费的农民还是会自己制造机器。

因为其他人可以轻易地复制轧棉机的设计（如图 6-7），并且惠特尼未能在法庭上成功保护自己的专利，所以，1797 年惠特尼的公司宣告破产。公司必须不断提升产品的性能以保持在市场上的有利地位。

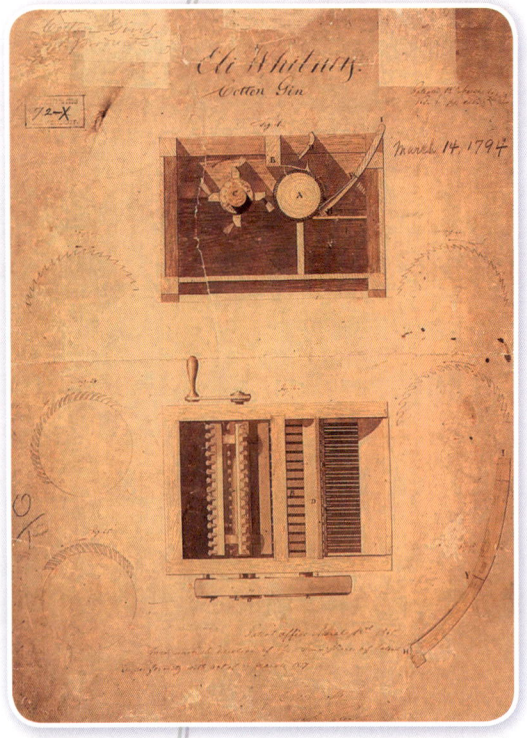

图6-6　1794年3月14日，惠特尼获得了轧棉机的专利（之后被编号为X72并在1807年生效）。

专业团体中的设计人员必须遵守职业规范，这些规范规定他们不能侵犯**知识产权**。除了职业规范，商业上还制定了政策来提升员工的道德表现。细想下第1章中提到的国家职业工程师道德规范，这个规范没有指出对产品的学习是一种违规，里面提及的一般标准包括以下这些："3）以客观和真实的态度发表声明，5）避免欺诈行为，以及6）以诚恳、负责、道德和法律立身立命……"显然，侵犯专利会带来法律问题，使公司不得不为专利侵权辩护支付昂贵的费用。道德侵害会使自己受到职业组织的责难，甚至会被老板解雇。

图6-7 轧棉机，它是基于惠特尼的设计而制造的。

工程： 工程协会在职业中扮演着重要角色，为职业道德树立高标准。

轮到你了

逆向工程代表了一种非常高效的产品设计思路和方法，正被越来越广泛地应用于各个领域。有人将"逆向工程"和"非法仿制"联系在一起，请查阅资料，判断这一说法是否正确，并说明原因。

图6-8 工程师在逆向工程分析室进行研究。

逆向工程的主要内容

如图6-9所示，逆向工程包括一系列步骤，这些步骤并不是按照一定的顺序进行，大多数设计师和工程师会在某些步骤中反复进行，例如图6-9中的黄色虚线部分。

进行逆向工程的原因

当设计团队或管理团队定义了一项需求或一个问题，并且发现通过逆向工程调查可以解决时，逆向工程就开始了。通常，设计者需要进行逆向工程的原因有以下这些：

▶ 研究类似产品，研制更具竞争力的产品
▶ 测试产品或设计，判断哪里失效了或什么导致了失效
▶ 作为公司持续提升产品政策的一部分
▶ 原始图纸不可用或不准确时，通过逆向工程来获取所需数据

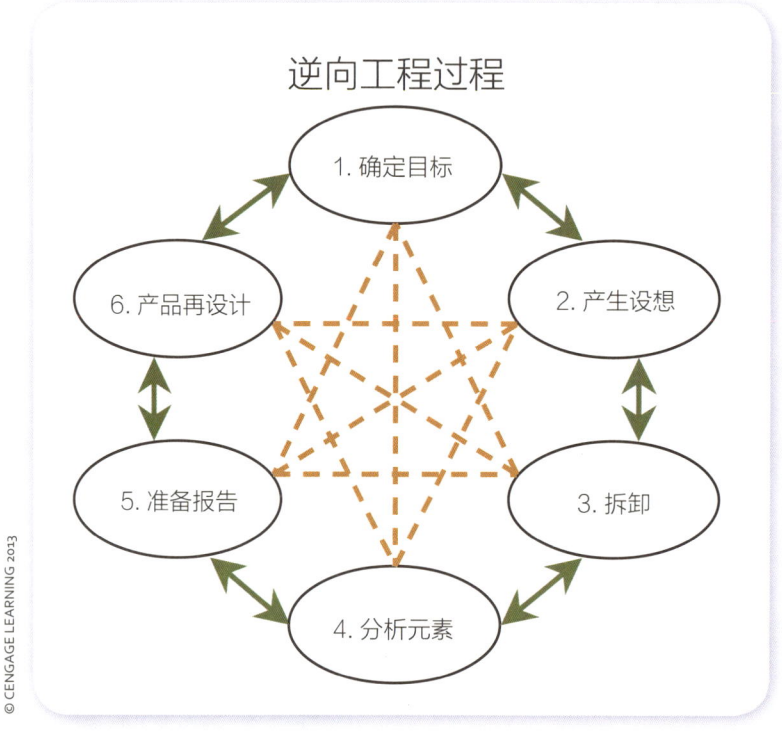

图6-9　逆向工程过程流程图。

轮到你了

进行准备报告（第5步）时，你也许会发现需要搜集更多关于零件抗拉强度的信息。此时，你会移向哪一步？注意逆向工程步骤中绿色实线或黄色虚线，通过绿色实线或黄色虚线时，你可以自由移向任何一步来适应当前的情况。我们再看看另一个例子，进行拆卸步骤（第3步）时，你突然判断出了产品失效的原因，如何进行重新设计已经很明朗，这时，你会进行哪一步？

- 培养设计专业人员在功能、结构、力学和美学方面的素养
- 设备维修,为不再生产的产品设计替换零件
- 开发 CAD 和 CNC 电子数据,以便用电脑控制生产过程

公司的持续提升策略决定了逆向工程的目标是寻找提升功能的方法,还是减少产品损耗(如图6-10)。逆向工程也许会使产品尺寸、形状、原料、制造、装配、包装及运输方式发生变化。清晰地理解目标,对每个人来说都很重要。理解任务目标能帮助大家更好地专注目标。但是,有时可能需要重新思考或修改目标,尤其在产品分析阶段。

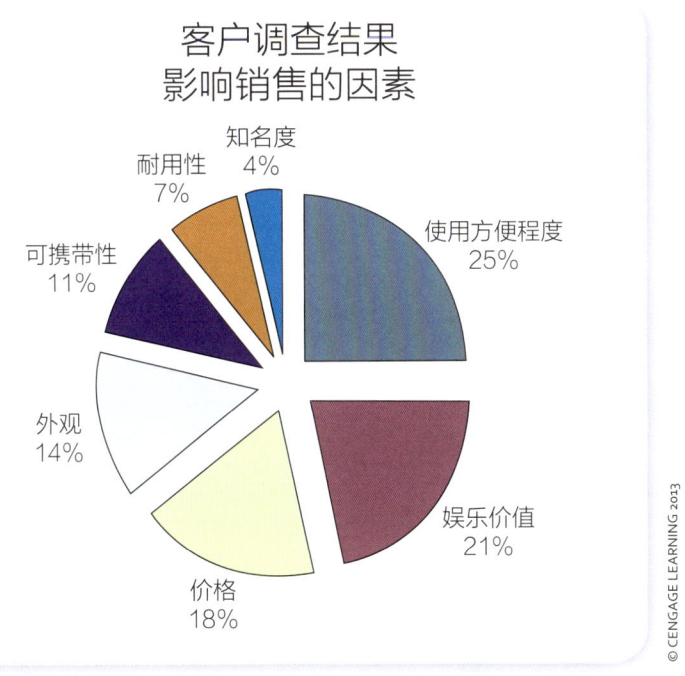

图6-10 饼图显示了一家公司持续提升产品计划中的客户调查结果,该信息也许能说明产品进行逆向工程的必要性。

工程师笔记本(engineer's notebook):

也称为工程师日志或设计师笔记。用途如下:(1)当其他工程师还未宣称是自己的设计观点时,可作为设计想法的一种记录;(2)记录新观点和工程调研成果,作为取得专利的证据。

逆向工程的过程

》》第1步:确定目标

当你准备对某个产品进行逆向工程时,需要在**工程师笔记本**上记录目标——我想从这个产品中学到什么?想好要问的问题,要研究的领域,要联系的人,以及最后的测试方法。整个逆向工程进行期间,准确而详细的文档记录很重要。你的工程笔记本将提供有关过程、想法和发现的证据。如果有可能,还应该加上支持文档,例如注释草图。你的笔记本将支持你的发现,而且,还可能提供证明来支持法律诉讼或专利申请。

案例研究

神奇画板

俄亥俄艺术公司必须不断研究新方法来保证产品质量的同时不降低产品的利润。大型廉价商店通常会设定产品的零售价，定价时通常会考虑竞争对手产品的价格、消费者的习惯、定价带来的心理效应。随着全球经济的发展，价格使得在美国制造产品的公司遇到了困难。由于其他国家具有廉价的劳动力和材料成本，很多公司不得不将制造或组装移至发展中国家。

俄亥俄艺术公司在美国的生产持续到2001年，尽管成本昂贵，这家家族企业还是选择了对其员工负责，这些员工已经为公司服务了三十多年，甚至更长时间。最终，当大部分工人到了退休年龄后，公司才将生产线转移到了泰国，然后转移到了中国。

轮到你了

以下是俄亥俄艺术公司过去和现在解决的神奇画板的问题。哪些问题可以用逆向工程解决？

1. 以青少年为基础，拓展客户群
2. 寻找合作企业
3. 提高产品的安全性
4. 增强把手操控性，提高绘画质量
5. 提升外壳的密封质量
6. 保持售价不变

≫第2步：产生设想

设想（hypothesis）：
（1）基于现有迹象的一种猜想，作为进一步调查的开端；（2）通过观察提出的一种解释。设想是有根据的猜测，是调查或分析的基础。

逆向工程最适合用来判断产品如何发挥功能，以及部件如何一起工作来实现这个功能。逆向工程的第2步是描述关于产品功能的设想。**设想**就是某种可能的解决方案，但是还未被证明是正确的。在神奇画板的例子中，我们不清楚绘画触笔的机械原理，不清楚它是如何在屏幕上画线的。这支笔是由齿轮、杠杆还是其他装置所驱动？查阅机械系统方面的书籍可能会有帮助。第12章将介绍一些有助于产生设想的例子。

神奇画板是如何工作的？触笔是由滑轮机械控制，还是齿轮驱动？通过测试和观察，你会发现转动把手可操控触笔的竖直和水平移动，它会擦除屏幕背面的物质。那么，把手实际上是如何控制触笔的呢？

科学：科学家经常会作出很多设想（预测或未被证明的想法），设想需要进行周密的研究和评估。技术专家和工程师在工程设计中会采用这个过程：他们先在实验室进行实验，然后通过测试和观察来确认或推翻自己的设想。

轮到你了

在工程笔记本上记录你的设想。用带箭头和注释的草图详细描述你的想法。你可以请别人查看你写的条目，看他们是否理解你的设想。记住，你的工程笔记本是你逆向工程的历史记录，清晰、简洁、完整地记录很有必要，因为你将来可能没办法说明或解释你的笔记和草图。如，你去其他公司或退休后，为了继续改进产品，其他人不得不读懂你的工程笔记本。

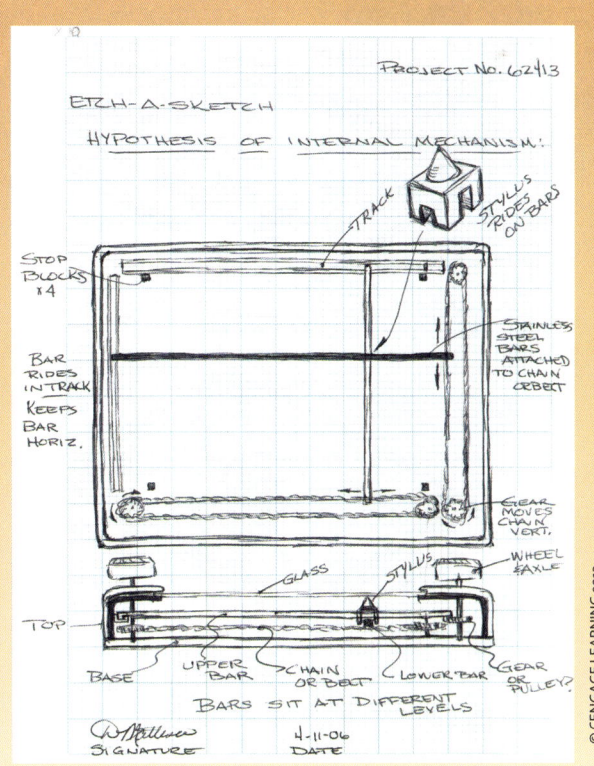

图6-11　工程笔记本，图中描述了某一设想。

玻璃外面包裹的是什么材料？写下所有使你感到疑惑的问题，在拆卸前思考可能的答案。

≫ 第3步：拆卸

一旦确认了调查的目的和设想，你就可以小心地拆开产品，检查其内部构成和机械原理，这个过程通常称为**拆卸**。工厂里，当某人想要使用工具或进入材料实验室时，他必须穿戴安全装置。在商业、工业和教育中，安全非常重要。一般的安全守则包括佩戴安全镜、护耳装置，可能还有安全服，摘下所有手饰品也是其中的一项规定。如果有灰尘或其他污染物，则需要佩戴呼吸保护装置。

常见的拆卸工具（公制和美国习惯度量）包括：

拆卸（teardown）： 产品拆卸的过程是为了分析产品的零件，以便更好地理解产品。

> - 螺丝刀
> - 艾伦扳手
> - 尖嘴钳和常规钳
> - 弹簧压缩机和镊子
> - 棘轮、套筒和活动扳手
> - 钻孔机和指针
> - 美工刀和切割机
> - 剥线器、铁皮剪和斜口钳
> - 小手锯、弓锯或辅锯箱和短锯
> - 小撬杆和起钉器
> - 电热丝加热器或热风枪

安全提醒

无论何时，拆解产品时，必须穿戴好所有必要的保护装置，遵守老师提出的所有安全指导事项。

拆卸过程（拆开产品）是一个非常精细的过程，你的动作必须非常缓慢和谨慎。你曾经是否抱着修好物品的心情拆开一个坏掉的东西，结果一打开，零件就散得满屋子都是？进行拆卸过程时不能丢失任何内部零件。小塑料袋或信封和胶带也许能帮助整理零件。对产品内部零件认真做笔记也是非常重要的。你可以使用表6-1所示的数据结构表来记录拆卸时的信息。

表6-1 数据结构表格。

数据结构表

测试性能
化学性能
电学性能
磁性
力学性能
光学性能
热力学性能

制造过程	
结合	整修
连接	加工
成型	分离
塑造	切断

姓名：_____
日期：_____
产品：_____

产品型号	材料&特征	尺寸	重量	制造过程	明显的磨损	联接件

案例研究

拆卸神奇画板

图6-12 展示了神奇画板拆卸前带有注释的草图。笔记包括了有关外部构成的推测和事实。

当我们小心地拆卸神奇画板，移开把手和外层盖子时，我们发现玻璃板上有一张塑料片和一层盖子。我们用胶带把每个零件编号，然后将发现记录在文档中，并将信息记入数据结构表。研究过程中，我们发现盖子使用了超声波焊接技术，在分子水平将塑料零件粘合在一起，这使拆卸变得非常困难。一项与超声波焊接技术有关的网络调查揭示了一个跟神奇画板研究案例相关的趣事。20世纪60年代，俄亥俄艺术公司是第一家尝试将超声波焊接塑料用在神奇画板上的公司。超声波焊接由一个可移动的"喇叭"来运转，这个"喇叭"在超声波段工作，会产生高频声波。当作用在塑料零件表面时，压力和热度将两部分焊接在一起。

制造神奇画板的关键问题之一就是制造密封产品，这样里面的东西才不会外泄。超声波焊接是俄亥俄艺术公司为解决塑料封闭性问题而采用的方案（如图6-13）。

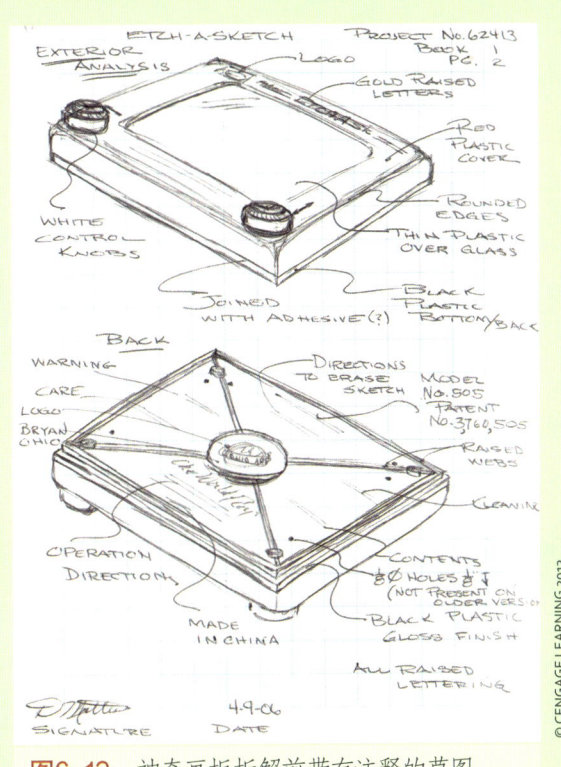

图6-12 神奇画板拆解前带有注释的草图。

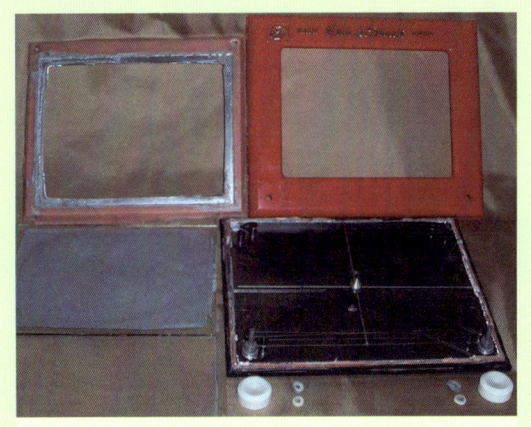

图6-13 神奇画板的部分拆解图。

回想你拆卸一个物品进行修复的过程。你将零件重新组装时是否成功了？你记得每个零件的原始位置吗？想到这一点，你就会发现在工程笔记本中仔细记录信息是多么重要。你应该记录所有零件的位置，零件之间的相互关系，以及每个零件的目的或功能。你可以用笔和胶带为每个零件命名或编号，这些标记会在组织结构图和工程笔记本的草图和目录中交叉引用。

设计师通常会使用数码照片记录拆卸阶段的信息，并将它们整理至工程师笔记本中。他们必须一边拆卸，一边牢牢记住研究的目的。

如果目的是降低产品失效造成的退货率，在拆卸前，应优先检查客户评论清单，寻找不合适的组件、过度磨损的零件或其他产品故障的指示。在拆卸的各个过程都要做到深思熟虑、仔细分析和认真归档。

第4步：分析元素

分析是逆向工程中最重要的一步。在分析的过程中，工程师试图回答起初提出的所有问题。产品分析主要有四大类：

- 功能
- 结构
- 材料
- 制造

分析需要对每个类别的性能进行细致地研究。研究结果和草图及数字照片一起被记录在工程师笔记本上，以便提供清晰的细节信息。分析过程中，有些产品可能需要局部重装，以观察功能组件之间的相互作用。例如，在神奇画板中，需要将线、杆和控制定位笔移动的滑轮组件组装起来，追踪控制把手和黄铜笔之间的机械作用。

> **分析（analysis）：**
> 对某物的元素或结构进行详细剖析。

功能分析

简言之，产品是如何工作的？通常，产品分析包括解答机械系统或电路如何工作的问题。正如你将在12章中学到的那样，几乎所有机械系统都至少包括以下元素中的一个：

- 杠杆或曲柄
- 轮子或齿轮
- 凸轮
- 螺钉
- 传输拉力或压力的零件，如滑轮、绳索、链条、弹簧，或液压管路
- 传输间歇运动的零件，如棘轮

当需要分析一个产品的机械功能时，可以寻找以上这些元素。分析过程中，工程师将对产品零件进行测量或测试。为了测量零件，很多工具都进行了改造。准确测量非常重要，并且要注意正确使用各种测量工具。

千分尺和卡尺广泛应用于精确测量材料厚度、轴的内外直径和槽、洞的深度（如图6-14和图6-15）。

现代测量仪器包括图6-15所示的带表卡尺和图6-16所示的数显卡尺，两者都很容易测量尺寸。

高质量仪器得到的精确测量和测试结果，增加了逆向工程收集的数据的可靠性。图 6-17 和图 6-18 展示了不同的测量仪器。测量可以更好地理解零件之间的相互作用和空隙。如果你正在使用逆向工程设计替换零件或提升已有产品性能，那么精确测量对最终的成功至关重要。以下是一些测量工具：

- 千分尺
- 卡尺
- 半径测量仪
- 测隙规
- 量角器或数码量角仪
- 数码比例尺
- 3D 扫描仪

COURTESY OF L. S. STARRETT COMPANY

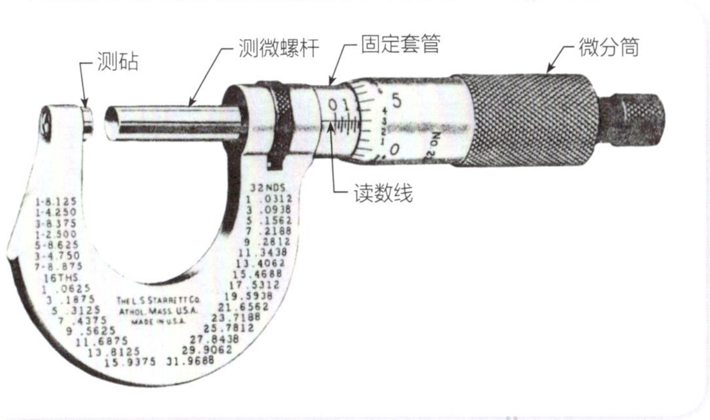

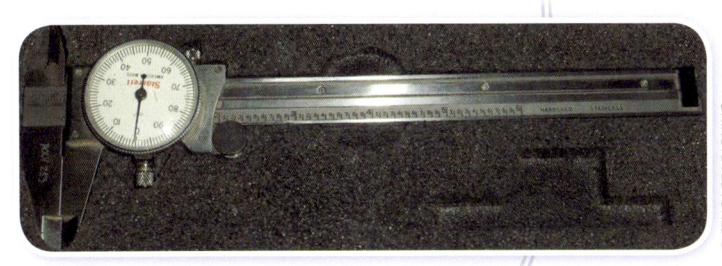

图6-14　千分尺用来测量内外径和深度。

© CENGAGE LEARNING 2013

图6-15　带表卡尺。

结构分析

所有结构都必须能承受来自内部和外部的力，并使零件保持在原位。结构分析的第一步就是判断每个零件的作用，了解它如何与其他零件相互作用。

结构分析能满足以下部分或所有特性（相互作用）。产品的构造方式必须提供：

- 内部零件的支撑
- 外壳
- 容器
- 保护性
- 可运输性

结构分析包括机械和材料属性的原理分析。

COURTESY OF L. S. STARRETT COMPANY

图6-16　数显卡尺。

COURTESY OF L. S. STARRETT COMPANY

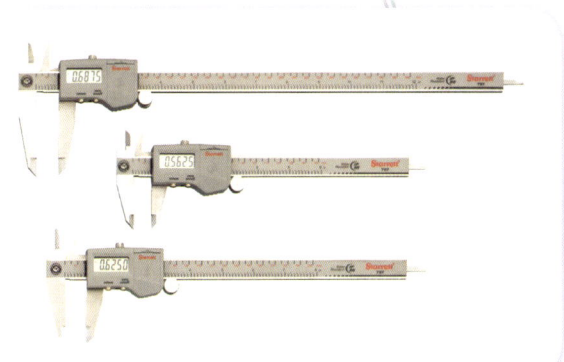

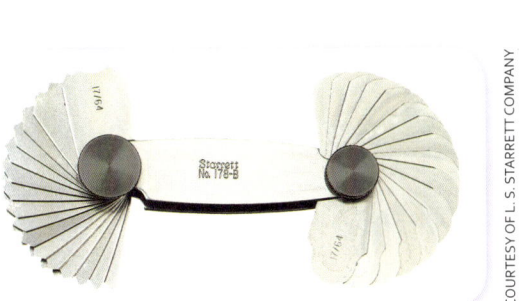

图6-17　半径测量仪用来测量圆形物和片状物。

COURTESY OF L. S. STARRETT COMPANY

图6-18　测隙规用来测量槽的深度和两零件之间的空隙。

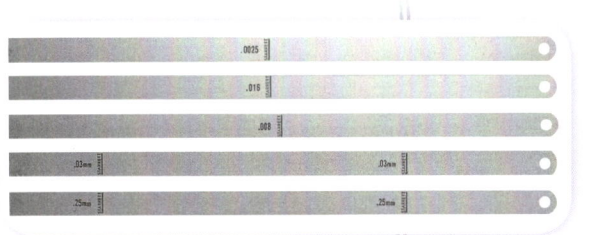

案例研究

神奇画板的功能分析

仔细观察图6-19，图中显示：神奇画板内部复杂的金属丝、滑轮和杆子系统组成了一个机械装置。这个机械系统将控制把手的旋转动作转化为定位笔（画画工具）的直线移动。杆子的纵向和横向运动由金属丝上的拉力来控制。杆子穿过黄铜定位笔的孔，定位笔随着杆子的移动而移动，通过同时转动两个把手，不同的斜线和圆弧就画出来了。

如果定位笔的孔太小，杆子不能顺利地穿过，会发生什么？反过来，如果定位笔的孔比杆子大很多，又会发生什么？零件材料随着时间的推移如何影响磨损量？如果滑轮系统的金属丝太紧或太松会发生什么？如果其中一个滑轮坏了，设备还能继续工作吗？

机械装置案例研究过程中，许多绘画条目被加到工程师笔记本中。不同颜色的铅笔可用来对神奇画板内部两个独立的滑轮系统进行分类分析和视觉分离，如图6-20所示。

图6-19　神奇画板内部金属丝和杆子机械装置细节图。

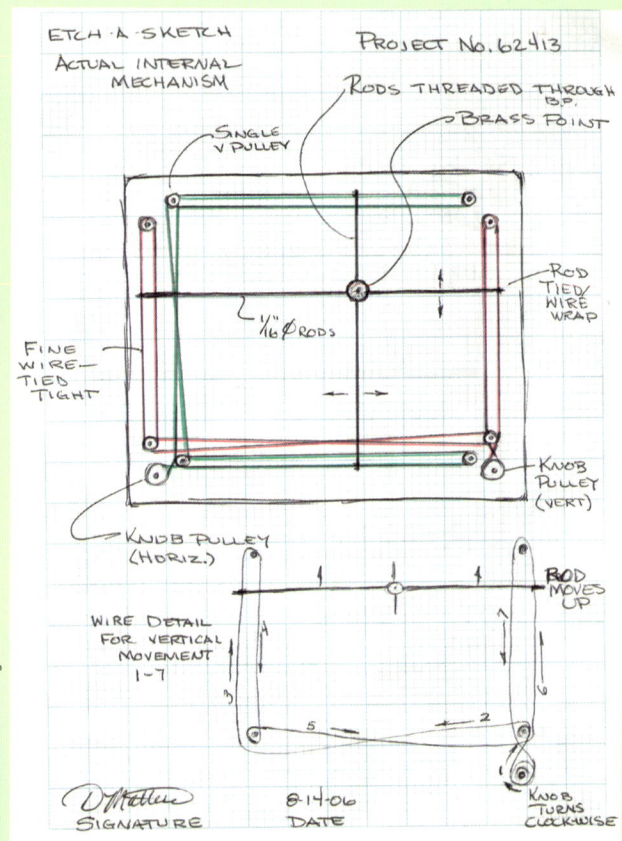

图6-20　工程师笔记本中关于内部机械装置的草图。

有限元分析软件可用来了解逆向工程产品的结构质量。你将在第11章中了解更多关于结构分析的知识。

为了逆向工程的顺利进行，我们将会研究和计算结构组件的材料强度，并判定这些特性是否符合结构的目标。通常，有限元分析软件会提供准确的结构和压力分析数据。

案例研究

神奇画板的结构分析

神奇画板玩具的主要结构是一个外壳和内部的零件，并且必须保证零件在正确的位置不动，产品才能正常运转。定位笔由两根轴支撑移动，这些轴的材料有足够的强度，当定位笔来回移动时不会弯曲。定位笔的材料也十分牢固，不会因来回移动而损坏。如果定位笔损坏，这个玩具就报废了。神奇画板的定位笔材料是黄铜，与其他材料相比，黄铜的柔软度更好，而且是类金色。

你可能会感到疑惑，为什么选择黄铜？虽然就柔软度而言，黄铜—铜锌合金，比纯铜更强更硬，但需要注意定位笔必须在轴上持续地来回滑动而不发生磨损。定位笔的作用是擦除玻璃表面的铝粉，形成干净清晰线条的同时不产生擦痕。如果定位笔由更坚硬的金属制成会发生什么样的情况？

在结构分析时，实体模型程序可用于进行个别零件的有限元分析（如图6-21）。

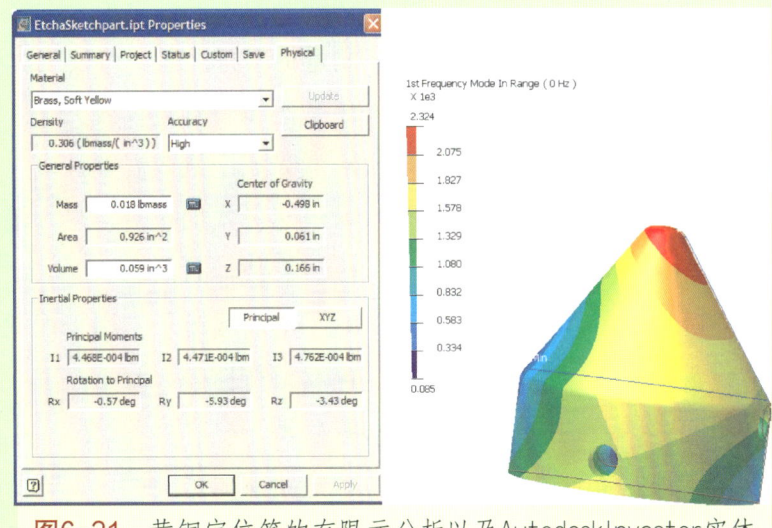

图6-21　黄铜定位笔的有限元分析以及Autodesk Investor实体模型程序的支持文档。

材料分析

材料的选择对零件的性能有极大影响，材料的特性必须与零件的应用正确匹配。从最基础的层面来看，我们可以根据常用名识别材料。材料通常以种类来区分，如木头、金属、塑料、陶瓷或复合材料。设计师需要了解材料的特性，以及这些特性如何对产品的性能产生影响，耐用性如何（如图6-22）。知道材料的处理过程对材料最终的成型很有帮助。

材料分析要求了解材料的基本特性，因为材料可以通过理化性能来识别。这些性能包括：

- ▶ 力学性能
- ▶ 导电性能
- ▶ 导热性能
- ▶ 化学性能
- ▶ 光学性能
- ▶ 声学性能

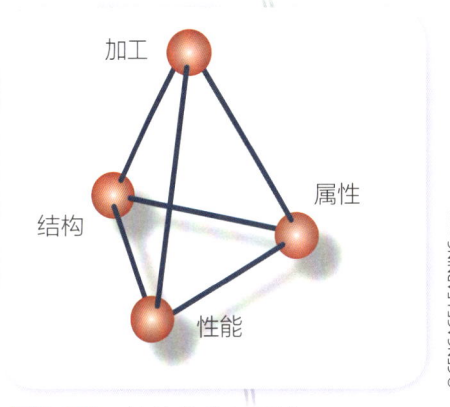

图6-22　材料科学四面体。

材料的特性由不同的单位来衡量。如，杨氏模量属于力学特性，用于描述材料受到特定的负荷（压力或重量）时尺寸的变化，数值单位为磅每平方英寸（lbs/in^2 或者 psi）或牛顿每平方厘米（N/cm^2）。材料特性的数值取决于标准化测试的结果，可以根据设计目的对比材料的特性。比如，结构钢的杨氏模量值接近 30 000 000psi，而铝的杨氏模量值接近 10 000 000psi。工程师通过查看这些数值，认识到钢的硬度是铝的 3 倍。这是建筑师建造摩天大楼的骨架结构时为什么用钢而不用铝的原因之一。更多关于材料特性的信息将在第 10 章中介绍。

测量材料特性时，可使用以下工具：

- ▶ 数码压力测量仪或天平
- ▶ 激光温度枪或温度计
- ▶ 电热丝式加热器、热气枪或烤箱
- ▶ 秒表或计时器
- ▶ 手电筒或镜子，用于视觉检测
- ▶ 材料特性表
- ▶ 磁铁
- ▶ 短路探测器
- ▶ 硬度计
- ▶ 用于对比的材料样品

当工程师分析一个产品时，他们会在工程师笔记本上详细记录每个零件的材料特性。工程师检查零件时，也会注意磨损或其他可能引起失效的迹象。

制造分析

制造是一个含义广泛的术语，用来描述如何应用工具和过程将原材料变为最终商品。在设计过程中，设计师通常会考虑制造过程，而制造工程师致力于设计高效的新产品制造过程。制造工程师可以是设计团队的一部分，也可以在设计过程中充当顾问。

产品的制造会用到很多不同的系统。在第 1 章，你了解了美国体系，其在 19 世纪后期变得十分流行，其他方法包括量产、无库存制造、精益制造及可持续制造。制造系统相关的知识将在第 10 章中介绍。

逆向工程可以了解产品是如何被制造的。尽管制造零件时所使用的真实生产系统很难被确定，但其制造过程可以较容易被识别出来。材料的处理方法有三种——成型、切割和链接。

案例研究

神奇画板的材料分析

附着在屏幕上的粉末具有特殊的性质，它使画板具有了魔力。当检查这些精细的粉末时，我们可以将这种材料和已知的样品联系起来研究。粉末的颜色和反射性能与铝箔、铝罐头、铝制渔船、飞机和防风窗上的装饰很相似，最主要的特点是当用手指捻开时，它是灰色的，并有银色反射光，如图6-23。

调查结果表明这种材料的性质和铝粉的性质是一致的。

最近，康涅狄格州生产这种画板铝粉的公司倒闭了，所以必须寻找新的原料来源。在新的粉末被采购和使用前，需要通过一系列的测试来确定这种材料的性能、可靠性和安全性。幸运的是，在实验过程中，人们发现了一种更便宜、颗粒更小的材料，其效果比最初的材料还要好。

为了保持竞争力，减少不断上升的材料成本带来的影响，俄亥俄艺术公司仍在继续做神奇画板的替代材料的实验。最近，他们发现高强度聚苯乙烯（HIPS）可以代替丙烯腈-丁二烯-苯乙烯（ABS）塑料，用于制作塑料外壳。聚苯乙烯的亮度和弹性并不像它的耐磨性那么好，不过仍可以满足应用的需要。

图6-23 附着在屏幕上的粉末。

轮到你了

当你进行材料分析时，一定要牢记分析的目的。当你还原神奇画板的设计时，你会发现屏幕上有一层薄薄的塑料膜（如图6-24）。

屏幕上的这层膜是聚酯薄膜，请上网搜索聚酯薄膜的性质并将信息记录到你的工程师笔记本中。20世纪70年代，作为产品持续改良的一部分，俄亥俄艺术公司将聚酯薄膜应用于神奇画板中。你觉得使用聚酯薄膜的目的是什么？在你的工程师笔记本中记录你的推测和调查的最终结果。

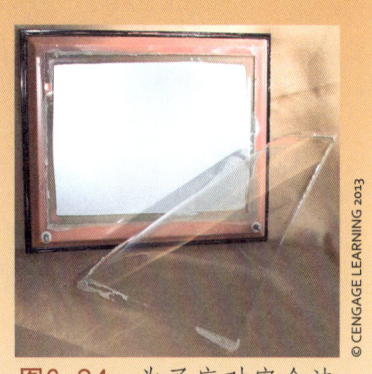

图6-24 为了应对安全法的变动，以及人们对产品安全的担忧，神奇画板的表面覆盖了聚酯薄膜。

第6章 逆向工程

表6-2 常见的加工工艺。

成型	切割	链接
铸造	钻孔	焊接
模塑	剪切	硬钎焊
锻造	锯切	软钎焊
轧制	电火花加工	烧结
挤压	铣削	粘接
冲压	车削	紧固
弯曲	拉削	缝合
冲孔	压力加工	装订
	刨削	精加工
	珩磨	电化学法
	砂磨	化学法

1. 成型：用热和/或压力将材料重塑成所需的形状。
2. 切割：将一块材料雕成所需的形状。
3. 链接：将两个或多个物体结合在一起。

表6-2中列举的是常见的成型、切割、链接工艺。

技术的七大资源是人力、资本、工具、机器、时间、信息和能源。制造过程是否可持续主要取决于这些资源，此外，各部件的质量要求、对环境的影响，以及政府法规也是重要的因素。如果大批量制造产品，量产的生产技术也许会最有效；如果小批量生产产品，手动组装零件会比较合适。一旦确定了生产材料和生产工序，你就需要分析产品的零件。在这一步，你要仔细检查产品，并回顾拆卸产品时笔记本上的记录内容，以此来确定组装的顺序。是否可以使用自动化组装整个产品？或者有没有精密部件需要手动安装？需要首先安装哪个零件？能否想出一种方法来简化生产工序？将答案或想法记录在工程师笔记本中。这些因素都会影响产品的成本。

案例研究中，我们必须用黄铜制作定位笔的另一个原因是：俄亥俄艺术公司测试了其他几种材料，没有一种材料可以像黄铜一样，能够把铝粉从玻璃上移开，并能画出一条干净清晰的线条。

》》第5步：准备报告

逆向工程过程中，你会将新发现呈现出来。首先，通过重温第1步已提出来的逆向工程的探究目的。比如，如果逆向工程过程的目的是开发CAD制图软件，将其转换为**计算机数控程序**（CNC），那么你是否已经收集到完成它的必要信息？如果你想拆卸一个产品来确定其内部零件的耐久性，那么你会发现什么？某些零件是否已被磨损？你是否确定了磨损的原因并已解决？如果你的目的是提高和创新，那么怎样才能将收集的产品功能信息转换为新的理解？在准备报告时，记得重温你的假设。假设是否正确？在阐明调查目的时，哪些信息是最有用的？一旦你能回答这些问题，那么你就做好了展示报告的准备。

清晰明确地交流逆向工程过程的结果需要经过细致地思考和计划。展示前，需要确定采用何种最有效的方法传递信息。设计团队通常会

案例研究

神奇画板的制造分析

让我们一起来探究下神奇画板的一些制造工序。画板的外壳是模铸而成,组成部分用超声波焊接,这种连接为永久连接。

最初进行案例研究时,我们推测定位笔由黄铜制成,是出于它的耐磨性、重量、耐锈蚀和可塑性(容易塑形)的特点。

黄铜可以加工成精细的形状,如圆锥形的定位笔,用于绘制点。在定位笔上钻孔,目的是让水平杆和垂直杆通过,如图6-25所示。

图6-25 黄铜定位笔。

趣味阅读

神奇画板的组装

当得知为了保证金属丝足够紧绷,并且在合适的位置打结,串绑滑轮系统的关键操作是手工完成时,你可能会感到惊讶。机器操作无法令人满意地复制这个微妙的过程。紧绷的操纵线使得把手旋转时,定位笔会有灵敏的反应(如图6-26)。完成这项功能的所有装配工人都必须接受严格的训练,以保证产品的质量。

图6-26 架线的特写镜头。

使用PPT来辅助他们的展示,有时候为了生动地展示信息,团队会使用一系列的海报,其他支撑性的文档资料包含图表、曲线图、照片、视频或者它们的集合。在第18章中,你将学到更多相关的技巧。

案例研究

下文是一些文本例子，你可能会选择其中一种或几种来完成神奇画板产品相关的逆向工程报告和展示。

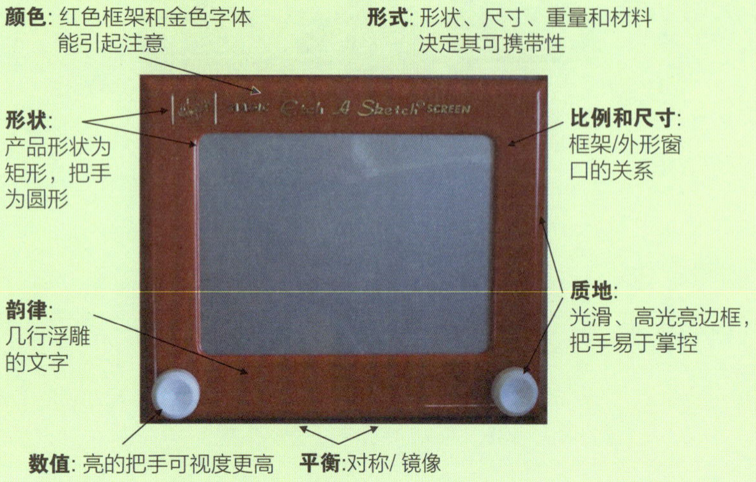
颜色：红色框架和金色字体能引起注意
形式：形状、尺寸、重量和材料决定其可携带性
形状：产品形状为矩形，把手为圆形
比例和尺寸：框架/外形窗口的关系
质地：光滑、高光亮边框，把手易于掌控
韵律：几行浮雕的文字
数值：亮的把手可视度更高
平衡：对称/镜像

图6-27　幻灯片模板，展示了产品的外壳分析。

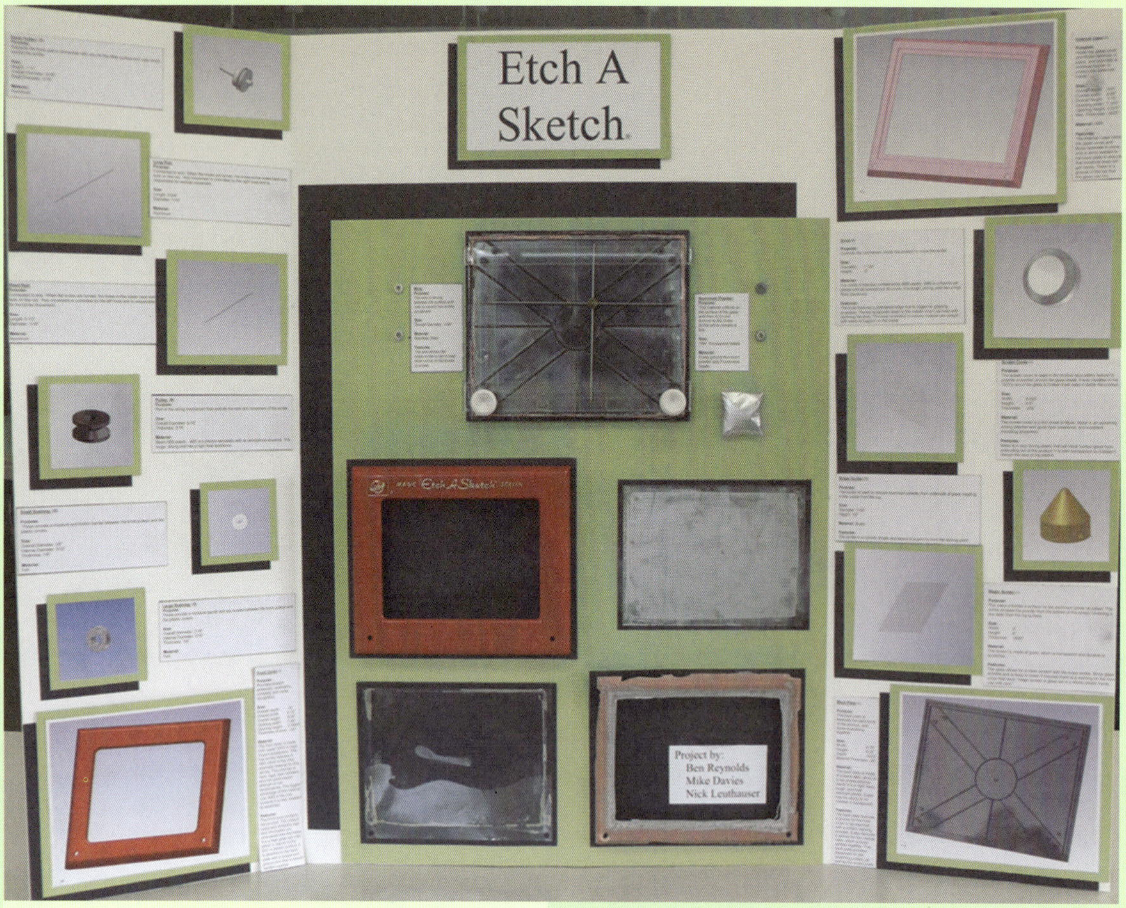
Etch A Sketch
Project by:
Ben Reynolds
Mike Davies
Nick Leuthauser

图6-28　产品拆卸和零件分析的海报展示。

案例研究

（续上页）

图6-29 典型零件的文本海报。

如今的神奇画板

我们案例研究的逆向工程并没有涉及产品任何机械上的缺点。这个产品功能良好并且经受住了时间的考验。然而，产品还是一直在不断地改进，如，设计人员重新设计了控制定位笔移动的旋钮，使得孩子的手也可以很好地操控（如图 6-30）。调查人员从年轻用户中收集数据，从而确定了旋钮的直径、外观、旋转旋钮所需的力度大小，以及旋钮的灵活性。

图 6-30 的最新设计中，你是否注意到了另一项改进？画线时，孩子们必须思考旋转哪个旋钮。如果你曾尝试用神奇画板来书写你的名字，就会明白眼睛和手的多重配合是多么重要。想要画出图 6-31 中的图形其实是一个很困难的过程。据俄亥俄艺术公司最新透露，神奇画板自由版，已经有了单独的控制方式。

第6章 逆向工程

案例研究

（续上页）

图6-30 左侧为重新设计过的旋钮，尺寸和形状都进行了改进，从而为手小的用户提供更好的掌控性。
THE ETCH A SKETCH® PRODUCT NAME AND CONFIGURATION OF THE ETCH A SKETCH® PRODUCT ARE REGISTERED TRADEMARKS OWNED BY THE OHIO ART COMPANY.

图6-31 神奇画板绘图。神奇画板的名字和布局都已经被俄亥俄艺术公司注册为商标。
THE ETCH A SKETCH® PRODUCT NAME AND CONFIGURATION OF THE ETCH A SKETCH® PRODUCT ARE REGISTERED TRADEMARKS OWNED BY THE OHIO ART COMPANY.

俄亥俄艺术公司一直以来面对的挑战是如何以合适的成本生产神奇画板，并依旧盈利。公司一直在调查和测试包装，将其作为降低产品成本的一种方式。重新设计另外的关注点就是通过增加新的神奇画板种类来吸引年纪更小的孩子，从而提高销售额。克拉克（Art Clark）告诉我们，新的产品包括神奇画板海绵宝宝版和爱探险的朵拉版（如图 6-32）。公司必须不断进行创新，才能使产品在市场中有稳定的需求。

图6-32 神奇画板海绵宝宝版和爱探险的朵拉版。
THE ETCH A SKETCH® PRODUCT NAME AND CONFIGURATION OF THE ETCH A SKETCH® PRODUCT ARE REGISTERED TRADEMARKS OWNED BY THE OHIO ART COMPANY.

第6步：产品再设计

对比逆向工程最初的目的和最后的结果后，可能需要重新设计。如果过程需要不断地改善，或者某部分一直出错，那么你采集的数据就可拿来进行头脑风暴，然后重新设计。逆向工程是否明确了需要重新设计的部分？你是否会推荐不同的材料，或者使用新的生产工序？

从这点来看，在逆向工程的过程中，你应当在几个方向做努力。基于你的发现，你会提出什么建议？不要忘记使用图表、曲线图或者 CAD 软件来佐证你的研究和理念。可参考第 2 章和第 4 章来获得帮助。重新设计的过程也许很简单，比如通过改变尺寸或部分材料就能更正缺点。然而，它也可能会像重新设计一件完全不同的产品那样困难。

大多时候，一个高质量的产品往往会激发或者引导其他公司进行产品改进。这就是为什么你经常会在商店的货架上看到相似的产品。聪明的消费者会在购买前小心地对比这些产品的不同特点，然后做出选择。有时候，一个产品还会导致其配件的发展，这类产品的一个典型例子就是手机贴膜。它们是根据其他生产商生产的手机，包括不同的款式和材料而设计的。你觉得贴膜设计者是否会使用逆向工程来搜集手机的尺寸数据？

趣味阅读

在下面的例子中，神奇画板激发计算机图形图像特别兴趣小组（SIGGRAPH）创造了一款巨型神奇画板，它同时能被3000人在"集体思考"时控制（如图6-33）。如果仔细观察这幅图，你会发现描绘的线条并没有与茶壶完美地重合。你觉得茶壶绘制的过程中，会碰到什么困难？

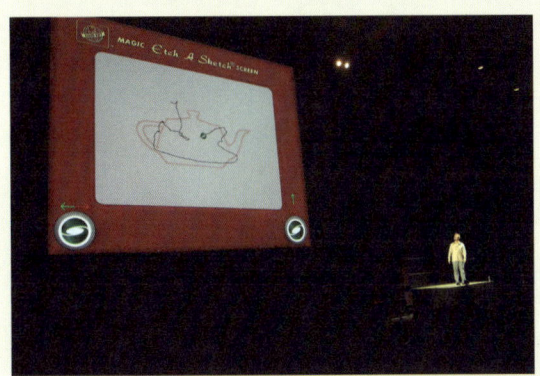

图6-33 世界上最大的神奇画板在波士顿第33届计算机图形图像特别兴趣小组会议上展示。

THE ETCH A SKETCH® PRODUCT NAME AND CONFIGURATION OF THE ETCH A SKETCH® PRODUCT ARE REGISTERED TRADEMARKS OWNED BY THE OHIO ART COMPANY.

设计世界里的职业

阿特·克拉克：俄亥俄艺术公司副总裁

普通人

克拉克（ART CLARK）认为自己是"一个来自南泽西的普通人"，但是他的事业却一点也不普通。从服兵役，到绝缘玻璃纤维厂的钟点工，再到管理一家玩具公司的全球业务，克拉克在事业上一直保持着蓬勃向上的态势。

克拉克是俄亥俄艺术公司在布赖恩设备公司的副总裁。他监管新产品的生产运营、开发和制造。他的职责包括人力资源、工厂的维护，还与负责设计和制造产品的工程、质量、调研和改进的员工亲密合作。"除了改进新玩具的设计理念，发明者还会给我们提供玩具的概念，但通常是一个粗糙的造型，我们既要改进产品，也要从中学习一些想法和观念，还要思考如何使它变得不一样。"

工作中

克拉克曾经去过中国和中国香港，对产品的操作、产品设计、材料测试，以及新的制造技术和装配过程进行指导和监督。克拉克确保与全球产品制造的参与者在制造的各个环节都能高效及时地交流。当一个产品正在开发时，克拉克会花大量时间在日会和周会上，与工程、经济、质量、研发、销售和市场人员一起工作。每个部门的人在经过深思熟虑后，都会对产品和包装的设计、工具、实物模型、原型、成本、日程安排、许可、安全性、认可程度和其他诸多需要考虑的事项提出见解。

早期经历

即使在绝缘材料厂工作，克拉克也没有忘记提高自身修养。工作之余，他读了夜校，并获得了副学士学位，后来，他成为了工厂的经理。在绝缘材料厂服务26年后，由于领导层的变动，公司进行了裁员，克拉克失去了工作。许多人会把裁员看做事业上的一个挫折，而克拉克却认为这是一次机会。失业后，他回到大学完成了行为科学学位的学习。

最终，克拉克来到了俄亥俄艺术公司。"这与我之前从事的工作非常不同，"克拉克回忆说。

给学生的建议

当被要求描述一件自认为上得了台面的事情时，克拉克回答道："我不断追求创新的观点，努力让团队根据需求寻找可替代的途径和方向。为了应对随时可能出现的挑战，我们必须提高警惕，不断改变，不断提高。产品开发阶段，遇到的最主要问题是改变。"

克拉克的工作和责任在他的职业生涯中一直有变化，但是有一件事一直都没变，那就是他适应改变的能力。他可以与任何人成功合作，并且富有创新思维。通过创造一个合作的环境，克拉克在持续改进的组织框架中，不断提供新鲜的观点和方法。

俄亥俄艺术公司的贝蒂娃娃。

总　结

为在市场中保持竞争力，公司会频繁地审视现有的产品线，查看产品还有哪些需要改进的地方。公司也会对比竞争对手的产品来提高自己产品的功能、结构、材料和制造工艺。这种新的认识可以为公司带来创新或是提升产品质量。

逆向工程是个人或公司了解产品功能和生产过程的一种方式，它有助于更好地了解新工艺、技术、科技和新兴市场。大部分工程技术专业学生都会在求学时对一些产品进行逆向工程。逆向工程的过程会帮助他们了解产品的创造工艺，并学习到各种影响产品设计的因素。大部分时候，设计过程的调查和研究阶段会包含逆向工程。逆向工程可以完善一些年代久远的产品或零件的 CAD/CAM 文档，从而进行细节性修复和更精确的复制。

逆向工程的第 1 步，设计师会决定他们要从现有产品中学到什么。一般来说，设计师利用逆向工程来完成以下的某一项任务：

- 调查类似产品，研制更具竞争力的产品。
- 通过测试产品或设计，判断哪里故障，或者故障的原因是什么。
- 改变或增加公司产品可持续提升的方针和政策。
- 当产品原始草图不存在，或是不够精确时，为产品的构造提供记录文档。
- 教授设计专业人员有关功能、结构、制造和美学方面的知识。
- 不再生产的产品，为了修复设备，可通过逆向过程设计可替代的零件。
- 提升电脑优化的制造过程的 CAD 和 CNC 电子数据。

工程师会通过逆向工程来观察一个产品或是它的组成。这个过程通常从确定调查目的开始（步骤 1）；然后工程师猜测产品是如何工作的——产生假设（步骤 2）；工程师小心地拆卸产品（步骤 3）；然后开始分析其组成（步骤 4）；设计师以报告的形式记录逆向工程的结果，然后在一次正式的会议上交流（步骤 5）；最后，基于最初的目标和最终的结果，他们可能会重新设计产品（步骤 6）。逆向工程过程中，需要时刻牢记的一个重要方面是，并不一定要按照上述所说的顺序进行。整个过程中，工程师可能会多次返回先前的某个步骤，去收集一些额外的信息。

逆向工程的结果会让我们更好地了解产品的功能、结构、材料和制造过程。

我们用神奇画板玩具作为学习案例，展示了产品是如何在整个玩具市场中保持竞争力的。这个案例研究展示了逆向工程的几个步骤，还提供了工程师笔记本中的文本案例。

课后作业

观察/分析/综合

1. 列出一个清单,包括废弃的、破损的或不用的物品。从列出的清单中选取三件物品,然后制作一份表格,记录以下问题的答案:你最初购买它的目的是什么?是什么原因使得该物品不能使用?为什么该物品不再使用?可以通过什么方法来修复或改进该物品?

2. 从之前的列表中选取一件物品,然后在互联网上搜索,确定这个产品的材料。将设计阶段可能会考虑的一些材料的性能列出来。如果你对这个产品进行逆向工程,你会考虑将什么材料进行替换?这个材料是否可靠、便于机械加工、耐用和可回收?

3. 创建一份本章定义的制造过程的参考纸样,帮助你未来的项目进行逆向工程,包括清晰的目标、产品样本,以及每一个过程的优点和缺点。

4. 为你的邮箱或是为你的老师认可的产品做一张数字化的图片。利用互联网追溯它的历史,然后绘制草图,展示产品革新的各个阶段(从没问世到持续不断地提升)。

5. 找出你家周边的机械产品,列成清单。确定不同机械类型的产品如何实现预期功能。

6. 挑选一件便宜的产品进行逆向工程。用文档记录逆向工程的所有过程,然后在课堂上做一次报告,将你的发现呈现给大家。

7. 用电脑辅助设计系统创建一个三维拼图或变形金刚的实体模型零件。将各零件组装起来,并用动画阐明操作方法。

8. 将某物品进行逆向工程,比如可拆卸桌子,你可以将其拆卸,通过探索组装过程,创建你自己的一系列安装说明书。

补充作业

工程设计分析挑战

- 利用两个或以上的工具,将一件便宜的物品小心地拆卸,并进行逆向工程。开发电脑辅助设计的文档,记录每一个过程。拆卸之前,记录关于结构和功能的猜测。
- 将一件损坏的或有故障的产品进行逆向工程,搞清楚该产品的薄弱处和损坏的原因。为替换部分创建一个实体模型和技术草图。
- 用电脑辅助程序为损坏的零件创建一个实体模型,然后对这个零件进行有限元分析(FEA)。以有限元分析的结果为基础,对设计提出建议。
- 通过逆向工程比较两件廉价的竞争产品,确定客户为什么会选择其中的一个而不是另一个。将数据收集整理后,用文档佐证你的观点。

第 7 章
设计开发的调查与研究

Menu

 **头脑准备**

学习本章内容时，思考如下问题：

1. 为什么要进行调查和研究？
2. 亨氏公司如何根据调查研究开发出"倒置装"番茄酱？
3. 我该如何决定提出什么样的问题？
4. 我该做什么类型的研究？
5. 我该如何展开调查来回答设计中的问题？

>> 引 语

调查与研究的目的是为了搜集那些在设计过程中可以帮助你的数据和信息。提出恰当的问题、找到正确的信息来源是成为一名成功设计师的关键。调查与研究帮助你提高，它提供了一个可以遵循的途径，提醒你什么时候应该暂停，去搜寻更多信息。有时它会将你领到起初从未考虑过的方向，在第4章中，我们称之为横向思维。珍妮弗（Jennifer）在思考自己房间的照明问题；戴夫（Dave）一家经常出去旅游，并且特别喜欢骑自行车，但是他们在收拾行李时，经常会为如何放置自行车而感到困扰；乔斯（Jose）爱好体育运动，想提高他的足球射门技术；纳塔莉（Natalie）的妈妈要开一家新店，需要一块挂在正门上的招牌。这些都将引发新的问题（如图7-1）。

每位学生都需要回答许多已经明确的问题，但更重要的是，他们还需要找到并提出更多的问题。或许开展调查和研究最重要的就是提出正确的问题。高效的设计团队成员知道如何提出正确的问题，同时能熟练利用资源得到正确答案。无论是学习设计的学生，还是制造新产品的公司，找到正确的信息都是项目成功的关键。

任何公司，如家乐氏公司推出一款新的麦片，或崔克公司生产一款新型自行车时，它们都必须进行大量的调研工作（如图7-2）。这些公司会将项目周期的一半时间用于新产品设计过程的启动阶段。他们还会将大量的经费用于信息收集和分析，考察 **消费者** 对未来新产品可能的反应。

图7-1　提出正确的问题，发现正确的信息。

图7-2　崔克牌自行车。

我们在第3章中已经学到，设计团队必须寻找信息支持设计过程。大量的调研工作被用于解决如何更好地生产和销售产品这一问题。整个设计团队会包含许多人员和资源，目的是完成最终的解决方案和产品。

在设计过程的早期，团队必须了解市场的潜力，通过 **市场调研**，告知设计团队行业趋势和潜在客户的 **统计数据**。团队也会利用互联网或商业出版物来研究那些成功产品的信息。下面让我们一起来思考下亨氏番茄酱新包装的开发过程，想一想为了成功将倒置装番茄酱瓶打入市场，亨氏设计团队需要获得哪些信息？

案例研究

为亨氏公司设计一款新型番茄酱瓶子

番茄酱的历史

番茄酱发源于亚洲，是一种用腌鱼制成的调味品——想想把那样的酱料放进薯条里是什么感觉！调查显示，早期的番茄酱配方于19世纪初出现在弗吉尼亚。

到了1875年，食品加工业努力让大众接受罐装和瓶装保存的食品。亨利·海因茨（Henry Heinz）与他的亲兄弟约翰（John）和堂兄弟弗雷德里克（Frederick），在19世纪末成为第一批出售瓶装番茄酱的人（如图7-3）。

图7-3　19世纪末，海因茨家族开始出售瓶装番茄酱。

背景

番茄酱起初是被装在琥珀色或绿色的玻璃瓶中。1869年，亨氏是第一家采用透明玻璃瓶的公司，这样可以让消费者看到瓶内的物品。1906年颁发的第一部《纯净食品和药品法》是食品加工业的里程碑事件之一。亨氏不仅支持新法，还在1918年成为了首家采用科学管理和实验室测试技术来保证产品质量的公司。

一些餐馆仍在使用玻璃瓶装番茄酱，但你是否注意到，要从这些玻璃瓶中倒出番茄酱是一件非常困难的事。20世纪80年代，聚乙烯塑料代替了玻璃，使得倒出番茄酱变得简单，也消除了瓶子摔落导致玻璃破碎的危险。不幸的是，消费者仍然抱怨，首先挤出的番茄酱水分较多，并且随着番茄酱的减少，要从瓶子里挤出东西越来越困难。

番茄酱老少皆宜，46%的受访者称番茄酱是他们最喜欢的调味品。亨氏公司每年生产超过10亿盎司的番茄酱，年番茄酱销售额超过10亿美元，市场占有率为排名第二的公司的两倍。

问题识别

约翰逊（Bill Johnson）是亨氏公司董事长兼首席执行官，他向公司设计团队指出，公司必须不断寻找革新的方法。兰贝思（Justin Lambeth）先生是亨氏公司的品牌经理，他被要求寻找"番茄酱的下一个新产品"。

调查与研究

兰贝思在研究消费者市场倾向时发现，在其它产品类别中，便利已成为第一要素或趋势。他注意到，消费者总是抱怨倒出瓶底的番茄酱非常困难，干的番茄酱把盖子周围搞得一团糟。调查结果表明：使用早期的玻璃瓶时，近25%的消费者会用刀子将瓶底的番茄酱弄出来；更加有趣的是，15%的消费者会将瓶子倒置——这一发现随后引发了新款包装的设计。

每当一家公司对产品做出重大变化时，都会面临消费者可能不满意的危险。新设计可能会使消费者迷惑，损害品牌认可度，削减市场份额。凯勒（Casey Keller）是亨氏公司北美地区番茄酱、调味料和酱汁部门总经理，据她所说，公司会运用初期市场的研究结果指导产品的开发过

案例研究

程。在新番茄酱瓶的案例中,亨氏公司了解到,在人均使用量上,相较于其他年龄段,孩子是消耗番茄酱最多的群体,因此他们想找出办法,让使用番茄酱对孩子们来说是一种有趣的体验。在一次集中在 6 到 12 岁孩子组成的群体头脑风暴会议上,他们发现,孩子们喜欢用装番茄酱的瓶子在食物上绘画——新的包装设计灵感就此产生!

标准的亨氏番茄酱瓶子由聚对苯二甲酸乙二醇酯(PET)塑料制成,带有一个 0.25 英寸宽的带孔盖子。这种设计只需一两次就可以挤出一人份的番茄酱。但是,这样的封闭系统对倒置瓶设计并不适用。

设计团队研究了其他产品的包装系统,在洗发水包装上他们发现了倒置瓶子的原型。如果要倒置番茄酱瓶子,就需要设计出像洗发水瓶盖那样的新盖子。进一步的调查发现,一种运用硅树脂闭合系统的自动密封盖子在美国市场上已经使用超过 10 年且这项技术的成本较低。

设计团队还考虑了人因工程,即瓶子的设计针对什么人群。舒适性是关键,瓶子的形状要适应更小的手,且触感柔软。握力也是需要考虑的因素,主要是为了孩子们可以很好地控制瓶子。

美学,或者说瓶子的外观,也是非常重要的因素,消费者要确认购买的仍是同样的亨氏番茄酱。因此,设计师决定保留传统的拱顶商标,方便将新产品与亨氏品牌联系起来。

改进初步设想

倒置包装的初步设计理念获批后,设计团队意识到,新的包装设计需要更稳固的底座。他们用计算机辅助设计与制造程序(CAD/CAM)来确定装入不同量的番茄酱后瓶子的重心。

测试与评估

设计团队以标准的番茄酱浓度,测试了硅树脂闭合系统的性能,评估了新闭合系统的生产成本。来自创意包装公司的 0.1 英寸宽的拧闭设计最终入选,这一设计可以保证消费者在高压力流量下更好地控制方向,同时能让成年人或小孩享受用番茄酱"作画"的过程。

试销期间,消费者指出,新设计避免了传统直立瓶盖周围一团糟的情况,这是十分吸引人的特点。设计团队也发现,消费者愿意负担更高的价格来购买新包装带来的便利(如图 7-4)。

图7-4 亨氏倒置™包装方案。

记录

据凯勒所说,倒置包装展现出整个设计团队的合作精神。即使像亨氏公司这样拥有良好知名度的公司,也必须进行产品研发投资和调整产品策略,以满足消费者的新需求。例如,有色番茄酱产品增加到新产线上没多久就停止生产了。

2005 年,亨氏公司投资 1 亿美元,在宾夕法尼亚匹兹堡附近建设了一个 10 万平方英尺的"全球创新与质量中心"。由研究员、工程师、包装设计师、厨师、食品技术员、营养与质量保证专业人员组成的团队,致力于推出新产品、新包装,保证更好的营养和产品口感,提升消费价值。除了直接改进产品外,该中心还开展基础研究,如弄清抗氧化番茄红素对于消费者健康的重要性。同时,植物学家和农业学家致力于开发杂交番茄,以提高番茄的产量、色泽和味道。

轮到你了

基于以下的技术和问题，亨氏设计团队提出问题并收集了信息：

1. 公司的使命/目标、经费：我们需要重振业已成熟的品牌吗？
2. 市场调研：目前的市场趋势是什么？
3. 焦点群体探究：目前产品包装有什么问题？
4. 市场调查：新的产品包装会让消费者感到困惑，并损害品牌知名度吗？
5. 人的因素与稳定性：新包装应该设计成什么形状？
6. 工程设计：新包装应该使用什么材料？
7. 工程设计：需要设计新的盖子和封闭系统吗？
8. 图像设计：新商标该是什么样子？
9. 销售：我们是否可以成功售出新的瓶子？

项目设计时，你可以借鉴以上这些技术和问题。

提出问题

你写过多少篇学习报告？在完成传统学习报告时，学生通常只需提出一些**封闭式问题**，这些问题会产生一些特定的答案。例如，题为"南北战争发生的原因是什么"或"爱迪生是怎样发明电灯的"的报告，只需要在大量的图书馆资源中查找这些封闭式问题的答案即可。这种传统的报告书写过程常常需要对特定主题做细致的笔记，然后准备一份有条理、想法全面的书面报告。

为了新设计而做研究的情况和上面的传统报告不同。提出正确的问题是找到解决问题的核心所在。一个**开放式问题**可以有不止一个答案，并常常会引出更多的问题。例如，"如何设计一款可以放置在汽车后备箱的自行车？"回答这样的问题时，需要对许多专题进行研究，包括自行车和汽车后备箱的设计等。戴夫需要考虑现有自行车的设计（如图7-5），你认为他应该考虑能放置在汽车后备箱内的折叠式自行车，还是挂在后备箱外面的自行车？答案可以不同，而每一种答案都将引发更多关于材料、结构和设计美学方

> **封闭式问题（closed question）：**
> 正确答案只有一个的问题。

> **开放式问题（open-ended question）：**
> 正确答案有许多可能的问题。

(a)  (b)

图7-5（a）和（b） 可折叠自行车的设计。

面的问题。对于所有研究，提出正确问题的能力至关重要。

提出的第一个问题应该是笼统的。设计团队需要考虑的是改变现有的产品还是创造全新的产品。设计团队是否应该建议公司放弃现有生产线，转向另一个方向发展？例如，亨氏设计团队需要考虑消费者希望番茄酱的包装做哪些改变。

> 设计团队运用市场调查来寻找潜在客户的信息。市场调查公司运用定量研究方法来确定群体中的样本，调查对象回答有针对性的问卷；接下来调查公司会用统计学的方法分析数据，为设计团队提供报告。

市场研究

调查消费者时，可以从市场研究开始。设计新产品或改进某产品前，公司一般需要了解市场的发展潜力。有些市场研究形式非常宽泛，消费者和商家都可以利用。例如，如果正在考虑购买一台移动电话，你应该查清楚市场上最新款的产品在某项消费者报告中获得了什么样的评价。只要在互联网上快速检索就可以找到这些报告（有些免费有些收费）。来自独立机构，如"消费者联盟"的报告，通常最值得信赖。他们的年度购物指南在任一图书馆都可获得。如果你的公司正在构思下一代移动电话的设计方案，考察有关设计模型和竞争对手模型的《消费者报告》会非常有用。

有时候，公司和学生都希望能找到问题的特定答案。例如，亨氏公司想知道消费者对现有番茄酱瓶子的哪些方面不满意。为了解决这一类问题，市场调查公司会给消费者邮寄特定问卷，研究焦点群体，或采访特定消费者。通常每个人都要回答一系列同样的问题，然后调查公司收集和采集这些数据。市场研究中收集到的信息对于新产品设计的成功至关重要。

设计团队在产品形成早期和整个设计过程中都要利用市场研究。研究提供了关于产品发展趋势以及产品潜在购买者的相关资料。一般的研究问题是：谁将使用这款产品？新款产品的卖点是价格、外观、独特性还是便利性？市场上是否有类似的产品？在这款产品上花费的时间和资金是否是合理的？其他关于政府政策、经济趋势、技术改进方面的问题也应该有所涉及。关于市场潜力的信息可以通过一手和二手资源找到。

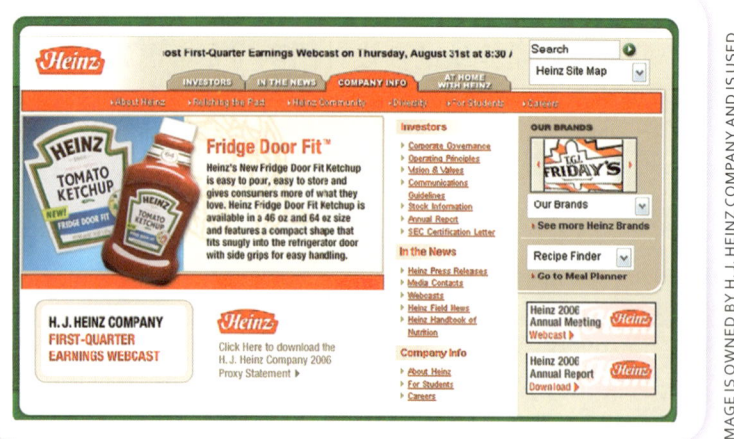

图7-6 亨氏公司官网。

利用一手资源

一手资源（Primary source）：

除信息提供者以外未被他人总结或报道的原始信息。

一手资源是除消息提供者以外，没有被其他任何人总结或报道过的原始信息。第一手来源信息是设计者可利用的最可靠信息。研究专利信息或阅读由个人或公司撰写的研究性文章，就是利用一手信息的例子。一手信息有时可以通过在线**数据库**获取。如，亨氏公司网站提供了公司简介、产品信息、财务数据、分销商、公司联系人名字等信息（如图7-6）。

使用或创建一手研究信息需要更多时间和资金上的投入。设计团队可以使用现有的调研结果，或自己进行电话调查、建立网上公告板、组建非正式小组集中调查，或开展直接邮寄调查，也可以对材料、流程、系统进行实验研究，或通过试销来确定消费者对潜在产品的需求。团队还可以聘请市场研究公司，委托他们调查消费者的购买习惯。这些信息能帮助商业决策者对产品的发展做出周全的决定。市场调查和实验研究是产品开发的必要工具，广告和销售力量可以在之后应用这些收集到的信息。

基于消费者的信息

提问的方式有很多。你可以召集一群可能符合你未来产品统计数据的人群，然后向他们提出具体问题。学生还可以通过在网络博客上发布问题来从顾客那里获取信息。公司和学生也可以通过电话或面谈来得到问题的答案。一些公司还会在产品大范围投放之前，在小范围内试销产品，以此判断产品的整体接受水平。销售预测还可以根据一定的需求量水平，决定预期的销售水平。其他公司还会进行品牌名称测试，测试消费者对某一品牌的反应。广告和促销研究帮助企业判断广告的有效性以及广告对购买行为的影响。

设计世界里的职业

安妮塔·巴尼克，强生公司

工程改进

安妮塔（Anita Barnick）的工程师生涯中有大量的团队工作，很多涉及医学研究，她还会与外科医生一起工作。她的一项关于改善脊柱严重受损患者生活质量的工作，获得了可喜的成就。

安妮塔就职于强生公司旗下的Depuy，是微创脊柱外科组的研发经理。在微创脊柱外科手术中，医生使用特殊工具查看病人身体，并纠正脊柱疾病，同时不产生大切口。微创技术可以减轻病人疼痛，减小疤痕，缩短恢复时间。

"我的部门负责创新植入物和仪器系统的设计和产品开发，"安妮塔说，"我管理着一支由9名产品工程师组成的团队，他们处在不同的职业阶段。"安妮塔为工程师们提供方向和指导，并帮助确定公司发展微创医学应用的战略。

工作中

安妮塔的产品开发团队负责将项目从产品设计构思、设计验证推进至最终投向市场。产品开发工程师们与负责设计、质量测试、制造、代理商、法务、营销等不同功能的团队合作。

"我们与外科医生密切合作，了解医学领域需要什么新设计，"安妮塔说，"新的设计源于我们的思想带头人。"这群人由最顶尖的10%的外科医生组成，他们的思想革新着整个医学事业。安妮塔说："他们能够预测未来医学领域的需求。"

在这之后，安妮塔的团队将参与"设计外科医生"，他们与工程师紧密合作，研发思想带头人的新想法。"设计外科医生帮助我们将超前的设计想法转化为医学上能够使用的实际产品，"安妮塔说。这个过程使新设计更明晰。

安妮塔的团队为设计者开发3D电脑辅助设计模型，然后利用快速金属注射成型方法创建一个雏形。快速金属注射成型法利用激光将金属粉末固定成模型。这一过程与光成型类似，但用到的是金属，可以在24小时内完成原型。"这个工程使得设计工程师能够在两三天内呈现给外科医生新设计的产品原型，而不需要像过去一样花费6个星期，"安妮塔说，"这一新过程使得产品投放市场的时间相较于以前短得多。"

一旦团队完成了原型的制作，下一步就要有第三组外科医生，即咨询外科医生加入，他们由医学行业剩下的90%的外科医生组成。团队会询问咨询外科医生，看他们是否愿意使用新产品，新产品又应该在何时进入实际运用阶段。

早期经历

安妮塔的职业道路使得她可以利用自己的科学知识和分析能力改善老幼病人的生活质量。

安妮塔的顾客是那些需要"植入设备"的外科医生。对于她来说，最大的挑战是在她的竞争对手之前了解医生们的需求。她在设计过程中获得了技术的支持，这使她备受鼓舞。如今，工程师们可以从外科医生那里获得新的设计想法，然后在短期内将这些想法转化为实实在在的原型。

教育经历

安妮塔获得了伦斯勒理工学院生物医学工程专业学士学位，主攻机械相关的研究。她又继续在德雷塞尔大学获得了生物医学工程专业硕士学位，主攻材料领域的研究。安妮塔如今在参加强生公司提供的管理和领导力提升相关课程。

给学生的建议

"在工作中投入你的激情，"安妮塔说，"在技术方面培养你的核心技术，同时要注意团队合作。"她鼓励学生培养创新精神，跳出惯性思维。

趣味阅读

专利法

美国宪法第1条第8款有关专利的规定中，给予国会如下权利："国会拥有下列权力……保障著作家和发明家对其著作和发明在限定期间内的专利权，以促进科学与实用技术的发展。"

专利信息

知识财产（intellectual property）： 指人们就其智力劳动成果所依法享有的专有权利。

专利（patent）： 一种法律保护形式，给予发明者对特定新产品或过程的专属权利。

个人和公司对于设计和其他形式**知识财产**的所有权受专利法、商标法和版权法的保护。

《美国发明者保护法》（AIP）是1790年发布的第一部**专利**法案，并于1952年和1999年先后两次通过重大修改。这项法案同时还建立了美国专利商标局（USPTO），该部门颁发和执行与专利法相关的条文和规定。

美国专利商标局给原创和独特的发明、设计或工业生产过程颁发专利。专利通常给予所有者20年的所有权限，并且只在美利坚合众国、美国领土和美国属地适用。这些权限使专利持有者"拒绝他人制作、使用、标价出售或销售"在美国的发明或"引进"这些发明到美国。专利法的关键是排他权。遗憾的是，排他权的执行落在了专利所有人的头上，而非美国专利商标局。

根据美国专利商标局的规定，专利有三种类型：

1. 实用专利的保护对象是发明或发现有用的方法、机器、制品、物质组合，或是其他任何有用的新改进的人。

2. 外观设计专利的保护对象是创作新颖的、原创的和装饰性产品外观设计的人。

3. 植物专利的保护对象是发明或发现用无性繁殖方法培育新物种的人。

商标和版权保护

商标或服务标志是用来出售或推销商品或服务的一种词汇、名称、标志或方法。**商标**说明商品的来源，服务标志代表服务的来源。"标志"一词可以用来指代商标和服务标志。公司利用标识或个性设计的其他形式在市场中创建公司身份（如图7-7）。

图7-7　可口可乐公司注册的商标。

公司利用™或®符号表示商标。商标法保护公司，防止其他公司利用相似商标欺骗消费者购买他们的产品或服务。

你是否曾经有过这样的经历：你在餐厅向服务员要一罐可乐，服务员问你"百事可以吗？"服务员之所以要向你确认可乐的品牌，是因为可口可乐公司在 1945 年将"可口（Coke）"申请为自己的商标，用于特指可口可乐品牌的饮料。

版权和商标相似，但保护对象是出版的文学、戏剧、音乐、艺术和其他原创作品。获得版权的材料以 © 符号为标记。版权所有者，如一本书的作者，被赋予以下专属权利：复制版权作品、筹备衍生作品、复制和传播作品版本、公开表演版权作品，以及公开展示版权作品。它们的版权由国会图书馆版权局批准注册。

如果有人以不当形式利用版权材料，他们就违反了联邦法律。**剽窃**是一种常见的不当利用作品的形式。当某人**直接引用**或**改写引用**他人的作品但未标明原作者时，就构成了剽窃。有剽窃行为的学生会在使用剽窃材料的课程中挂科，也可能被学校开除。有些学生可能不太清楚剽窃的严重性，在商业场合剽窃的人，通常会被工作单位开除。

专利检索和独立发明家资源

设计团队可能会了解已被申请过专利的类似产品或产品组成。在美国，有专门从事专利和专利法检索的机构，学生也可以利用美国专利商标局网络数据库进行检索。1790 年至 1976 年发布的专利一般只提供发布日期和专利编号。而 1976 年后发布的专利会提供更多的信息，包括发明者姓名、标题、摘要、发布日期、专利编号、描述、绘图和图像，以及其他相关专利。

走访商店

了解新产品的一种极佳方式就是走访商店或上网查找资料。现如今，产品的相关信息可以快速且便捷地从网上找到，但是，亲眼看到并触摸真实产品更加重要。如果你不仅仅想在商店查看或大概了解一下商品，而需要进一步了解产品，你需要获得经营者的许可。在你拍照、操作、测量或以任何方式接触产品前，记得一定要询问。商店经营者可能不希望你操作商品，他宁愿亲自向你展示商品的操作方法。一般来说，商家都很愿意合作，并向你提供帮助，只要你有礼貌，并解释为什么有兴趣了解商品（如图 7-8）。

图7-8 从商家那里获取帮助。

实验研究

现有的一手资料和间接资料有时能提供解决问题的所有必要信息。当解决某个重要问题的必要信息无法获得时，设计团队可能会采用实验研究的方法（如图7-9）。实验研究包含对材料和加工过程的直接观察，例如，洗发水包装使用硅胶封装，但番茄酱的包装没有使用，显然，设计师没有关于番茄酱封装的现成数据，因此设计团队需要开展实验研究。

亨氏食品公司设计团队是幸运的，洗发水封装技术不经过任何修改便可用于番茄酱的封装。实验研究可能需要测试材料的强度或新工艺的可靠性。实验研究有时会利用特定的消费者来测试产品。同样，亨氏团队还想观察不同年龄段的消费者对倒置番茄酱瓶的使用情况。他们不仅发现番茄酱瓶的测试效果良好，而且也了解到，用户们喜欢用这种口径更小的瓶子"作画"，尤其是年轻用户。因为实验研究费用很高，所以不到万不得已，调查研究设计团队不会选择使用此类研究。

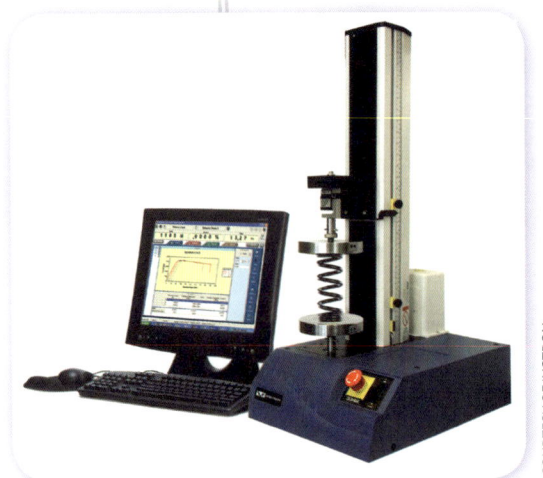

图7-9 利用压缩试验机收集实验数据。图中展示的是英斯特朗®3342型号试验机。

利用二手资源

二手资源指那些已经出版的信息，通常源自其他人。大部分报纸和杂志上的文章都是作者就某一话题进行的报道，他们通过查阅一手资料，然后就某一话题进行准确的总结。不幸的是，这些文章仅仅是他们对资料的解释，这些报告可能是准确的，但不包含设计过程需要的关键信息。间接资料有助于初期研究的开展，因为它们通常是研究主题的宽泛的总结。不要忽视图书馆，它可能是比单纯在搜索引擎中键入几个**关键字**更好的一种选择。

> **二手资源**
> （secondary source）：
> 已经出版的信息，通常源自其他人。

轮到你了

写下你认为能帮助你找到有关设计问题信息的关键字，然后和设计团队的成员或者你的导师一起搜索这些关键字，利用反馈信息来校正你的关键词。

图书馆主页

浏览本地公立高中或大学图书馆的主页是开始研究的最好途径之一。记住，不当的搜索方法通常会得到不相干甚至令人沮丧的信息。操作不当的初步检索可能会使你认为没有能解决设计问题的有用信息，而实际上是你根本没有提出正确的问题或寻求正确的解决途径（如图7-10）。

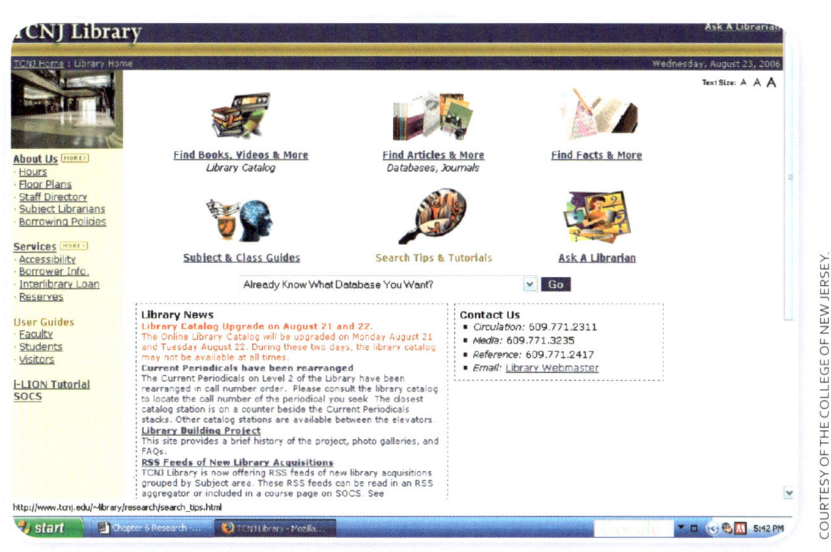

图7-10　新泽西学院图书馆主页。

通过浏览图书馆主页，你可以找到所有对你有用的搜索选项，并且以用户友好型方式整齐排放。在这个网站上，你可以搜索图书、杂志、报纸文章、数据库，甚至是互联网。例如，你可能没有意识到，图书馆里有涵盖你的研究主题的**行业杂志**，或者优秀的综述性书籍。大多数图书馆允许远程访问图书目录，因此学生可以通过家里或学校的电脑来查看、预约或借阅图书。图书馆的好处不局限于能获得图书，图书馆主页可以简化初步研究，同时能提高研究质量。

门户网站

在线图书馆、互联网公共图书馆、虚拟参考咨询台等等，这些**门户网站**按类别整理数据，被认为是打开研究之路的大门。这些数据库是无价的，它们能帮助你找到那些你认为不可能获得的信息（如图7-11）。

图7-11 门户网站。

百科全书

利用在线百科全书开始调查是一个好方法,因为它们会展示概况,并定义术语,通常是以简单的语言、简短的文字来描述。当你就主题进行阅读时,应该找到可以进一步检索时用到的关键词。检索主题时准确地拼写关键词非常重要。例如,搜索番茄酱 ketchup 的另一个拼写方式 c-a-t-s-u-p 可能会得到不同的检索结果,而如果错拼成 k-e-t-c-u-p,你会得到完全不相干的结果。

> **安全提醒**
> 使用互联网时,一定要遵循学校和家庭的规定,不泄露个人信息。

互联网

21 世纪的研究工作需要互联网和搜索引擎。快速搜索可以为你提供与话题相关的整体信息;如果要收集更多有用的信息,就有必要提高搜索能力。搜索引擎非常有用,但使用时需要仔细整理搜索结果,确定与研究内容最为相关的信息,帮助缩小检索范围。搜索引擎的运作方式各不相同,一些搜索引擎通过收取公司的费用,让其公司网址出现在搜索结果的首页,这样的搜索结果无法为你的项目提供有价值的信息。浏览搜索结果的前几页,选择由政府机构、教育机构、专业协会资助的网站,这些网址通常会提供高质量的和准确的信息。

收集的信息必须与主题相关才有价值。在搜索信息时,你应该从几个关键词开始,然后通过改变搜索的关键词来扩大或缩小范围。当你搜索关键词"番茄酱"时,会得到什么结果呢?非常不幸,你将得到超过 1500 万条信息!信息数量太多了,那么该如何缩小搜索主题呢?大多数的搜索引擎,可以使用布尔逻辑检索,通过使用 AND、NOT 和 OR 等运算符来包含和排除信息。

当你的检索结果太多或太少时,可以使用布尔运算符,或者使用这些网站的高级检索按钮。在高级检索中,你可以根据日期、精确短语,或想得到的信息类型,来缩小搜索主题。例如,精确的搜索短语"亨氏番茄酱"会得到大约215000条结果,与单独搜索"番茄酱"相比,它会带你进入不同的网站。单独搜索"亨氏"又会给你完全不同的信息。

期刊、行业刊物和报纸

并不是所有最好的信息都能通过一般的搜索引擎找到,一些专业的搜索引擎能检索杂志和报纸的数据库。例如,亨氏团队需要知道更多用于塑料包装的新材料,这些问题的解决方案可能在行业刊物中能找到,如《塑料添加剂和合成物》(如图7-12)。图形设计的流行趋势可以在图形设计刊物中找到,如ID杂志。

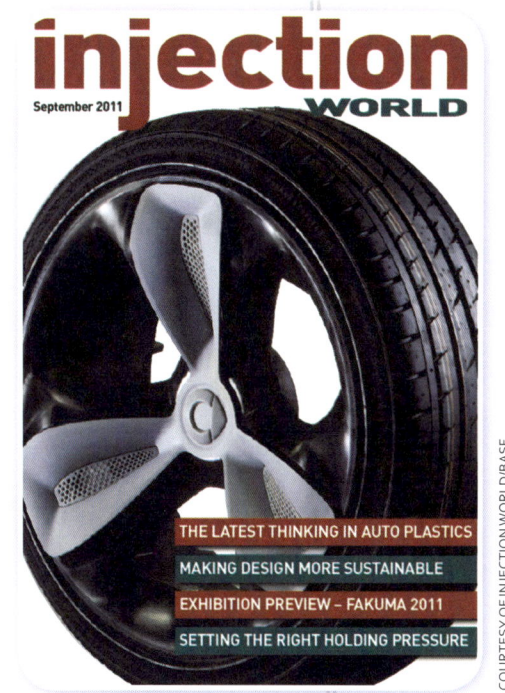

图7-12 行业刊物。

许多中学、大学和公共图书馆的在线资源都有期刊索引。你可以使用与互联网检索相同的关键词在数据库中进行检索。许多杂志在网上有全文,你可以在线阅读,也可以发送到电子邮箱,或者打印保存。这些资源是付费网站,通常需要图书馆的用户名和密码。你可能需要通过本地图书馆网站来访问这些网站,这样才有资格免费获取相关服务。

趣味阅读

你必须尊重他人的作品——他们的"知识产权",无论是直接引用或改述他人观点。知识产权包括书面的观点、数据、图画或图表、照片、艺术作品和音乐。当对常识或原创知识有疑问时,最好指出引用源。使用一致的引用格式也很重要。

保存信息和引用资源

设计师需要在整个设计过程存档搜索结果,并在最终报告中提供参考文献。记录工作的方法之一就是为相关信息插入**书签**,并整理归档。精心整理的参考文献资料可以为后续设计过程节省很多麻烦。

每个组织，包括学校，都会要求提供准确而完整的参考文献记录来支持设计过程的所有材料。要提供准确的信息，你必须了解要求的 ==参考文献格式==。特定的参考文献格式，如美国心理协会格式（APA）或现代语言学会格式（MLA），可以保证对材料的恰当引用。参考文献格式根据资源类型（书、杂志或网站）变化，但是所有的参考文献都至少包括作者、书名和出版日期。在你找到相关信息时，最好能及时记录完整的信息。如果资源不能被引用，设计团队就不能使用。

所有在二手资源中找到的信息将帮助设计团队构建潜在消费者的大体格局和产品设计的大致焦点。这种数据收集使得公司决策者可以做出正确的商业决策和资源分配，包括预算的制定。

> 人因工程信息为设计团队提供潜在用户的数据。这些数据属于人类科学研究的一部分。这些数据以各种统计方式呈现给设计师，包括特定人群的均值、百分比和标准差。

使用人因工程信息

几乎每个问题情境都会涉及用户相关的问题。例如，你愿意在一个为8岁孩子设计的高尔夫俱乐部内（如图7-13）打高尔夫吗？我们都希望在特定环境内生活和工作，并使用那些"适合"我们的产品。事物与环境的适应程度是对良好的规划方法和人因工程学原理的应用的实践。==人因工程学==和==人体工程学==，这两个在欧洲常用的术语，是为了满足人类需求而进行的产品以及工作、生活环境的设计。换句话说，就是将对人类和环境的了解应用到产品、系统和环境的设计中去。事实上，人因工程学是心理学、人类学、生理学、生物学和工程学知识的综合。我们了解人类越多，就越能更好地创造环境。

考虑非普通人

大多数人认为物品是为普通人设计，这并不总是对的。例如，阿姆斯特朗（Lance Armstrong）拥有一辆专为他设计的自行车，赖德（Sally Ride）的航天服

图7-13 产品设计必须针对目标用户。

也是为她个人定制的（如图 7-14）。门的标准高度是 6 尺 8 寸，这是为一般人设计的吗？当然不是！门的设计是为了让近乎所有成年人不用弯腰就能通过。在人因工程中，这就是所谓的限界测量。

人体尺寸

几乎所有设计问题都或多或少地涉及人类用户，因此，设计团队需要获得关于人类用户的信息。输入关键字，如人因工程或人体工程学，结合山地自行车等产品名称，将得到有价值的信息。更多关于人因工程的信息将在第 15 章介绍。

图 7-14　赖德的航天服是定制的。

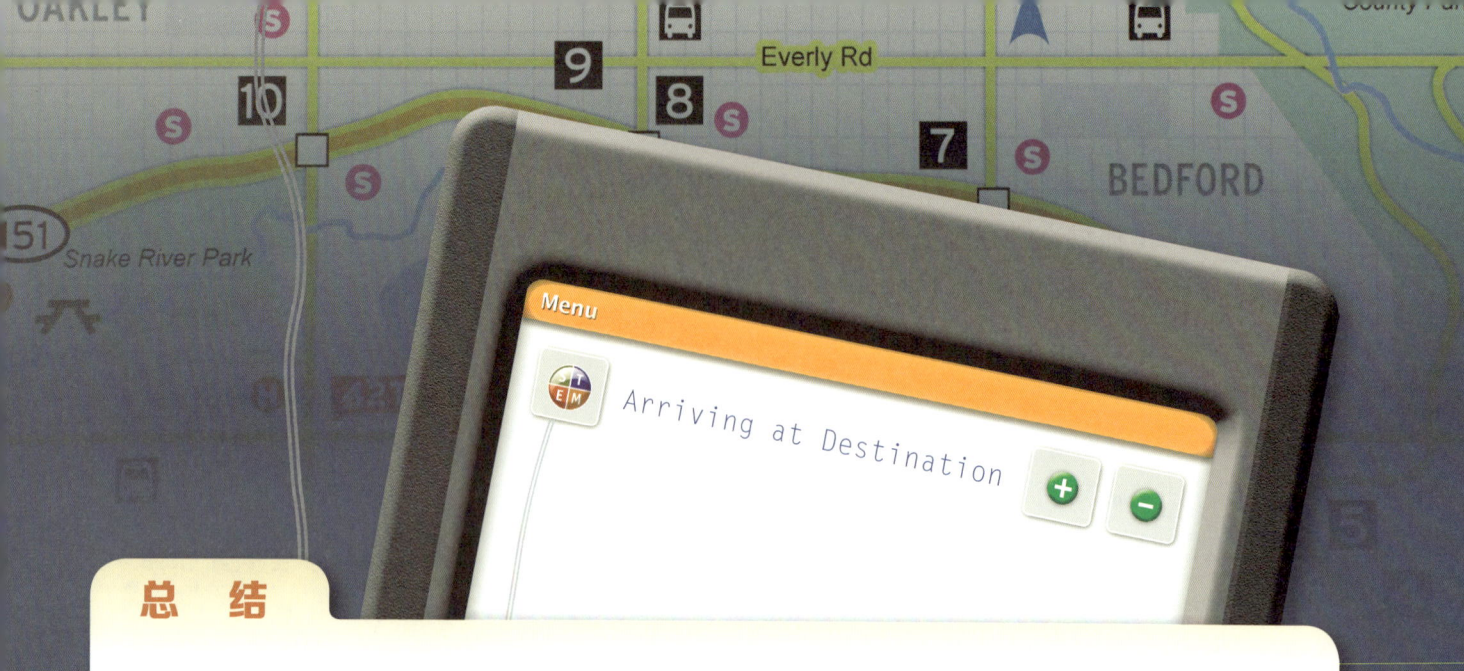

总　结

调查研究的目的是收集有助于设计过程的数据和信息。成为成功的调查者的关键在于提出正确的问题并找到正确的信息来源。调查和研究有助于设计师奋勇向前。它提供一些参考途径，让你知道何时该暂停去寻找更多的信息。有时候，它会将你带往最初从未考虑的新方向，这就是我们所说的发散思维。

我们知道，公司会花费大量的资金用于收集和分析消费对潜在新产品的信息反馈。公司还需要寻找信息以支持设计过程。最后，还要展开大量的调查，用于研究如何更好地生产和销售产品。在取得最终解决方案和产品的过程中，设计团队会涉及许多人员和资源。亨氏设计团队必须找到有关信息，这些信息关乎重振品牌、市场走向、新型塑料包装材料和封口、图形设计趋势等等。

公司通常以向消费者提问的方式开始市场调查。消费者也可以使用市场调研来做出新的购买决定。一手资源信息包括消费者调查、专利搜索或实验研究，对设计师来说是最可靠的信息来源。二手资源信息通过报道他人研究成果来帮助人们解决问题。二手资料可以很好地帮助初期研究的展开，因为它们通常是研究主题的宽泛的总结。不要忽视图书馆，它可能比在搜索引擎中简单地键入几个关键字收效更佳。学生的调研工作应该从使用图书馆主页开始，在这里，学生可以利用书籍、杂志、报纸文章、数据库，甚至是互联网。使用正确的关键字有助于你找到需要的信息。请合理使用互联网，包括使用门户网站、百科全书、出版物和数据库。大部分设计团队在设计过程的某个阶段会意识到，与产品潜在使用者相关的人因信息必不可少，一旦收集到这些信息，设计团队成员必须保存、记录或总结这些信息，然后做好正确的参考引用，以供将来使用。当设计团队提出有效的问题并收集了恰当信息时，成功的几率最大。

课后作业

观察/分析/综合

1. 写下你觉得需要解决的设计问题。与设计团队中的其他成员或老师一起检查这些问题,利用反馈信息来修改问题。
2. 访问学校的图书馆,让图书管理员告诉你可以用到的具体检索工具。
3. 浏览本地的公共图书馆或大学图书馆主页,查看你需要做什么才可以使用那些资源。
4. 对使用苯甲酸钠作为防腐剂的担忧,促成了现代番茄酱在20世纪初的改进。对苯甲酸钠有什么担忧?这个问题又是怎样解决的?查找关键词"苯甲酸钠(sodiumbenzoate)"和"威利(Harvey W. Wiley)"来寻找答案。
5. 你能找到有关自行车变速器的专利吗?记录有关专利的关键信息,包括图片和其他相关专利。
6. 假如你所在的设计团队被分配到考察太阳能的任务,你们需要给学校安装最为高效的太阳能产品。请编写参考列表,用于查找关于这个问题的信息。

补充作业

工程设计分析挑战

- 让餐厅里的学生使用亨氏EZ喷射番茄酱(切记:获得许可后才能进行研究),然后观察并建立一个电子表格,总结学生手的尺寸和使用的难易程度,瓶子是否保持干净,学生是否喜欢使用这种瓶子(例如,用它在实物上画画),以及其他观察到的结果。
- 使用人因工程数据来描述学生手的尺寸或抓握的能力。
- 用电子表格创建一个关于学生手的尺寸的统计总结。例如,中间50%的学生手的尺寸范围是多大?
- 准备一次课堂展示,总结你的发现,说明这些信息如何被利用到新产品设计,或为进一步研究指明方向中。注意记录所有用到的参考资源。

第 8 章
工程制图

Menu

 **头脑准备**

学习本章内容时，思考如下问题：

1. 什么是工程制图？
2. 在工程设计中如何进行测量？
3. 工程师、设计师和用户如何使用工程图纸？
4. 多面正投影图有哪些绘制和标注尺寸的标准？这些标准由谁制定？
5. 工程制图是如何与工程设计过程匹配的？
6. 为什么计算机辅助设计（CAD）被视为多数工程制图的标准工具？
7. 什么叫正等轴测图和斜轴测投影图？
8. 什么叫多面正投影图？
9. 在正投影图中如何使用线条和尺寸？
10. 什么叫剖面图和辅助视图？为何要使用这些视图？
11. CAD实体建模软件的哪些特点使之成为如此强大的工具？

>> 引 语

设计工作集创意、研究、反复试验，以及合作于一体。设计师可能会在零件和产品设计之初发现设计方案不可行，此时，他们需要重新开始。记住，设计过程是一个重复的过程，也就是说，必要时需要重新开始。优秀的设计必须平衡不同的需求，有时这些需求会相互矛盾，这也使得工作变得有趣且富有挑战性。

以前，工程图仅仅表示绘图人员绘制的图纸。那时候，人们直接参与零件的生产和产品的组装。在过去的几十年，电脑越来越多地应用于设计和生产过程，工程图的定义扩展到图形交流。本章，我们既会介绍传统的技术图纸，也会介绍一些用图形表达技术理念的新方法。

设计交流在设计的每个阶段都至关重要。第 5 章，我们把绘画和速写看作设计师构建想法以及设计团队成员之间相互交流的手段，这种交流形式出现在设计的早期阶段。本章，我们将看到使设计理念转变成产品的设计交流，细节和精度对于此类图像的交流来说非常重要。

工程制图

工程制图这个术语常用来形容一系列不同类型的绘图。在多数情况下，它是多面正投影图，指垂直于物体平面由上向下所看到的物体的图像。因为图纸必须提供产品的正确信息，要求精确测量，只有垂直于平面的视图才能得到这样的信息。为了理解这一原理，可以拿一张 8.5 英寸 ×11 英寸的纸放在面前，让纸面尽可能垂直于你的视线。现在，想象有一根与地面平行的轴线，以这根轴线为轴旋转纸张，让纸的上半部分逐渐远离你而下半部分靠近你。注意看这张纸是如何表现出不同的高度效果的。如果你将纸旋转 90 度，这张纸就呈现为一条线。然而，这张纸依旧是 8.5 英寸 ×11 英寸的那张纸。图 8-1 中的数码相机图很好地阐释了这一点，这时，相机的尺寸信息并不准确，因为相机是以立体图的方式呈现出来，且视线没有与测量面平行。然而，同样的相机，在图 8-2 中以正投影图的方式表达，则能反映真实的长度，如相机的长和宽，镜头的直径和位置。确定绘图在何时能展现真实长度是一项重要的设计技巧。

多面图通常是指三视图，因为简单的物体只需要三面（正面、上面和一个侧面）便能完整地描述物体的所有必需信息（如图 8-3）。花 1 分钟看看这张图纸提供了什么信息。标题栏告知我们设计者、设计日期、设计比例、设计公差。图纸上的说明提供了额外的生产信息，而图纸本身提供了零件整体的形状和尺寸等所有必要的测量信息，包

图8-1 CAD设计软件生成的数字相机原型。

图8-2 图8-1中相机的正投影视图。

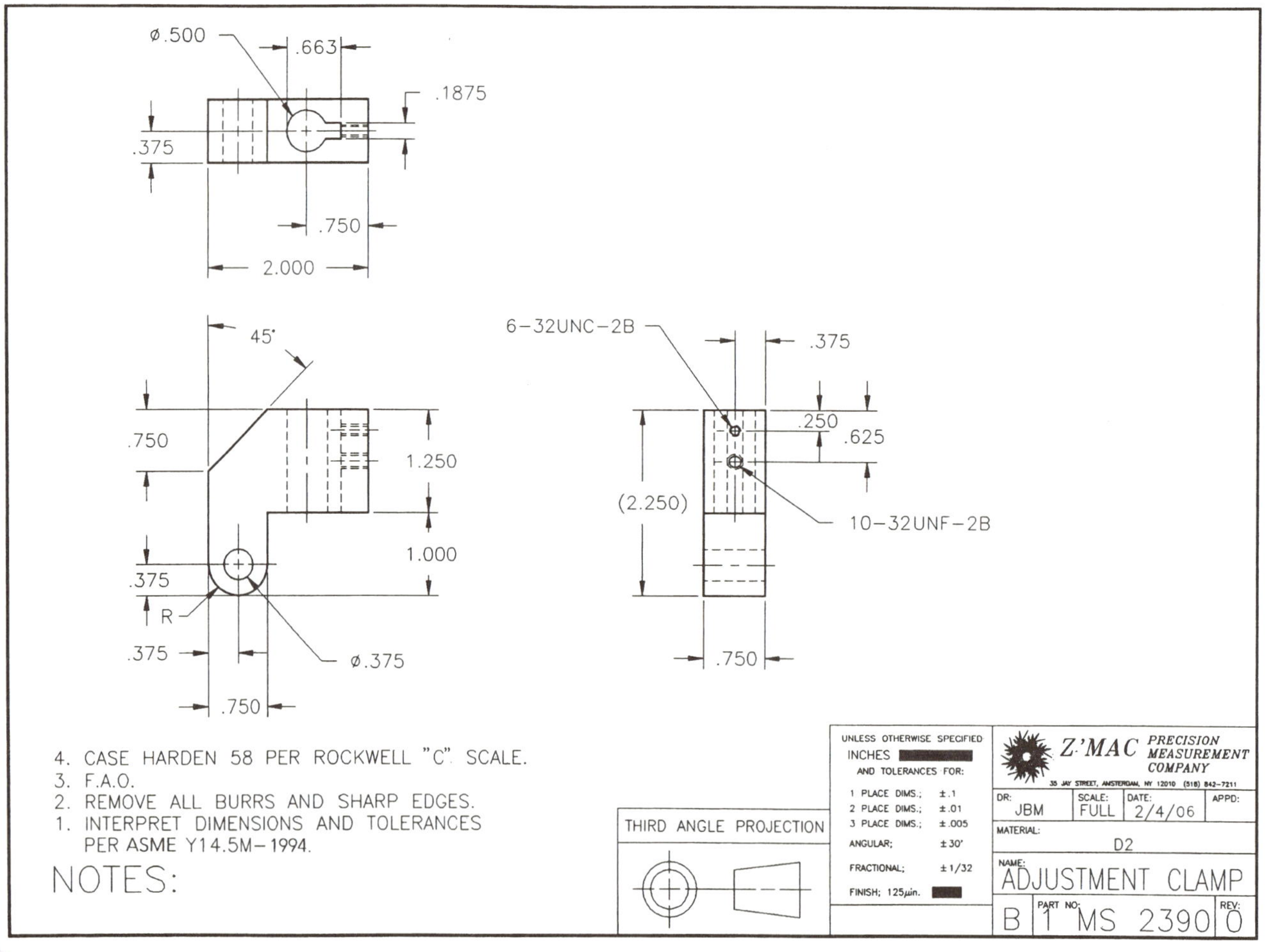

图8-3 某零件的三视图。

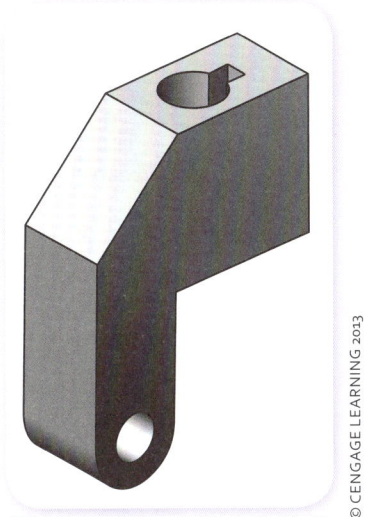

图8-4 图8-3所示物体的正等轴测图。

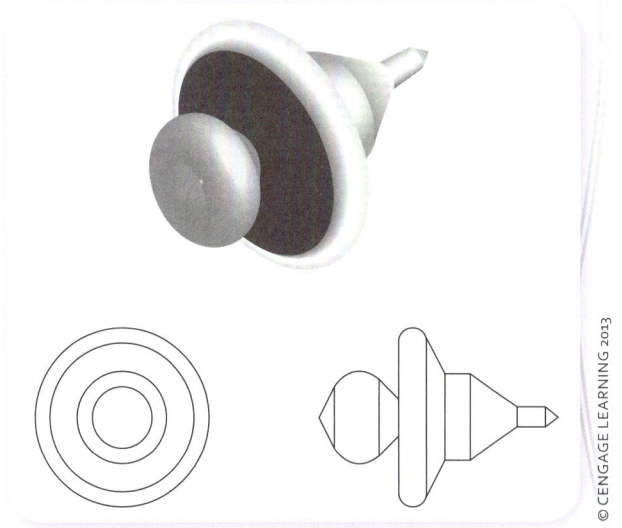

图8-5 有时，双视图便能描述一个物体，如图就是一个例子。

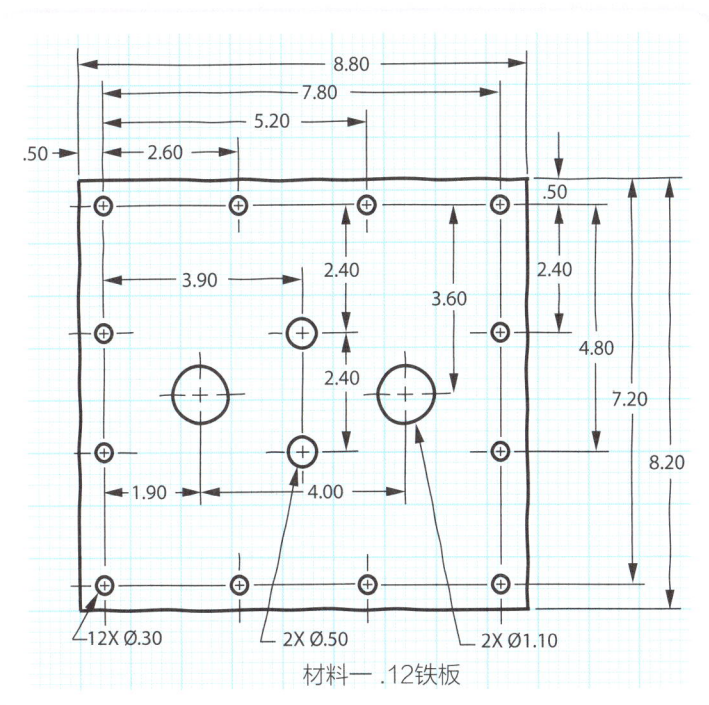

图8-6 由薄金属板或厚金属板制成的物体，通常可以用单个视图呈现，如图所示。

REPRINTED WITH PERMISSION FROM INTERPRETING ENGINEERING DRAWINGS, SEVENTH EDITION, BY CECIL H. JENSEN AND JAY D. HELSEL. COPYRIGHT © 2007, 2002 DELMAR CENGAGE LEARNING.

括孔和槽的大小和位置。本章中，我们将进一步介绍绘制准确和完整的工程图所需要的知识和技巧。图8-4是图8-3所示物体的三维视图或**正等轴测图**。

然而，许多物体需要三个以上的视图才能包含完整的信息，因为有些设计元素无法在三个正常的正投影视图中呈现出来，如一些内部结构。辅助视图将在本章后面部分介绍。有些例子中，两个视图就能完整地描述物体的所有信息，但这些对象通常是圆形，如车床上加工的某些模型（如图8-5）。如果某一零件由一块薄钢板制成（如图8-6所示的金属板），单个视图便能提供生产时用到的所有必要信息。

第8章 工程制图 205

工程图是工程和产品开发中非常重要的一部分。如今，大多数公司利用三维CAD软件自动生成技术图纸。使用CAD制图进行设计时，通常要花费数年才能掌握所需的工程知识和技术，而现今的设计师多是通过组装那些能够自动生成的，而不是人工绘制单个零件图纸，来形成最终的产品模型。随着"按下按钮"就能生成工程图纸这种情况的出现，绘图员的工作正在迅速消失。小公司可能仍然聘用员工进行手工制图，但这样的职位越来越难找。

正投影图非常准确，也就是说，这样的图纸能为读图人员提供生产时所需的确切信息。典型的正投影视图会显示零件的大小和形状、每一部分的位置、表面抛光情况，以及许多与机器加工或其他工业生产相关的过程，如磨削或焊接相关的信息（如图8-7）。

一套完整的工程图会为熟练的技工提供生产零件所需的所有信息。对于大型商业建筑项目，图纸的数量通常会超过50张。当项目规模很大时，规划和安排好所有工作对于项目的成功至关重要。项目管理工具，如甘特图，可以用来制定工作计划，包括每项任务的信息、开始和结束的日期、持续时间、项目关键步骤的制定等。

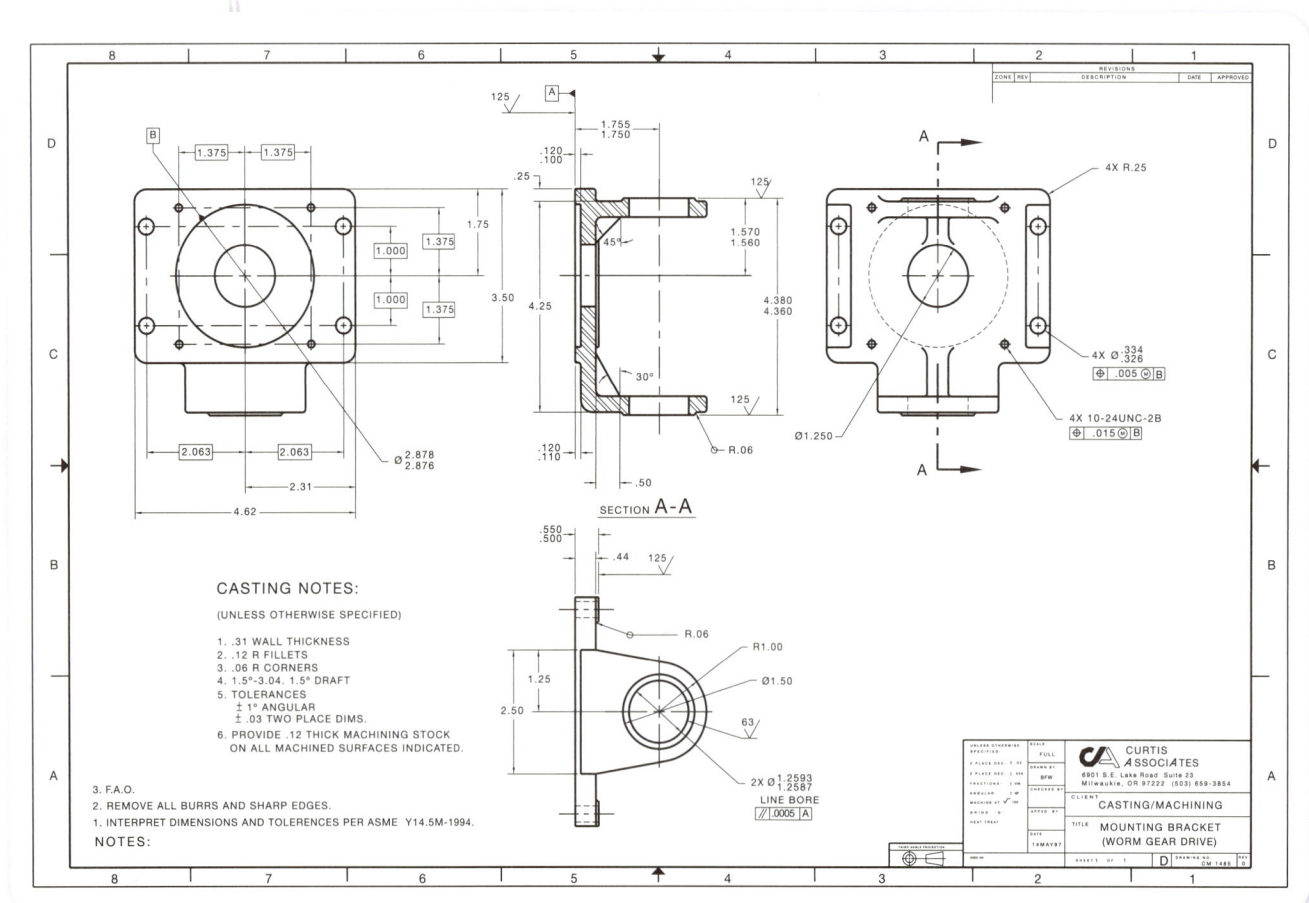

图8-7 铸造和加工信息图纸。机械师可以用这张图纸将毛坯铸件加工成精确尺寸的零件。

高质量的图纸可以回答所有设计和生产相关的问题，工匠制造零件时应该不需要咨询设计师。越来越多的快速成型机和计算机数控设备使用 3D 设计程序创建的文档来驱动设备。大多数绘图程序能将设计转换成立体光刻（.stl）文件。这些文件随后被编制为控制代码，代码同时管理零件和切割工具的笛卡尔坐标，以及其他重要参数，比如提供冷却剂和进料速率。这些控制代码被称为"G 和 M 代码"。三轴数控铣床能够控制 x、y 和 z 三个直线坐标，可以用来生产相对简单的零件。四至五轴的数控铣床增加了旋转加工件的功能或切削工具，能生产非常复杂的零件。

正投影图还被大量用于质量管理（有时称为质量控制），核查生产的零件是否符合必要规范，质量管理人员会依据正投影图仔细测量和测试组件。当然，设计团队成员仍使用这些图纸来共享信息。

工程图是一种语言，工程师、建筑师、机械师和其他设计、生产专业人员依靠这种语言交流复杂的设计理念。自工业革命以来，工程图作为正式的交流手段，随着工程和机械行业的发展也在不断地发展。在此之前，人们也会使用图纸来记录他们的想法并与他人交流，比如达·芬奇留下的笔记本（如图 8-8）。工程图绘制过程的规范化源自 20 世纪的最初几十年，这一过程逐渐专门化，并发展成为一项独立的职业，即制图。1948 年，职业制图人建立了自己的协会，称为美国设计制图协会，这个协会至今仍然很活跃。

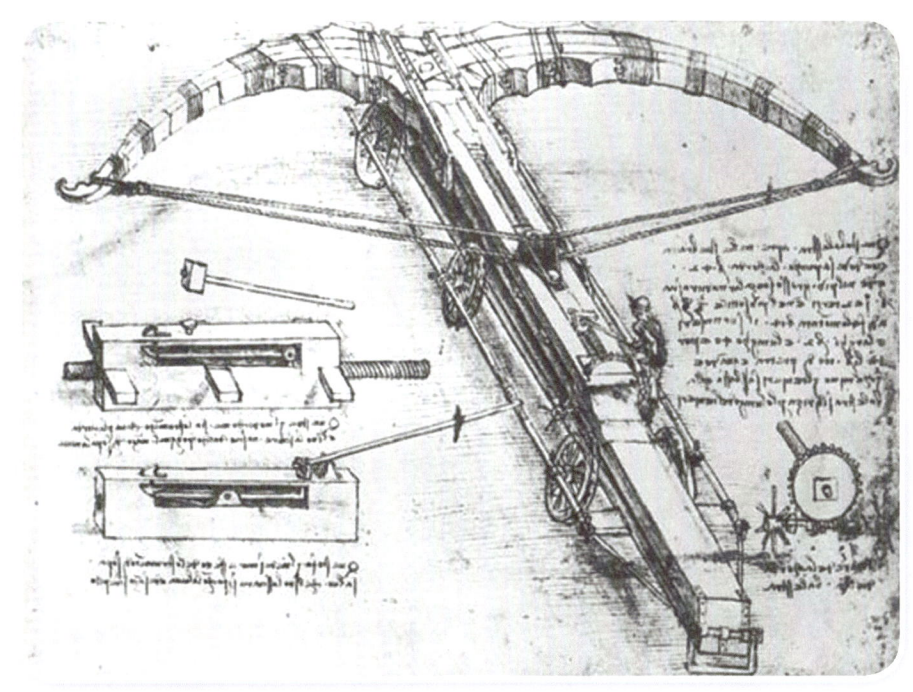

图8-8　达·芬奇在他的笔记本中广泛应用技术草图。

第8章　工程制图

工程图与数学

设计和工程图中经常应用几何学。手工或使用CAD软件制图时，设计人员需要用到数学知识才能成功绘制技术图纸。设计师绘图时通常会使用一些术语，如平行、垂直、相交、相切、偏心、同心等。角度和弧度是许多图纸的重要组成部分，同样重要的还有**多边形**，如三角形、正方形、矩形、五边形、六边形。当然，设计师还必须掌握加减乘除等计算方法来完成制图或设计任务。

❷ 以工程设计为目的的测量

用标准的测量系统和工具进行测量对所有文明都至关重要。例如，考古学家发现早期人类用陶罐来测量谷物体积，用石头块来称量物体重量，今天用于计量宝石重量的单位（克拉）就是源自于角豆树。许多过去的文明使用人体一部分，如臂长或手宽，来测量长度。埃及的肘尺就是从前臂到中指尖的长度。罗马人把1英尺分成12罗寸（英寸），确立了5000英尺为1英里。后来，英国女王伊丽莎白一世将1英里变为5280英尺（8弗隆），并沿用至今。亨利一世为标准化测量单位的建立作出了重要贡献，这些标准化的度量衡单位由1824年英国度量衡法案正式确定。**英制**（英寸为长度单位）在北美广泛使用。

公制是所有工程师和其他设计专业人士需要掌握的知识，它满足了全球通用测量系统的需求。18世纪后期，法国科学院提出建立十进制的测量系统。委员会确定以米为长度单位，它以北极到赤道的长度为基础（赤道到北极长度的千万分之一为1米）。其他国际单位制（SI）包括质量单位克，时间单位秒，电流单位安培，温度单位开尔文，物质的量单位摩尔。国会法在1988年建立以公制为首选的称量和测量系统。工程师和建筑师经常用到英制或公制记录高精度工程尺、建筑师用比例尺、游标卡尺，以及其他测量工具的测量结果（如图8-9）。

在英制单位中，英寸的数值是"以2为因子"的分数，如1/2、1/4、1/8、1/16，或更小的分数。为了便于在尺子上区分不同的测量线，要用到不同的标线长度。例如，在英寸为刻度的尺上，通常所有整数英寸和1/2英寸的标线都

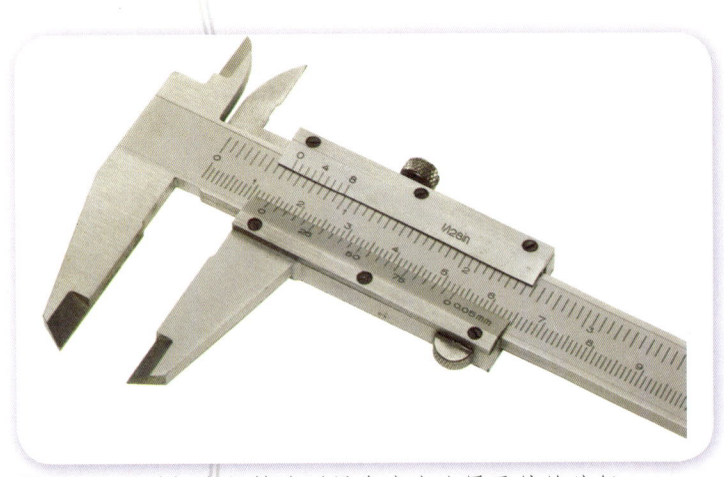

图8-9 用游标卡尺精确测量车床上金属零件的外径。

1/32
INCHES
1

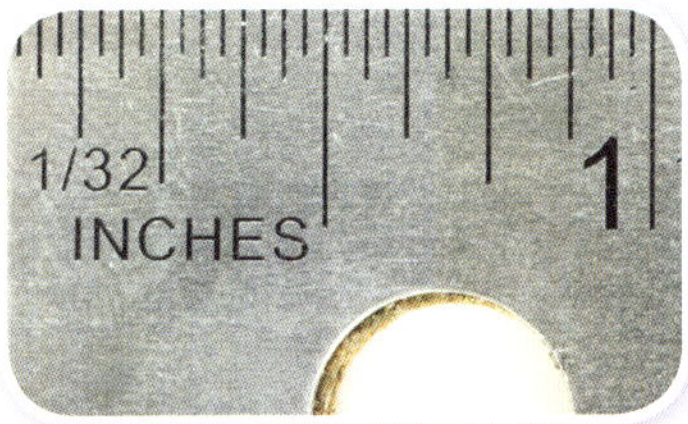

图8-10 以英寸标记的标尺上的测量线。

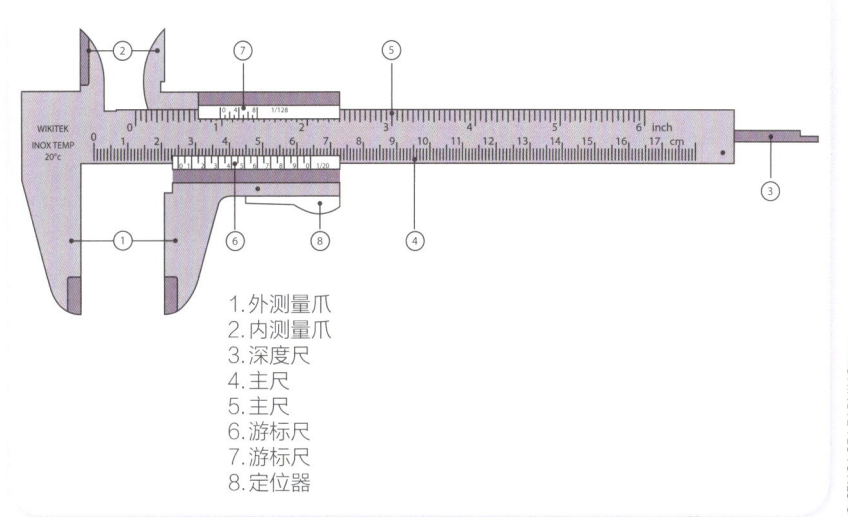

WIKITEK
INOX TEMP
20°c
inch
cm
1.外测量爪
2.内测量爪
3.深度尺
4.主尺
5.主尺
6.游标尺
7.游标尺
8.定位器

图8-11 游标卡尺的读数。

是最长的线，而 1/4 英寸的标线是第二长的线，1/8 英寸的标线是第三长的线，以此类推（如图 8-10）。准确判定英寸的分数很容易，它实际上就是数出除法次数的过程。如果测量刻度落在了两条线之间，就需要估测。任何分数估测方式都会影响测量的准确性和精确度。分数的加减有时会非常麻烦，所以很少被用在工程图中，图纸中一般会将其转换为十进制形式。

英寸还可以分为十分位、百分位、千分位，甚至更小的单位，这样的十进制英制单位有时会更加有用。以十分位标记的工程尺非常常见，但测量的准确性和精确度有限，因为十分之一英寸仍然是较大的尺寸。游标卡尺能提供更高的准确性，这种卡尺于 17 世纪早期由韦尼耶（Pierre Vernier）发明。韦尼耶是一名法国数学家，他发明的卡尺能精确到英寸的千分位（如图 8-11）。1/1000 英寸通常称为“mil（毫英寸）”，在美国使用很广泛。游标卡尺可以进行内部和外部测量，分为机械式游标卡尺和数字式游标卡尺两种。实现准确和精确的测量是工科学生必须掌握的技能。

比例尺

另一种重要的测量工具是比例尺（如图 8-12）。比例尺的剖面通常是三角形，一把比例尺上包含 6 种尺度。比例尺有两大主要功能：直接测量和比例缩放。当绘制对象尺寸很大时，按比例制图就非常必要，因为不可能按全尺寸绘制图纸。通常，我们会按比例绘制图纸，此时，标

图8-12 比例尺上的刻度。

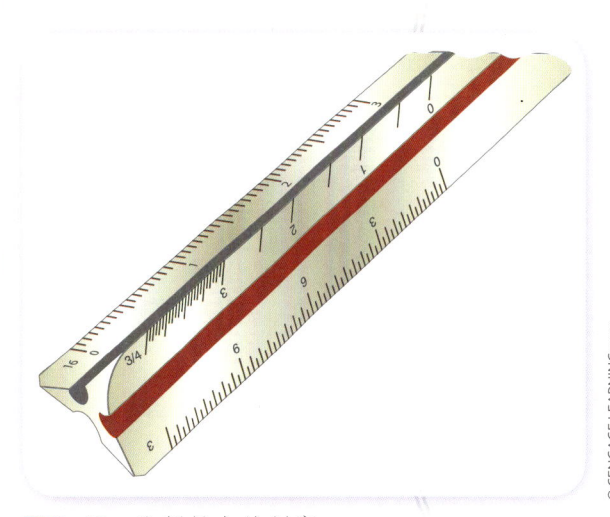

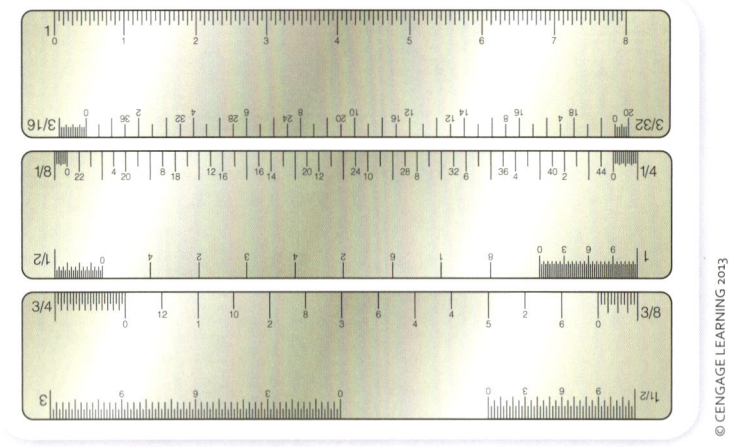

图8-13 比例尺上的刻度。

记常见的比例系数非常有效。常见的比例系数包括1∶10，1∶20，1∶40，1∶60等。6种测量尺度中包括一个标准的英制尺度，另外两个边是比英寸小的分数单位，如1/8、1/4、1/2、3/8、3/4英寸，和十进制的小数英寸，还包括更大的单位，如1.5英寸和3英寸，可用来绘制1∶6，1∶4，1∶2的比例。因为1英尺等于12英寸，所以尺子缩放面一般有12等分（如图8-13）。

测量：认识差异度

现实世界中的物品不可能以无限的精度测量或制造，因此设计中必须考虑差异度。**差异度**是设计师必须理解的一个重要概念，它是尺寸和参数预期变化范围的衡量标准。

所有的维度都存在差异度。成功的设计和制造需要工程师们对每个关键尺寸进行密切观注。对于像MP3播放器、电视机或手机这类设备而言，有数百个关键尺寸，以及与这些尺寸相关的变量。而那些更加复杂的设计，比如桥梁、发电站和宇宙飞船，更是有成千上万个关键尺寸。工程师与技术专家为什么需要考虑差异度？如下面例子所示，工程师们考虑差异度以确保各个部分相互匹配，正确连接。正确使用差异度对于保证设计的可靠性和可制造性而言至关重要。

试想一下这样一种情况，将一个简单的盒子通过一个简单的孔（如图8-14中的蓝色盒子）。这个盒子可能是需要通过大门进入建筑物5楼琴房的一架钢琴。这扇门需要多宽？钢琴有多宽？这些都是重要的问题。专业的钢琴搬运工在搬运之前，会先测量钢琴宽和门宽的大小。显然，如果钢琴宽度比门宽大，就要把门扩大，或把钢琴变小。这种测量要精确到什么程度，

> **差异度（variation）:**
> 也称为变异度（数理统计概念）；是尺寸和参数预期的变化范围。

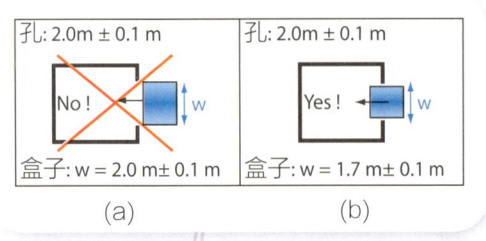

图8-14 "盒子过孔"的例子说明了准确标定差异度对于实现成功设计的必要性。如果不同时正确考虑孔和盒子的差异度，盒子将无法通过孔，从而导致失败。

轮到你了

在工程课中选择一个项目进行测量。让不同的学生测量这个对象,分别记录测量结果,标定测量的差异度。可以考虑使用不同设备重复测量,使用不同的测量设备,或者不同的测量者和测量过程,差异度有什么不同?列出差异度(1)非常小和(2)非常大的情况。

工人才会开始搬运呢?如果测量结果显示钢琴宽2.0米,门宽2.01米,你会开始着手将钢琴搬上5楼,还是要求知道更精确的误差范围?图8-14表明了设计师应该如何考虑测量误差,以确保成功。如图所示,为了确保100%的成功率,盒子(钢琴)可能的最大尺寸必须小于开口(门宽)的最小尺寸。假设这个搬运工是唯一的测量者,他在测量两者的尺寸时使用的是相同的卷尺,这可以确保测量的误差尽可能小。然而,需要注意的是,测量者是同一个人,并且使用相同的测量工具,这样的情况并不常见。因为产品的各个部分通常是由世界上不同的厂家生产,有时会经历非常不同的生产过程。这就是为什么全世界都在努力建立明确的界定标准。

"盒子过孔"这个例子也适用于更高科技的设备上,例如:(1)MP3播放器、手机或电脑的插头和插座;(2)空间站和航天飞机的出入口;(3)核电站的热交换器;(4)汽车引擎的活塞。

在数学或科学书中,一条长度为L的线就是长度为L的线。同样的,一个长度为L,宽度为W的矩形也是一个准确的矩形(如图8-15)。然而,对工程师来说,尺寸的测量结果通常包括对差异度的准确估计。如图8-15所示,即使是最简单的维度,工程师也需要估测差异度。例如,工程师将长方形的长度视为($L±\Delta L$),宽度视为($W±\Delta W$),ΔL和ΔW分别是每个尺寸最大的变化值。因此,工程师至少要考虑两个数字:标称值和差异度[符号Δ是大写的希腊字母delta,或"d",工程师用该字符表示差异(difference)]。例如,图8-15b中,矩形的长度是9.7厘米,差异度为0.3厘米,因此,这个长度可以在10.0厘米到9.4厘米之间变化。矩形的宽度比长度更精确,精确到百分位($3.54±0.03$厘米)。需要注意的是:引用差异度时,标称值和差异度必须用同样的精度,或者有相同数量的小数位。例如,$X=2.3456±0.3$毫米,标称值精确到小数点后4位,而差异度只精确到小数点后1位,这是错误的。读数的人应该认为是$X=2.3±0.3$毫米,还是$X=2.3456±0.3000$毫米

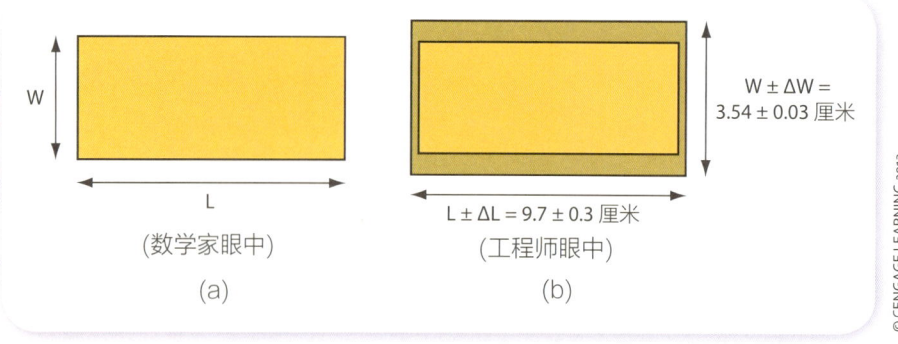

图8-15 数学将一个矩形描述为想象出来的完美线条组成的完美结构。然而，若要成功，设计师必须进一步考虑两个尺寸的差异度。

呢？无法确定哪种才是正确的，他必须咨询设计者作进一步理解。如果该尺寸 X 的差异度只能精确到 0.3 毫米，那么对这一尺寸正确的陈述应该是 X=2.3±0.3 毫米。计算器可以方便地进行带多位小数的运算，引用多位小数的数值非常常见。我们应该尽量避免以上这种误导性的错误。第 16 章中列举了一个关于计算古老金砖体积差异度的例子，可供参考。

准确度和精密度

关于测量的讨论，必须包含测量或计算中两个极其重要的定义：**准确度**和**精密度**。准确度指的是测量或计算出来的数值与实际值的符合程度，而精密度指的是多次测量或计算的结果能够取得相同或相近的值的程度，**可重复性**和**再现性**也可以指代精密性。

测量或计算的结果分为 4 种：（1）准确但不精密，（2）精密但不准确，（3）准确且精密，（4）既不准确也不精密。既准确又精密的测量或计算结果，被称为有效的结果。图 8-16 中用靶心图展示了精密和准确间的关系。

我们已经讨论过，差异度对一个成功的技术开发来说必不可少。那么，差异度本身如何界定？详细解答这一问题，需要涉及统计知识，这部分将在第 15 和 16 章详细讨论。总而言之，测量差异度由下列方法中的一个（或多个）确定：（1）猜测，（2）在所使用的仪器范围内估计，和（3）进行多次测量获取统计上的有效差异度。在确定测量的差异度时，可以使用下面一些简单的规则。

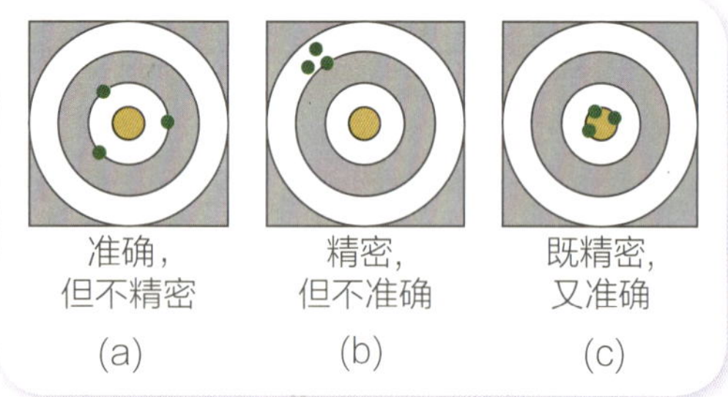

测量差异度的简单规则

1. 当使用实体测量工具如直尺或卷尺时，差异度精确到其最小的分度值。最小尺寸的完整值可以作为最

准确度（accuracy）：
测量或计算出来的数值与真实值的一致程度。

精密度（precision）：
多次测量或计算的结果能够取得相同或相近的值的程度。可重复性和再现性也是对精密度的描述。

图8-16 靶心图，测量例子包括（a）准确但不精密，（b）精密但不准确，（c）既精密又准确。

大变化值，而更为激进的变化值可以在最小尺寸的1/3到1/5左右。例如，尺子的最小尺寸是1/10英寸，那么，你可以认为，在这种情况下，你只能读到这一尺寸的1/2，从而使得误差在±0.05的范围内。

2. 当使用的是商业化测量工具时，可以直接参照公认的准确度。（如果可能的话，人们常常会通过使用一些不知名的测量标准，来验证差异度。）

　　界定设计图纸中的差异度非常重要。设计制图旨在描述如何制造某物，所有的尺寸都会涉及差异度。在设计图纸中，差异度常被称为公差。图8-17给出的例子显示了各个尺寸允许范围内的公差。大多数机械师在未给出所有尺寸的公差前，不会接受任何图纸或商务报价。这样做是有道理的，因为机械师需要根据公差判断使用哪些工具或制造流程才能正确地制造各个零件。工具和流程的选择对于机械师和客户都至关重要，因为选择不同的工具和工艺流程生产的产品，在性能和价格上会有很大差异。例如，利用带锯、数控铣床、激光或电火花加工，会有不一样的精准度，费用也有所不同。

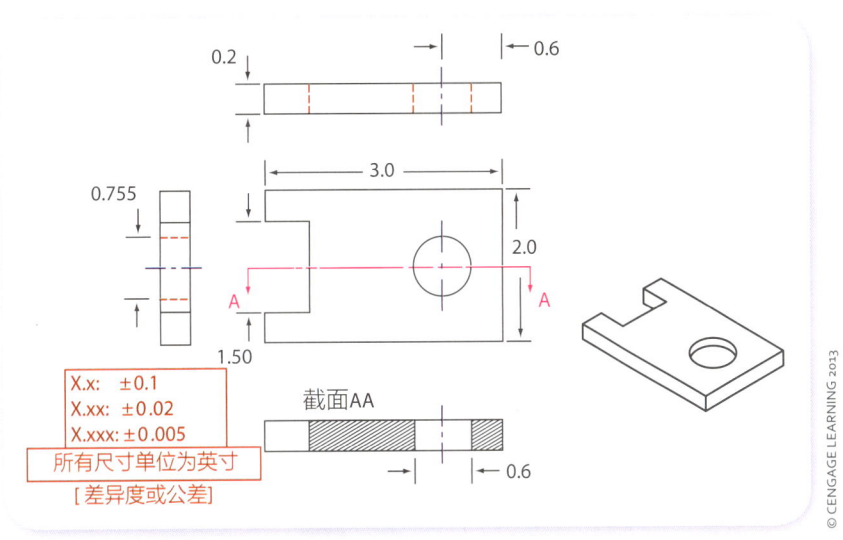

图8-17　给出所有尺寸的差异度的设计图纸。绘图中，"差异度"通常被称为"公差"。

谁使用工程图纸？

　　产品始于想法。最初的点子是"模糊的"，常常通过草图呈现。正如达·芬奇使用纸张和铅笔来完成构思一样，当代设计师也使用这种方式来完成设计方案。有时设计方案会被阐述为图8-18的样子，而有时会类似图8-19，这都是工程图纸的开始。

随着想法的不断成熟和具体，设计决策需要确定，工程图纸也要变为更加正式的图像语言。这一中间步骤为创建电脑辅助设计或多面正投影图纸做准备。由于产品通常由多个部分组成，每个部分的设计，以及部件之间的关系都必须描述清楚。这通常需要更精确的草图来描述这些部件和它们之间的关系（如图8-20）。

产品开发过程中，不同的个人和团体都会用到工程图纸。这些图纸使用的是特定的技术语言，通常不会用作与大众沟通想法的手段，其中一个特例是建筑平面图的使用，尽管如此，许多人看到图纸时，也无法想象房子是什么样子（如图8-21）。

图8-18 新椅子的设计草图。设计师展示了多种可能的方案，其中包括可修订和不可修订的设计。

那些使用或检查组件的人通常会使用工程图纸。如图8-22所示的正投影图展示的是一个由薄钢板压制而成的风扇组件。有了这些图纸，工具设计师可以开发出制造部件的工具，质量管理人员可以检查部件是否符合规格。

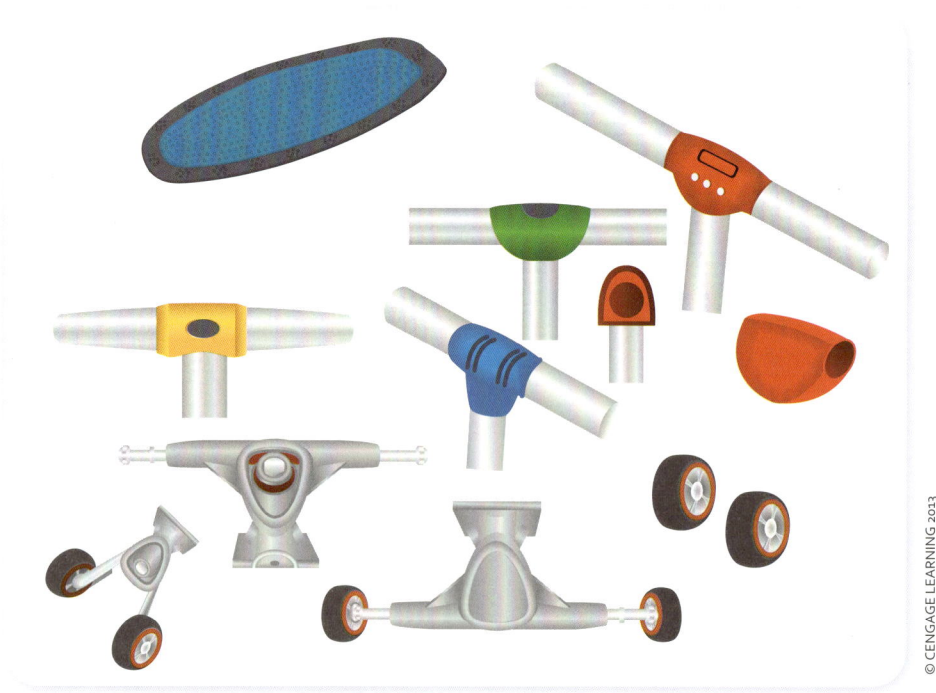

图8-19 由工业设计师，机械、制造、材料工程师和营销专家组成的设计团队利用工程图纸来美化产品细节。

图8-20 随着想法越来越具体，需要更加详细的草图来全面描述物体。

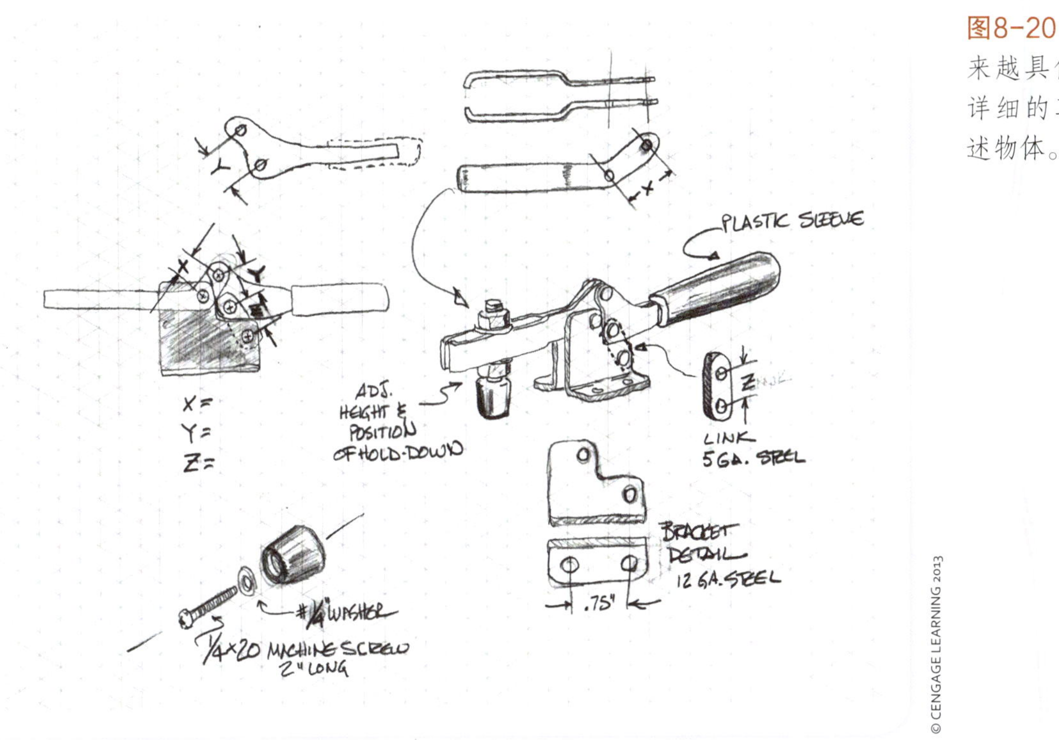

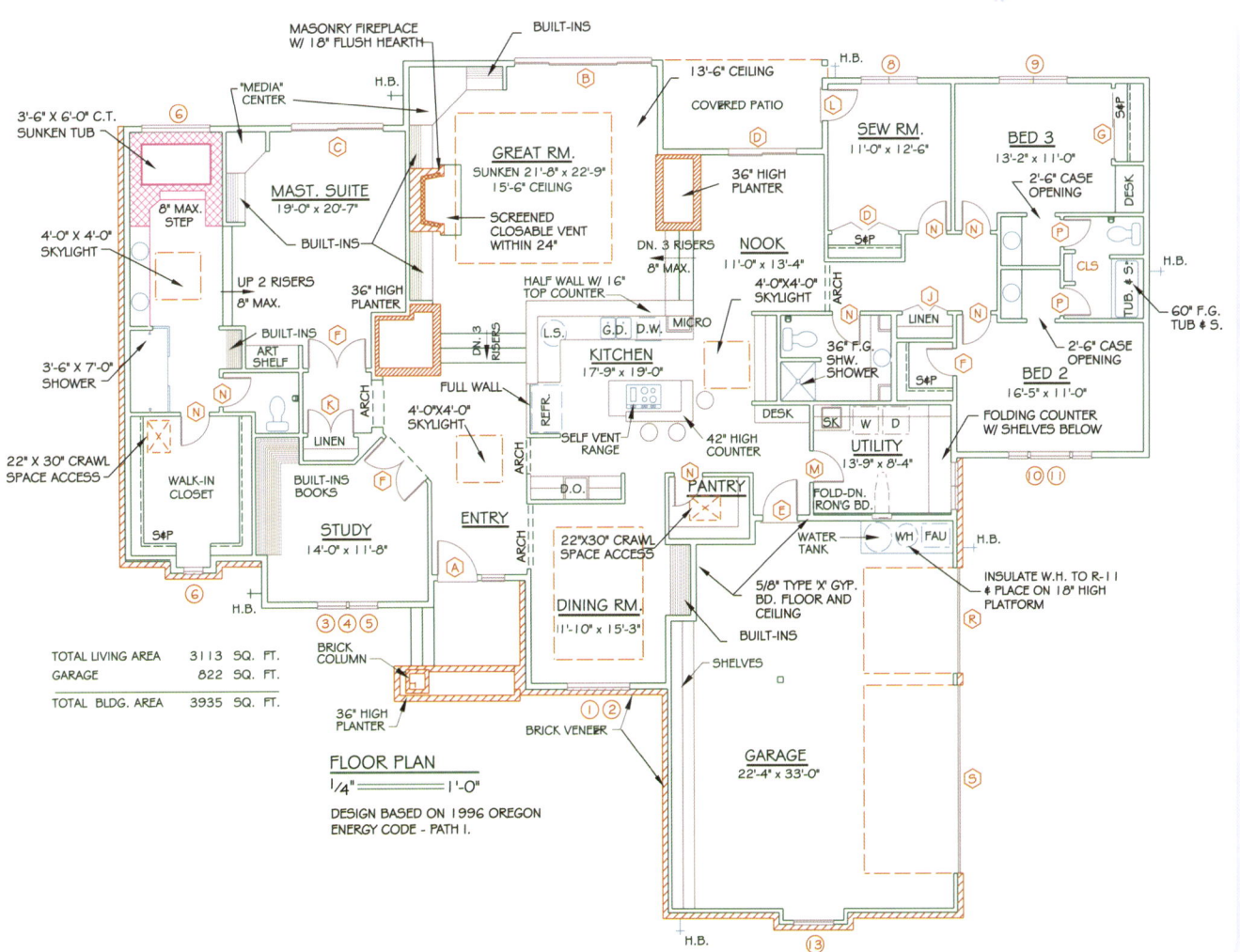

图8-21 建筑平面图纸。

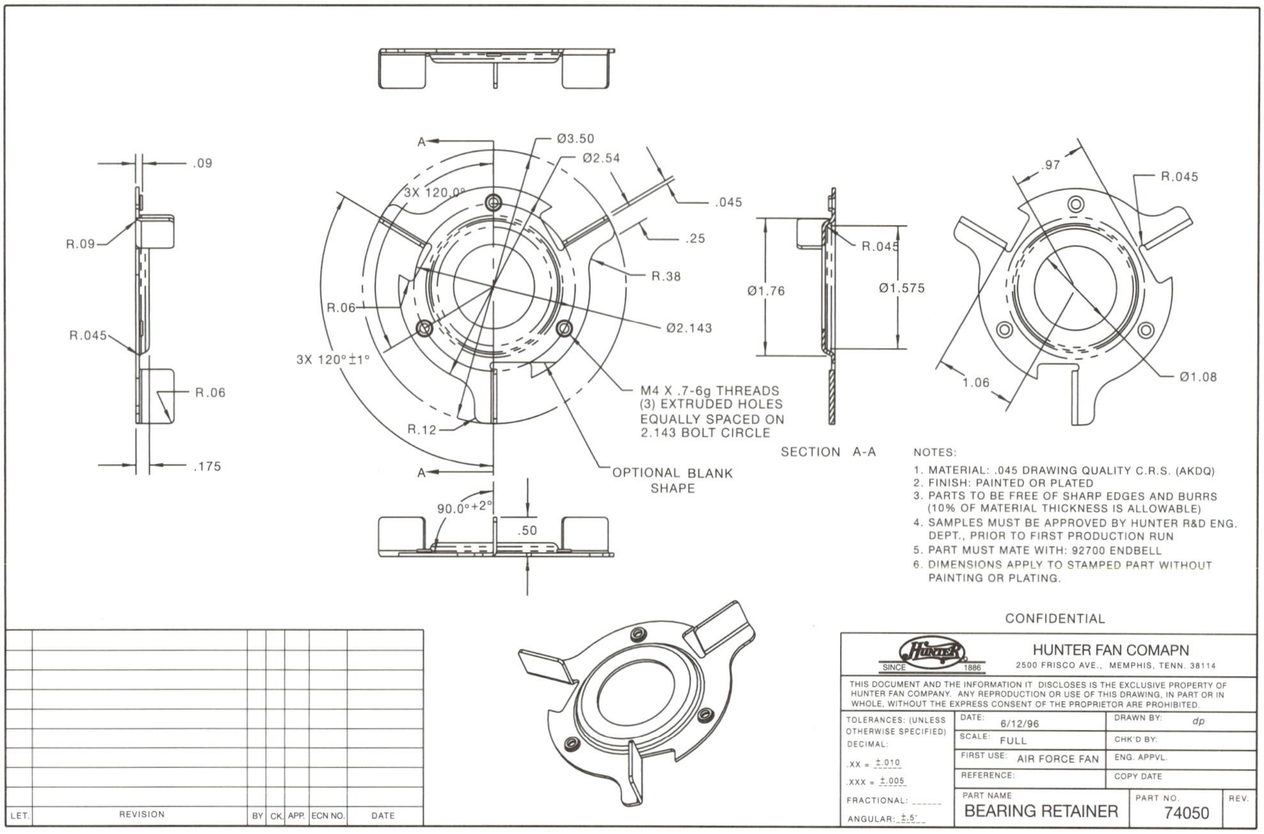

图8-22 风扇零件的详图。

工程图纸和消费者

组装新产品时,你可能已经使用过工程图纸。包装上的"需要一些组装"的提醒会吓到许多人,因为他们不懂工程制图的语言。为了让组装对于大众来说变得更加容易,一些制造商会在说明书中提供详细的图像或照片。

说明书通常会与需要组装的部件放在一起。图8-23展示的是小型桌子的组装说明书。

图8-24的**组装图**展示的是木制橱柜的主要组件。在这个例子中,图纸在制作和组装的过程中,扮演着指导性的工作。注意图中的**注释**,这是**爆炸式组装图**的一个例子。

工程制图标准

惯例指的是完成某件事情的通常做法。通过专业组织,如**美国国家标准协会**(ANSI),制图惯例已经被确定并标准化,并用来指导工程制图的信息交流。

ANSI为工程制图建立了标准,美国、加拿大和其他一些国家的工程师都遵循这些标准。**国际标准化组织**(ISO)的总部设在瑞士日内瓦,

> **注释**
> (annotations):
> 关于图纸的解释性备注,为读者提供重要的额外信息。

为近 80 个成员国制定了类似的标准。ISO 标准基于**公制**而制定。一些北美公司同时使用 ANSI 和 ISO 标准，以保证能准确地与国内外的商业伙伴交流。

图 8-25 所示是以 ANSI 和 ISO 标准标示的纸张规格。例如，如果你想使用 11 英寸 ×17 英寸大小的纸张（也称为小尺寸报纸），可以选择标准的 ANSI B 纸张。ANSI A 纸张描述了标准的 8.5 英寸 ×11 英寸纸张，电脑打印机通常使用的就是这种纸。ISO A4 纸的大小与 ANSI 标准的信纸相同，你或许已经在打印机纸盒或扫描仪和复印机窗口旁见过"A4"字样。美国和加拿大使用 ANSI 标准，而其他大部分国家使用 ISO 标准。

设计师在工程制图中该如何放置和在何处放置**尺寸**，这些都有标准规定，这包

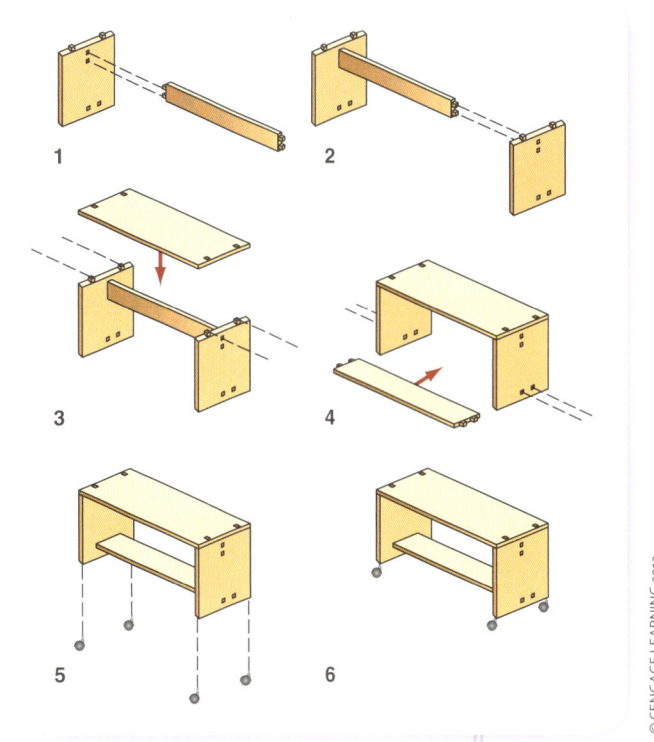

图8-23 针对普通消费者的商品组装说明。

图8-24 描述项目主要细节的工程图纸。这张手绘图纸经过"爆炸"，展示出了物品的结构和组装细节。

纸张 尺寸	英寸 (WxH)	毫米 (WxH)
A0	43.8 x 33.1	1189 x 841
A1	33.1 x 24.4	841 x 595
A2	24.4 x 16.5	595 x 420
A3	16.5 x 11.7	420 x 297
A4	11.7 x 8.3	297 x 219
A5	8.3 x 5.9	219 x 149
ANSI A	11 x 8.5	279.4 x 215.9
ANSI B	17 x 11	431.8 x 279.4
ANSI C	22 x 17	558.8 x 431.8
ANSI D	34 x 22	863.6 x 558.8
ANSI E	44 x 34	1117.6 x 863.6

图8-25 工程制图用ANSI和ISO标准纸张尺寸。

括如何标示数值和尺寸公差。其他标准在图纸**标题栏**中体现,如:规格、形状和类别等信息。我们会在本章后面部分讨论尺寸标注和其他一些标准。

ANSI 标准在各类工程图纸中广泛存在,这些图纸利用图解符号来表示电力、机械、气动、液压、管道、供暖和空调系统等相关信息。

❺ 技术图纸和工程过程

草图用于呈现脑海中的想法,以便进行评估和改善,技术图纸的主要目的是用于设计,以及与团队成员交流解决方案。最初的概念由产品设计师利用草图和详图来构思和开发,再提交给设计组(如图8-26)。设计师达成初步设计后,会将想法发展成详细的设计方案,然后再通过技术图纸呈现。其他许多类型的工程师和设计师,包括机械工程师、工业设计师和制造工程师,也会绘制技术图纸。这些团队和个人需要确定产品的确切规格形状、各个部分所需的材料,以及各个部分的制造过程。

技术图纸帮助设计团队各成员清晰地表达他们自己负责部分的解决方案,有更改时可随时更新图纸。他们通过在图纸中添加**修订日期**,以及发布**工程变更通知**(ECN)的方式,来提示变化。

在设计过程中,工程团队还会与机厂或建模厂合作,让他们生产各个部分的原型。如今,许多公司把电脑文件直接发送至快速成型机或数控机床,来制造原型的各个部分。这种做法将人们对某些技术图纸的需求降低到最少。然而,在检测组件的**准确性**,以及在组装说明书中,技术图纸仍然必不可少。当需要大批量生产产品时,工程团队要利用技术图纸来设计生产各零件和组装产品的方法。

当零件的原型制成后,工程团队要与产品设计师和制造工程师商讨,确保各部分符合设计要求,同时能以高效和低耗的方式生产出来。工程团队还会利用技术图纸评估原型和安排生产。

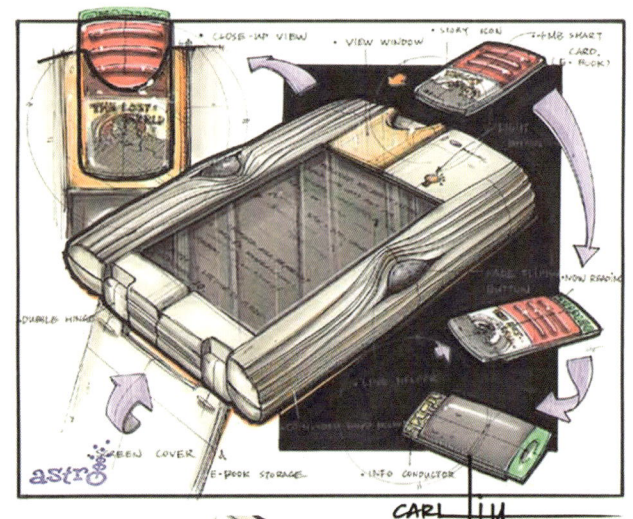
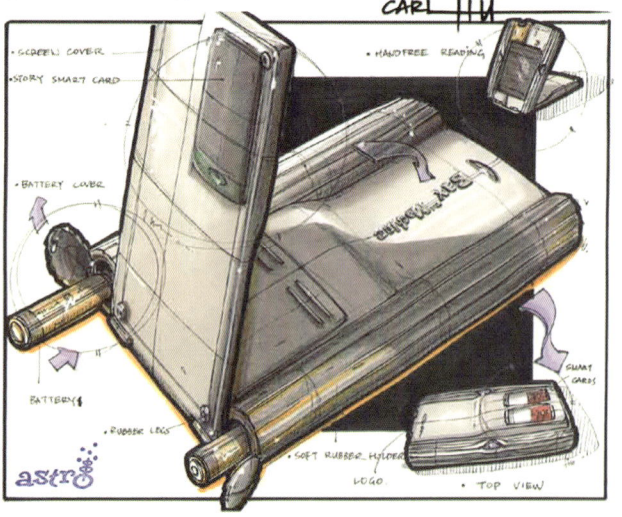

图8-26 电子阅读器的概念图纸。

制图和计算机辅助设计

电脑技术成熟以前，图纸是用铅笔和墨水在硫酸纸（半透明、纹理细致的纸）上绘制而成，这一过程被称为绘图。绘图者在绘图桌上作画，同时会使用一系列的绘图工具，包括丁字尺、三角尺、绘图模板、字规、圆规和其他工具。20世纪大部分时间里，绘图是各学院和大学工程专业的必修课。

20世纪80年代初期，技术的进步将个人电脑引入了工作场所。输出硬件的发展使显示器能够显示图形。1982年11月，Auto CAD 1.0版在拉斯维加斯计算机博览会上展出，并在随后的1个月出货售销。接着，Auto CAD和其他类似的软件成为了制作工程图纸的标准软件。大型汽车和飞机制造公司拥有大量工程技术人员，它们同时将大量的资金投入到昂贵的计算机行业中，因此成为第一批采用计算机辅助设计技术的公司。

经过近一个世纪的发展和改良，手工绘图在10年内被CAD取代了。绘图这一职业依然存在，但绘图的工具已经改变。使用Auto CAD等软件大幅减少了工程师和绘图人员绘制工程图纸所需的时间。这些变化使得1名绘图员就可以完成原先多名绘图员的工作。图8-27中的例子展示了利用Auto CAD绘制而成的工程图。

Auto CAD引进后的几十年，计算机技术空前发展。计算机速度、

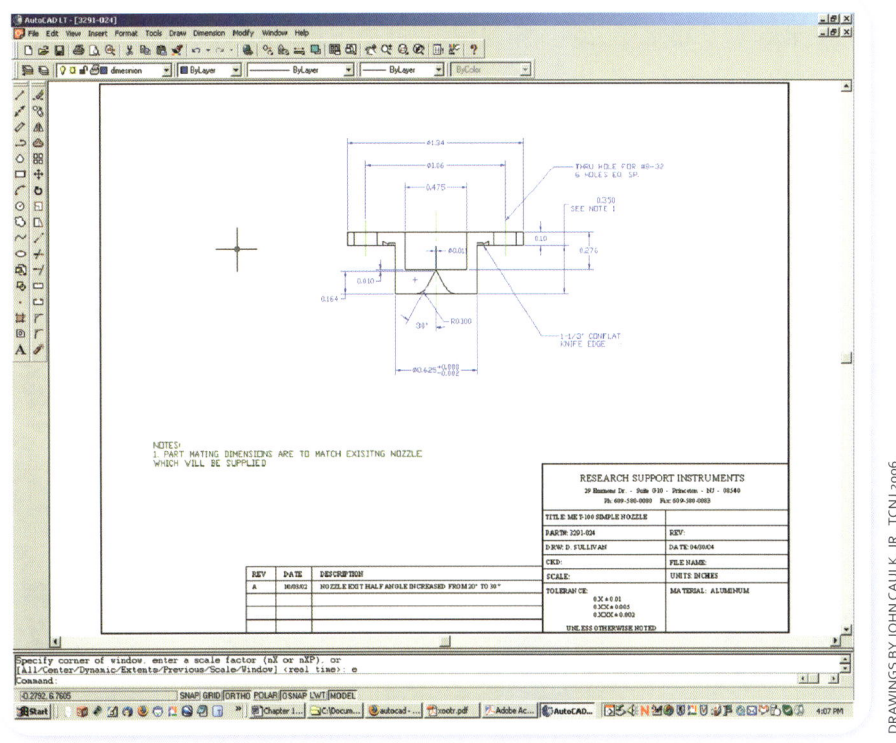

图8-27 Auto CAD制图。

图8-28 在乐高数码设计中创建物体。

显示技术和存储技术的快速发展使得电脑系统成本降低。

电脑游戏制造商使系统绘图功能变得极为复杂,进而使得互联网逐渐成为信息共享的媒介。大型电脑公司还在继续开发硬件和软件系统,使得效益最大化。

随着儿童设计软件的不断发展,3D实体建模工具进入游戏领域。乐高公司使用户可以通过选取和操作实体乐高积木来创建3D乐高模型(如图8-28)。虽然这个项目远不如CAD工程软件复杂,但这类项目还是有助于将这种设计理念灌输给年轻用户。同时发展起来的还有采用复杂图形技术的电脑游戏,它们要求用户在3D虚拟世界中进行操作。游戏开发受到了工程设计软件的影响,同时反过来又影响了工程设计软件。

实体建模工艺可以制造单个组件的模型,这些组件可以拼装成**装配模型**。例如,图8-29a展示了正齿轮的实体模型,它属于VEX机器人设计系统的一部分,设计团队将这部分与其他VEX实体模型部件组装成机器人模型。图8-29b展示了这些设计的装配组件。

正等轴测图和斜轴测立体图

在第5章,我们已经了解到设计师使用透视图在二维平面上展现三维的物体或场景。如果绘图对象是建筑物或产品,且绘图的目的是呈现整体的构想,或展示该物体在真实情况下的样子,透视图就非常有用。然而,当物体到眼睛的距离增加时,透视投影会扭曲对象的大小,

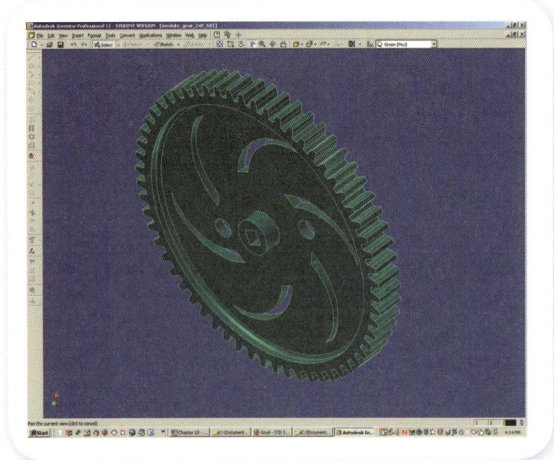

图8-29a 利用Auto desk Inventor软件制成的VEX齿轮。

图8-29b VEX机器人设计,使用的是Auto desk Mechanical Desktop实体建模软件。

因此如果要准确呈现距离，透视图的功用就不够强大。如图 8-30 所示，即使距离很近，物体也可能会扭曲。有很多其他的透视图能达到准确的效果，但还是会有扭曲的问题。

绘图和投影图有一点是截然不同的。投影图是对一个三维物体从特定方位投射到一个平面的精确呈现。我们将不同的投影图统称为**轴测图投影**。投影图有三种常见的类型：正等轴测投影、正二轴测投影和正三轴测投影（如图 8-31），这些投影图都是立体图，重现了真实的物体。正二轴测和正三轴测投影或许在手绘中并不常见，但在电脑辅助设计图中会经常遇到。

创建**正等轴测投影图**时需要将物体旋转 45 度并朝你倾斜 35.3 度角。如此呈现出的立方体的两条底边与水平线成 30 度角。图 8-32 展示了立方体的正等轴测投影（等角）图。注意，图形中间共用一个角的三条边夹角都是 120 度，这就是称之为"等角"的原因。如果立方体旋转一定角度，非等轴的平面将造成各条边与水平面的夹角并不是 30 度。

图 8-33 所示，1、2 和 3 标识出来的面称为等角面，这些面上的线是等角线，并且可以测量其长度，因为这些线呈现的都是真实长度。那些不与等角面平行的线（非等角线），呈现的并不是真实长度。

正等轴测网格纸

有时，设计师使用正等轴测网格纸就可以很简单地创作出正等轴测草图，如图 8-34 所示。投影纸上的浅色线条代表立方体的 3 个主轴，如图 8-32 所示。沿着线条测量出的交点之间的距离，在三个方向上是相等的。这使得你可以建立自己的非标准单元，或是将测量数据直接用在网格上。不论利用的是哪一种方法，网格可以帮助你保证草图的几何比例。

图 8-30　立方体的两点透视图。

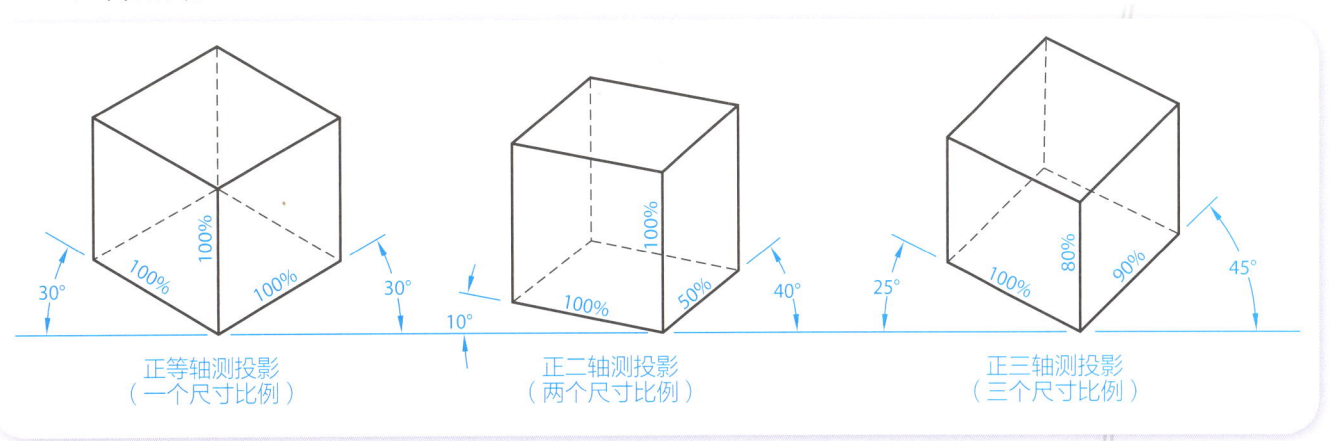

图 8-31　轴测图投影的三种类型：正等轴测投影（一个尺寸比例）；正二轴测投影（两个尺寸比例）；正三轴测投影（三个尺寸比例）。

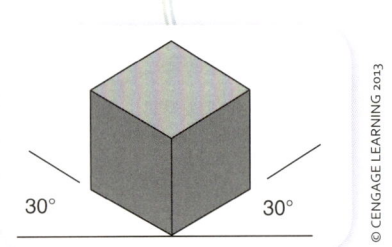

图8-32 立方体的正等轴测投影图。

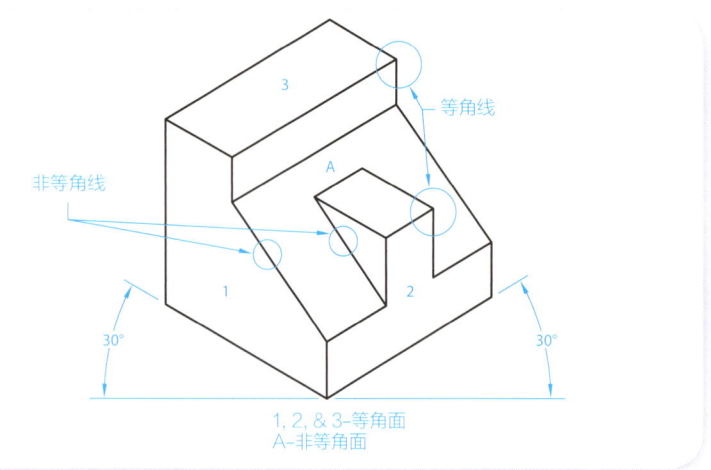

图8-33 等角和非等角平面。
REPRINTED WITH PERMISSION FROM ENGINEERING DRAWING AND DESIGN, FOURTH EDITION, BY DAVID A. MADSEN. COPYRIGHT © 2007 DELMAR CENGAGE LEARNING.

图8-34 用于快速绘制等角草图的正等轴测网格纸。

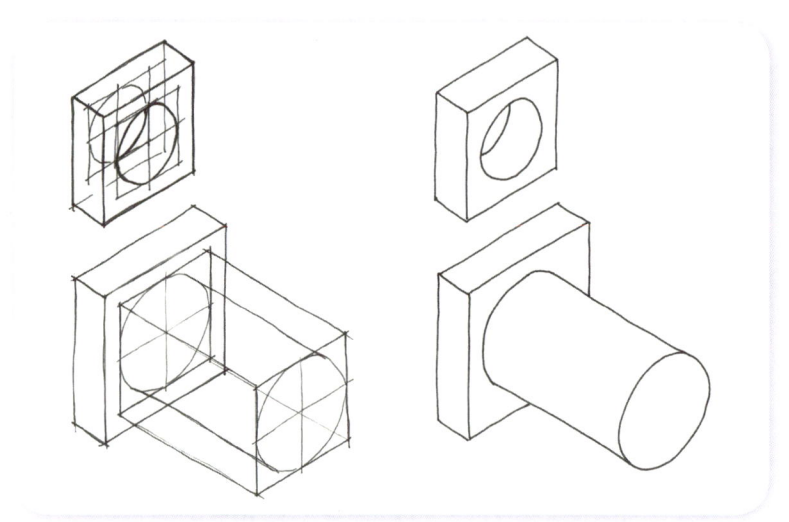

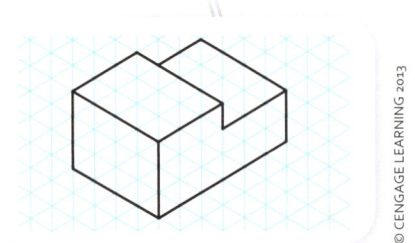

图8-35 利用正等轴测网格纸绘制草图。

图8-36 草绘正等轴测投影图的技巧。注意使用（经过正等轴测投影变化后的）方形物绘制圆形的方法。

举个例子，图 8-35 网格中的每个单元为 1 英寸，因此，图中绘制的对象为 4 英寸宽，6 英寸长，3 英寸高。该物品在顶部有一个 3 英寸宽 1 英寸深的槽口。你可以通过交叉点将距离平分或四等分，绘制出准确的草图。

如果想画出准确度更高的正等轴测立体图，可以在绘图纸下放置正等轴测网格纸，在进行优化时还可以使用直尺、量角器和标尺（如图 8-36）。透写台可以帮助你透过绘图纸看到网格纸。使用一个基准点，一条水平线，一条纵向交线以及两条与水平面呈 30°角的直线，"框定"（第 5 章讨论过）你绘制的对象，利用标尺测量整体的长宽高，绘制出框架（如图 8-37）。

斜轴测视图

斜轴测投影图有一面与视平面平行，另外两个物平面之间呈一定

轮到你了
绘制正等轴测草图

使用正等轴测网格纸（如有需要，可以在网上找一张PDF格式的正等轴测网格纸，并将其打印出来）绘制厨房里的一件物品。可以找一个具有简单3D效果的物品，如电动开罐器或烤箱。

角度，通常是 30 度或 45 度。呈 30 度角的斜视图可以利用正等轴测网格纸绘制，呈 45 度角的斜视图用标准方格纸更容易绘制。直视一个物体就意味着不可能看到任何与这个面呈 90 度的面，所以各个角度必然会扭曲。

常见的斜轴测投影图有两类：斜等轴测和斜二轴测。**斜等轴测投影**使用实际的宽度、高度和深度尺寸（如图 8-38）。**斜二轴测投影图**的深度只有实际距离的一半，这就使得物体比在斜等轴测投影中显得更加真实，图 8-39 是斜二轴测投影图的一个例子，图中，物体的一个或多个平面被扭曲了。这些投影的优势是有一个面没有变形，因此可以准确地绘制出圆形或其他特征，绘制过程也比较简单、迅速。图 8-40 是斜轴测投影图的应用举例。

斜二轴测投影图（cabinet oblique drawing）：

斜轴测投影图的一种。退缩线的长度只有正常尺寸的一半，并与水平面呈 45 度角。

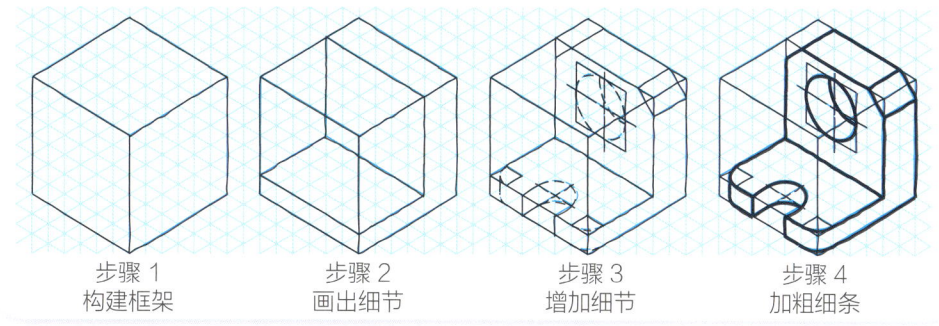

步骤 1 构建框架　　步骤 2 画出细节　　步骤 3 增加细节　　步骤 4 加粗细条

图8-37　使用"框定"在正等轴测投影图中创建物体。

REPRINTED WITH PERMISSION FROM ENGINEERING DRAWING AND DESIGN, FOURTH EDITION, BY DAVID A. MADSEN. COPYRIGHT © 2007 DELMAR CENGAGE LEARNING.

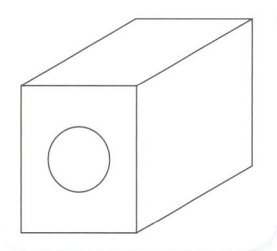

图8-38　斜轴测投影视图：深度方向的长度与真实长度相同。

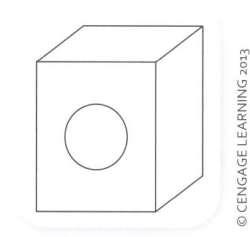

图8-39　斜二轴测投影视图：深度方向的长度是真实长度的一半。

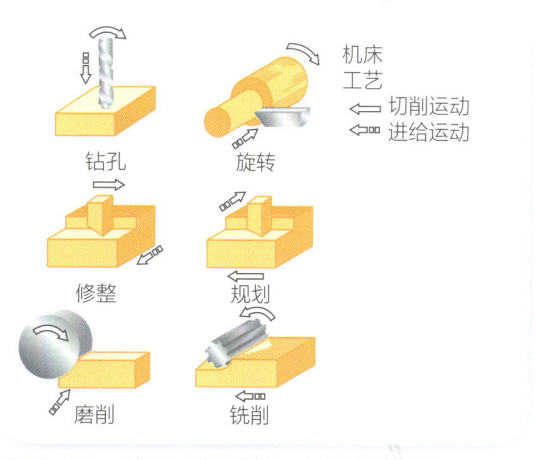

图8-40　利用斜轴测投影绘制的图形。

正投影图和草图

正如本章开头所说，<mark>正投影图</mark>仍是大多数工程制图的标准形式。为了理解正投影图，下面介绍几个基于ANSI标准的重要惯例。

视图排列

在多视角投影图中，有两种常见的视图排列方式：第一角投影和第三角投影。投影的"角"是指物体在正投影视图中放置的位置。图8-41中，你看到的是第一角投影中的相机视图，注意主视图（最详细的视图），和它下面的视图（俯视图）。如果你将相机的上方转向于你，就会看到主视图下方的视图；如果你将相机的左侧转向于你，就会看到主视图右边的视图（右视图）。欧洲和大多数亚洲国家都使用第一角投影图，这种视图通常被认定为ISO标准。但第一角投影图在美国并不普遍。

同样一个相机，在图8-42中是以<mark>第三角投影图</mark>呈现，注意主视图和右视图在第三角投影图中的位置。如果你将相机的上方转向于你，得到的是主视图上方的视图，即俯视图；如果将相机的右侧转向你，得到的是前视图右边的视图，即右视图。第三角投影在美国和加拿大很普遍，参照ANSI标准。

通过三种视图想象物体

在一些行业，如工程学、建筑学、自然科学、计算机科学和数学，绘图时依赖从业者对空间和形状的认知（思考和推理）及感知能力。例如，想象你正注视着一个复杂物体的侧面，如一辆汽车，你是否能想象这辆汽车从另一个角度看，如后方，是什么样子？这种能力被称为空间想象能力或空间思维能力。

有些研究者认为，参与体育活动或玩电脑游戏可以提高或增强人们的空间想象能力。这是因为上述活动需要大脑时刻分析三维空间，

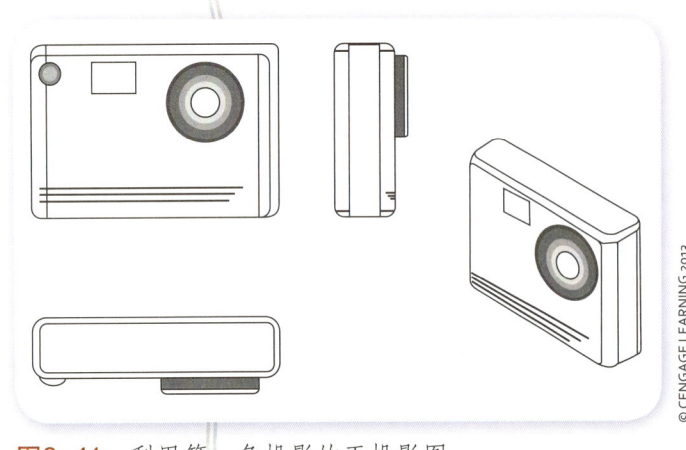

图8-41 利用第一角投影的正投影图。

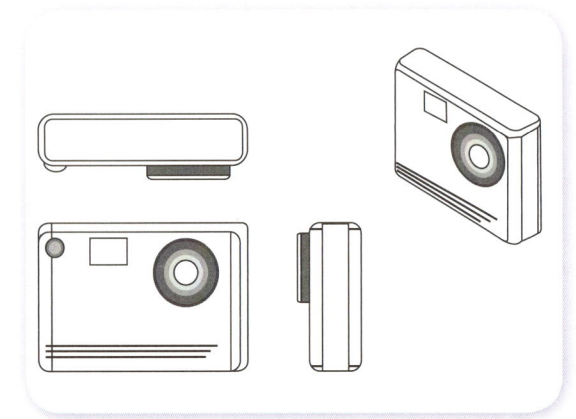

图8-42 利用第三角投影的正投影图。

如棒球运动中需要接高飞球，篮球运动中需要投篮。想象一个 3D 物体在正投影图中的样子与你的空间想象能力有关，和体育运动一样，这种能力会随着不断练习而提高。

几千年来，艺术家们一直不断尝试在"二维平面上展现三维世界"。然而，艺术家们对世界的描绘是否符合实际的**比例**，这并不是关键，在艺术的领域中，对场景或人物的理解才是艺术的独特性所在。在多视角投影图中，精度是非常重要的，所以图形必须反映所绘对象的真实比例。

为了达到多视角绘图要求的精准性，绘图平面要与所绘物体的一个面平行。图 8-43 中，线条是从物体后面的每条边和角投射到绘图平面形成的，投射的线条与绘图平面垂直（成 90 度）。由于绘图平面与物体背面平行，所以图形展示的是物体真实的尺寸和形状，每条线都与实际长度相等。如果绘制平面经过旋转，不与物体背面平行，那么物体的线条就会变形，使得图形不再代表真实的尺寸和形状。

图 8-44 中，一个 3D 物体被绘制在一个玻璃箱里。所有视图都是物体表面在盒子六个面的投射，每一面都与盒子的六个面平行。当玻璃盒子展开后，六个正投射图就组成了一个六视图投影图（如图 8-45 和图 8-46）。

除另有说明，通常主视图是反映物体信息最为详细的一面。剩下的视图根据需要绘制，一般会包含一个俯视图和一个右视图（形成最为常见的三视图）。如果物体包含很多无法通过标准的俯视图、主视图和右视图呈现的特征，就需要加上左视图和仰视图（如图 8-47）。

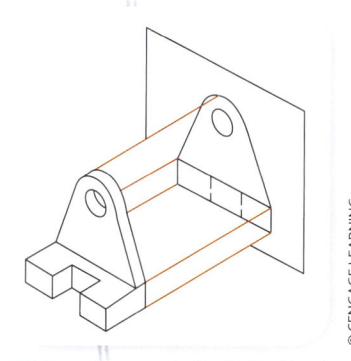

图 8-43 一个物体投射到绘图平面的线条。

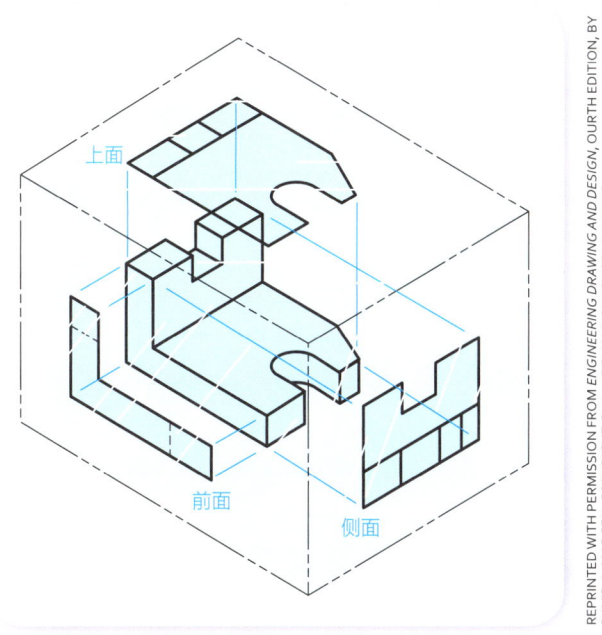

图 8-44 "玻璃箱"法则。

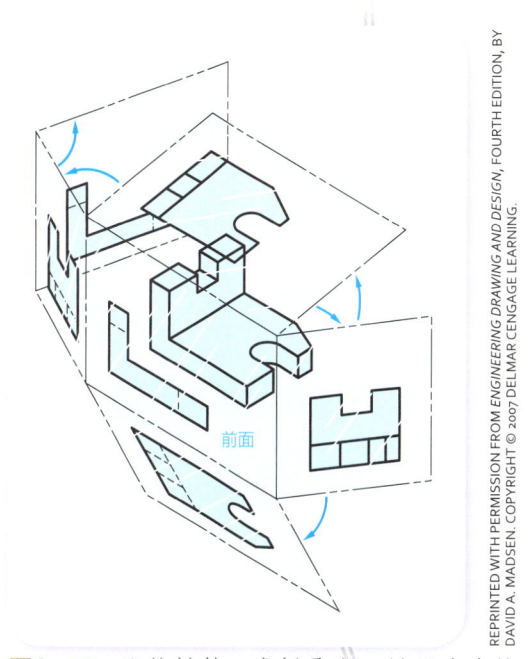

图 8-45 沿铰链轴，或折叠线，展开玻璃箱。

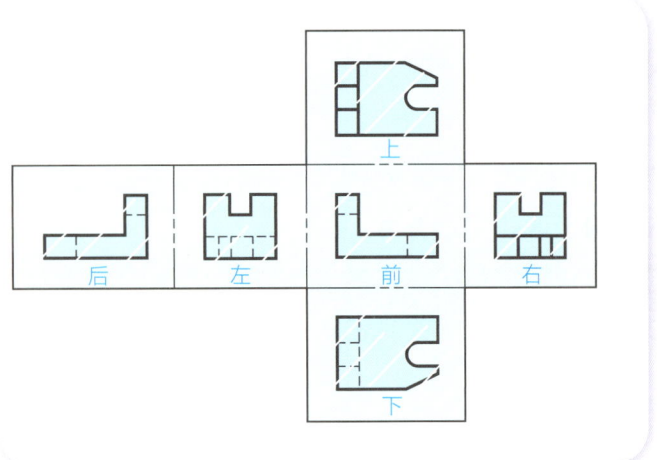

图8-46 展开的玻璃箱。通常并不会使用所有视图。

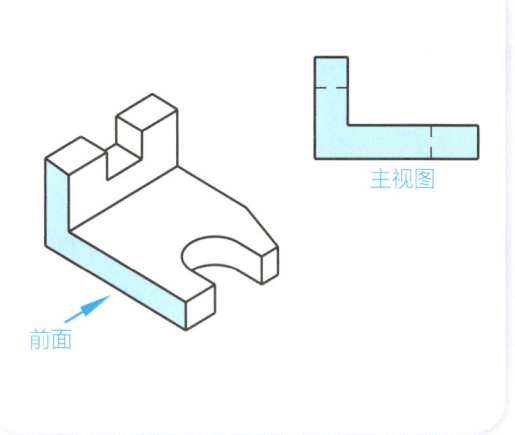

图8-47 主视图。

轮到你了
选择主视图

图8-48 为左侧图形选取最为合适的主视图。也可以根据需求做出最佳和次佳两种选择。

轮到你了
绘制正投影草图

使用前一个练习中绘制的正等轴测草图（或者绘制一幅其他物体的草图），在第三角投影中画三视图，包括主视图、俯视图和右视图。你可以根据自己的意愿，确定需不需要使用直尺或标尺。使用宽$8\frac{1}{2}$英寸、长11英寸或A4大小的纸张。

视图间距

关于视图间距没有什么标准。尺寸标注指南要求：如果有需要，应该在视图间标注尺寸。因此，视图间距应该留有足够的空间用于标注物体的尺寸。

比例

我们想要呈现的大部分物体可以画出真实大小，但是有些物体由于太大或太小，无法在纸张或电脑上呈现，必须缩放至合适的比例。如图 8-49 所示的模型玩具就是按比例制作的。为了缩小或放大需要呈现的物体，我们会缩放比例。

图8-49　按比例缩小的模型。

本章前面提到，建筑和机械图纸中会用到标准比例。建筑设计通常以英尺为单位，所以图纸上要求有以英尺为单位的比例。常用的住宅设计比例是$\frac{1}{8}$英寸表示1英尺以及$\frac{1}{4}$英寸表示1英尺。在机械设计中，比例通常是全部尺寸的系数，常用的比例包括全部尺寸，即1∶1；一半，即1∶2；四分之一，即1∶4；两倍，即2∶1。

绘图时，在标题栏清晰地标注比例十分重要。标题栏是预留给标题、日期、比例和其他图纸相关信息的。阅读图纸的人需要知道图纸的呈现方式。

测量距离时，也会用到"比例"。比例可以让工程师或其他设计师不使用计算器就能将真实尺寸转化为图纸使用的缩放尺寸，并有效地计算出绘图距离（如图 8-50）。

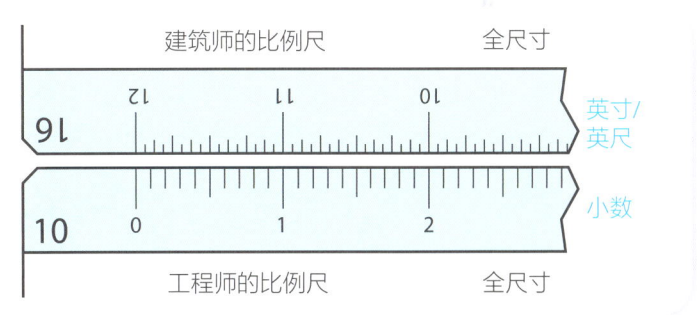

图8-50　建筑师的比例尺（16）和工程师的全尺寸比例尺（10）的比较。注意，工程师的比例尺中，1英寸被分为十等分。

REPRINTED WITH PERMISSION FROM ENGINEERING DRAWING AND DESIGN, FOURTH EDITION, BY DAVID A. MADSEN. COPYRIGHT © 2007 DELMAR CENGAGE LEARNING.

线型

正投影制图对线条的绘制是有规定的，这些规定将视图各个部分的呈现方式用工程制图的语言标准化，如同各类词语以口语或书面语的形式标准化一样，这些规定称为 线型，用以处理 线条的粗细 和虚实。

轮廓线

勾勒物体形状的可视线条称为 轮廓线，轮廓线为粗线（0.024 英尺粗）。除了个别情况，所有其他的绘图线都比轮廓线细。通常使用 A2 中性笔或 2H 铅笔来绘制轮廓线。

勾画线

勾画线用来布局图纸或草图。勾画线非常浅，复印后无法看清。通常在绘制轮廓线前，需要将整幅图用勾画线仔细地布局。

隐线　图8-51中的物体以三种视图呈现，其正等轴测视图位于右上方。

问题是，有一些特征还并不清楚，例如物体左侧的槽口和前侧的孔，这个孔是否贯穿整个物体？这个槽口一直延伸到物体的后侧都没有变化吗？可以使用一些办法将这些特征呈现得更加清晰。

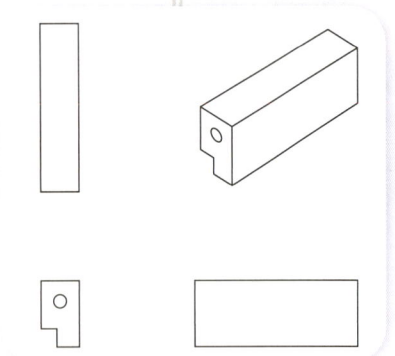

图8-51　物体的三视图，包括一个正等轴测视图。

隐线用来在特定视图中呈现无法看见的某一条线，它是虚线。在绘制时，隐线的粗细为轮廓线的一半。通常用 4H 铅笔绘制虚线，但也可以用较尖的 2 号铅笔轻轻绘制。

图 8-52 和图 8-51 表示的是同一物体。我们可以一眼就看出，孔贯穿整个物体，因为俯视图中的隐线显示孔的边线一直从物体的前面延伸至后面。俯视图中孔的隐线旁边的另一条虚线展示了槽口的内角，右视图中的隐线再一次确认了这一特征同时出现在前面和后面。为使图纸更加清晰，正等轴测视图中有时也会用到隐线，但并不是必须的。

中心线

还有一类线条可以使图纸更加清晰，那

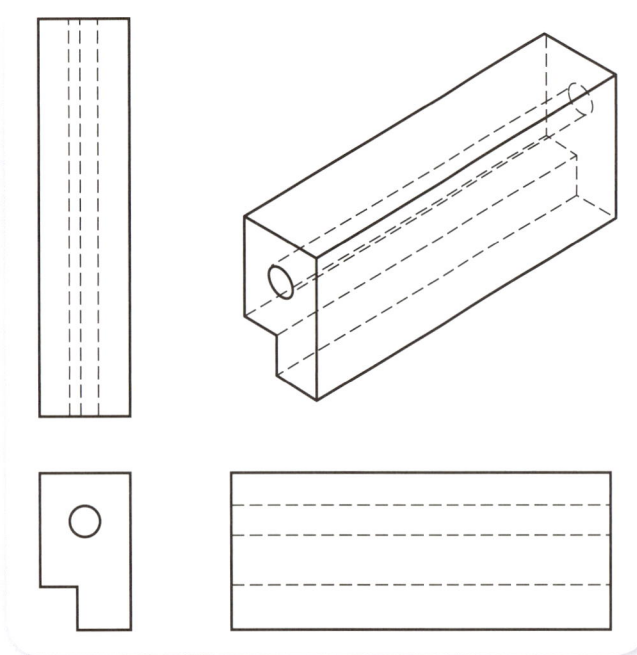

图8-52　与图8-51表现的是同一物体，使用了隐线。

就是中心线。**中心线**有多重用途，通常用来说明孔或圆心的位置。一旦找到准确位置，中心线可以作为**尺寸界线**来使用。中心线由一串长短相间的线条组成。在定位孔或圆心时，中心线的短线在圆心呈90度角相交。中心线的粗细与隐线相同。图 8-53 展示的是利用中心线定位物体孔的位置。

尺寸界线

尺寸界线是物体边线的延伸，用于限定尺寸线的起始位置。尺寸界线的粗细是轮廓线的一半，并使尺寸线与物体保持一定距离。

尺寸界线与相对应的轮廓线共线，但不相连。尺寸界线与轮廓线间始终保持一定距离，以便区分。通常这一距离为 0.06 英寸（1.5 毫米）。尺寸界线均超出尺寸线箭头方向约 0.125 英寸。尺寸界线可以穿过轮廓线、隐线、中心线和其他尺寸界线，但是不能穿过尺寸线。图 8-54 是尺寸界线的标注方式。

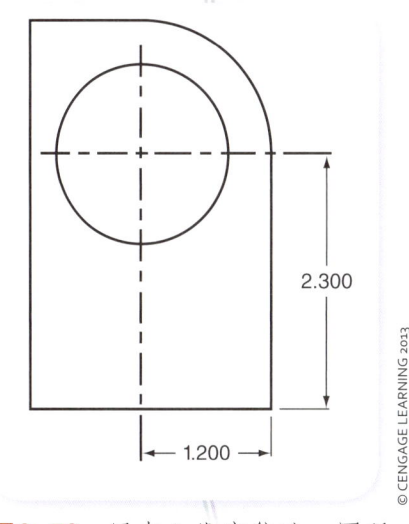

图8-53 用中心线定位孔、圆弧或圆形图案的中心。

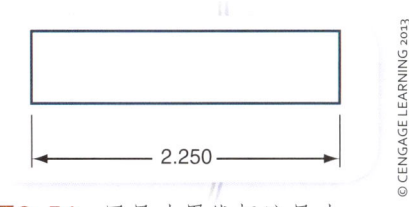

图8-54 用尺寸界线标注尺寸。

尺寸线

尺寸线用来标注一个物体的大小，以及该物体其他特征的大小和位置。图 8-56 中，尺寸线标注了物体的高、宽和长，以及孔和圆弧的位置和大小。尺寸线的两端带有箭头，尺寸线的粗细与中心线和隐线的粗细相同。

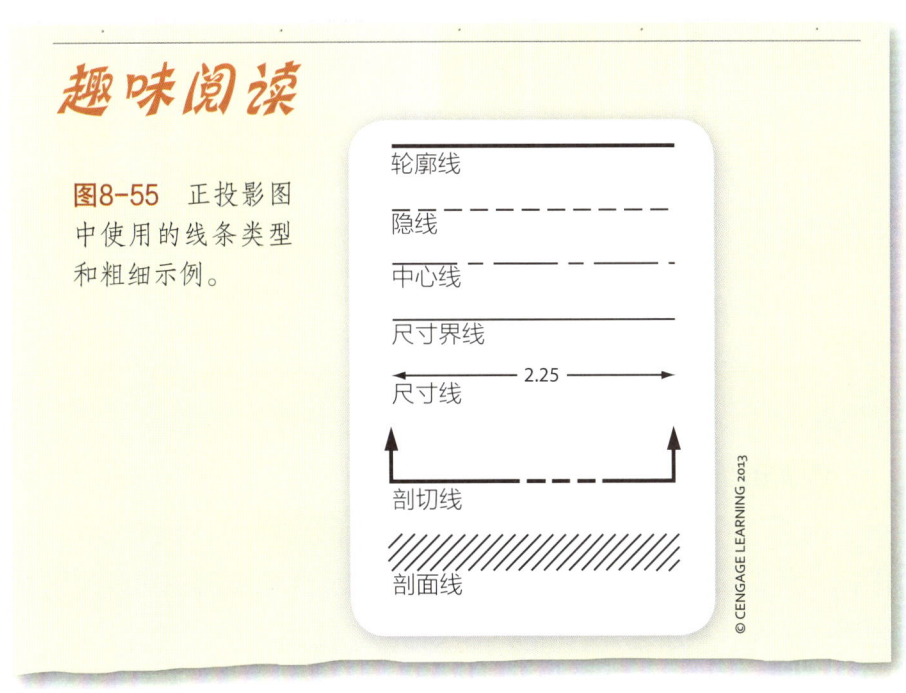

图8-55 正投影图中使用的线条类型和粗细示例。

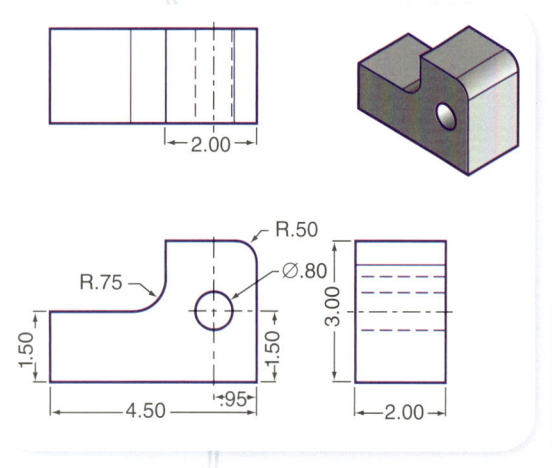

图8-56 标有尺寸的简单物体。

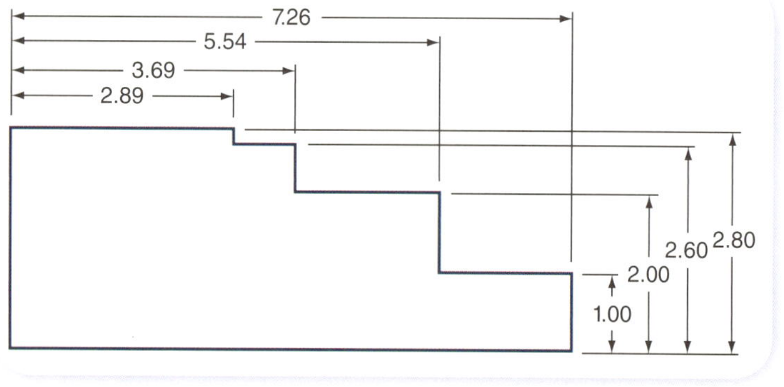

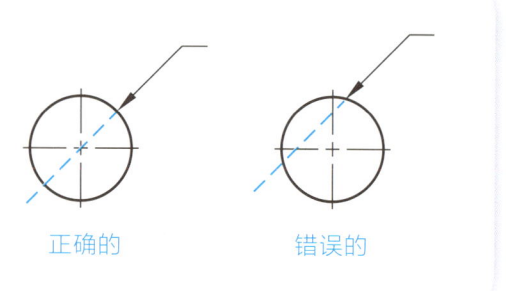

图8-57 将尺寸数值标注在同一侧。

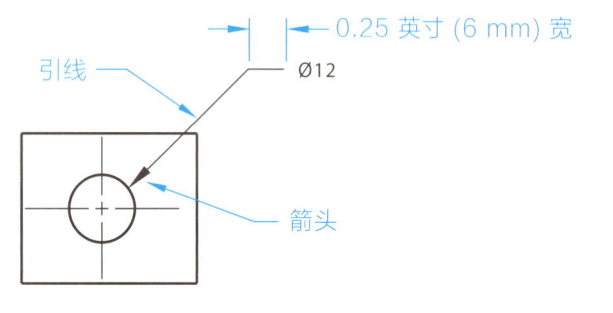

图8-58 用来标注圆形或圆弧半径或直径的引线。

图8-59 圆形与引线的关系,引线应该穿过圆心。

REPRINTED WITH PERMISSION FROM *ENGINEERING DRAWING AND DESIGN*, FOURTH EDITION, BY DAVID A. MADSEN.
COPYRIGHT © 2007 DELMAR CENGAGE LEARNING.

在图纸上放置尺寸时,记得在尺寸线上给尺寸数值预留位置。各尺寸的方向应该保持一致,如图8-57所示,称为**对齐标注**。

引线是尺寸线的一种,用来标注开孔或圆弧尺寸,是一条细线。引线一般与水平面呈30度、45度或60度角,也可以是任意角度。引线的示例如图8-58所示,引线的正确画法如图8-59所示。

剖面图

当物体更为复杂时,呈现这一物体就会更有难度。图纸中可能会包含很多隐线,这会使图纸不便于阅读。当物体有外观视图无法显示的内部结构特征时,可以使用剖面图进行更清晰地呈现。

剖面图呈现的是物体被剖开后的样子(如图8-60)。要展示物体被"剖开"的样子,需要在俯视图中绘制**剖切线**。剖切线表示了剖切平面(类似于锯片)经过物体的位置。剖切线粗细与轮廓线相同,以便吸引读图者的注意。剖切线上的箭头标示物体将被切除的部分。

注意图中物体剖面上平行的细斜线，它们称为**剖面线**，用来表示因为剖切造成的非加工平面。剖面线的粗细与尺寸线相同，且不能与任一轮廓线平行或垂直。工程制图中每一幅剖面图都由剖切线确定。图 8-60 中的剖面图命名为剖面 A-A，这个名称对应于主视图剖切线上箭头旁边的字母。如果图纸中出现另一幅剖面图，则可命名为剖面 B-B，并与剖切线上箭头旁边的字母对应。

剖面不一定是连续的直线面。如图 8-61 所示，为了更清晰地展示内部细节，剖面可多次折弯，经过几个圆孔的中心。

辅助视图

当物体有一个包含重要结构特征的斜面时，就会需要创建**辅助视**

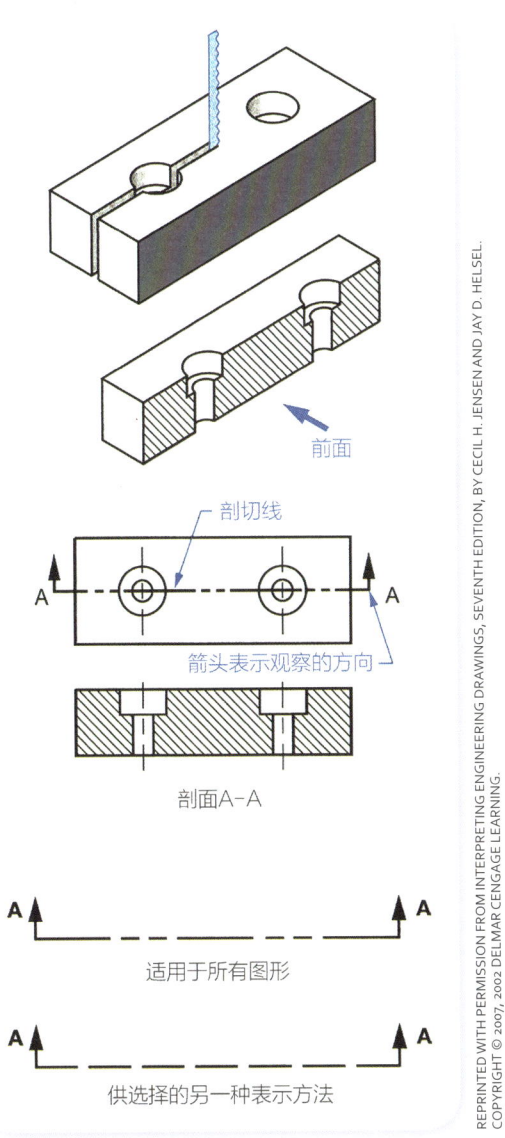

图8-60 剖面图如同将物体剖开。

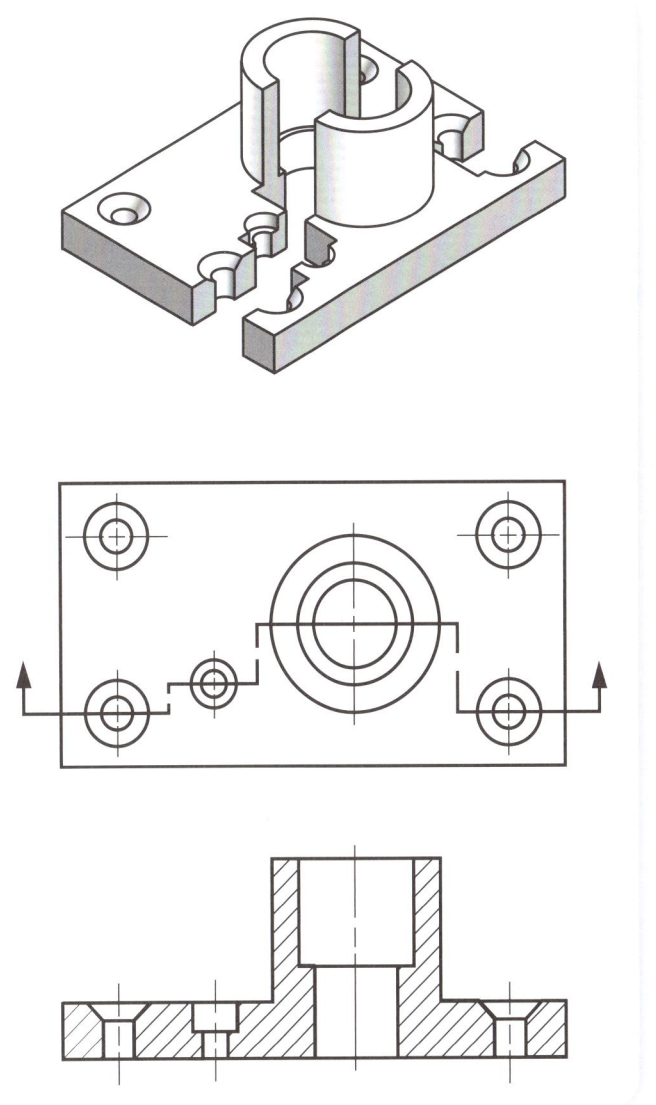

图8-61 剖面能够不以直线的方式切割物体，但必须与视平面平行。

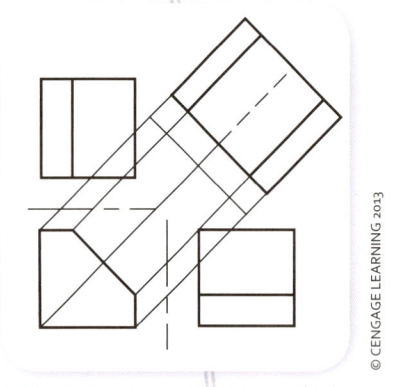

图8-62 与主视图呈一定角度的辅助视图。

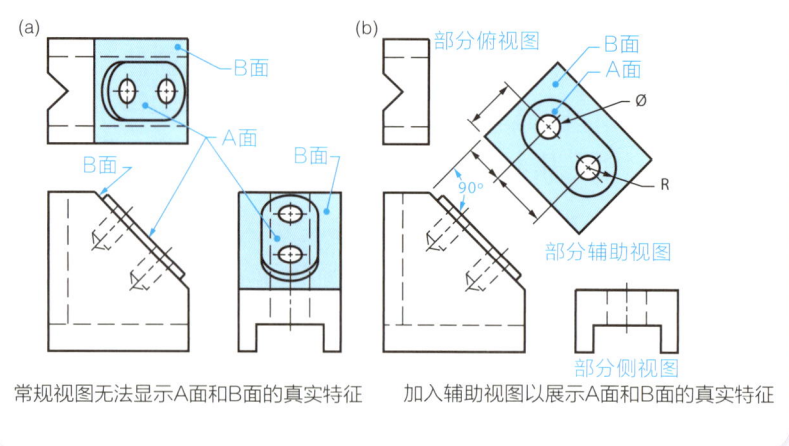

图8-63 辅助视图如何呈现真实距离。

REPRINTED WITH PERMISSION FROM INTERPRETING ENGINEERING DRAWINGS, SEVENTH EDITION, BY CECIL H. JENSEN AND JAY D. HELSEL. COPYRIGHT © 2007, 2002 DELMAR CENGAGE LEARNING.

图。辅助视图是不与任何一个基本视图平行的正投影视图。

图 8-62 中，物体斜面的俯视图和右视图均**使用透视法缩小**了。一个缩小了的平面所呈现的线段比实际的长度要短，并且会使与斜面相关的任一图形发生变形。在正投影图中，物体平面的主视图展现了那个平面的真实尺寸和形状。在这一过程中，**投影线**自物体延伸至一个与对应平面相平行的二维视图平面（如图 8-63）。

辅助视图中的投影线源于与斜面呈一定角度的某一主要视图（俯视图、主视图或侧视图）。投影线自主视图出发，向外延伸，垂直于斜面。辅助视图的位置由物体的俯视图或右视图的位置决定。

图 8-63 展示了辅助视图如何帮助我们准确描述一个物体。辅助视图为我们提供了表示斜面上结构特征尺寸的方式，而不是提供变形的视图。辅助视图的绘制通常是一个非常复杂的过程，取决于你所绘制物体的复杂程度。

投影线（projection line）：

可以用来在辅助视图中定位物体的水平线或垂直线。

尺寸标注

工程制图中，尺寸标注与所绘制的图形一样重要。要准确制造出一件物体，工匠、机械师或是制造工程师需要知道有关物体几何信息的完整描述，其中包括物体的总体宽度、深度和高度，还有物体特征的位置和尺寸。

这里介绍两种常用的物体尺寸标注方法。第一种叫**链式尺寸标注**（如图 8-64）。当结构特征之间的关系非常重要时，就会使用这种方法。然而，这种方法在某些情况下会有缺陷，因为每个尺寸都有一个公差，每个尺寸都有一个可接受的变化范围。链式尺寸标注与每条尺寸界线同样重要，这就意味着尺寸变化范围可以存在于两个方向中的任意一个。在制作一件物体时，每个尺寸都可能与图纸中标注的数值有一定偏差，这就使得偏差值会随着物体长度的增加而不断累加。如果结构特征之间距离的准确性非常重要，比如两个孔之间的距离，链式尺寸标注可以帮助实现这种准确性。

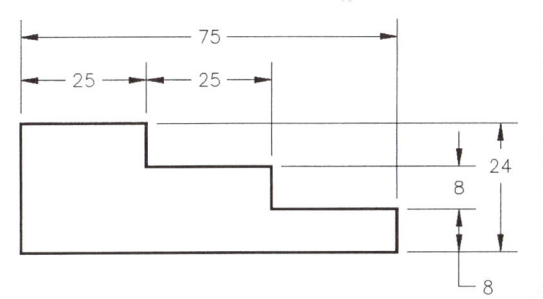

图8-64 链式尺寸标注。

注意：水平和垂直方向都需标出一个总长，因此会省略最后一个尺寸。每个尺寸所允许的变化范围（公差）意味着这一最后的尺寸可能与你标注的"理想"尺寸会有细微的差别，因此通常的做法是省略这一尺寸的标注。

另一种常见的尺寸标注法叫做**基准尺寸标注**。在基准尺寸标注（有时也称为**基线标注**）中，会利用一个公共点作为整体尺寸和定位尺寸的参照。基准平面为两个或多个箭头所共指的尺寸界线所在的平面，可以很轻易辨别出来，如图8-65所示。

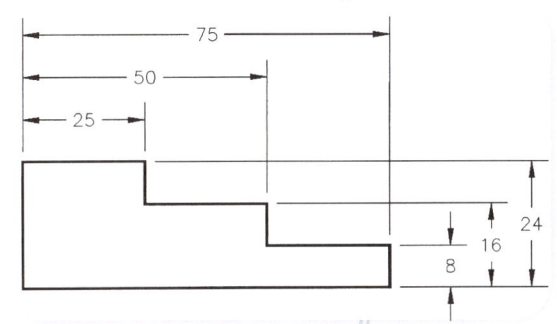

图8-65 来自公共平面的基准尺寸标注。

趣味阅读
尺寸标注的基本规则

- 只为那些能够展现真实尺寸和形状的边线和结构特征标注尺寸，不要给那些被缩小的平面或结构特征标注尺寸。
- 不要在物体视图内部放置尺寸线。为紧密环绕物体视图轮廓的空间创建边界，这些界线内不能放置任何尺寸线。
- 尽量避免尺寸界线穿过物体视图。如果无法实现，将尺寸标注放置在尺寸界线穿过物体距离最短的那一边。
- 尺寸标注的安排应该遵照最小尺寸的尺寸线与物体视图最接近，越大尺寸的尺寸线与视图的距离越远的规则。
- 在允许的情况下，建立公共参照面（基准平面），利用基准尺寸标注来避免公差的累加。
- 不要在不同视图中为相同的结构特征标注尺寸。
- 尺寸标注间保留足够空间。

尺寸精度

在设计物体时，物体尺寸的精度应该由材料的物理属性和零件制作的精细程度而定。例如，如果要为公园设计和制作一把杉木长椅，你需要绘制有关长椅的尺寸和形状的工程图纸。

假设你要使用手持圆锯锯开木材。熟练的木匠也很难将所锯木头的尺寸精确到 0.01 英尺（这意味着零件在任一方向的几何尺寸与目标尺寸的差距应控制在一根人体头发丝直径的 5 倍以内）。即使能够实现这一目标，意义何在？木材会随着温度、湿度和气压的变化而产生相对显著的伸缩。鉴于制造方法和材料的特性，对长椅零件过分苛责尺寸上的精度就显得毫无意义。

许多用于"工业材料"的制造设备都配有精度调节控制装置。这样的设备能够生产尺寸十分精确的零件。绘制用金属和塑料制成的零件的工程图纸时，尺寸通常需要精确到小数位。使用传统设备制作木质器物的图纸可以使用分数制尺寸，虽然这在工业中并不普遍。对器物制作原料的了解程度可以帮助你分辨分数制和小数制尺寸哪个更合适。

```
X.X    = ±0.020 英寸
X.XX   = ±0.010 英寸
X.XXX  = ±0.005 英寸
```

图 8-66 除非另外说明，尺寸的小数位数决定了公差值。
© CENGAGE LEARNING 2013

尺寸公差

尺寸变化存在于所有成品中。尺寸公差的重要性体现在两方面。首先，它可以告诉制作者可接受的尺寸变化范围是多少；第二，公差可以告知制作者超出多少尺寸范围的零件将不再合格。公差可以以尺寸值的形式出现，也可以通过尺寸数值的小数位推导得到。

通用公差标注在尺寸数值后，展示了尺寸数值的精确度。这种公差以**双向公差**的形式出现，尺寸大小在两个方向有相同的变化值。双向公差使用（±）符号。

图 8-67 公差为 ±0.05 英寸的尺寸示例。
© CENGAGE LEARNING 2013

图 8-66 显示了通用公差的形式。通用公差告知制作者标示为 5.0 英寸、5.00 英寸和 5.000 英寸的尺寸在公差上是不同的。对于宽度为 5.0 英寸的器物，制作者可以将所生产的器物宽度控制在 4.980 到 5.020 英寸之间。如果尺寸是 5.00 英寸，则生产的器物宽度应该在 4.990 到 5.010 之间。如果尺寸是 5.000，那么制作者必须生产宽度在 4.995 到 5.005 之间的零件。双向公差不仅可以放在标题栏，也可以在尺寸旁边标示（如图 8-67）。

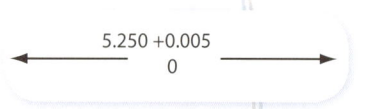

图 8-68 单向公差只在所示尺寸的某一方向变化。
© CENGAGE LEARNING 2013

单向公差也用（+）和（-）符号，但和双向公差的使用方法不同，单向公差只允许在所示尺寸的某一方向变化（如图 8-68）。

公差的另一种形式可用**极限尺寸**来表示。上限、下限两个尺寸叠放标记，上方的数值代表尺寸的上限，下方的数值代表下限（如图8-69）。

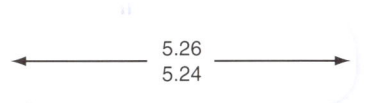

图8-69 极限公差尺寸。

优秀的工程师明白，过于精确的尺寸和过于苛刻的公差会使器物的制造变得十分困难，从而导致制作成本的增加。经验告诉我们，制作时只需标出能让器物实现功能的必要尺寸和公差即可。

工程师该如何制定公差？工程师应该具备如下能力：找出不至于影响设计实现功能的尺寸变化范围。例如，为了确保简易塑料杯托能够与桌面不接触，就不需要过于严格的尺寸公差，将杯托的尺寸公差标示为 0.05 英寸是毫无意义的，同时还会徒增额外的生产成本。相反，为保证宇航服在太空行走时不漏气，对宇航服的配件进行严格的公差定义十分必要，这便是制作一件宇航服要花费超过一百万美元的原因。还有其他确定尺寸公差的规则，你需要进一步调查来确定特定情况下的不同需求。

尽管CAD实体建模程序可以自动生成工程视图，但准确地表示尺寸和公差仍需要设计师手动完成。确定尺寸和标注公差都需要了解器物的功能和制作器物的方法。尽管许多CAD程序都可以自动标注尺寸，但是除了简单的工程制图外，电脑并不具备准确高效地为物体标注尺寸的能力。因此，必须利用前面提到的标准和规则，在复杂的CAD图纸上标出复杂的尺寸。

结构特征尺寸标注

除了总长度、高度和宽度，大部分器物还有一些必须标注尺寸的结构特征。孔、切口、弧、角度和其他特征都需要通过尺寸标注定位在器物上，同时还要提供关于该特征的具体信息。例如，一个孔既有直径也有位置，位置的表示方法可以是中心点到一条边或其他能够体现器物特征的距离（如图 8-70）。

圆角是两个相交平面间内半径形成的角（如图 8-71）。在生产过程中，人们利用圆角的抗拉强度来避免两个相交平面出现断裂的情况。外圆角应用于外角，用以避免尖锐的棱角，或为了形象美观（如图8-72）。

倒角通常也应用于外接面，按角度将材料切除，形成一个平面（如图 8-73）。外圆角和倒角的产生是为了安全性和可操作性，同时也为了生产的便利性，因为在铸造过程中很难将原料有效地填充到尖角里面。为圆角或外圆角标注尺寸时，你需要提供它的半径值，如图 8-74 所示。为倒角标注尺寸通常有两种方法，见图 8-75 和图 8-76。

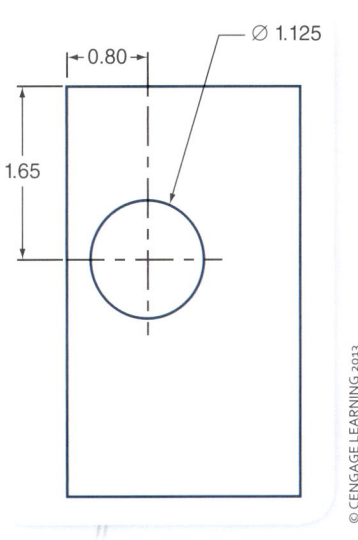

图8-70 为一个孔标注尺寸、确定位置。

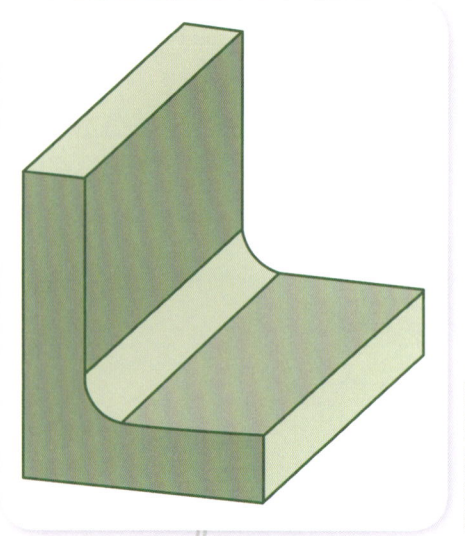

图8-71 圆角为内角增加强度。

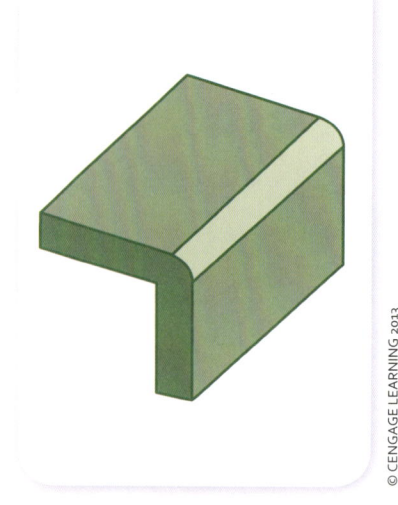

图8-72 外圆角使边沿或棱角平滑。

图8-73 用倒角替代边沿或棱角。

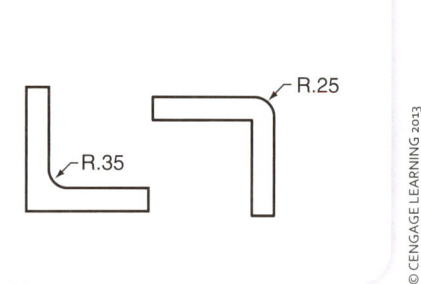

图8-74 为圆角或外圆角标注尺寸。

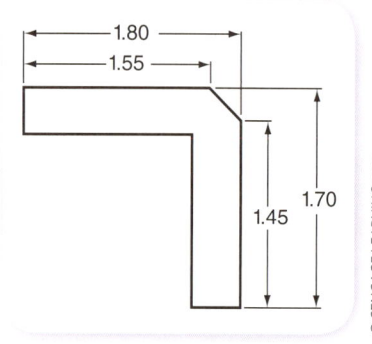

图8-75 为倒角标注尺寸——方法一。

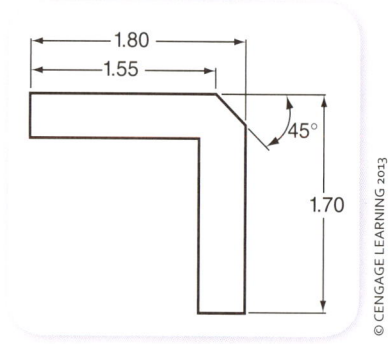

图8-76 为倒角标注尺寸——方法二。

趣味阅读

外圆角和倒角

在生产过程中，为了避免尖角，经常会用到外圆角或倒角。事实上，很难找到没有使用这些特征的产品，除了那些本来就是用来切割的产品之外。太尖锐的角很危险，因此会使用外圆角或倒角来保障安全。尖角很容易损坏，很容易磨损，在很短的时间内就会使产品显得难看，因此外圆角或倒角还可以使产品外形更加美观。生产带有尖角的组件非常困难，如果不使用外圆角或倒角，边角会不整齐，进而需要额外的加工工序，这会增加生产该工件的成本。与尖角相比，外圆角和倒角在生产过程中具有许多重要的优势。

计算机辅助设计

如前文所述，电脑为产品的设计和制造带来了巨大变化。用于产品设计的电脑辅助设计（CAD）3D模拟软件主要有两种类型：自由曲面建模和实体建模。

工业中广泛使用电脑辅助设计软件的主要原因在于，这种技术减少了从创意构思到生产制作之间的时间消耗。商业中，时间就是金钱，CAD 软件节省的金钱反应了一家公司的"底线"。电脑辅助设计将产品开发过程流水线化，使设计团队可以更有效地交流。借助于因特网，CAD 软件使得世界各地的团队成员可以一起工作，设计团队可以使用来自不同制造商和承包商的标准件图形文件，公司对产品做出修改时，只需及时更新这些文件即可。

有了电脑辅助设计技术，工程师就可以快速修改设计，而不需要重新绘图。**参数化建模**设计软件可以存储模型信息，使得实体模型特征可以进行修改和更新。**信息参数**可以是尺寸、材料密度等，还有描述曲线的公式、扫描方式和草图摆放方式等。

CAD 软件的另一个重要功能是**特征建模**。例如，在特征建模中，一个孔的尺寸会随着其他尺寸的变化而变化，当设计师说明一个孔穿过整个物体时，这个孔必定要完全穿过，如果后期设计师改变了该物体的厚度，孔的深度也会变化。这种情况下，程序会掌握"设计意图"，它"知道"设计师想要让孔穿过整个物体。特征建模是非常强大的工具，在参数化建模程序中经常使用。

自由曲面建模是一种可以创建任何所需形状曲面的技术，可以让设计师创造覆盖部件表面的"皮肤"。曲面建模使用控制点（有时也称为杆），来弯曲或扭曲一个平面。图 8-77a 显示了一个使用控制点扭曲的平面。通过点击和拖曳控制点，拉伸或压缩平面，就创造出了三维形式。曲面建模在动画制作中非常常见，尤其是在创建拟人化形象时（如图 8-77b）。

参数化建模（parametric modeling）：

一种 CAD 建模方式，其中各个特征，例如一条边的长度或者一个圆角的半径，可以通过使用参数，来确定该特征的大小和几何结构，创建特征之间的关系。由于软件保存了建模的过程，改变参数大小会在重建模型时立刻更新模型中所有相关的特征。

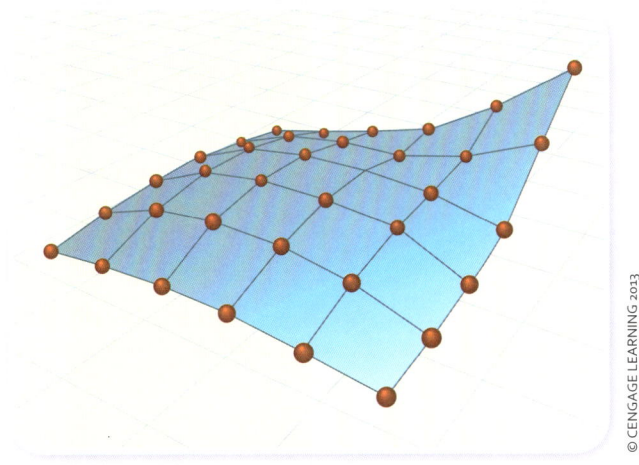

图8-77a　曲面上的控制点。通过拖曳控制点，可以重塑曲面。

图8-77b　复杂曲面形状的曲面建模。

许多自由曲面建模系统使用非均匀有理B样条曲线（NURBS）方式来定义表面曲线，此外还有其他数学方法被开发出来。NURBS方式被广泛应用于动画、珠宝和其他曲面特征十分重要的产品建模中。

实体建模方法包括对物体外部和内部的数学算法描述。在多数程序中，要创建三维实体模型，首先要绘制二维封闭图形，如图8-78a所示；之后再通过拉伸或旋转这些二维图形，形成实体，如图8-78b所示。复杂的实体也是基于基本形式，从这些形式开始，将多个实体放在一起，形成更加复杂的装置，如图8-79所示。实体建模常用于工程设计和机械部件开发过程。

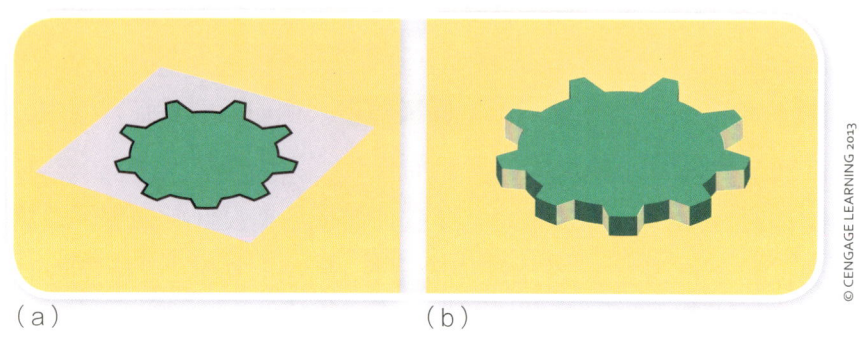

图8-78　左边的二维草图（a）通过拉伸形成右边的三维实体（b）。

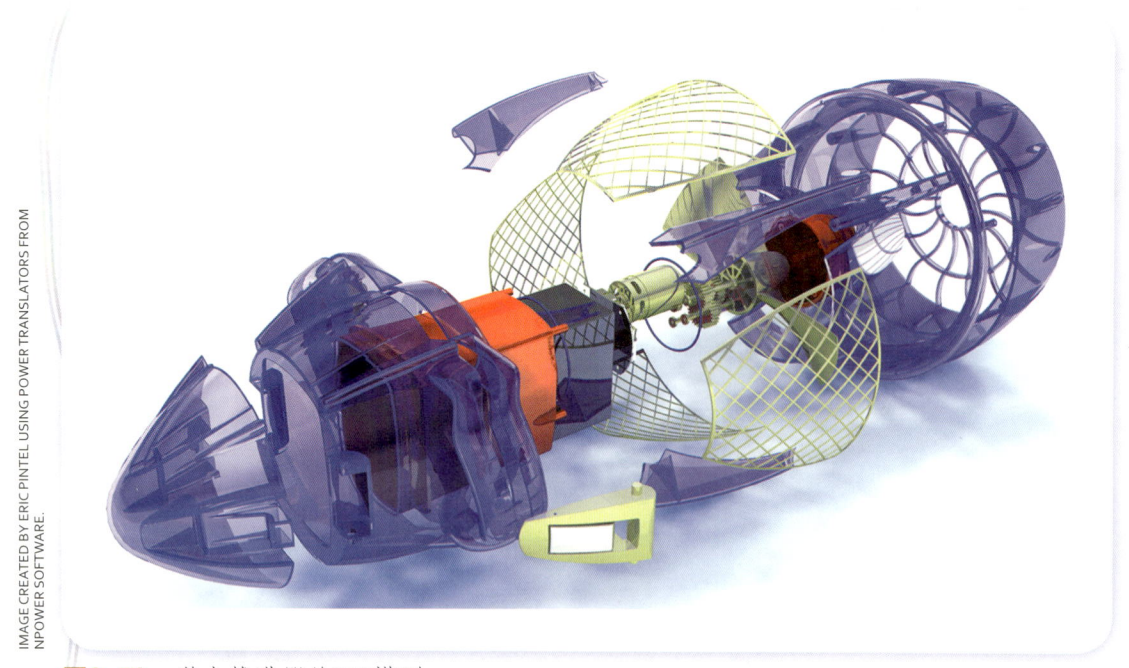

图8-79　潜水推进器的CAD模型。

在实体建模软件中创建草图

参数化建模基于从二维草图中形成的参数来运行。提高二维草图创建技能对于精通参数化建模软件而言十分关键。一些程序允许在没有限制尺寸的情况下绘制草图,因此,三维实体可以在尺寸受到限制之前以三维的形式创建或"草绘"出来。其他一些程序则要求绘制草图时标示出尺寸。

一般情况下,创建草图只需要使用少量的绘图工具。在 Autodesk 三维设计软件、PTC 的 Pro/DESKTOP 或 Pro/ENGINEER(以及其他软件)中,有创建线条、圆形、弧形、矩形和其他多边形的工具(如图 8-80)。还有用来删除线段、移动或旋转线条的工具。这些工具用于开发二维草图,也就是三维部分的横截面。

草图通过特征转化为三维模型。"特征"这一术语常用来指代一些功能,包括拉伸、提升、旋转、倾斜和抽壳等。图 8-81 显示了由相关草图产生的特征。

CAD 软件未来的发展在于结合曲面和实体建模,尽管两者相关的数学算法中仍有很多兼容性的问题。现有的一些产品在设计过程中也在结合使用实体建模和曲面建模,以满足越来越多的顾客所要求的复杂曲面开发。随着系统的升级,大部分工业 CAD 软件都将结合这两种方式。

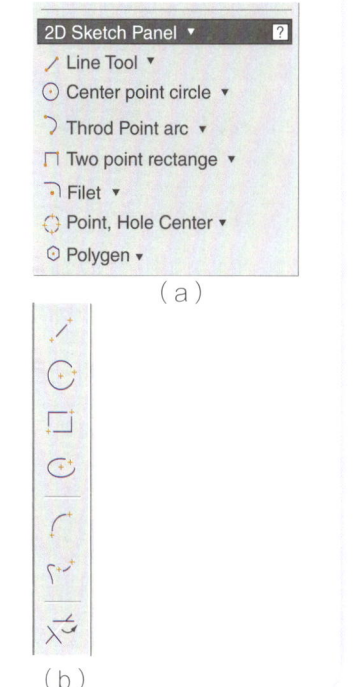

图8-80 (a)Autodesk三维设计软件和(b)PTC的Pro/DESKTOP草图绘制工具。这些工具用于创建二维草图。

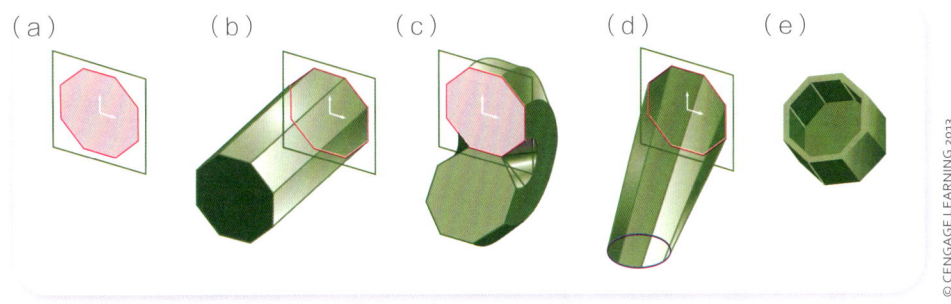

图8-81 二维草图利用"特征"创建三维模型,这些特征包括:(a)绘制草图,(b)拉伸,(c)旋转(220°),(d)两个在垂直工作平面上的草图之间有一个转换,(e)用于实体模型上的抽壳特征。

总　结

　　工程制图是设计过程的重要部分，同时也是工业设计和制造新产品时所使用的一种独特语言。随着设计理念从简单草图到可能方案的发展，工程师和其他设计专家需要对这些解决方案作更加详细地说明。工程图纸通常以正投影为基础，尽管其他类型的图纸也很重要。正投影图通过俯视所绘对象，来呈现物体的真实形状和大小。图纸也可以缩放尺寸，使物体无论多大或多小都可以呈现在一张纸上，或是在电脑屏幕上。当图纸得到认可后，其中所包含的信息就可以转换为机器语言，然后使用数控机床制造部件。尺寸标注和测量对准确度和精密度都有要求。设计师必须了解并掌握差异度原则的使用方法。游标卡尺可以让设计师和技师的测量精确到千分之一英尺甚至更小的单位。建筑比例尺使缩放尺寸变得更加容易。测量系统对任何社会来说都是非常重要的，并且随着技术的发展会变得越来越准确。设计师必须能够同时阅读和使用英制和公制单位。

　　计算机辅助设计（CAD）的引入改变了设计师开发设计和使用工程制图的方式。如今，设计师可以借助实体建模方式创建三维物体，同时 CAD 软件可以存储这些实体的几何图形，使得物体的其他视图可以快速且准确地创建出来。制图人员往往要花费数小时才能将草图转变为正投影图，而有了 CAD 软件，设计师可以在数秒内创建正投影图，并且在数小时内创建出真实的三维模型。

　　工程师和技术人员使用工程图纸生产零件和产品；消费者利用图纸组装产品；业余爱好者使用图纸制作家具或飞机模型等物件；质量监管人员利用图纸检查部件，保证制作出来的产品符合标准。

　　多面正投影图是工程师和其他设计专家交流的重要方式。这些图纸的绘制遵循美国国家标准协会（ANSI）标准，美国、加拿大和其他一些国家遵循此标准，而欧洲大部分国家和亚洲国家遵循国际标准化组织（ISO）的标准。视图、尺寸标注、绘图尺寸，以及正投影图等，也都有相关标准。这些标准可以让任何熟知标准的人读取和理解他人创建的图纸。

　　要成功绘制多视图图纸，需要不断地练习以及关注细节。尺寸标注是绘制正投影图的关键部分，而清楚地提供公差信息对生产而言至关重要。

课后作业

观察/分析/综合

1. 使用正等轴测网格纸，绘制图8-82至图8-86中所示物体的正等轴测投影图。如果没有定义尺寸，请在图纸中使用估测的尺寸。

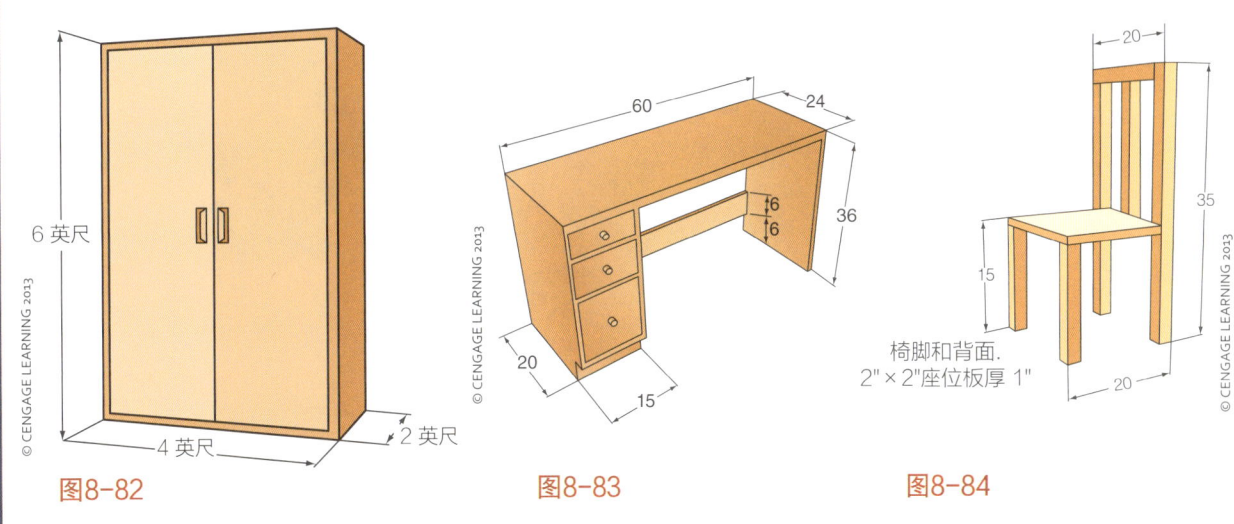

图8-82　　　　图8-83　　　　图8-84

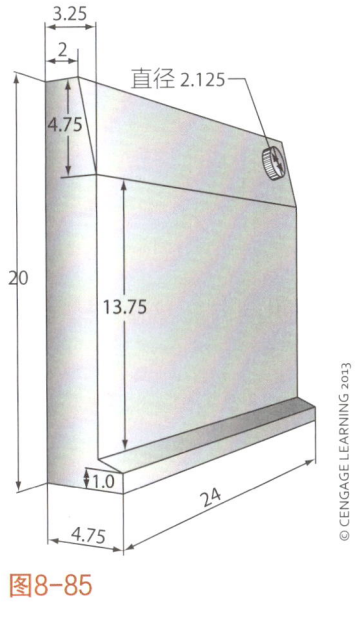

图8-85

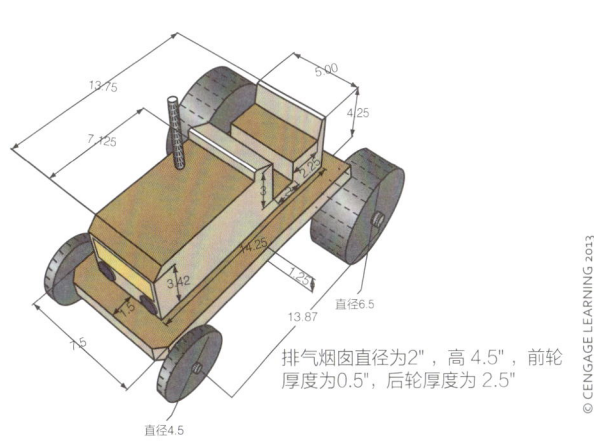

图8-86

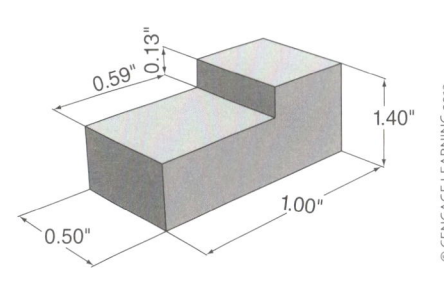

图8-87

2. 为第1步中的每个物体绘制三视图。
3. 基于图8-87至图8-90中的正等轴测图，手绘三视图。

课后作业

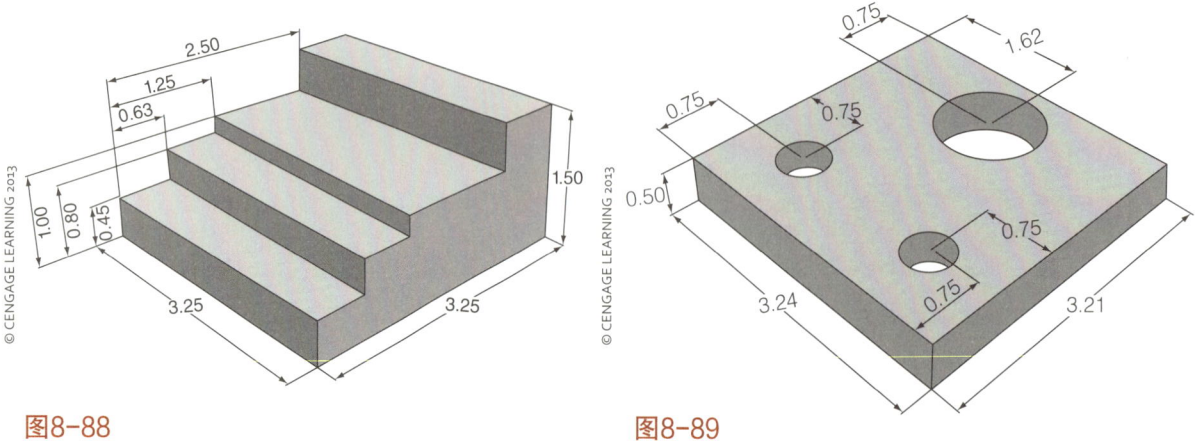

图8-88

图8-89

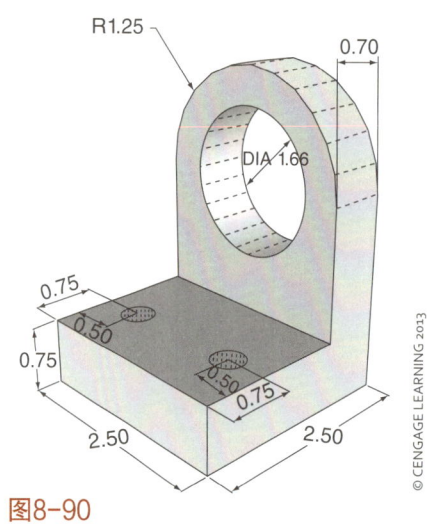

图8-90

4. 绘制图8-91和图8-92的正投影图，同时标出尺寸。当尺寸不明确时，根据比例尺寸估测，在最终的正投影图中标出这些尺寸。

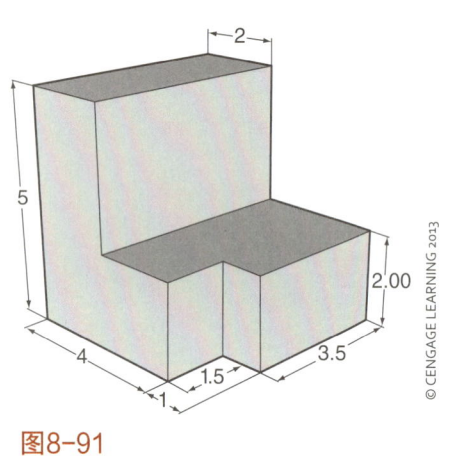

图8-91

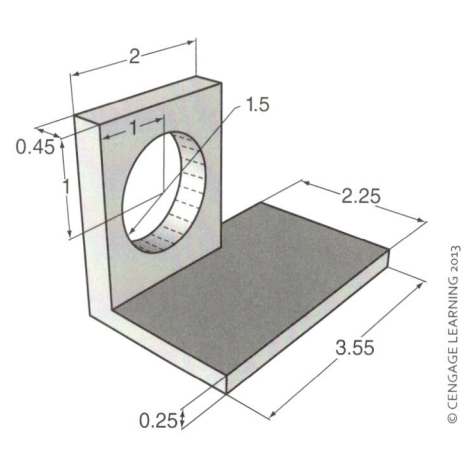

图8-92

课后作业

5. 使用正等轴测草图（而不使用文字），介绍制作花生酱和果酱三明治的详细步骤。
6. 在家中或学校实验室找一件简单物品，仔细绘制它的正等轴测投影图（如果需要，可以使用正等轴测网格纸）。尽可能详细地测量尺寸，如果有卡尺和比例尺，记录所有的尺寸。按比例绘制出该物体的多面正投影图。按照本章学到的知识标注物体尺寸。

补充作业

正投影详图

■ 阅读下列正等轴测草图，为每张图绘制一幅正投影图。使用绘图工具（丁字尺、三角尺、圆规等）按比例绘制，并标注所有尺寸。

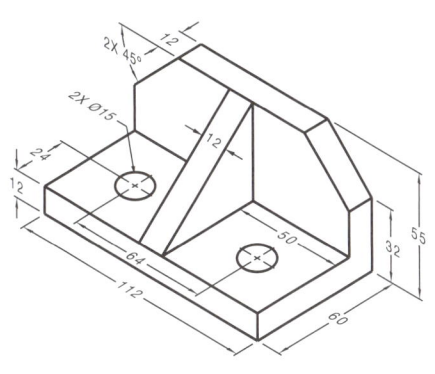

图8-93

REPRINTED WITH PERMISSION FROM ENGINEERING DRAWING AND DESIGN, FOURTH EDITION, BY DAVID A. MADSEN. COPYRIGHT © 2007 DELMAR CENGAGE LEARNING

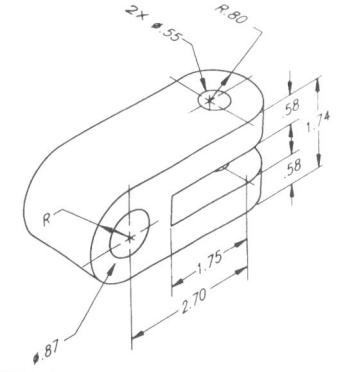

图8-94

REPRINTED WITH PERMISSION FROM ENGINEERING DRAWING AND DESIGN, FOURTH EDITION, BY DAVID A. MADSEN. COPYRIGHT © 2007 DELMAR CENGAGE LEARNING

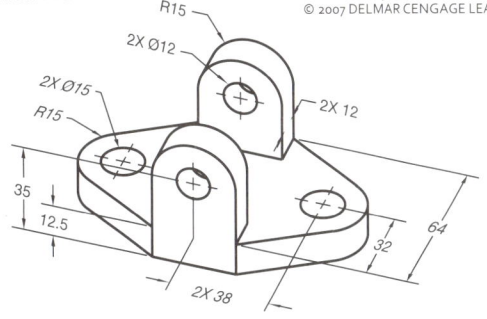

图8-95

REPRINTED WITH PERMISSION FROM ENGINEERING DRAWING AND DESIGN, FOURTH EDITION, BY DAVID A. MADSEN. COPYRIGHT © 2007 DELMAR CENGAGE LEARNING

第9章
测试与评估

Menu

 **头脑准备**

学习本章内容时，思考如下问题：

① 你将开展什么类型的测试来评估设计工作是否成功？

② 工程师做什么类型的试验来测试材料的抗拉强度、疲劳度和硬度？

③ 为什么典型的产品测试需要考虑美学、人体工程学、安全性、可靠性？

④ 如何评估自己的设计工作？

> 引 语

由于诸多原因，测试成为产品开发过程中的一个重要部分，最主要的原因是为了确定产品（或项目）的目标或标准是否已达到。标准可能是技术规范，如"在不到18秒的时间内将重为275磅的物体举高10英尺"，或者与产品净利润有直接的关联，如"在3个月内，将零部件产品的成本减少35%"。对于设计项目来说，无论是作为工业生产还是作为学习课程的一部分，测试是评估成功度等级至关重要的一步。在商业领域，测试对于公司正常运行至关重要。

测试是设计和解决问题的核心。设计或解决方案是否满足规范和标准呢？对于很多产品来说，会用各种不同的测试来确定解决方案是否满足规范和设计要求。例如，评估汽车原型可能涉及的测试包括发动机是否会因为在较热的天气时空转一会儿而导致机体过热？在这个测试中，汽车原型可能会被放置在一个模拟沙漠条件的环境中，发动机在这样的条件下空转数小时（如图9-1），发动机的温度和其他物理参数将会被监测和记录。这个实验只是数以百计的测试中的一个，用来确定原型是否可以投入生产。其他测试可能包括加速性能、转向和控制、碰撞安全性、排气污染，甚至是喷漆和表面处理的耐久性。这些都是测试整个产品或系统的例子。在开发或者再一次被安装的过程中，测试单个组件或部分组件的情况也经常会发生。此外，还有必要去测试一些组件的原材料。例如保证塑料原件在注塑工艺完成后，能够在车上有效地工作，需要对只有1mm直径的塑料球做密度和颜色的测试。

本章将着眼于测试设计方案的策略，以及如何评估和展示这些测试的结果。

在设计过程中的某些时刻，你必须问自己做得怎么样了。这个问题不容易回答，很少有设计能满足每一项需求；你必须时刻处理技术方面的权衡和风险。此外，你的工作可能会受到时间和资源的限制。

你需要处理的第一个问题是设计和产品是否解决了早期过程中所发现的问题？这看上去只是一个简单的问题，但事实并非如此。

图9-1 在环境模拟室中进行汽车测试。

开展合适的测试

为设计开展适当的测试工作是设计过程的一个重要部分。确定要测试的对象,调查测试的可行性,判断可能的测试数量,决定选择什么样的测试都很重要,无论如何,最终都要付诸行动。这是贯穿设计过程的另一次旅行,和设计问题一样,对测试工作要给予同样的重视。对学生来说,测试和评估的步骤尽可能简单迅速地完成;但在商业领域,这个阶段是非常重要的,可能需要花费大量的时间和资源。无论是在项目之初,还是中间阶段,都应该经常提问要测试什么?为什么要这样测试?测试的结果会怎么样?然而真正实施测试是在整个过程快结束的时候。

测试与设计同等重要。针对消费品,有专门的组织机构来负责测试产品和发布测试结果。消费者联合会是一个著名的产品测试组织。消费者联合会每个月都会出版一本杂志,名为《消费者报告》,上面会发布其在食品、电视、汽车、工具、家用电器和其他产品,以及服务方面的测试结果。对于每个产品来说,标准化测试只有有效进行后,才能为消费者提供有价值的信息。

另一个众所周知的产品测试组织是美国保险商实验室(UL)。成立这个组织的目的是评估产品或产品的组件是否符合800多项安全标准。在美国,大多数电子消费品有一个标签,用以表明该设备是"经UL认证",这意味着制造商已经将产品提交给美国保险商实验室进行测试,并通过了测试。除了电子产品外,美国保险商实验室还提供环境和公共卫生、消防和建筑安全、管道等领域的产品和系统的标准。

在科学领域,如果你有一个假说或猜想是你的研究会朝什么方向发展。你可以设计并进行测试来验证假设是否成立,这属于科学方面的创造性工作。在工程和技术领域,测试也同样用于验证设计是否可行。

本书中,好几处我们都提到了玩具的设计。玩具产业规模巨大,销售总额每年达到数十亿美元。考虑到诸多原因,对玩具的测试至关重要,这包括责任心,以及对孩子安全的负责;同时,也是为了防止产品退货和引发客户的不满,因为这可能会损害公司的声誉。这些类型的测试可能被归类于产品级别测试,因为它们侧重测试产品的性能。另外有一种测试方式,它在产品被投入生产前就已完成,这种测试会确定玩具的销量,也就是说,如果孩子想要玩玩具,父母(或其他人)是否会为孩子购买,这种类型的测试称为市场测试(或市场分析)。

测试玩具

如果你负责设计和开发一款玩具，你可能首先会设计纲要和标准，用于指导后期的设计，比如孩子的预期年龄和其他因素。如果这个项目的目的是为了满足其他需求，比如帮助你了解有关机械系统的简单知识，那么在解决方案中，设计纲要或标准可能需要使用**计算机辅助制造**。

我们先设定一个幼儿园中的情境。你已经注意到，孩子们似乎很快就会弄坏那些你认为比较有趣和有教育意义的玩具。从这个观察中，你列举了一个设计纲要，并打算开发一款玩具，包括以下特点：（1）具有教育性，（2）能吸引学龄前儿童的兴趣，（3）耐用。假设你已经设计和开发了这款玩具的原型，现在需要测试和评估它。那么，你需要做哪些工作呢？

首先，需要回到设计纲要和标准上，去发现什么才是衡量玩具设计成功的标准。回到设计纲要，发现你打算让你的玩具具有教育意义，太棒了！但如何衡量这个？第二，发现你希望玩具对于学龄前儿童来说是非常有趣的，这将如何衡量？第三，要求玩具具有耐用性，耐用性如何衡量？

玩具的这三个方面特点都可以被衡量。可能有多种方法去分析这个全新设计的玩具的任一个特性。与生成和优化设计过程中产生的创造性想法一样，测试过程也可以产生创造性的想法。让我们来看看对你的玩具所运用到的各种可能的测试策略，以及这些策略究竟有没有给你带来一些需要的信息。

如果在你的脑海里明确知道这个玩具将会教给孩子什么，那么衡量一款玩具的教育价值就不太困难了。例如，假设你已经创造了一款玩具，这个玩具可以帮助孩子在模拟钟上读出时间。首先，你可以让孩子和这个玩具玩耍一定的时间，然后让孩子看钟，并让他告诉你现在是几点了。你觉得这个测试方法好吗？如果孩子在他（她）使用玩具之前就能告诉你几点了，学习的效果是否会更好？为什么？孩子与玩具玩耍的时间长短是否也是影响孩子读出钟表时间能力的一个因素？

如果玩了1小时后似乎并没有帮助孩子读出时间，是否意味着它不具有教育意义？还是说这个能力需要花费较长的时间来学习？或者说，对于学龄前儿童来说，读出时间可能超出了他们的能力范围？这些问题都是有参考价值的，将关系到测试是否成功。你是否理解，为什么这些问题在产品设计过程中就已经被考虑，而不是在产品设计完成之后？

这里有一些可供选择的评估方案来评估玩具是否有教育意义。比如向了解这个年龄段孩子的特点的专家进行咨询，他们可能会给你提供一些关于你设计的玩具教育价值的深入见解。你能够想到其他的一些测试方法和策略吗?

除了玩具的教育价值外,你的设计纲要也曾提到,应该保证孩子对玩具的兴趣。这是什么意思呢?是否意味着孩子会因为玩这个玩具,而拒绝其他玩具?是否意味着孩子会和这个玩具玩10分钟、20分钟,或者30分钟?什么能够正确地衡量孩子对这个玩具感兴趣的程度呢?

大多数孩子玩某个玩具一段时间后会玩另一个玩具。如果有其他玩具可供选择,他们可能相当长的一段时间内不会再拿同样的玩具玩。如果孩子选择了其他玩具,由此判定你的玩具没有吸引他们的注意,那也是不合理的。测试的时候,很难保证公平性,只把你的玩具给孩子,或者在提供你设计的玩具的同时提供其他一些破旧的玩具,然后观察他或她是否会选择你的玩具都是不公平的。你能想到一种公平的测试方法吗?

测试标准中还提到玩具要耐用。假设你把玩具给你的妹妹,让她玩一整天。在一天结束的时候,玩具仍然是完好无损的,此时,你能自信地说,玩具是耐用的吗?确切地说,你妹妹和幼儿园小朋友玩玩具的情况是不一样的。用什么方法可以测试玩具的耐用性呢?下面给出了一些建议:

▶ 研究玩具在真实情景下将承受的压力的种类,然后寻找方法来模拟这些情景(如图9-2)。

▶ 调查一下玩具公司如何测试玩具,他们期望和想要的测试结果是什么?

▶ 找出是否有玩具的安全规定,是否有相关的政府法规或消费者指导方针?

玩具测试的案例已被作为普通产品测试过程的一个例子,任何与问题解决方案的相关测试都将遵循类似的规则。虽然有一些测试流程直到设计快结束时才能清楚,但大多数情况下,测试流程在开始设计时就已经确定了。设计过程的早期确定测试流程的主要目的在于确保设计团队对产品和项目的期望是很清晰的。

图9-2 玩具测试是产品开发过程中的重要一步,产品的市场分析和安全性能都会影响最终的测试结果。

轮到你了
为产品制定测试

制定一种方法,评估各种自行车警示灯在夜晚时使用的有效性。这些灯不是为了照亮前面的道路,而是提醒汽车司机和其他骑自行车的人。你的评估策略应采取一种或两种测试形式,描述它们的目的和每种测试将如何进行。

测试工程解决方案

前面关于开发新玩具的案例中，教育价值和兴趣度是两个标准，它们更多地关注客户对产品的感觉如何。而这两个标准对玩具工作时的力学特性关注较少。有一些测试很"工程化"，与科学和数学原理的应用有紧密的联系，我们称之为工程测试。

工程测试既可以在单个部件上完成，也可以在部件组装成一个完整的产品或者系统后再进行。例如，对机器人进行测试时需要对单个部件和整个系统都进行测试。你可能会问，机器人拿起或扔出球时底盘是否足以支撑电池、电机、控制器和子系统机械装置的重量？你还可能会问，电动机的动力是否足够大来承受比赛中将出现的负荷？这些问题可能涉及结构完整性（一个组件能够承受重量吗？）和性能（遥控系统的执行是否有效和可靠？）。以下是工程测试中一些常见的例子。

材料测试

在工程中，材料测试是为了确定材料的属性，以此来检查他们是否能够适应包含结构和其他设计要求的荷载和压力？虽然各类材料的测试数据有很多是现成的，但是测试具体样品的材料对于一个特定的设计来说还是很有必要的。

通常，材料被制作成标准尺寸试样后再进行测试。进行特殊的尺寸和形状的测试也比较常见，如弯管或波纹材料。

应力与应变　你需要知道一些术语以便了解材料试验是什么。第一个词是<mark>应力</mark>。应力是指作用在单位面积材料上的力。例如，将1000磅的力作用于铝杆的一端，固定铝杆另一端，如果杆的截面积是1平方英寸，那么作用在样品上的应力为1000磅每平方英寸或1000磅/平方英寸（如图9-3）。使用公制单位的例子如下，如果300牛顿的力被作用在2平方厘米大小的表面上，那么施加的应力为150 牛顿/平方厘米。

第二个词是<mark>应变</mark>。应变是指由应力导致的材料实际的长度变化。例如，如果铝杆被力作用后伸长了0.02英寸，那么应变就是0.02英寸。图 9-4 给出了应力与应变之间的关系，由图可知，随着作用在材料上的力的增大，材料的长度变化越来越大。

拉伸测试　<mark>拉伸测试</mark>是一种最基本的材料测试，在这个过程中材料被拉伸直至断裂。如果力被用来压缩材料，如人推杆子的两端，那么材料被认为处于"压缩"状态；相反，如果力被用来拉伸材料，使它们分开（如拉绳子的两端），那么材料被认为处于"拉伸"状态。当材料处于拉力作用时，它将经历很多阶段。首先，材料拉伸量是由施加

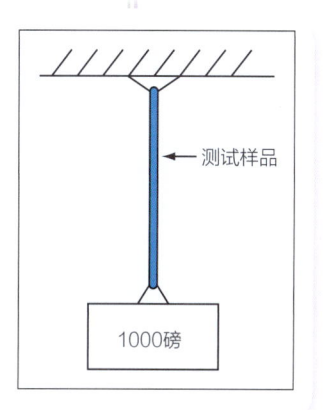

图9-3　图示是样品在拉力作用下的情况。样品的一端固定，另一端受力。

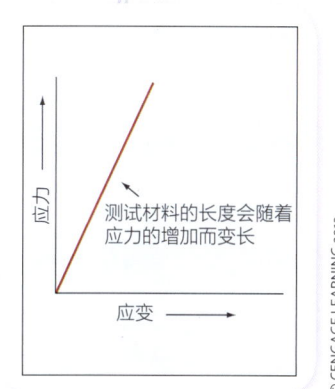

图9-4　材料在拉力作用下会被拉长，力（应力）越大，伸长（应变）越大。

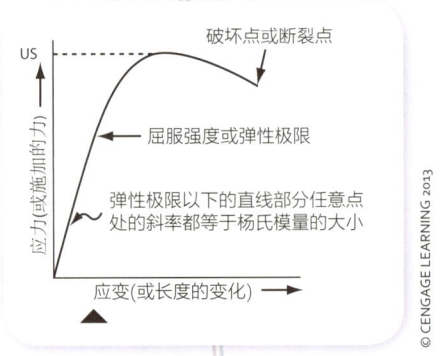

图9-5 材料在断裂点之前的典型应力应变曲线图。

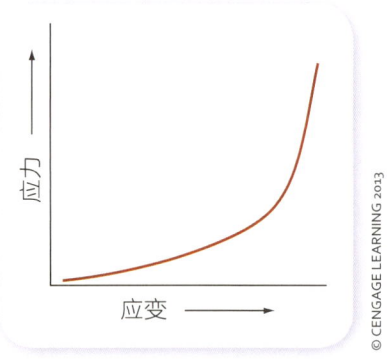

图9-6 橡皮筋的应力-应变图。注意：起初很小的力就能使橡皮筋伸长；某个点后，需要较大的力才能使橡皮筋伸长。

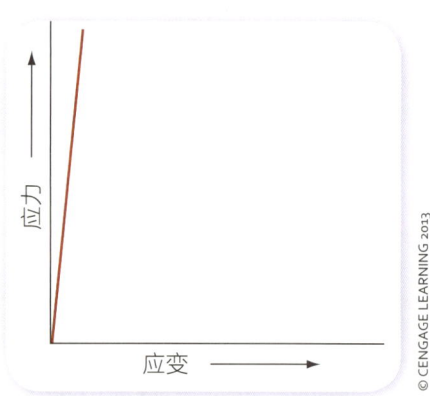

图9-7 玻璃的应力-应变图。因为玻璃易碎，直到材料断裂时，也只观察到了很小的应变。

的力所决定。显而易见，在拉力作用下的材料实际上会变长一点。拉力越大，材料被拉得越长。在弹性限度内，如果释放拉力，材料会返回到原来的形状。有一个很好的例子就是弹簧，把弹簧拉开一点，它会伸展开，但释放拉力后，弹簧将返回其初始形状。

但是，如果你继续拉伸材料，它最终会达到一个临界点，不再返回初始形状。这是因为材料内部发生了一些永久性的变形，使材料无法恢复到原来的形状。这一永久变形产生的临界点称为==弹性极限==或==屈服强度==。如果进一步施加作用力，材料会进入塑性形变阶段，永久变形。

如果一直拉伸材料，材料最终会被破坏，这称为材料的==断裂点==或==破坏点==。材料可以承受的最大力称为==极限强度==。图9-5显示的是某种材料的应力与应变曲线。图的左下角，应力为零，即材料没有被拉伸，所以应变也是零。

随着应力的增加，材料会进入塑性阶段的屈服点。从这个屈服点开始，增加相同的应力，材料将发生更大的变形，直到达到极限强度。进一步增大应力，材料更容易变形，发生曲线转向，最终被破坏。

所有材料在被拉伸时都有相似的表现，但应力-应变曲线图是不同的。例如，橡皮筋和玻璃的应力-应变曲线图是不一样的。橡皮筋只要增加很少的应力，就会产生很大的应变（长度变化），如图9-6所示；而对于玻璃来说，很大的应力，也只会发生很小的应变，而且还容易破碎（如图9-7）。

胡克定律 材料在弹性阶段的特性已经很好地被科学原理所描述，即胡克定律。胡克（Robert Hooke，1635—1703）是著名的科学家和数学家，他对17世纪的科学革命具有重大影响。通过实验，胡克发现材料的变形与所施加的力有着直接的关系。

如图9-4到图9-7所示，在拉伸试验的早期阶段，图中显示的都是

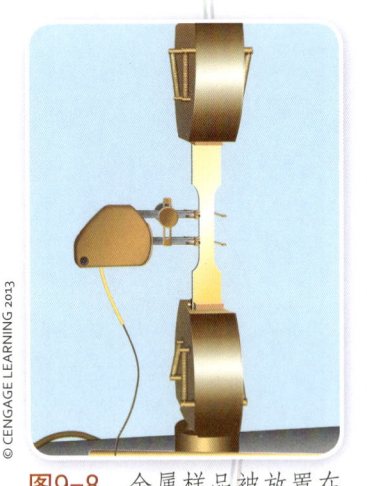

图9-8 金属样品被放置在拉力测试机下。施加的力越来越大，直到试样被破坏。

直线，这表明施加的应力与材料长度变化（应变）的关系是线性的，图形的这部分遵循**胡克定律**：

$$\sigma/\varepsilon = E$$

方程中，E 是常数，是弹性区直线的斜率，σ 为应力，ε 为应变。这个斜率或 E，称为**弹性模量**或**杨氏模量**，它等于应力除以应变。通过测量不同的应力–应变点，可以描绘一幅完整的图线。每一种材料都有其自身的弹性模量。例如，铝的弹性模量为1000万磅每平方英寸，用公制单位表示为 70×10^9 帕斯卡或70吉帕斯卡（或 70 GPa）。钢的强度更大，弹性模量为 200 GPa（或3000万磅/平方英寸）。

胡克定律（Hooke's law）：
材料产生的应变（长度变化）与材料所受到的应力成正比。然而，这只在材料弹性限度内才是正确的。

轮到你了

钢与铝的比较

钢（模量约为3000万磅/平方英寸）比铝（模量约为1000万磅/平方英寸）重。如果用钢代替铝，会有什么劣势？有没有这样一种金属材料，"处于两者之间"？除了考虑这些材料的共同属性外，是否需要考虑成本上的差异？

当材料的伸长量（应变）与被施加的力（应力）成正比时，材料遵循胡克定律。钢材料在屈服点之前遵循胡克定律。但是有些材料，不服从胡克定律，如橡胶。如果材料不服从胡克定律，则被称为"非胡克"材料。

我们使用特定的机器来测试材料的抗拉强度。图 9-8 中金属样品在拉力作用下拉伸，直到拉断。测试中得到的信息用来帮助设计零件和产品，预测材料是否能够承受足够的强度。

有关材料测试的科学：收集材料属性相关的数据能为测试提供一个基准，这样的测试一般是在可控的环境下进行，对试样细致地测试后分类进行比较。

有关材料测试的技术和工程：材料测试机器的设计和开发使得研究人员和产品开发人员都可以测试材料样本。根据材料测试的结果，工程师和其他设计师可以计算合适的尺寸，来承受负载和其他受力。

有关材料测试的数学： 描述拉伸、压缩、扭转以及弯曲对特定尺寸的材料样本产生的作用效果时，会大量使用图表和曲线。这些信息对于设计飞机特定组件、桥梁、汽车悬架系统和其他产品来说，都至关重要。

疲劳（fatigue）：
在工程中，断裂一般发生在材料遭受重复或波动应力的时候。这些应力的最大值往往小于材料的抗拉强度。

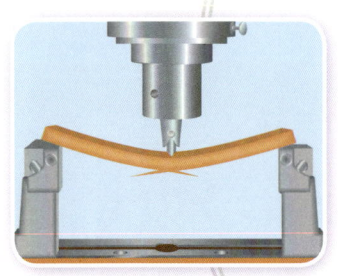

图9-9 通过反复弯曲材料使其变形来进行疲劳测试。

疲劳 你有没有尝试过来回弯折一小块塑料或金属，直到断裂？如果有，你已经进行过**疲劳**测试。材料在各种应用（例如，飞机的机翼主梁或起落架组件）中都不应该迅速疲劳，这点非常重要。设计师必须知道材料在力的反复作用下是否会失效，例如，飞机的机翼用于提供升力，但是在风的作用下，机翼在各个方向会发生持续地移动和弯曲。

工程师必须确保组件不会形成疲劳裂纹，疲劳裂纹会导致材料被破坏，甚至引发故障。当然，所有材料最终都会被破坏，飞行员在飞行过程中必须仔细查看飞行维修记录仪。

设计"机身"时，一般会设置设计极限，这意味着需要定期检查关键部件，并由此给出飞机适合飞行的证明。

当然，其他产品也会受到力的作用，造成材料疲劳。例如，滑板和滑雪板的甲板不断弯曲，随着时间的推移也会产生裂缝或分层。

我们用图9-9所示的机器来测试材料的疲劳度，通过不断增加施加在材料样本上的力来下压材料，观察材料的弯曲度。工程师会定期检查样品的裂缝和其他的疲劳迹象。

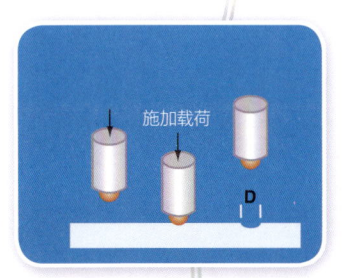

图9-10 材料的硬度测试。印痕的直径表明了材料的硬度。

硬度测试 通过在材料上一块极小的区域内施加力，可以测出材料的硬度。许多硬度测试机使用硬化钢或钻石来测试，测试时用预先设定的力施加到材料表面，然后测量凹痕的直径（如图9-10）。一般来说，材料的表面越坚固，其耐磨性越强。在实际应用中，材料很容易受到磨损，如受到齿轮、轴承，以及其他类似组件的磨损，所以说硬度很重要。

硬度的标准测试方法是**洛氏硬度测试法**。在该测试中，用钻石或硬化钢压头在材料上施加一个很小的力（副作用力）。当这个点产生了很深的印痕时，再施加一个更大的力（主试验力），将压头进一步压进材料中。当达到最大深度时，卸掉主试验力，保持副作用力，使材料部分恢复，部分反弹。试验机可以追踪压入点的深度，材料印痕的增加是硬度的体现。洛氏硬度由A、B、C……字母表示。

其他工程测试 很多材料和组件可能会进行其他测试，如有限元分析（FEA）可用来预测温度应力和机械应力。这些测试通常利用模拟测试来进行，而不是用实际的物理测试材料。

测试并评估设计作品

设计工作会涉及很多学科,需考虑各种因素,包括美学、人体工程学、性能/功能、耐用性、成本,整体效果(对环境或社会的影响)。

美学

人们常说,美学仅仅是个人的一种审美,某些东西看起来很好,这也只是旁人眼中的好。如果这是真的,我们就不会对那些伟大的艺术家或伟大的产品设计达成共识。例如,A公司被公认为产品设计的领导者,在负责工业设计的高级副总裁的带领下,A公司的产品设计以及开创的设计风格享誉国际(如图9-11),A公司的设计是专家和消费者公认的好设计。

如果你一直在试图创造更加好看的产品,并且花费了大量时间和精力,这意味着你早些时候的设计不如你现在正在进行的设计,这意味着你早些时候的品位不仅是不成熟的,而且比你现在的品位差。我们能够得到的结论是美学不仅是一种品位,美学有其自身的标准。

美学指的是你对某一对象或经历作出的心情愉悦的反应。绝大多数的满意度与外观形式/形状、尺寸、颜色或者整体有关。如果一件物品具有良好的美感,它就能够让人看着心情愉悦(但是,如果该物品是一组立体扬声器,那么音质就是另一种审美要素)。

如果你想知道你设计的产品是否美观,那么就需要在测试中收集许多人的观点。调查问卷可能会给你更多关于产品外观的有用结果,你可以问一些与产品外观相关的问题,如颜色、形状、风格,以及纹理等设计元素,产品的所有性能都可以被分类、着重指出来。

图9-11 A公司设计的手机。

人体工程学

人体工程学,或者"人因工程学",与产品设计和环境相关,旨在更好地为人类服务和工作。人体工程学的测试往往涉及产品的"感觉"。使用该产品时的便捷性和舒适度可以反映该产品是否具有合适的尺寸、重量、平衡度,所有的操控按钮是否处于适当的位置(如图9-12)。第15章将提供更多关于这方面的信息。

> **人体工程学(ergonomics):**
> 研究人、机、环境三大要素之间的关系,为解决该系统中人的效能、健康问题提供理论和方法的科学。

性能/功能

性能表征了产品是否达到预期目标,而功能决定了产品是否达到预期效果。你可能需要利用模拟或对照试验来判断是否会发生潜在的事故或伤害。如果你正在测试一款孩子的玩具,你可能需要自己先试

图9-12 该设备用于测试司机和乘客是否处于舒适的位置。

用产品，确保玩具不会伤害孩子。你也应该邀请老师帮你检查玩具，以便发现和纠正一些潜在的危险，如锋利的边缘或转角，可能被吞食的小零件，以及不安全的材料等。

耐用性/可靠性

耐用性是指产品在其预期寿命内保持功能的能力。使用寿命小于3年的一般认为是不耐用的，使用寿命大于3年的一般认为是耐用的。例如，人们可能希望高清电视（HDTV）至少使用3年。因此，企业会使用大量高清电视测试耐用性，以确保他们的产品在3年内保持原有功能。可靠性通常用于工业上，它也和寿命期望有关。产品的可靠性是指一批产品保持其功能的时间长度，可以在加速或不加速老化的情况下，测出产品的平均寿命。例如，高清电视可靠性测试中，大量的高清电视会在很长一段时间保持打开状态，然后测试跟踪产品损毁的平均时间。更多关于耐用/非耐用性产品和计划报废的内容将在第11章中介绍。

解决方案可能只在很短的时间内起作用，这是否意味着解决方案是有效的？当我们购买一个产品时，我们期望它能够使用很长时间。为了确定你的解决方案是否可靠或足够耐用，你需要多次对它进行测试或模拟类似的情况。

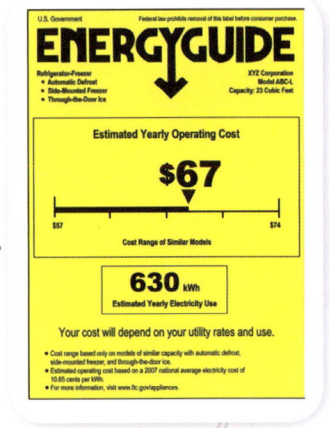

图9-13　家电上的能源指南标签提供了家电的能耗，以及与其他类似家电的比较。

利润（profit）：
在经济学中，利润是指公司收入和支出的差额。收入是指所有的资金流入，包括产品的销售收入等。支出包括直接成本（例如工资薪金和原材料购置费等）和间接成本（例如设备租金和购置费，能源动力费，以及其他费用）等。

成本

生产一种产品需要多少成本？客户会花多少钱购买这个产品？这些都是非常重要的问题，值得我们思考。如果你制造的产品，没有一个客户愿意为它买单，这件产品就是失败的。在市场中，所有的公司都是以获得<mark>利润</mark>为目的。

随着时间的推移，成本已不仅仅是"购买价格"的意思了。例如，美国联邦贸易委员会要求所有新电器要有能源指南标签（如图9-13）。这个标签帮助消费者在购买商品时，可以根据产品指出的能源要求，做出明智的选择。当同时考虑成本和性能（性价比）时，便宜但不节能的产品可能不是一种好选择。

当论及<mark>生命周期成本</mark>时，我们一般默认其中包括清除工业垃圾产生的费用，它可能还包括从工厂去除重金属等污染物产生的成本。一些环保组织建议那些对空气、水、土壤产生污染的产品，在考虑成本时应该加上医疗保健相关的产品成本。当考虑这些因素时，真正的产品成本比购买价格可能会高许多倍。

影响

影响描述的是一个对象的积极的和消极的性质,包括目标、功能、原材料,以及制造过程。影响包括环境影响、个人影响、社会影响和法律影响。

> **生命周期成本（life-cycle cost）：**
> 在产品有效期内与产品有关的所有成本。同时要考虑产品的能耗费用和环保成本。

轮到你了

找三个能效等级相同的产品（如有相同BTU等级的空调或内部体积相同的冰箱），按寿命为10年计算其能源生命周期成本。将结果用图表或图形呈现。

能源消耗作为设备成本的事例

比较两种冰箱：冰箱A的价格为500美元,冰箱B的价格为650美元,哪一款冰箱更便宜呢？别急！冰箱A的效率比冰箱B更低,这意味着A比B耗费更多的电。如果A每天花费0.7美元（255.5美元每年）电费,B每天花费0.45美元（165.25美元每年）电费,两种冰箱的预期寿命都是10年,那么：

A冰箱的花费是：500+（255.5/年）×（10 年）=$500+$2555=$3055.00

B冰箱的花费是：650+（164.25/年）×（10 年）=$650+$642.50=$2292.50

所以,B冰箱的生命周期成本比A冰箱更便宜。

在评估时,你需要考虑很多与影响相关的问题：

▶ 产品对环境有什么影响？例如,当它的使用寿命结束时,怎么处理这个产品？如果产品在生产和设计时没有或很少考虑当它被丢弃时会产生哪些影响,这个产品就不能认为是"好的设计"。很多材料在废弃时,都没有环保的处理方法（如图9-14）。

▶ 产品对个人有什么影响？产品会改变你的日常生活吗？例如,既然有了移动电话,你还会使用投币式公用电话吗？

▶ 产品对社会有什么影响？网络博客的引入是否导致越来越少的人阅读书籍和报纸？人们是不是更关注时事了？他们是否会利用网络博客强化自己的观点或偏见？

图9-14 如果不采取负责任的处理措施,材料在工业生产中将对环境造成灾难性的影响。

▶产品对法律有什么影响？产品是否有潜在的侵权危险，这会触犯法律吗？

▶对于设计师来说，什么是道德责任？你能应用这条黄金法则——"己所不欲勿施于人"吗？

优秀设计的因素（美学、人体工程学、性能、耐用性、成本、影响等）都是相互关联的，折衷的做法往往能够使产品值得生产和销售。除了利润外，其他的衡量标准也必须在产品的设计和开发过程中考虑进去。如果利润是唯一的衡量标准，那么人身安全和环境会发生什么变化？产品的利润固然很重要，但是我们也必须考虑赖以生存的环境。

展示测试结果

记录本是设计工作的一部分。交流测试和评估的结果有很多方法，你可以使用概述、数字、清单和客户评价来展示你的作品。

概述

描述测试及其结果时，可以通过文字，或图形和文字相组合的方式。图形化描述可能包括试验装置的插图和总结实验结果的图表。

数字

测试结果通常以数字的形式展示，如1分钟内孩子玩玩具的数量，或者一个组件或产品在没有破坏的情况下，能够承受的最大的力，又或者是人们评价产品"很好""极好"的百分比。叙述或概要中展示这些信息会显得很沉闷。然而，通过图表、表格等形式往往能更加有效地传递重要信息（如图9-15）。第16章将提供各种图表的例子。

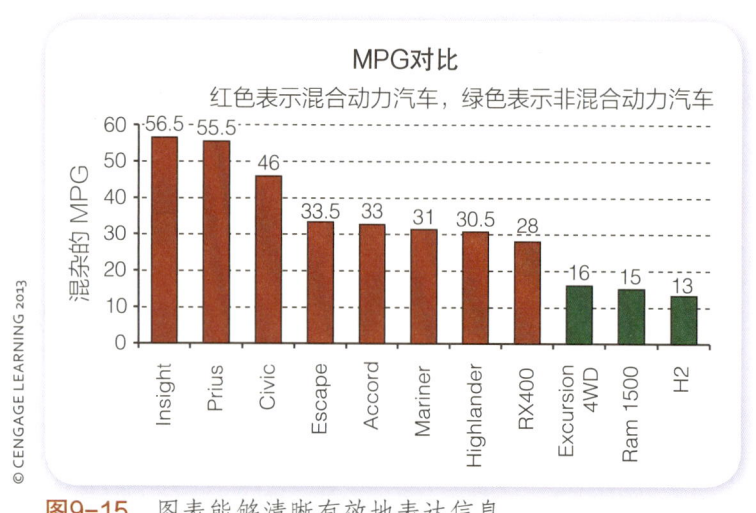

图9-15 图表能够清晰有效地表达信息。

核查清单

检验设计纲要和解决方案是否有效的方法是列一个检查清单（如图表9-1）。清单是一个可视化的总结，能够反映解决方案满足设计要求的程度。

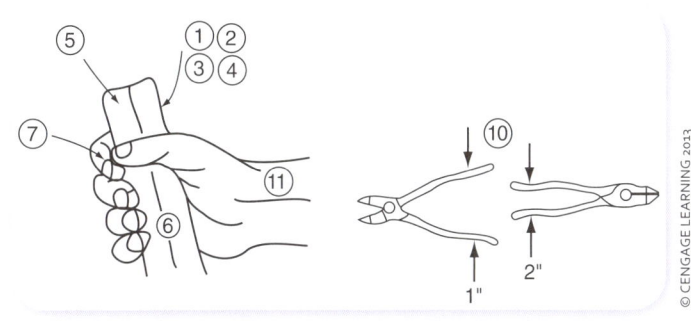

图表9-1 清单是进行数据比较的好方法。下表中，采用人体工程学标准对三种手持工具进行了比较。

项目	人体工程学	是	不适用	否	得分
1	握柄表面非光滑。	10		0	
2	握柄表面没有锋利的边缘、凹陷、指沟。	10		0	
3	握柄表面是电绝缘的；工具手柄是木制的或者涂有橡胶或软塑料。	10		0	
4	握柄表面是热绝缘的；它在热或冷的环境中工作时不会迅速变热或变冷。	4		0	
5	手柄是木制的，或者握柄表面涂有半柔软材料。	10		0	
6	握柄长4至6英寸，抓在手里不会碰到手柄的末端。	10		0	
7	手柄的横截面不要太小或太大。当紧握时，食指和拇指可以允许重叠3.8英寸（锤子和类似锤子的工具，重叠1英寸也可以接受）。	8*	0	0	
8	手柄工具不同于螺丝刀：手柄横截面的形状是椭圆形，或者边缘是矩形。	10*	0	0	
9	螺丝刀：手柄的截面形状是圆形、六角、方形，或三角形。	10*	0	0	
10	有两个手柄的工具：当完全闭合时，握柄跨度大于或等于2英寸，当完全打开时，小于或等于3.5英寸。	10*	0	0	
11	手柄有一定角度，这样使用的时候可以保持手腕笔直。	10		0	
12	工具的重量小于5磅。	10		0	
13	左右手都可以使用工具。	10		0	
14	使用起来顺手。	10		0	
15	工具允许双手同时使用。	2		0	
16	工具和配件都有明确的标志或编码，颜色明亮，很容易识别，工具与工作的环境形成鲜明对比。	5		0	
	总分				

"是""否"或"不适用"。在对应的栏目打分，然后将所有分数相加，得到总分（*项目7、8、9和10并不适用于所有工具。）

设计世界里的职业

事情是如何运作的

帕蒂（Patty Ratchford）7岁时，把自己的自行车拆开，然后将所有零件再组合在一起，"我就是想知道它是如何工作的，"帕蒂说。她对力学十分感兴趣，这也使得她最终走上了机械工程师的道路。帕蒂作为制造工程师，已经在德国宝马汽车公司工作了10年。

帕蒂：宝马公司员工

工作上

在宝马公司，帕蒂是装配计划员和高级制造工艺工程师。现在她是计量和几何分析部门经理。帕蒂的工作是确保新设计的车辆可以在生产线上生产出来。

帕蒂在宝马这样的全球制造业公司内工作，并不断地在挑战性的工作中学习。宝马公司的大部分设计师以德语作为第一语言，技术资料的交流会影响整个设计团队。软件可以翻译技术术语，但是涉及汽车零部件时，并不是很有效。帕蒂会对感兴趣的部分标注箭头，用视频简述机械设计问题，对突出的设计问题做重点标示。帕蒂团队采用的这种视觉沟通的方法比书面解释更好。

帕蒂回忆了在宝马公司时对宝马Z4敞篷车配线布局的工作经历。配线包括85磅的2英寸粗的捆绑线（1500线），需要将这些配线放置在汽车仪表面板上的小箱子内。当时德国的设计师在CAD系统中创建了这个设计，配线被画成了一个90度的弯管。事实上，这2英寸粗的线束不可能弯曲90度。由于设计师只讲德语，与他沟通时，帕蒂给他发送视频和弯曲的线的照片，这样设计师可以在给定的空间，看到实际问题，并调整设计。

早期经历

到宝马公司工作前，帕蒂在普惠公司工作，她作为工程师加入连接（焊接）技术开发团队。之后，帕蒂还在摩擦性能公司担任过程控制工程师，在FASCO控制公司担任开发工程师。

普惠的工作经历让帕蒂明白，想要成功设计一款产品，了解和理解制作过程非常重要。帕蒂花费大量时间在车间与技术人员一起焊接测试板，目的就是弄清楚连接两块金属的过程和局限性。"对一个主题来说，你读了多少书并不重要，"帕蒂说，"你不可能真正了解或擅长它。如果你愿意去亲自尝试，人们会更尊重你。"

教育经历

帕蒂高中时期选择了数学和科学课程。高中毕业后，她继续在克拉克森大学攻读，在那里，她获得了科学学士和机械工程学硕士学位。

给学生的建议

帕蒂的演说和写作技能非常高。"不要忽视写作和演说技能，"她提醒说，"因为这可以帮助工程师建立一个成功的职业生涯。""对一个工程领域的人来说，公开演讲并不总是那么自然，"她补充说，"但是很多时候，你必须汇报工作或者沟通问题，这些工作经验对你的成功很重要。"

南卡罗来纳州斯帕坦堡的宝马车间里，正在进行车身制造。

用户评价

用户评价是指购买或体验某一产品后对此做出的判断。用户可能会因为产品的整体性能，或某方面性能（如美学、人体工程学）而喜欢该产品。这样的用户评价一般都是署名的。做展示时，会直接引用用户评价（如图9-16）。

评估设计能力

至此，你已经批判地审视了你所开发的产品或系统，亦或是顾客和市场，你的解决方案就是为它们而设计，这是你"测试"项目的一部分。然而，关于项目的评估，与你的产品或市场没有多大的相关性，更多的是与你或你的团队的表现和观念有很大关系，这就是所谓的在设计和解决方案中的"评估"。在评估中，你必须清楚在设计和解决问题时，自己扮演什么样的角色，团队起了什么作用。

图9-16　用户评价经常被应用在广告中。

在最后阶段，你有职责制定决策以及管理时间和资源。现在，你需要仔细审视自己做的工作。在评估自己工作的时候，你可以使用以下这些问题为指导：

▶ 设计摘要有没有为项目提供一个明确的方向？规格参数是不是太含糊不清，或太具有局限性？

▶ 是否收集了与问题相关的合适的信息？你把这些信息应用到这些问题上了吗？你弄清楚别人如何解决类似的问题了吗？在此过程中，其他步骤出现问题时，你如何返回到这一步？

▶ 你还在坚持最初的想法吗？是选择可行的还是深思熟虑的方案？创意策略是用来帮助开发解决方案的吗？你是否将几个想法结合了？

▶ 为了选出比别人更好的解决方案，你列举了理由吗？

▶ 在绘图前，你解决了结构、机械、电子或气动方面的问题吗？在设计过程中，施工图纸是否留下了未解答的问题？

▶ 模型或原型是否被很好地制作？有没有恰当的使用材料、粘合剂、紧固件？测试被适当地开发了吗？测试的结果评估严谨和真实吗？当一切都很顺利的时候，你是否很自信，是否会进行自我批评？

▶ 你在项目中利用的时间合理吗？你有没有遇到一个项目，对于你来说时间太难或者太容易去分配？为了完成项目，你是否合理规划了时间？

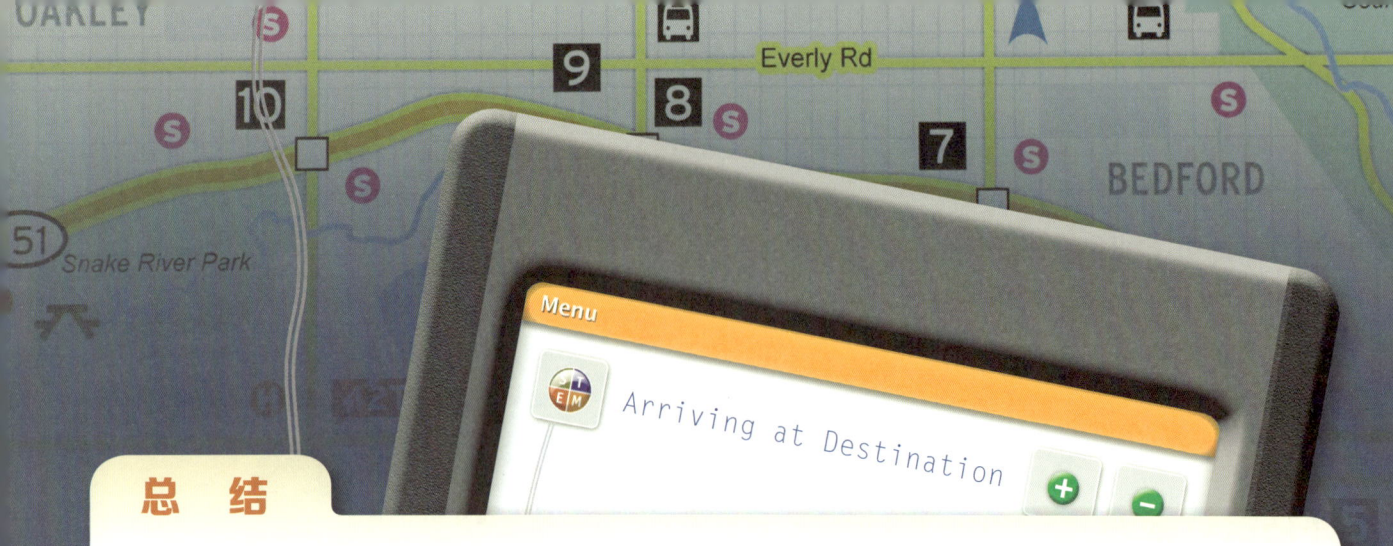

总　结

　　测试和评估解决方案是设计过程的一个重要步骤，然而，在评估时，我们总是会得到不太明显的结论。在设计工作的早期阶段，你就需要开发合适的测试手段，它可以是在设计纲要和标准方面评估解决方案的有效性；也可以是测试解决方案的某方面性能，比如，验证玩具是否有教育意义。

　　材料试验包括拉伸、疲劳、硬度测试等，这些测试一般由专门的设备来实施，结果将被用于指导产品的设计。展示测试结果时，你将提供具有描述性的数值、清单、证明。这些结果将成为设计项目的一个重要组成部分。

　　最后，评估你的工作时需要从两方面着手：评价你的设计工作，通常就是评价最终的产品；评价你的设计能力，包括与项目相关的计划、想法等。

课后作业

观察/分析/综合

1. 基于下面的设计摘要，开发一种测试方案：
   a. 设计和制作一款适合7-8岁孩童的游戏。孩子们在玩这个游戏的同时可以学习一些重要的历史知识。
   b. 设计和制作一个产品，帮助有关节炎的人拔出罐子上的盖子。
   c. 为那些在夜晚落水掉入海中的人，设计和制作紧急照明灯。
2. 列出能够承受住2岁小孩施加各种压力的玩具。为每种玩具设计测试方案。
3. 找到一种商业产品，使用本章中概述的标准，分析它是否是"优秀的设计"。
4. 详细讨论选择"优秀的设计"时，如何判断成本和道德标准。
5. 选择3件不同制造商制造的相似产品进行分析，说明它们之所以称为"优秀的设计"的标准。以图形展示结果。
6. 从2个不同的制造商处找到2件相同功能的产品。至少想出5个标准来对其进行评估。为每一个标准开发一种测试。评估这些产品，并展示结果。

补充作业

工程设计分析挑战

- 对一种产品进行简单的工程测试,如纸质购物袋或纸板盒。开发一个实验装置,这个装置能够抓住袋子,承受住逐渐加大的负载,比如在袋子里面加沙子,直到袋子被破坏。对于盒子,想出一个设备能够测量出外力对盒子一个角或侧面的影响,增加力,直到盒子损坏。

- 你设计的系统应该能提供一种方法来比较测试项目,以便于确定哪一种情况下样品承受的负载更大,能经受更大的力,直到样品破坏。

第10章
制　造

Menu

 **头脑准备**

学习本章内容时，思考如下问题：

1. 工业革命给发达国家人们的生活、工作和娱乐带来了哪些根本性的变化？
2. 蒸汽机在早期工业革命中发挥了怎样的作用？
3. 通用件的发展对产品生产有什么影响？
4. "大规模生产"是什么意思？这一做法如何影响产品开发和分销？
5. 材料是怎样通过加工来改变形状或物理特性的？
6. 计算机是如何影响现代制造业的？

引 语

前面章节介绍的设计和工程学原理主要强调的是新事物的设计,即产品设计,而产品制造在产品生命周期和设计过程中也是非常重要的一部分。产品制造如此重要是因为,通常情况下,关键的制造标准都会包括在设计标准里。第 2 章中,我们已经给出了一个例子:设计一种新型高油耗混合动力运动型多用途车(SUV),这一运动型多用途车的设计标准之一就是能与现有的大规模制造平台百分之百兼容。设计和制造之间的关系如此紧密,主要原因是生产成本。例如:在汽车制造业中,创建设备平台需花费数亿美元,因此,要尽可能多和久地使用这一昂贵的制造设备。其实,在新产品的设计中,人类的发明和创新天赋只被部分展现出来,而另一部分科技方面的天赋则展现在制造这些新设计的组织和系统中。以生产系统管理的形式存在的组织是有效生产产品所必须的。这样的生产组织需要大量的资源,包括:资本、能源、人力、工具和机器、知识以及材料。

众所周知,我们生活在一个地球村中,我们处于一个信息时代。尽管如此,为我们的经济提供动力的还是产品生产。本章的教学目的就是介绍工业和生产活动是如何影响我们个人、地球村以及环境的。

我们常常理所当然地认为商品是大规模生产出来的,却很少注意这样一个事实:我们可以在网上买到从牙刷到 MP3 播放器等各式各样的东西,并且,到第 2 年,这些产品很可能会具有更多的功能或者更加便宜。在当今世界的工业化国家中,我们能够购买的产品和获得的服务比 100 年前所能想象的还要多。

生产商品的关键途径是进行大规模的生产制造。大规模生产制造仅仅存在了一个多世纪,但它的出现却是人类历史上最大的事件之一,它改变了整个工业革命。

工业革命

技术大大地改变了人类的生存方式。早期工具的发展、铜和铁的发现和使用,以及农业的发展,都是技术的功劳。这些创新,大多数都发生在遥远的过去,但是在 18 世纪中期出现的那些创新却从根本上改变了我们的工作、生活、旅行和交流方式。正如在第 1 章中提及的,工业革命不是一夜之间发生的,而是慢慢开始,在过去这 100 年中逐渐发展的。工业革命始于英国,并席卷了欧洲和北美洲,现如今,它依旧影响着我们的日常生活。

土地革命

工业革命最令人印象深刻的影响之一是对人口规模的影响。20 世

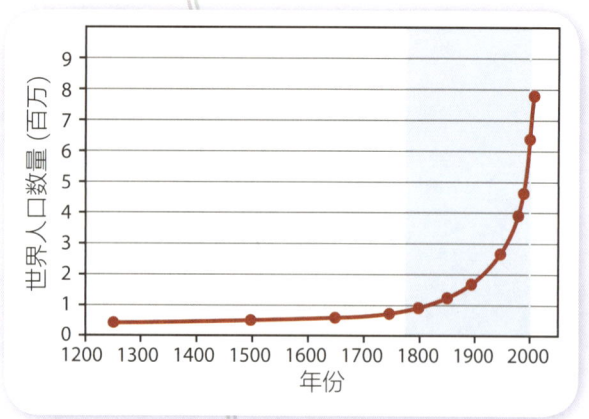

图10-1 新型农业技术和机械化耕作的引入使得增加食品供应成为可能,工业革命开始后,世界人口数量有了显著提升。

纪早期,工业化国家的人口开始以惊人的速度增长,并且这一增长趋势持续至今(如图10-1)。食品供应一直是人口规模的限制因素,因此,历史上和当今的狩猎人群都被限制在大约20人左右,在这些团体中,每个人需要大约10平方英里的土地,以此来收集可食用的植物、动物和其他资源。所以,一个20人的团体需要大约200平方英里的土地,这差不多也是这个团体步行可以覆盖的范围。工业化使得大量人口涌入城市,去工厂工作,这种聚集方式对食品生产能力有了巨大的要求。

随着农业的发展,人均土地需求面积下降到大约3平方英里。这也并非一夜之间发生的,而是在数千年的时间里,旱作农业逐渐被可控制的灌溉方式所取代,进而产生了这一变化。这使得更多的人可以在更小的区域和城镇中生活,再后来,城市在农业用地周围发展起来。

农业的发展,或者说土地革命,为工业革命中人口的增长创造了条件,包括轮作、畜牧业的提高,土地管理的改善在内的新型农业方式使我们可以为迅速增长的人口提供充足的食物。这些农业方面的提升始于18世纪早期,并在19世纪60年代发明的机械化耕作中继续发展。机械化耕作的核心,也是工业化的核心,就是蒸汽机。

蒸汽机

关于蒸汽机的设想早在数千年前就被提出了。亚历山大城的希罗(Hero of Alexandria),生活在公元前1世纪的一名希腊发明家,发明了一种简单的汽轮机(如图10-2)。当时,人们只觉得那是一件新奇的东西,没有人意识到这个装置有提供巨大能量的潜力。1800年后,另一个人成功地发明了一种可以工作的蒸汽机。

1698年,萨弗里(Thomas Savery)上尉发明了第一台可用的蒸汽泵,使用该设备的目的是将英格兰南部矿山里的水抽出来。尽管这不是真正的蒸汽机,但它使蒸汽技术得到了进一步发展。

第一台真正意义上的蒸汽机是在1712年由纽科门(Thomas Newcomen)发明的(如图10-3)。纽科门是一位技艺精湛的铁匠。我们可以毫不夸张地说,他设计构造的这一革命性的发明改变了世界。

蒸汽机出现之前,小工厂和磨面作坊必须建在流动的河流或者溪流旁来获得水力。当然,我们有风力机,但是风力不可预测,风力机

图10-2 亚历山大的汽轮机被称为汽转球。加热的水转变为蒸汽进入球内,然后从两边成一定角度的管子里冲出,冲出的蒸汽使球体旋转。

所产生的能量较弱且不可靠。因此，水力成为能源来源的最佳选择。

随着蒸汽动力的引入，工厂可以建立在任何地方。即使在临近水源的城市，工厂也可以分布在远离河流或者溪流的地方。

小型蒸汽机使铁路、蒸汽动力船、农业设备和其他许多设备得以发展。蒸汽机的意义不同寻常。

蒸汽机的原理

当蒸汽压力作用在汽缸里时，蒸汽机上有一个活塞会在汽缸里来回滑动，蒸汽在汽缸里的进出由阀门控制。在**双作用式蒸汽机**里，蒸汽可以在两个方向上推动活塞。

早期许多的蒸汽机被称作**大气式蒸汽机**，它是通过蒸汽冷凝形成真空的原理来运作。蒸汽压力将活塞推至立式汽缸的顶部，之后向汽缸里注入冷水喷雾，冷凝蒸汽，进而在活塞下方形成局部真空，最终大气压力将活塞向下推至汽缸底部（如图10-4）。

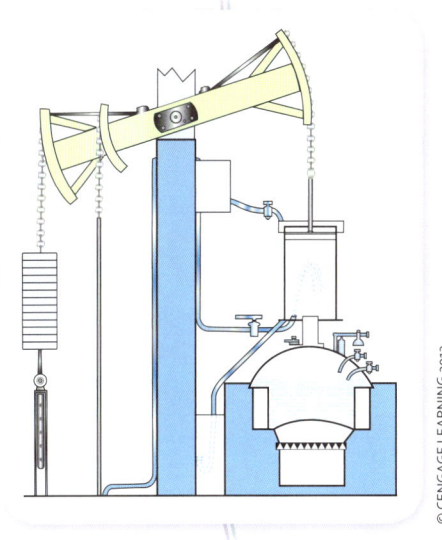

图10-3　1712年纽科默设计的横梁式蒸汽机。

工业革命为当今现代社会的形成打下了基础，蒸汽机开启了工业时代的大门。19世纪的英国、欧洲和北美涌现了大量工厂，人们纷纷涌向城市，在工厂工作。随着人口的增长，城市开始迅速扩张。

随着纺织机器的发明和英国炼铁工业的发展，工业革命开始了，它们同时还促进了其他工业的机械制造。最终，蒸汽机被用于铁路的建造，随后又为轮船提供动力。

工业革命发生于数学、科学知识与工程、技术经验开始相互融合之时。以下是在那一时期帮助推进工程学新兴领域发展的一些重要事件：

科学：牛顿关于力学与运动的著作彻底改变了我们对数学以及宇宙的认识。"科学方法"以及物理学许多基础原理从此建立。

技术：大规模生产铁的技术方法和早期钢产品的改进都是发明蒸汽机和建造机械制造厂的关键。

工程：数学和科学的应用使设计并改进蒸汽机、动力传输机成为可能。随着有些发明被证明是成功的或是不成功的，工程学这一年轻领域的知识原理开始形成。

数学：牛顿和莱布尼茨（Gottfried Leibniz）在数学领域作出了很大的贡献：他们相互独立地发展了微积分。先进的数学知识促进了设计及生产技术的发展。

第10章　制　造　**265**

通用件

手工制造部件的过程中，很难严格保证公差。**公差**是用来形容部件尺寸准确度的一个术语。部件的公差等级越高，其在尺寸方面的变动范围越小。如果你希望各部件可以相互适用，部件尺寸的准确度很重要。

将各部分拼装在一起做成一个产品，这种手工制造方式已经延续了几千年，例如做一把椅子就是将各部件一次成型，然后手工组装。但是手工组装既耗时耗成本，又不适合大批量生产。

如果不采用手工组装，就需要制造出具有特定尺寸，且尺寸变化较小的部件。这种精度是很难靠手工制造来达到的。然而，机器的运用可以帮助生产者获得更高的准确度。开发机器的目的就是为了提高部件生产的准确性。

1778 年左右，布朗克（Honoré Blanc），一名法国枪匠，开始用通用件生产枪支。据说，他把近千支步枪的所有部件放在一张桌子上，随意挑选部件来组装步枪。一个由政治家、科学家以及军队代表组成的委员会见证了他的组装过程。约 20 年后的 1798 年，惠特尼（Eli Whitney）采用了相同的策略，他在美国国会面前用通用件组装了 10 支步枪。惠特尼的演示给国会留下了深刻印象，国会因此为军事武器创建了一个标准。但是，惠特尼

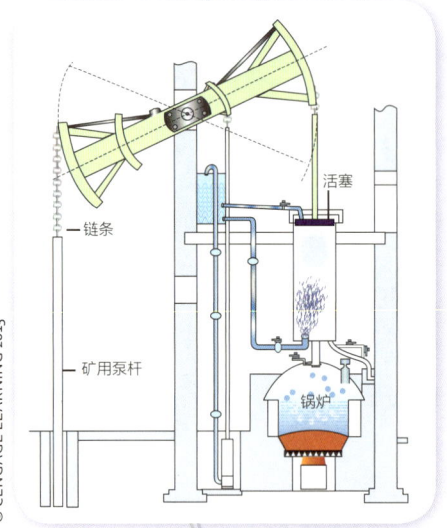

图10-4 大气式蒸汽机。当活塞到达高点的时候将水注射入汽缸，局部真空的形成能够使大气压力将活塞推至汽缸底部。

趣味阅读

部件公差

在图 10-5 中，有两个部件（A 和 B）。部件 A 是一个圆柱销，部件 B 是一个圆孔。现在要将圆柱销紧紧地插入圆孔中。如果销的直径是 70 毫米，部件的公差是 ±1 毫米，那么，部件 A 的尺寸可以小至 69 毫米，或者大至 71 毫米。如果将相同的尺寸及公差（70±1 毫米）用于圆孔，将会出现重大问题。例如：如果圆孔取的是更大公差而销取的是更小公差，则两个部件之间就会相差 2 毫米；相反地，如果圆孔取的是更小公差，销取的是更大公差，则圆柱销不能插入孔中，显然这是一个不满足要求的结果。这个案例体现了公差的重要性。

公差，或者称尺寸上被允许的"差异性"，是设计尺寸时需考虑的非常重要的因素。

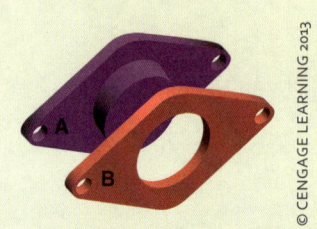

图10-5

是手工制造所有步枪部件，并且没有真正建立起生产通用件的系统。所以，当收到交付 4000 支步枪的合同时，他花费了 8 年去完成它，其实这些部件并不是真正意义上的通用件。

装配线

装配线已经有 200 多年的历史。1801 年，布鲁内尔（Marc Isambard Brunel）开发了它，用于给英国海军制造滑块（滑轮组中支撑滑轮的部件）（如图 10-6）。在那时，单艘护卫舰船要使用大约 1500 个滑块，英国海军一年的购买量约为十万个。因此，要大量生产滑块来满足海军的需求。

手工制造一个滑块需要许多操作步骤。布鲁内尔开发了一系列机器，每种机器完成一个简单的操作。这不仅加快了生产速度，同时也减少了对熟练手工工人的需求。44 台机器和 10 名不熟练的工人就可以完成 110 名熟练工人的工作。装配线为英国海军节省了大量开支，但也使那些熟练工人失业。

劳动力成本一直以来都是生产成本中很大的一部分，所以商业活动中总是力求降低劳动力成本。当然，降低劳动力成本和让人们失去工作之间存在着一种紧张对立的关系。那些没有工作的人无法购买生产出来的产品，进而，需求会很快下降。在一个很多人失业的社会里，经济会萧条，商业利润会下滑。

许多人认为装配线是福特（Henry Ford）开发的，但其实是福特改进了布鲁内尔和奥尔兹（Ransom Eli Olds）的杰作。奥尔兹开建了第一条汽车组装线，他还在底特律建立了"奥尔兹汽车公司"。1901 年，他进入制造业，生产了 425 辆价格低廉的小型敞篷车。

但是，以装配线概念为核心建立起整个工厂的人是福特，他还将装配线完善到了每 3 分钟组装 1 辆 T 型车的速度（如图 10-7）。

材料加工

大多数解决方案都是通过改变材料的形状来使其按所需的方式运行，例如，将几块钢块和木头加工后组装成一把锤子。工程设计学习的目标应该包括深入理解基础工业材料加工技术，然后将其运用到设计决策中。让我们以新相机机身或者外壳的设计作为这一原则的范例思考问题。在选择使用何种材料时，设计者需要考虑材料的特性以及如果材料被选定，其用于高效生产的潜力。懂得基础工业材料加工技

公差（tolerance）： 尺寸或定位尺寸的总容许偏差。

装配线（assembly line）： 大规模生产产品的一条生产线，即按顺序组装通用件。

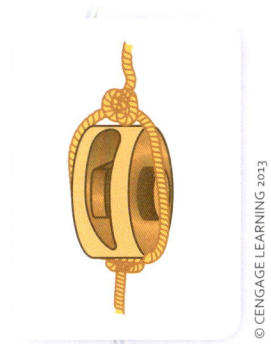

图 10-6　一个古式滑块。这一滑块用于建造房屋，滑块滑动过程中要使绳索保持从滑轮中间穿过。

图 10-7　早期福特汽车车间的装配线。

术可以使设计者明白，大部分塑料可以在费用相对较低的情况下，很容易被塑造成所需的形状，但是相机的耐久性会有缺陷。目前存在许多不同种类的塑料，每种都有其自身特性。

如果选择某种金属作为相机机身的材料，生产过程将发生变化，并且生产成本将会增加。但是金属通常比较耐用，并且使产品有一定的质量保证。对材料加工和材料特性有所理解可以使设计和生产决策更加明智。

材料生产周期

所有材料都是以其基本形式进入生产周期的。**原材料**是所有材料最基本的形式，可以从土、水、空气中提取，也可以生长成为生物制品。**可循环材料**正越来越多地用于制造业，这些材料通常需要重新处理至其原始的状态，或者是一种可以被高效用于生产的状态。

硅土、铁矿石、木材、石油和棉花，这些都是原材料。大部分的原材料会通过第一产业被精制或加工成**标准工业材料**。第一产业如纺织、金属、造纸、石油、化工、木材及能源行业中生产的产品，会在其他产业作为原料用于生产消费品。以木材行业为例：树木通过加工制成建筑物的支柱，以及胶合板和大量其他复合材料，树木作为一种可再生资源，也可通过加工应用于造纸业，生产新闻用纸、印书纸、硬纸板、纸巾和面巾纸。这些产品中，一部分是必须通过其他产业的加工，才能成为实用的产品（例如，新闻用纸被当地报纸所使用），而面巾纸之类的产品则可以直接为消费者所使用。

第一产业生产的大多数产品都是作为标准库存和**生产过程**中的输入之一。制造业生产的零件将被用于最终产品的组装，像汽车轮胎、齿轮、安全带、轴承、玻璃瓶、纸箱等零件可以被用来制造许多不同类型的产品。另一方面，制造出的零件也可以是最终产品，陶瓷咖啡杯就是一个例子。大部分复杂产品都需要许多零件（如图10-8）。

将许多零件组合起来的过程称为产品**组装**。近年来，消费者已经

> **标准工业材料（standard industry materials）：**
> 原材料被加工成用于产品生产所需的标准尺寸、形状、构造，例如木材、胶合板、纸、布。

> **生产过程（manufacturing process）：**
> 通过以下一步或多步将原材料转换成最终商品：铸造和成型、成型和重塑、切割、磨粉、材料去除的加工，或者通过热交换、化学反应来连接材料。

图10-8 制造一件复杂产品需要许多不同的零件。

轮到你了
研究标准工业材料

选择10种不同的标准工业材料，分别列出它们所使用的原材料。最后，列举10种产品，每种产品相对应地使用了1种所选的标准工业材料。

知道，像汽车这样的复杂产品是很难说出它是在哪里生产的，因为汽车的零件是在许多不同国家生产的。通常，相比于主要零件制造来说，产品组装对工人的技术要求更低。

材料的重要性

材料选择在产品制造中所起的作用十分重要。在第2章和第4章中，我们已经简要地讨论过在设计中引入新材料的作用。新材料所具有的特性给设计者设计产品提供了全新的选择。

工程学的许多领域都很重视对材料及其属性的研究。材料的属性非常重要，它有其自己的研究领域：材料科学和材料工程学。了解材料属性可以使设计者在设计和决策制定过程中思路更加清晰，可以有效确保产品的安全性、耐久性、成本等，从而使设计者设计出成功的产品。大部分与机械和工业相关的工程学项目都强调将材料选择和制造工程学作为其核心课程。

材料成型

改变材料的形状叫做**成型**。在石器时代，就有包括木材、骨头、石头在内的大量材料被加工成实用的形式。因为石头比骨头或者木材都坚硬，所以早期工具的制造都是通过一块石头击打另一块石头来使得石头的边缘变得锐利，能够切、锯其他物品。这些工具在使其他材料被制成工具的过程中也很实用。这种用一块石头击打另一块石头的技术有时被称作**燧石敲击术**。早期甚至有用石头做的榫眼和榫接合的例子。

美国殖民时期的铁匠用锤子和铁砧来塑造金属。这需要相当多的技巧，每件产品都有一个独特的形状，制造耗时很长。锻造技术现今还在使用，现代化进程已经可以为许多不同类型的材料塑造各种形状。材料成型的两种原始方法是（1）压缩或拉伸，（2）**铸造**。

弯曲 弯曲既涉及压缩，也涉及拉伸，是一种相对简单的成型操作。

第10章 制 造 **269**

设计世界里的职业

从外而内的思考方式

许多人认为雅诗兰黛乳液和工业工程学不可能同时在一个句子里出现。通常，买化妆品的人都不会问如何在生产线上将乳液填满瓶子，他们仅仅考虑乳液本身。

莫莉（Molly Hawthorne）担任雅诗兰黛公司的工业工程师时，她会从外部来思考化妆品。莫莉的工作是规划和设计用于各种化妆品线上的瓶子和分配器的生产流程。作为工程师，莫莉知道瓶子是用来装乳液的，并且要以一定的速度和数量将其装好，然后监控和评估最终装瓶的生产流程。

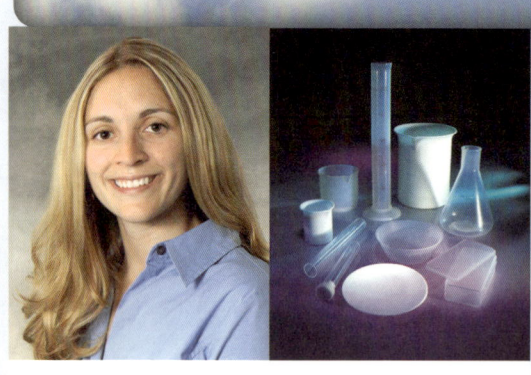

莫莉·霍桑：工业工程师，就职于圣戈班高功能塑料公司

工作中

大部分人都没有意识到如果没有建立一套符合产品设计的生产流程，设计就无法实现。"我密切监视产品生产线，寻求任何有可能提升的空间。我经常和机械、制造业以及一些其他工业的工程师一起头脑风暴，思考改进流程的新想法。我也密切参与到启动新化妆品生产线的工作中。"莫莉说。

当建立一条新生产线时，莫莉和机械、产品经理一起工作，以确保产品在规定期限内交付。莫莉会进行一些测试来确定机器生产产品的速度，并以此决定需要多少工作人员。"一旦生产线顺利运转，我就会写下操作程序，这将成为这条生产线的标准程序。"莫莉说。

现今，莫莉是圣戈班高功能塑料公司的产品经理。这是一家为汽车、航空航天等领域提供塑料制品的公司。莫莉现在负责一条价值1.7亿美元的全球产品线。她参与新产品设计、市场推广、策略制定、商业开发、产品定价等环节。"我每天和工厂管理、顾客服务、材料管理、质量监控、产品管理、工程管理人员打交道。现在我可以监督很多工程项目。"莫莉说。她说她的教育和工作经历使她与现任职位相匹配。

早期经历

莫莉对工程学的热爱源于其好奇的天性和对数学、科学的兴趣。当她还是初中生时，她的CAD指导老师建议她学习工程原理课程。莫莉学习了不同领域的工程学，遇见了一些资深的工程师，其中一位工程师推荐她报考工程学院。

教育经历

莫莉听取了老师的建议，进入了克拉克森大学学习，获得了跨学科的工程学和管理学学位。她加入了女性工程师协会和美国机械工程师协会，完成了两个实习项目，她还在一些设计团队工作过。这些经历不仅使莫莉认识到技术培训的价值，同时也帮助她把自己的兴趣集中在商业和管理上。很快，莫莉继续攻读了工商管理硕士学位，主修创新和新企业管理。

给学生的建议

莫莉建议年轻人花尽可能多的时间与工程师接触，寻找实习、合作、工作体验的机会。莫莉说："通过观察工程师每天的工作内容，以及工程师如何获得各种不同类型的机会，也许你可以发现适合自己的职业。"

当材料弯曲时，材料内侧被压缩，而材料外侧被拉伸（承受"拉力"）。大部分材料可以进行冷弯曲，但热塑性塑料、玻璃等材料需要先加热才能进行弯曲。弯曲是将材料在一个方向上塑形。将纸板折弯成直角可以做成包装盒，金属可以用金属钣金机来进行弯曲（如图10-9）。热塑性塑料也可以被弯曲，但是在弯曲前需要用加热器加热和软化。木材和玻璃较难弯曲，纺织品很容易弯曲。通常，弯曲使材料扭曲变形，这也是设计中要考虑的。

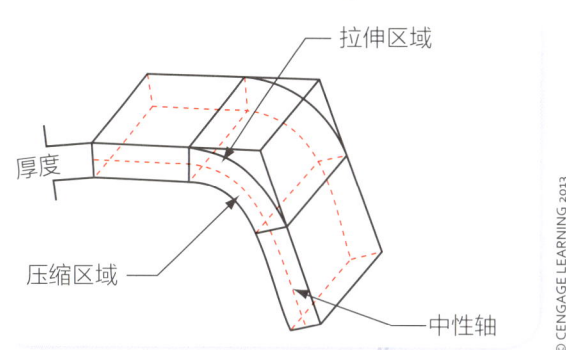

图10-9 用来弯曲轻量金属板的金属钣金机。

当材料受到弯曲力时，材料的一部分处于压缩状态（挤压），另一部分处于拉伸状态（张力）（如图10-10）。在这些力的作用之下，处于中性轴内侧的材料被压缩，处于中性轴外侧的材料有时会裂开。这些变形通常是可见的，尽管有时不是特别明显。管道和一些管状材料需要用一些特殊的工具进行弯曲，以确保材料在弯曲过程中不会破损；重磅纸和硬纸板可以通过事先在纸上划线的方法来使弯曲更加顺利地进行；纸和木材最好顺着纹理弯曲；而金属最好按垂直纹理的方向弯曲。

图10-10 当材料处于弯曲中时，弯曲外侧处于拉伸状态，内侧处于压缩状态。

模压 这是压缩和拉伸材料的另一种方法。通常，模压的过程比弯曲更加复杂。模压通过使用阳模和阴模，即<mark>模具</mark>来进行成型。制作模具很昂贵，这是产品固定成本的一部分。设计规范需要阐明模具尺寸公差和表面粗糙度。大部分模具是用特殊的合金定制的，并且要有足够的硬度来避免产品生产过程中造成的磨损。

<mark>模具（die）：</mark>

工业生产上用以制作成型物品的各种模子和工具。

大部分金属采用冷压成型，热塑性塑料和玻璃之类的材料，采用热压成型。模压周期必须根据材料加工过程适当调整。冷压金属的生产周期短；而热塑性塑料和玻璃的模压，需要一个较长的冷却周期；大部分复合材料需要一个较长周期来使树脂固化；陶瓷和纸需要时间来清理压型过程中使用的水。

图10-11中用一个简单的冲压机和钢模展示了简单的金属V形弯曲的过程，此图同时展示了打孔的过程，这是一种剪切工艺，我们将在这一章的后面讨论。成型金属板的广泛使用贯穿20世纪，这促进了大功率压型的发展。许多产品，例如汽

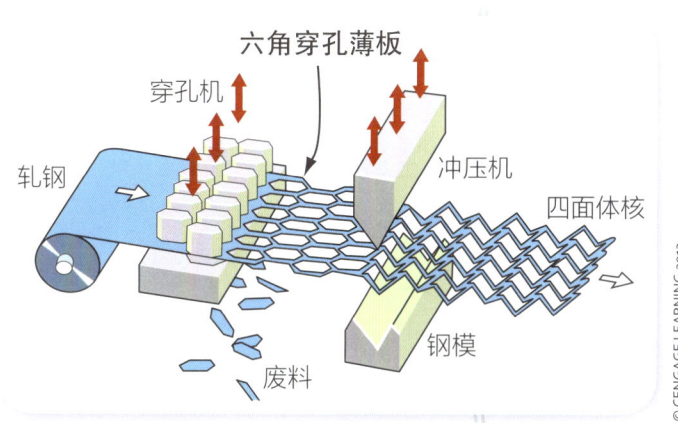

图10-11 用来制作一系列金属波纹的冲压机和钢模。

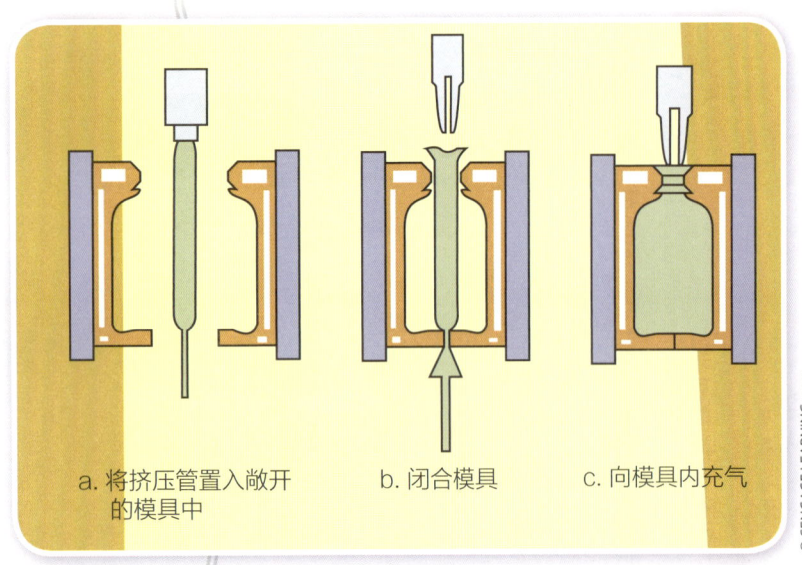

图10-12　塑料瓶通常使用吹塑法成型。

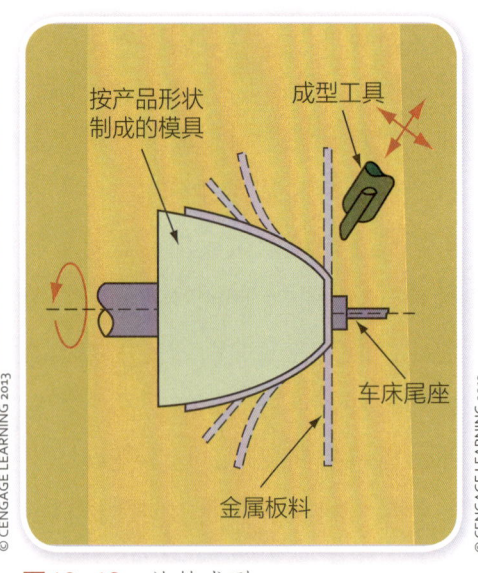

图10-13　旋转成型。

车车身部件、电器部件等，都是利用复杂的三维塑型来使相对轻量级的钣金部件具有较好的刚度特性。当成型部分有相当大的深度时，将使用多次成型的方法。每一种成型都会将材料拉伸到实际极限，获得想要的形状。

工程师处理不同材料时会使用不同的成型技术。真空成型、垂帘成型、吹塑成型是用在塑料、玻璃和一些特殊的金属合金（如图10-12）上的技术。有一些成型方法，例如用于做铝罐的深拉伸工艺，会使用阳模和阴模，而其他方法只用一个模具。

爆炸液压成型只使用一个阴模，利用爆炸形成的压力波使材料形成模具形状。旋转、剪切和旋压则只使用一个阳模（如图10-13）。

锻造　压型通常与板材有关，锻造可以通过高压的方法将原材料打造成想要的形状。为了取得高强度的材料，需要使用**冷锻造**，例如汽车转向系统和悬架组件。一般而言，通过这种方法成型的产品公差精确、较粗糙。锻造后的产品很坚硬，这是材料随着成型过程，晶粒组织改善的结果（如10-14）。锻造前要将金属加热（高至几百度）。

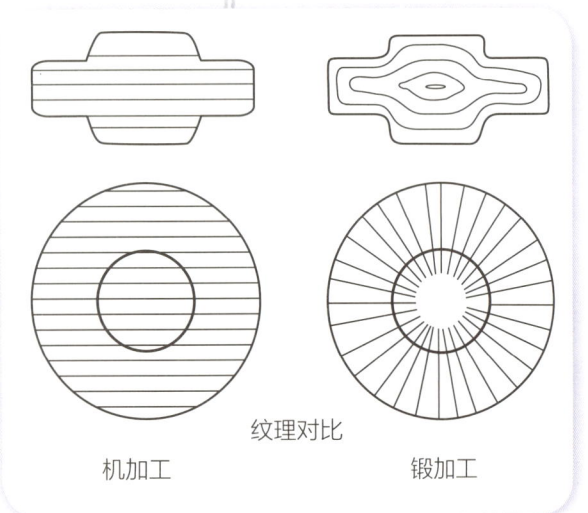

图10-14　锻造使纹理结构弯曲，从而使部件更坚硬。

无飞边模锻，也称作闭式模锻，使热金属在两个模具间成型（如图10-15）。这种锻造方法可以使几盎司到25吨的工件塑型成为一体。

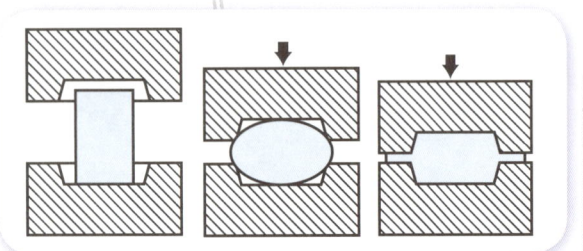

图10-15　无飞边模锻。两个模具放在一起来改变金属坯的形状。

自由锻造是在两个平模之间挤压金属，这种方式无法精确控制形变。自由锻造通常用于超大型工件（约重200 000磅，长80英尺）的成型。

挤压 与牙膏从牙膏筒里挤出来是条状的这一过程类似，挤压通过模具来使材料形成预先设定的形状（如图10-16）。通过对放置在模具中的坯料加压，可以将铝、铜、生铁、热塑性塑料和黏土等塑造出许多形状。金属窗、门框、油管和涂塑线等都是挤压成型的产品。

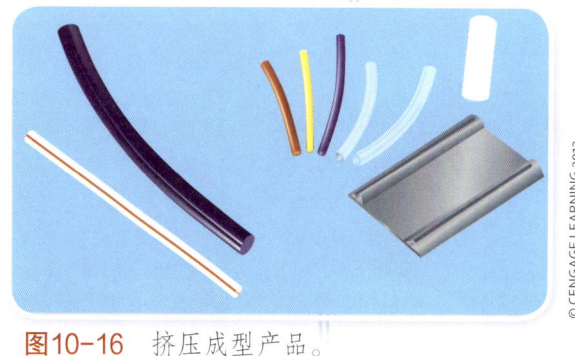

图10-16 挤压成型产品。

拉拔 **拉拔**和挤压相反，材料是通过模具被拉拔，而不是推挤。设计者用这种方法制作金属或塑料杆和线。拉拔通常通过一系列的步骤来使产品成型，例如电线的成型，越细的线需要越多的拉拔步骤。在一些应用中，例如制作管道，最开始材料通过挤压成型，最后通过拉拔成型。

铸造 当需要成型的材料是液体状态时，将使用铸造工艺。在铸造中，液体材料被倒入一个铸型中。专业技术人员制造一个铸型来代表将要被铸造的工件形状。模型需要按照严格的规则制作，包括使用的成型技术和考虑材料收缩因素。通常，当材料以液体形态成型时，凝固后都会收缩。用模型制作的型腔通常包括两个或多个部分，这样成品才可以被移除（如图10-17）。但也存在极少例外，模型在液态材料被倒进模具前被移除。大部分人都知道钢和铁是铸造成型的，事实上任何液体形态的材料都可以铸造成型。

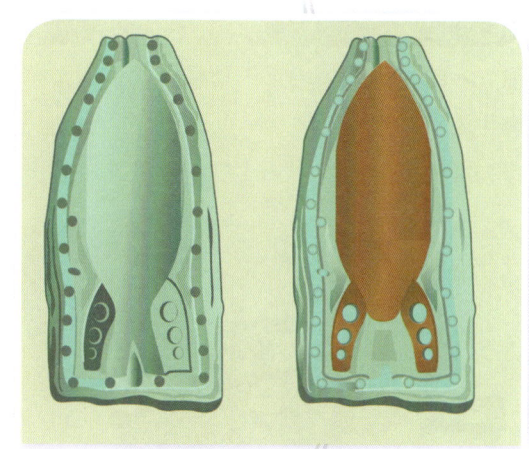

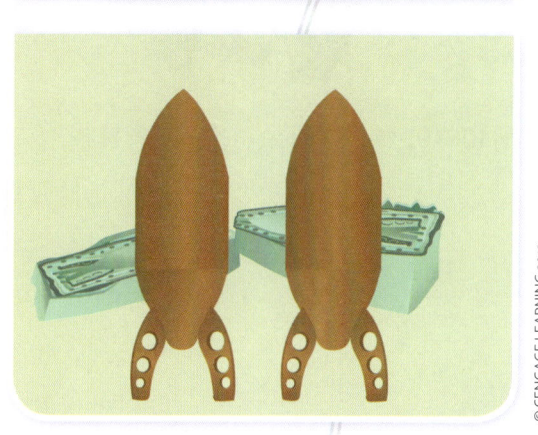

图10-17 宇宙飞船模型。当液体树脂倒进模具并固化时，对开模具夹紧在一起，分开模具就可以拿出飞船。

模具的种类 最便宜的模具是**一次性模具**，这样叫是因为它们只能使用一次。砂模铸造、壳模铸造、**熔模铸造**（也叫失蜡铸造）常使用一次性模具（如图10-18），制造者常采用一次性模具来进行大批量生产。

设计者先用金属等耐用材料制作成品的原模型，再用其制作橡胶空模穴，然后注入熔蜡形成蜡模。像珠宝饰品这种由许多独立的部分组成的物品，通常需要同时铸造这些独立的部件，然后将其连接起来。蜡模通常被用来制作新的石膏模（熔模）或其他相似材料的模具，这些模具可以承受熔融材料的热度。高温加热石膏模将蜡烧掉，形成石膏型，最后将熔融的金属倒入模具，待冷却后，打碎石膏取出铸件。当铸造中空铸件时，例如黄铜的龙头、管件，甚至是发动机气缸，则

第10章 制 造 273

图10-18 制造一棵用于熔模铸造的蜡质珠宝戒指模具"树"。

图10-19 带部分释放构造的压铸模具。

必须在模具里放一个型芯。

和一次性模具不同，永久性模具可以被重复使用。压力铸造、传递模塑、离心铸造、注塑、接合铸造等方法中使用的模具是典型的永久性模具。永久性模具通常也用在热塑性塑料和陶瓷的成型中（如图10-19）。

铸造的产品带有显著的特征。模具成型技术决定产品表面粗糙程度，例如在砂模铸造中，模具中的铸砂会使产品产生粗糙的纹理。因为需要有一个通道使液体材料可以流进模具，或者在某些情况下从一个模具流到另一个模具，这些通道或**浇口**的记号通常会留在最终产品上。铸造的优点是以相对较低的成本生产复杂的形状，尤其在一次性模具生产中，只需要很少的工具来进行生产。一次性铸造的主要缺点是费时，尽管砂模铸造应用了许多自动化技术，仍然需要很长的生产时间。

成型方法中，设计者必须认真考虑所有材料的性质。在压制中，需要考虑材料的弹性程度，因为材料有可能在处理后回到其原始形状。如果材料是低延展性的，材料可能需要在加工前先加热。设计者也必须知道材料在模具中的收缩程度。像纹理结构等一些特殊的材料特性必须在加工前正确定位。木材有明显的纹理结构，其他的一些材料，如纸和金属，也有纹理。压力加工和铸造是重要的材料加工技术，它们可以以低价制造出复杂的形状，并且材料损失极少或者不浪费。

一种重要的制造带有细节结构成品的技术叫**离心铸造**（也被称为旋转铸造）。金属或塑料的树脂材料被倒入一个旋转模具中，旋转使成型材料转出模具外部，这样每个细节结构都被填满。珠宝制作常使用离心铸造，一些大型物体的制造也可以使用这一方法（如图10-20）。

分离工艺

分离工艺是从材料中分离、移除一部分材料的方法。与浪费极少材料的成型工艺不同，**分离**可能会造成大量浪费。尽管其中的一些材料可以作为**用前废料**循环利用，但是尽可能少地浪费材料还是很重要。设计者可以通过参照标准尺寸，使浪费最小化。

去除材料可能会很昂贵，因为它通常需要花费大量的时间和机械加工。分离工艺几乎可以用来创造任何形状，但是，这些方法通常不像成型技术那样高效和高产。正因为如此，许多成品都是使用分离和成型相结合的方法，例如，汽车引擎的基本形状是通过铸造法成型，然后，用分离技术来形成最终规格（如图10-21）。在这里铸造法被用来减少制造成品过程中需要去除的材料的量。

应用分离工艺可以切割2英寸至4英寸长的木材，或者在部件上钻一个洞以备之后的组装等简单操作，也可以应用在复杂的激光、化学、超声波等处理过程中。分离工艺可以用于所有材料。

设计者计划使用分离技术时需要解决三个问题：

▶ 如何去除材料？
▶ 去除过程中材料怎么保存？
▶ 如何控制切除工具？

分离工艺可采用机械、电力、化学和热力等方法，机械分离是最常见的方法。

机械分离技术　在前面，我们学习了怎样把薄金属板和其他材料制成一个较高刚度的产品。产品对板材的需求促使了许多特殊机械分离技术的发展。这些方法大部分都结合了切割操作，使得材料容易在加工边缘发生塑性变形，最终通过剪切来破坏材料（如图10-22）。

图10-20　用离心铸造法制作小船的两件套模具。

图10-21　铸造加工中的引擎块。

任何一个使用过剪刀的人都有用**剪切**来使材料分开的体验。剪切力是作用在材料上的基本力之一。产品设计者需要选择可以承受一定剪切力的材料，制造可以产生足够剪切力的剪切设备。经过恰当的剪切之后，材料的剪切处截面略显光亮，中心处略显黯淡。剪切操作通常被用来修剪成品的多余部分，例如模压和铸造工序产生的飞边。

冲孔操作　也利用了剪切原理，被用于在薄板材料上打小孔。常见的钻孔操作，将在切削部分讨论，它并不适合在薄坯上钻孔。**落料**工序和冲孔类操作类似，但落料工序中被去除的材料是所需的产品。垫圈就是将这两种操作相结合制造出来的。

除了金属，纸和硬纸板产品也常常需要剪切操作，包括模切、开槽、穿孔等操作。所有像信封、包装材料、硬质展板等特殊形状的制作都

第10章　制　造　275

图10-22 使用剪切进行分离。

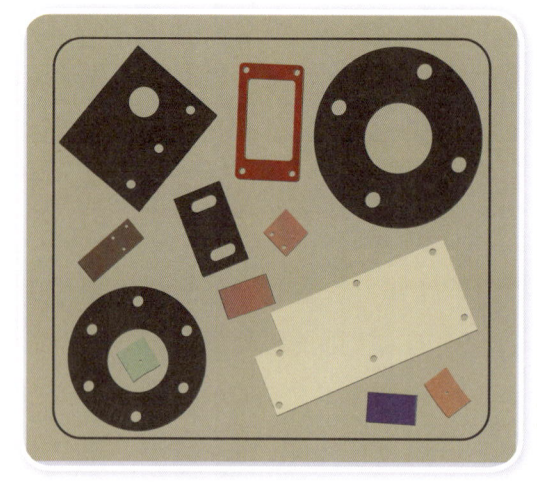

图10-23 用纸和橡胶做的模切垫片。

需要使用模切方法（如图10-23）。节约材料对于成本和环境来说都至关重要，所以剪切操作必须谨慎制定。用切边操作制造的零件应减少浪费，同时，应考虑材料的特性，如纹理等。

机械加工通常是通过**切削**来实现分离的。与落料工序不同，机械加工是去除不需要的材料，留下产品。常见的手工工具，如凿子、钻子、锯子都可用于切削。大部分切削都是通过机械机器来完成的，包括钻床、机器车床、电锯，以及铣床（如图10-24）。楔形切削工具是大部分切削处理方法的基本工具。

楔形切削工具的本质特点是刃口有后角和前角（如图10-25）。**后角**是用来避免切削工具与正在被切割的材料产生摩擦、接触。**前角**用来控制每次的切削量，与切削的效率和质量密切相关，必须用心设计。材料和切削分离过程决定了前角的大小，前角会影响切削过程中能量消耗以及切削工具的使用寿命。

当需要切削出一个特别的形状时，可以使用**成型切割工具**。铣刀就是典型的专业成型切削工具之一（如图10-26）。金属、塑料、木材以及复合材料用切削方法处理最为合适。

生产一些日常用品也会使用其他的材料分离方法。这些方法最重要的就是将研磨引入到切削处理方法中。超声振动磨削技术使用研磨剂来分离材料和改善材料表面精度。还有电化学加工法、热切割等也是去除工件上多余材料的方法。热切割技术通过熔化材料，达到去除目的，例如塑料热切割、氧乙炔切割、激光束加工等方式。

分离材料时，既要控制材料加工进程，又要引导切割工具进行切割。机床同时使用线性和旋转的切割动作。目前已开发了各种各样的夹具来帮助控制工件。

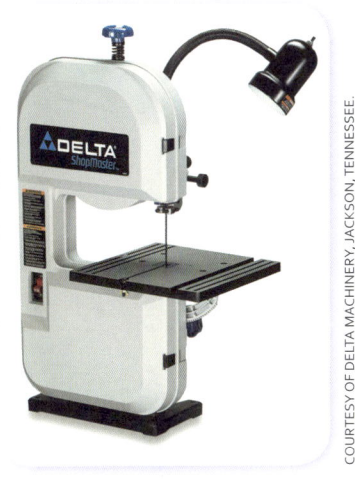
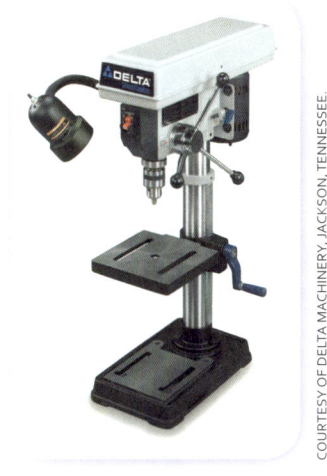

图10-24 带锯、钻床、车床是常见的切削机器。

夹具由许多固定工件的装置组成（如图10-27）。**钻模**夹具是生产中用来引导钻具的设备。通常，夹具安装在机器上，是不动的，钻模夹具发挥着相似的作用，但一般是临时的。在现代化生产中，计算机控制着工具，不论是在移动和控制工件方面，还是在自动化工具操作方面，材料分离方法已经高度自动化。在这一章的后面，我们会讨论现代工业的组织生产方式，工业工程师为新产线设计新的钻模和夹具。

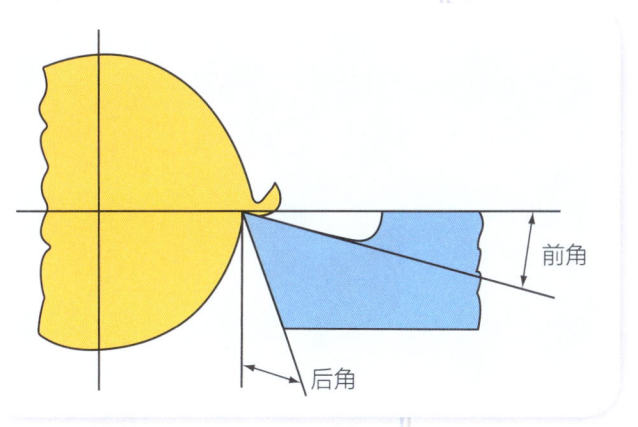

图10-25 楔形切割工具的原理。

组合材料

在生产中，有时需要将经成型或分离工艺得到的零件组合在一起。组合技术通常和产品组装或**装配**联系在一起。通过机械或者化学技术可以将组件连接起来。除了组装，组合技术还用于给产品上漆、在纸上或其他底面上印刷图像。总之，组装和成品都需要组合材料。

机械紧固 将材料固定在一起的最古老的方法之一就是制造许多巧妙的连接装置。考古资料显示，史前人类就会使用**榫卯连接**，这些以及其他木材连接装置为许多现代材料接合装置奠定了基础（如图10-28）。有一些连接装置，如楔形榫头，是自动锁定的，这需要更精湛的技术来切割。

为了简化两个零件之间的连接方式，手工匠们开发了其他类型的**机械紧固件**（如图 10-29）。机械螺钉和螺栓是按照标准化的螺纹类型和尺寸设计的，所以任何一个具有一定尺寸的机械螺

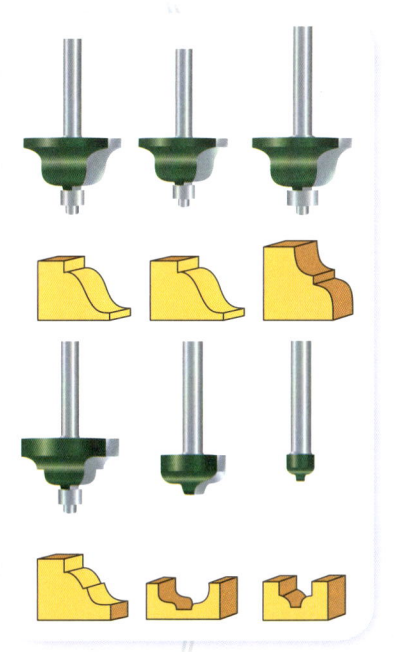

图10-26 铣刀以及一些借助铣刀制造的有趣形状。

第10章 制 造 277

图10-27 钻模在角上准确地钻洞。

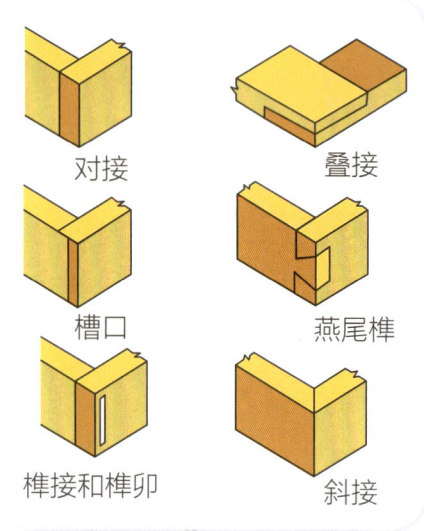

图10-28 常见的木材接合方式。

钉将和一个螺母或者其他相同尺寸的螺纹紧固件相匹配。在美国的标准里,钉子尺寸是以"分"(或者缩写为d)为单位来衡量的(世界上其他国家大多用英寸或者厘米)。之所以用"分"是因为很久以前,人们以它为单位来衡量购买100枚特定尺寸钉子的价格。

许多产品都是用螺纹装置来固定。带有螺纹或者采用攻螺纹法的装置可以用于生产各种形状和尺寸的产品(如图10-30)。螺纹装置通常用于一些可能要拆卸的产品上,例如从汽车或者自行车上卸下轮胎。

更便宜的机械紧固装置包括钉子、骑马钉、缝制和用带子束紧。钉子的使用大多局限于木质材料的建筑及其应用中,

夹具(fixtures):
在装配或机械操作中用来控制、夹紧、对齐,或者隔开的设备。

钻模(jig):
在机械操作中帮助引导工具钻孔或铰孔的设备。

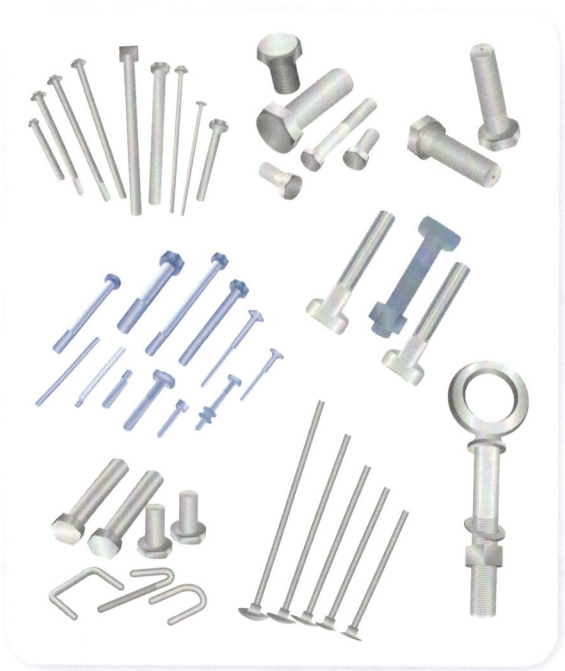

图10-29 各种机械固定工具。

一些专业级钉子可以用于石造建筑中；印刷业广泛使用骑马钉，骑马钉在外科手术过程中也很常用。

缝制，因为其在纺织和制鞋业中的应用，成为用得最多的机械紧固技术。除了这些技术，各种各样的弹簧夹、环、针、铆钉、螺旋装订圈、梳式装订以及其他特殊的机械工具被开发出来。现代材料的发展给设计者提供了更多的紧固技术。

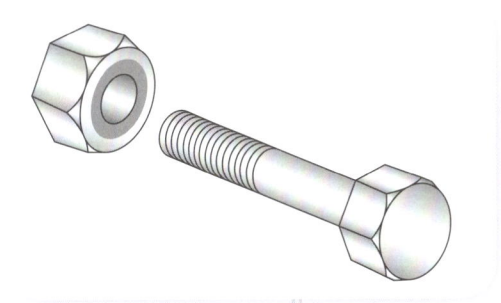

图10-30　螺纹紧固件。

化学固定　软钎焊、硬钎焊、高温钎焊是以加热的方法将零件固定在一起。**热粘合**通过融化邻近区域来使两种材料接合在一起，当材料冷却时形成共价键。热粘合可以使接合非常牢固，但是也可能由于不均匀的加热导致材料变形。热粘合固定仅限于金属和塑料材料（如图10-31）。

粘合剂采用的是化学粘合的原则。尽管天然粘合剂已经被使用了几个世纪，现代工业的发展还是促使了强力粘合剂的发明。这些粘合剂被用于将陶瓷片粘在航天飞机上，把后视镜粘在汽车挡风玻璃上，以及用于组装家具，公用管道等的连接。一些材料，如热固性塑料，只能用粘合剂来固定。

现代粘合剂被用于固定金属、塑料、陶瓷、皮革、纸和硬纸板、木材以及几乎其他任何材料。在许多设计应用中，使用粘合剂都是很好的材料固定技术。通常，它们强于被粘结材料本身，如果使用时小心谨慎，粘合会非常整洁。

图10-31　通过焊接进行热紧固。

选择哪种粘合技术，取决于对应用问题的分析，包括材料类型、预期的应力、成本和美学：

▶ 这个结合需要持续多久？

▶ 结合材料的特性是什么？（通常不相似的材料很难通过粘合剂结合）

▶ 这个结合需要有多大强度？

▶ 这个结合是固定的还是活动的？

▶ 这个结合将受到哪些外界作用（如震动、高温或者腐蚀）？

▶ 美学方面的考虑是什么？这个结合是可见的吗？

▶ 结合材料对工人、消费者和环境的影响是什么？

第10章　制　造　**279**

组织生产

从手工生产、定制生产到20世纪的工厂体系的转变引发了社会的根本性转变。随着人们迁往城市发展，他们变得见多识广。例如，在这一时期，工人们成立了工会，使工作条件得到改善，休闲时间也增多了。随着更有效的生产系统的采用，生产力提高了，中产阶级的生活水平也提高了。效率的不断提高，使新的、更复杂的机器代替了老的、低产的机器。这些新机器完成了比以前一个劳动力的工作量更多的工作。因此，技术社会中工作场所和生产的性质都在持续不断地变化。

计算机集成制造

计算机集成制造（CIM）是一个总括的术语，这一描述全方位概括了当代的制造技术。CIM（读作SIM）包括计算机辅助设计（CAD）、计算机辅助制造（CAM）、自动物料储运（AMH）、全面质量控制（TQC）、机器人学以及其他技术。事实上，管理和组织中每个人的参与促使了这个系统的成功（如图10-32）。计算机是驱动CIM发展的技术工具。CIM技术具备即时提供所有所需信息的能力（所谓的"实时性"），这可以优化所有生产操作。一个生产系统需要关心的因素包括：

▶ 产品设计决策对生产的影响。
▶ 将设计想法转化成生产图纸。
▶ 将规范转化成部件清单和生产程序。
▶ 合理安排时间。
▶ 控制机器操作（时间和产量）。
▶ 提供目前的材料成本。
▶ 完成日常数据记录任务。

CIM是用来提高生产力和产品质量的一种技术。通过认真地计划、组织和控制生产，可以减少对时间和材料的浪费。这些减少可以降低原材料和劳动力成本，也减少了产品在生产周期中所占的时间。

有一种CIM技术叫做**成组技术**（GT），它正在被传统的批量生产技术所采用，以提高生产效率，75%以上的产品都是批量处理的。在成组技术的原则下，可以将使用相同机器操作或装置的零件、组件分在一组。通过细致规划、共享昂贵的钻模和夹具、减少

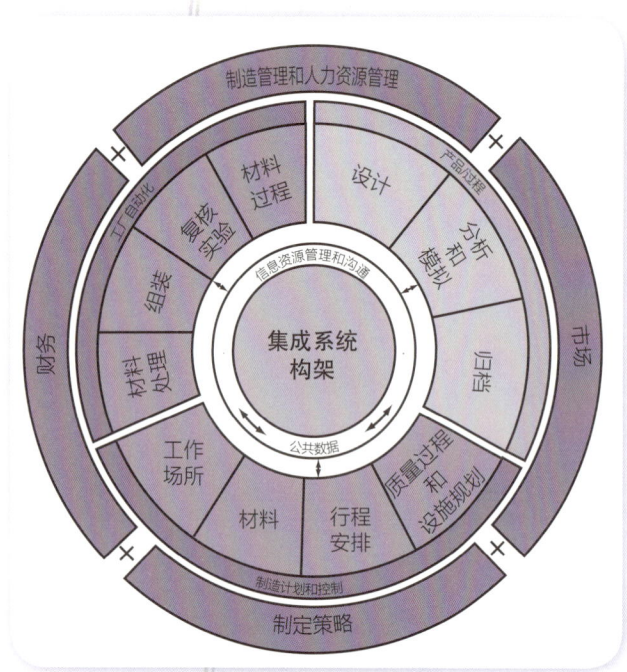

图10-32 制造工程师协会提供的关键CIM关系图。

设定时间、减少机器的使用需求、提高部件的流动性等，来实现节约成本的目的。成组技术最新进展之一就是制造单元的引入。单元将工具和材料处理装备组合在一起生产一系列部件（如图10-33）。

准时制生产方式

准时制生产方式（JIT）很大程度上和日本制造业有关。这一生产方式认为，材料处理、监督和存储都是不经济的，只有生产流程增加了产品价值。在5年的时间内，日本公司报告称准时制生产方式使生产效率提高了30%，库存减少了60%，质量报废率降低了90%。

图10-33 CIM单元。

库存是指公司为生产而存储的材料，包括成品组件和成品产品。存储生产所需的库存相对花费较高。因此，减少库存是JIT生产的关键CIM功能。为了减少库存，公司必须和材料、部件供应商紧密联系，因为他们将更频繁地订购较少数量的材料。JIT的不足之一是，系统不能迅速应对需求变化。使用JIT技术的公司也在推行质量圈，力图打造管理和劳动力之间的新关系。

CAD/CAM

有一个领域的发展几乎影响了每一行业，它就是计算机辅助设计和计算机辅助制造（CAD/CAM）（如图10-34）。**CAD/CAM** 成功地减少了将新产品投入市场的时间。这些CIM技术减少了在准备样机模型和产品规格中的重复工作。通过使用CAD/CAM，设计阶段的信息可以被直接输入到原型和生产设备中，节约了大量的时间和成本。

CAD/CAM: 计算机辅助设计和计算机辅助制造的集成，提高了生产效率。

柔性制造系统（FMS）

与单元的概念相似，这一新的CIM技术可能决定工厂的未来。**柔性制造系统**（FMS）将多个工作站合并为一个集成制造环境。

在柔性制造系统中，所有的调度、材料处理、加工以及工具管理、质量监控、数据存储都被集成在一个系统中。机器人和其他形式的自动化是柔性制造的关键。

机器人起初并一直在工业中被使用，用于完成许多单调或者危险的工作。随着微处理器应用的增多，机器人也开始操作更复杂

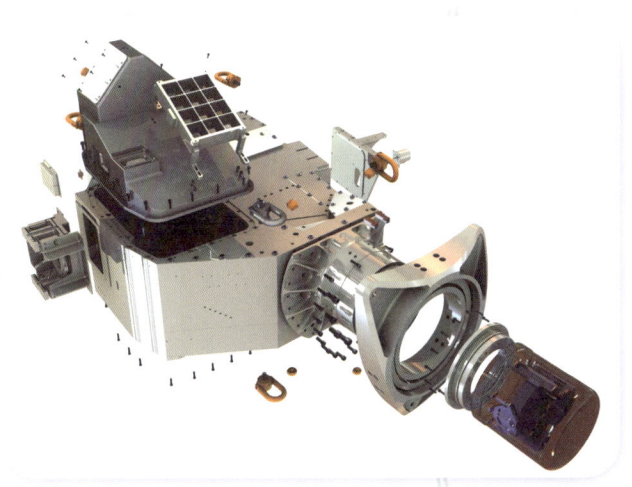

图10-34 CAD/CAM彻底改变了产品的设计和生产方式。

的工作，包括材料加工、组装操作、精加工、材料处理以及基于图像识别的操作监控。现今，90%的机器人在自动化工业中工作。由于每一个机器人系统，或者通常叫作"自动化制造系统"需要花费十万到几百万美元不等，公司必须考虑短期和长期影响。使用机器人或自动化系统的优点有很多，如一致性、可靠性，以及最重要的，高效益。在危险环境中使用机器人的安全因素也是一个很重要的考虑因素。尽管机器人被纳入柔性制造系统中，但柔性制造系统的主要优势仍在于对材料处理时间的减少和库存的减少。

设计制造

随着计算机的出现，设计并制造部件变得越来越容易，这主要归功于使用了计算机驱动的快速原型制造技术。

快速原型

看《星际迷航》系列节目的时候，你经常可以看到船员通过"复制因子"来获得食物，或者制造出一件工具或武器。在星际飞船上，只要按几个按钮，复制因子就可以制造船员想要的东西。尽管目前的快速原型技术还没有达到这个水平（很可能永远不会），第一次看到一个计算机文件以三维形式出现，也是一次让人很惊奇的经历。

快速原型机器通常使用CAD程序中的几何图形文件，用自己的软件将文件用"切片"的数学方法切成薄片，就像切面包一样，不过，更加薄，差不多在0.005英寸的范围之内。结果就是形成一系列的数学横截面视图，横截面越薄，最终的原型越精细。

快速原型机器有许多不同的种类，工程师一直在改进其复杂度、准确度和速度。早期快速原型的方法被称为**立体平板印刷**，它使用激光来硬化装在水槽里的液体塑料溶液。塑料溶液会发生光化学反应，这意味着激光改变了液体的物理特性。液体表面下方有一个平台，激光光束前后移动，使表面附近的塑料溶液固化（如图10-35）。完成这一部分的横截面后，平台将下移，重复刚才的过程直到所有部分都完成。最初由于液体溶液非常昂贵，因此用这一方式生产的部件成本非常高。现今，尽管这一方法得到了改进，并且一些制造商生产了立体印刷快速原型设备，但这仍然是一种昂贵的生产方式。

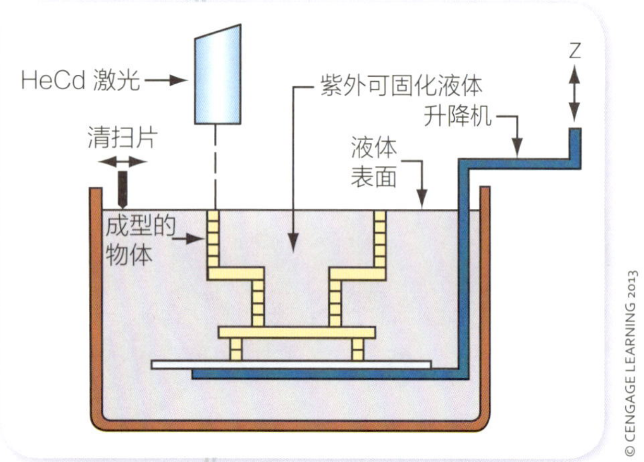

> **快速原型（rapid prototyping）：**
> 在电脑控制的机器中，用CAD设计文件创造实体模型的方法。

图10-35 立体平板印刷原型正在用激光硫化树脂薄片。

基于将部件切成薄块这一想法，许多公司生产了可以将厚重的纸切成CAD组件的横截面的机器，这些纸片将被堆放在一起制成一个三维模型（如图10-36）。这一方法十分经济，但是需要非常小心地去建立一个精确的模型。

第二代快速原型机器在石膏或者淀粉里生产部件，一次一个薄层。一层薄薄的石膏被铺在一个小的可移动的压印板上，然后一层薄薄的粘合剂（胶）被喷在这个部件的横截面上，这种方法和喷墨打印机将墨按照字母或者图像的形状喷在纸上特别像。

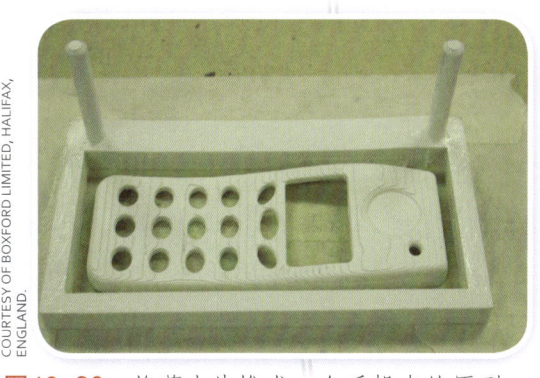

图10-36　将薄卡片堆成一个手机壳的原型。

压印板向下移动一小段距离，另一层石膏散铺在压印盘上，然后再次将一层薄薄的粘合剂喷在这个部件上，一直重复这个过程直到完成整个部件，再将这个成型的模型从没有喷胶的石膏粉上移出（如图10-37）。

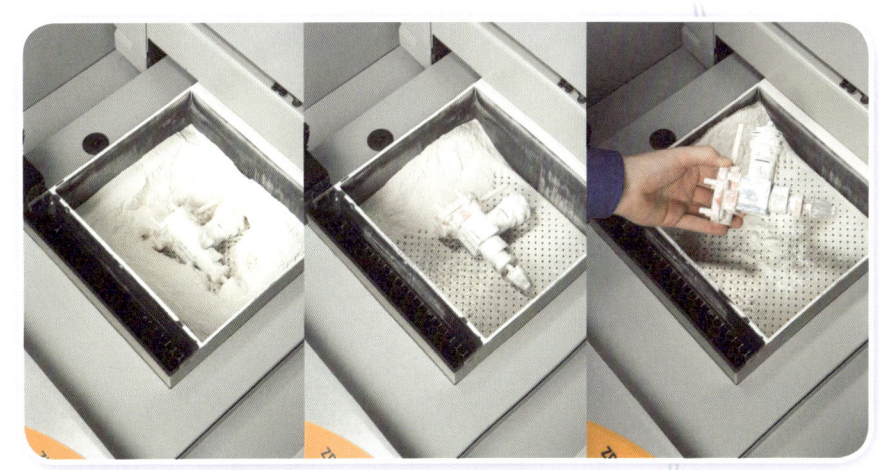

图10-37　用粉状石膏3D打印机制作的模型。

现今，制作塑料部件的快速原型机器已经很常见了，它们可以制造持久实用的部件。它们使用的也是一层加一层的制造方法，但是通常使用丙烯腈-丁二烯-苯乙烯（ABS）塑料来制造零件，这种方法叫作熔融沉积成型（FDM），但是由于制作耗时长，这一方法不能批量生产。然而，其制造原型和模型的能力对制造工业和产品设计及发展的方式有着显著影响。图10-38展示了许多用FDM方法制造的部件。

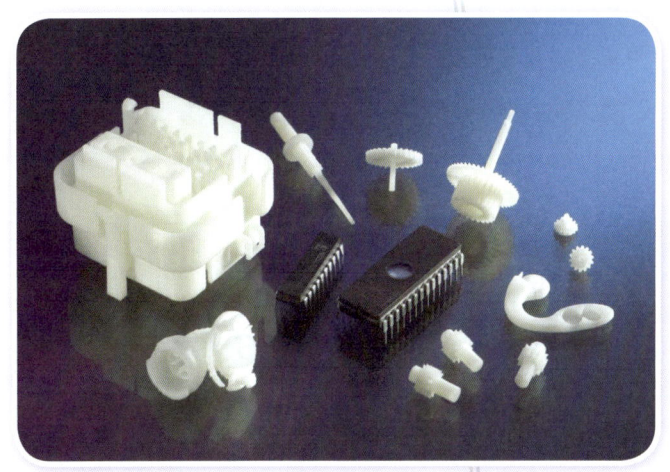

图10-38　用FDM方法可以制造耐用和精细的部件，包括集成电路。

对未来的影响

公司保持为全球市场生产商品的活力和竞争力对于自由企业体系的经济健康极为重要。竞争开始于合适的设计方案——设计方案能够使产品被顺利地制造出来。一个高效的生产系统是保持经济有活力的

第10章　制　造　283

案例研究

理查德，工业设计师

理查德（Richard Douglas Rose）是一名自由工业设计师，他设计了由 SitOnIt Seating 公司制造销售的随时多功能椅子（如图10-39）。他说："当我还是孩子时，一直被生产出的物品所吸引——拆装它们、组装它们、修理它们。"

图10-39 随时™椅子

在获得罗切斯特理工学院家居艺术设计专业本科学位，以及进入定制家具行业后，理查德成立了理查德·道格拉斯设计室。作为产品设计专家，理查德专攻办公家居方向。他从机械（特别是航空）、极限运动、旅游、艺术、建筑以及人体工程学等各个领域吸取精华来建立他设计的原则：性能、实用性、价值及美学。他设计的座椅，已有50多款投入生产。

他指出，关于家具设计，许多大公司都有设计部，但是公司雇佣自由设计师也很常见。当他作为自由职业人员为公司设计产品时，会与公司签署提成合同，将产品销售总额的一定百分比作为报酬。项目通常都从理查德对新产品的想法开始，或者是像 SitOnIt Seating 公司那样，直接联系他，给他一份设计简介。虽然大部分公司都认为设计简介是保密的，但是理查德认为一份简介仅仅是涉及产品的描述、市场营销以及商业目标等，例如：

1. 产品目标列出了应用、功能和用法。
2. 产品要求通常包括模型配置、材料、成品、选项。
3. 所要达到的政府和行业标准。
4. 目标价格列表和目标利润率。
5. 竞争对手产品的分析。
6. 预计年销售额、开发和营销成本、项目进度计划日期（如何时完成原型制作、工程测试和第一份订单的装运）。

有时公司会举办"展示比赛"，他们把设计简介发给工业设计师们，让他们各自提交设计方案。为了参加这一比赛，设计师们必须创作图纸或者效果图。通常，从设计项目开始到生产产品将花费理查德1年的时间。

对于一个设计简介，理查德通常会准备3份设计方案。理查德使用各种设计和工程软件来制作三维模型和效果图，例如：Rhino 3D 软件、Auto desk Alias Studio 软件和 PTC Pro Engineer，也有二维设计软件，如 Adobe Creative Suite。（如图10-40）。

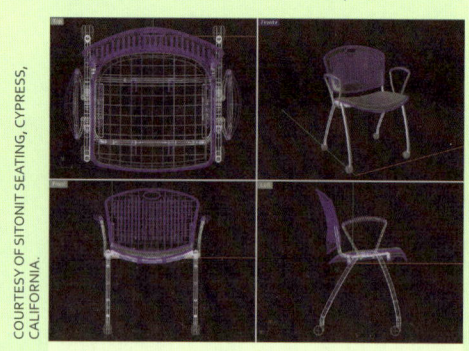

图10-40 理查德设计的随时椅子的电脑模型。

他的项目从产品视觉外观和功能入手，但他也必须考虑制造和成本。正如理查德所说，项目从一开始就必须大部分是正确的。也就是说，如果他设计了一款很好看但不能以合理的成本制造

案例研究

出来的椅子,他就会面临失业。他研究新材料和新方法,他设计的大部分椅子都用到了注塑成型塑料零件、成型胶合板和钢。除了产品开发中的商业和市场因素,他还必须了解材料科学、生产制造及生产工具、零件生产和产品组装,以及产品分销相关的信息。随时多功能椅子是经济全球化的一个典型:框架在中国大陆生产,椅子的注塑成型部件在中国台湾地区生产,座位在加利福尼亚州用聚丙烯塑料注塑成型。SitOnIt Seating公司在其加利福尼亚州的总部完成了最后的组装、装饰以及其他细节制作,然后在世界各地销售。这一过程就是SitOnIt Seating公司"大规模定制"模式的一部分,这一模式将运营和按单加工制造很好地结合在一起,使公司可以快速、经济地为消费者提供高级定制、高质量的产品。

理查德将他的方案效果图发给公司,由管理、市场以及生产相关人员做决策。如果他们支持这一方案,理查德就开始设计组成部件。为此,他需要制作详细的三维立体CAD模型和二维草图。尽管他有相当丰富的材料和加工知识,还是需要和各地的工程师一起工作,例如,他和塑料工程师一起开发多功能座椅,和公司的工程师一起研究如何焊接组件。材料成本也很重要,例如,一个典型的用聚丙烯塑料做成的座椅可能需要2美元,而一个用更贵的塑料做的座椅可能需要花费10美元。这使得最终成本、适销性以及产品成功会发生很大的差异。他的开发工作最终会做成一个原型模型(如图10-41)。理查德将这个模型再次发送给公司以获得管理层的批准。有一些部件理查德使用了定制模具,如金属支架,有一些使用了快速原型机器,如用

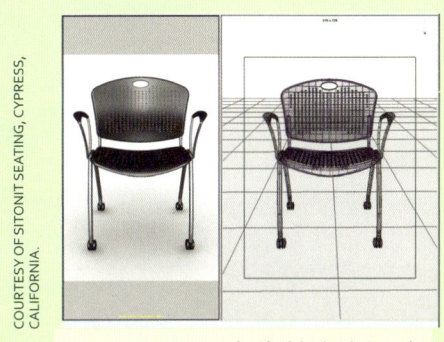

图10-41 理查德制造的原型模型。

FDM做塑料座位组件。一旦模型确定下来,他便开始为产品制造做准备。

理查德会测试产品设计是否达到ANSI/BIFMA标准。如果一把椅子不符合这些标准,它将不能持续作为商品销售或者在教育环境中使用。让理查德非常骄傲的是,他设计的随时多功能椅子的椅臂测试承重为超过500磅,远远超过了ANSI/BIFMA标准规定的300磅。

理查德参与了产品设计和制造的所有工作。以随时多功能座椅来说,他和SitOnIt Seating公司都认同"精益生产"的四大要素:工作效率、质量成本、安全性和完成并准时交货。他撰写设计简要,做所有的设计工作,包括设计组件、准备部件制造,以及和制造商一起营销产品。随着新产品进入市场,理查德参与到销售环节,与潜在的顾客谈论设计。他认为设计是具有创造性的,并且是美国经济中最强的部分之一。最重要的是,他觉得工业设计有趣而且有价值。

他说:"设计和解决问题,与创造人们所需的产品有关。设计和实用性、耐久性、功能、价值、性能、美学和需求之间,特别是和我们的日常生活中所使用的产品之间,是一种共生关系。"

关键因素之一。

据估计，有超过 70 000 种不同的天然和合成材料可被用于生产。为了人类社会的持续发展，我们必须考虑生产对自然资源存量的消耗。关键资源可以通过寻找、设计可替换材料来节约，或者更重要的是保护已有的资源。使用更少的材料（从源头削减）来进行新产品设计是一种趋势，也是节约珍贵资源的一种方式，其他的方式还包括重复利用和减少浪费。

在保持经济社会发展的过程中，必须注重保护环境。1970 年，美国环境保护署（EPA）制定了空气和水的质量标准。这些标准随后被修定，并且其他许多国家也采用了相似的标准。现今对臭氧层的破坏和全球气候变暖的担忧，使地球上的所有居民都有义务参与到平衡科技进步与环境破坏风险的决策中。优秀的设计总是会考虑生产和消费给个人、社会和环境所带来的影响。

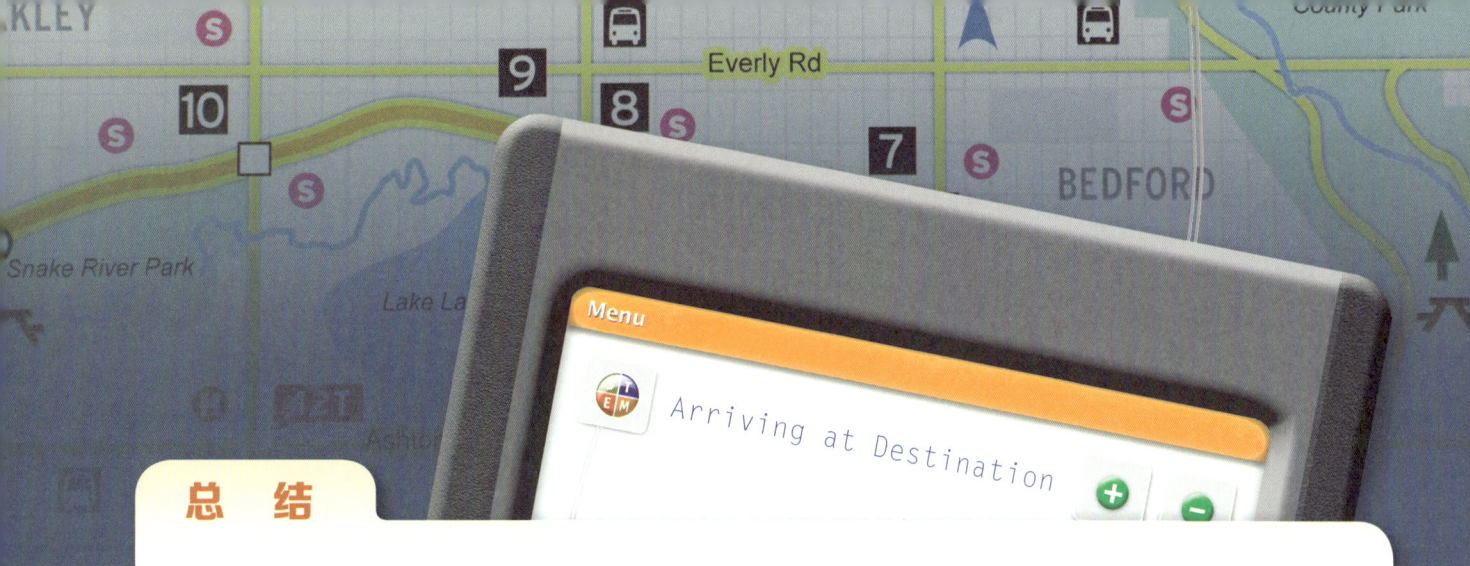

总　结

对产品生产而言，生产管理系统十分重要，这一系统结合了资本、人力、知识、材料、能量、工具和机器，以及方法的投入。产品以一种满足某种需要的设计开始其生命周期，而作为一种废弃物结束其周期。在这期间，产品影响着个人、社会和环境。制造业是我们经济系统的重要部分。生产计划非常重要，因为这样可以找到最佳的生产方式。材料通过成型、分离和结合技术进行系统加工。管理生产的新技术涉及计算机集成制造（CIM）技术。我们识别以及解决科技问题的方式将持续对个人、社会和环境产生影响。

课后作业

观察/分析/综合

1. 在图10-42中选择一件产品，尽可能多地列举生产这件产品所需的材料和加工方法。

2. 根据你在第1题中所选的产品，尽可能多地列举这件产品本身以及生产这件产品所需的原材料。

3. 根据你在第1题中所选的产品，询问10位产品使用者，他们认为制造这一产品最困难的是什么。对于同一问题，将你的答案和老师的答案作比较。

4. 设计一个由6块0.5英寸厚胶合板组成的6英寸立方体。这6块胶合板怎样被固定在一起组成立方体没有限制。这个6英寸的立方体的作用是支撑一个重量是1000磅的更大的立方体。设计制作20个这样的立方体的加工方法。简要写出使设计符合标准材料和

图10-42　各种产品。

加工的办法。根据下列不同的限制，设计会有何变化：（a）不使用固定装置（螺钉、钉子等），（b）用木螺钉作为固定装置。

5. 用一种最低效的方法来制作你设计的这个6英寸的立方体，列出可供替换的更高效的方法。

6. 根据以下标准评估你在第4题中设计的立

第10章　制　造　287

课后作业

方体：
- 制造可行性
- 耐久性
- 可维护性
- 美学
- 原材料消耗的数量
- 环境影响
- 社会影响

补充作业

工程设计分析挑战

- 设计一条大规模生产线，用来组装乐高部件或者其他拼插组合套装设计的简单结构。组装中的每一项简单任务都至少包含5个人，完成一项任务后将产品传到下一个组装站。拍照（包括字幕）记录组装线的各站点，或者拍一段简短的视频叙述整个过程。

术语表（按照拼音字母顺序排列）

B

标准（criteria）：评价或决定一些事物时所依据的准则或指标。

标准工业材料（standard industry materials）：原材料被加工成用于产品生产所需的标准尺寸、形状、构造，例如木材、胶合板、纸、布。

标准化（Standardization）：为适应科学发展和组织生产的需要，在产品质量、品种规格、零部件通用等方面，规定统一的技术标准，叫标准化。

C

CAD/CAM：计算机辅助设计和计算机辅助制造的集成，提高了生产效率。

拆卸（teardown）：产品拆卸的过程是为了分析产品的零件，以便更好地理解产品。

参数化建模（parametric modeling）：一种CAD建模方式，其中各个特征，例如一条边的长度或者一个圆角的半径，可以通过使用参数，来确定该特征的大小和几何结构，创建特征之间的关系。由于软件保存了建模的过程，改变参数大小会在重建模型时立刻更新模型中所有相关的特征。

草图（sketching）：绘制粗略的图画来呈现事物或场景的主要特点，通常用于初步研究。

差异度（variation）：也称为变异度（数理统计概念）；是尺寸和参数预期的变化范围。

创新（innovation）：对现有技术产品、系统或方法的一种提升。

创造性（creativity）：将概念或想法变为产品的能力；是一种创造能力。

D

道德（ethics）：哲学的一个分支，是衡量行为是否正当的观念标准，是调整人们之间以及个人和社会之间关系的行为规范的总和。

E

二手资源（secondary source）：已经出版的信息，通常源自其他人。

F

反复迭代（Iteration）：遵循一系列步骤的重复行动，直到指定的情况出现。

分析（analysis）：对某物的元素或结构进行详细剖析。

封闭式问题（closed question）：正确答案只有一个的问题。

G

公差（tolerance）：尺寸或定位尺寸的总容许偏差。

工程师笔记本（engineer's notebook）：也称为工程师日志或设计师笔记。用途如下：（1）当其他工程师还未宣称是自己的设计观点时,可作为设计想法的一种记录;(2)记录新观点和工程调研成果,作为取得专利的证据。

工程图(technical drawings):生产组件或系统时需要用的图纸。

规范(norms):群体所确立的行为标准。它们制约着团队的成员,用于指导、控制或者规范适当的和合理的行为。

H

合作(collaboration):为了共同的目标而一起工作的过程。

横向思维(lateral thinking):一种打破逻辑局限的思维方式,有时称为低概率思维。

胡克定律(Hooke's law):材料产生的应变(长度变化)与材料所受到的应力成正比。然而,这只在材料弹性限度内才是正确的。

J

计划(plan):(名词)执行或实现某件事的详细的建议;(动词)将计划整合起来的行动。

技术(technology):人类为了满足自身的需求和愿望,遵循自然规律,在长期利用和改造自然的过程中,积累起来的知识、经验、技巧和手段。

夹具(fixtures):在装配或机械操作中用来控制、夹紧、对齐,或者隔开的设备。

价值观(values):指导性的准则或想法。

建模(modeling):以图像、数学或三维方式详细呈现一个物体或设计,通常比原件小。建模常被用来检验设计理念、更改设计,或进一步了解在近似的真实物体上会发生什么。

解决问题(problem solving):理解问题、拟定计划、实施计划以及评价计划是否有效的过程,用来解决某一问题,或者满足人们的需求和想法。

精密度(precision):多次测量或计算的结果能够取得相同或相近的值的程度。可重复性和再现性也是对精密度的描述。

K

开放式问题(open-ended question):正确答案有许多可能的问题。

可持续设计(sustainable design):也称为绿色设计,是指产品、系统或环境的生产过程对环境友好,因为它们减少了对不可再生资源的使用,将对环境的不利影响降到了最低。

科学(science):人类探索、研究、感悟宇宙万物变化规律的知识体系的总称。科学解决"为什么"的问题。

快速原型(rapid prototyping):在电脑控制的机器中,用CAD设计文件创造实体模型的方法。

L

利润(profit):在经济学中,利润是指公司收入和支出的差额。收入是指所有的资金流入,包括产品的销售收入等。支出包括直接成本(例如工资薪金和原材料购置费等)和间接成本(例如设备租金和购置费,能源动力费,以及其他费用)等。

两点透视(two-point perspective):绘制三维物体的现实主义画法,包括一条水平线、一条关键边和两个消失点。

卢德分子(Luddites):18世纪英国的一个组织,妄图通过破坏当时引入到纺织产业的新织布机器,来阻止技术进步。现在,卢德分子这个词用以描述工业化、自动化、数位化或新技术的抵制者。

M

美学（aesthetics）：基于对所见事物的视觉反应，研究事物的外观形态；属于哲学的一个分支。通常人们在此过程中会产生喜欢或不喜欢的主观感觉，这与文化、经济、政治、道德观念有关。

模型（model）：一个详细可见的、数学的、二维或三维的物体或设计的代表物。模型通常比最终想要的设计小，一般用于测试设计的想法，通过模型可以学习类似的真实物体是如何工作的。

模具（die）：工业生产上用以制作成型物品的各种模子和工具。

N

逆向工程（reverse engineering）：一种产品设计技术再现过程。即对一项目标产品进行逆向分析及研究，以制作出功能相近，但又不完全一样的产品。

P

疲劳（fatigue）：在工程中，断裂一般发生在材料遭受重复或波动应力的时候。这些应力的最大值往往小于材料的抗拉强度。

评估（assessment）：一种评价的方法，需要分析优势和风险，权衡利害关系，然后确定最佳方案并实施，主要是为了保证有利的输出大于不利的输出。

Q

企业家（entrepreneur）：该词是从法语中借来的，原意是指"冒险事业的经营者或组织者"。现多指企业的所有者，从事企业的经营管理工作。

R

人体工程学（ergonomics）：研究人、机、环境三大要素之间的关系，为解决该系统中人的效能、健康问题提供理论和方法的科学。

S

设计（design）：通过合理的规划，对造物活动进行预先计划的过程。

设计方案（design proposal）：一系列的书面文件，用来清晰地描述怎样制作一个模型、原型，或者最终的设计。设计方案一般包括：（1）材料，（2）尺寸，（3）制作过程。

设计纲要（design brief）：一份书面计划，阐述需要解决的问题以及标准和约束。设计纲要鼓励大家在尝试解决方案之前，先将问题的所有可能困难都考虑清楚。

设计过程（design process）：根据一定的标准和限制条件，系统地、重复地制定解决问题的策略，包括设计多种可能的方案，或满足人们的需求和想法，并缩小有效方案的范围。

设计元素（design elements）：与平面设计师的工作相关，并可由其操作的因素，包括线条、形状、形态、数值、颜色和纹理。

设计元素（element of design）：设计作品最基本的视觉组成部分或构件（例如线条、形状和形态、明暗、颜色、纹理或是空间）。

设计原则（design principles）：描述设计师如何把不同的设计元件组合成完整产品的法则。

设想（hypothesis）：（1）基于现有迹象的一种猜想，作为进一步调查的开端；（2）通过观察提出的一种解释。设想是有根据的猜测，是调查或分析的基础。

生产过程（manufacturing process）：通过以下一步或多步将原材料转换成最终商品：铸造和

成型、成型和重塑、切割、磨粉、材料去除的加工，或者通过热交换、化学反应来连接材料。

生命周期成本（life-cycle cost）： 在产品有效期内与产品有关的所有成本。同时要考虑产品的能耗费用和环保成本。

视觉头脑风暴（visual brainstorming）： 一种通过绘画（区别于语言头脑风暴）来产生大量想法的构思方法。首先，画出一个实际存在的物体，然后在那个物体的基础上进行变动，再在变动后的想法上继续改动，以此类推。

思维导图（mindmapping）： 一种自由词联想和头脑风暴相结合的方法。思维导图的思路是围绕一个主题激发尽可能多的想法。

T

通用件（interchangeable parts）： 产品的零件或元器件可以在不同类型或同类型不同规格的产品中互换使用，这是工业革命时期的一个重要发展。

团队（team）： 由多人组成的一个共同体，它合理利用每一个成员的知识和技能协同工作，解决问题，达到共同的目标。

头脑风暴（brainstorming）： 无限制的自由联想和讨论，一种解决问题、产生新观念、激发创造性思维的方法。

透视图（perspective）： 立体图的一种形式，使用消失点来表现人眼所看到场景的深度和失真程度，透视图可以用一个、两个甚至三个消失点。

投影线（projection line）： 可以用来在辅助视图中定位物体的水平线或垂直线。

徒手（freehand）： 手动完成，不借助尺子等工具。

W

文件编制（documentation）：（1）文档资料，以及和设计过程相关的证据和证明；（2）包括安装、操作和服务指南在内的图纸或打印信息。

X

线性透视（linear perspective）： 用于绘图，指的是我们眼睛观察到的图像在平面上的近似呈现。代表性的例子是，远处的物体画得较小，从某个角度观察的物体会显得扭曲。

斜二轴测投影图（cabinet oblique drawing）： 斜轴测投影图的一种。退缩线的长度只有正常尺寸的一半，并与水平面呈45度角。

协同效应（synergy）： 团队或集群的能力比个体的能力总和更强大，简单地说，就是"1+1>2"的效应。

虚拟（virtual）： 一个专业术语，用于描述模拟真实世界和想象世界中存在的事物的形式和状态。大多数虚拟环境主要是视觉体验，要么在电脑屏幕上显示，要么采用其他形式的通信技术。

虚拟团队（virtual teams）： 不同地域、空间的个人通过各种各样的信息技术联系在一起，完成一个或多个任务。团队成员可能来自同一个组织，也可能来自多个组织，甚至成员之间可能从未见过面。

Y

一点透视（one-point perspective）： 一种写实主义的绘画方法，物体离观察者近的面是平坦的，与这一平面垂直的其他所有线条都可以延伸至某一点，即消失点，交汇。

一手资源（Primary source）： 除信息提供者以外未被他人总结或报道的原始信息。

一致（consensus）：意见的统一性，意见的一致性。

右脑（right brain）：小脑的右半球，被认为善于处理同步的、整体的、空间的和关联的信息。

有限元分析（finite element analysis）（FEA）：一种计算机控制的数字分析方法，可用来解决机械工程问题，如压力和热量在零件中的分布。

有序的（sequential）：形成或遵循逻辑次序或顺序的。

原型（prototype）：一个已经完成，或将要完成的全尺寸模型，满足设计之初所期望的形状、功能等。原型通过真实的观察，并进行任何需要的调整来测试设计的概念。

约束（constraint）：（1）设计过程的限制条件。约束可能是资金、空间、材料以及人的能力。（2）客观条件的限制或束缚。

云计算网络（cloud computing network）：通过各种各样的技术（包括计算机、网络、服务器和互联网）处理任务的过程。

Z

章程（charter）：规范性文书。

知识财产（intellectual property）：指人们就其智力劳动成果所依法享有的专有权利。

注释（annotations）：关于图纸的解释性备注，为读者提供重要的额外信息。

专利（patent）：一种法律保护形式，给予发明者对特定新产品或过程的专属权利。

装配线（assembly line）：大规模生产产品的一条生产线，即按顺序组装通用件。

准确度（accuracy）：测量或计算出来的数值与真实值的一致程度。

钻模（jig）：在机械操作中帮助引导工具钻孔或铰孔的设备。

最终设计文档（final design document）：设计文件的完整形式，在设计过程的最后阶段进行准备。最终设计文档清楚并且完整地描述了设计是什么，以及设计如何将问题解决好。最终文档应该包括所有必需的图表、计算过程、CAD 图形、模型和用来体现最终设计的仿真模拟过程。

左脑（left brain）：小脑的左半球，被认为善于处理线性的、语言的、分析的和逻辑的信息。

作品集（portfolio）：一系列旨在证明一个人的能力或记录创意发展的过程的作品。

图书在版编目（CIP）数据

工程设计导论. 上/（美）约翰·R. 卡尔斯尼茨（John R. Karsnitz），（美）斯蒂芬·奥布莱恩（Stephen O'Brien），（美）约翰·P. 哈钦森（John P. Hutchinson）著；赖文绚等译. —上海：上海科技教育出版社，2018.7
（中小学工程教育丛书/张民生主编）
书名原文：Engineering Design：An Introduction
ISBN 978-7-5428-5932-7

Ⅰ.①工… Ⅱ.①约… ②斯… ③约… ④赖… Ⅲ.①工程设计—高中—教材 Ⅳ.①G634.931

中国版本图书馆CIP数据核字（2017）第100893号

责任编辑　汤敏燕　刘丽丽
装帧设计　杨　静

中小学工程教育丛书
工程设计导论（上）
约翰·R. 卡尔斯尼茨（John R. Karsnitz）
斯蒂芬·奥布莱恩（Stephen O'Brien）　著
约翰·P. 哈钦森（John P. Hutchinson）
赖文绚　李婵　李超　林峰　王斌　杨昌荣　张询　周球尚　译

出版发行	上海科技教育出版社有限公司
	（上海市柳州路218号　邮政编码200235）
网　　址	www.sste.com　www.ewen.co
经　　销	各地新华书店
印　　刷	上海普顺印刷包装有限公司
开　　本	889×1194　1/16
印　　张	19.75
版　　次	2018年7月第1版
印　　次	2018年7月第1次印刷
书　　号	ISBN 978-7-5428-5932-7/G·3296
图　　字	09-2016-203号
定　　价	98.00元

Engineering Design: An Introduction, Second Edition
John R. Karsnitz, Stephen O'Brien and John P. Hutchinson

Copyright © 2013 by Delmar, a part of Cengage Learning.

Original edition published by Cengage Learning. All Rights reserved. 本书原版由圣智学习出版公司出版。版权所有，盗印必究。

Shanghai Scientific and Technological Education Publishing House is authorized by Cengage Learning to publish and distribute exclusively this simplified Chinese edition. This edition is authorized for sale in the People's Republic of China only (excluding Hong Kong, Macao SAR and Taiwan). Unauthorized export of this edition is a violation of the Copyright Act. No part of this publication may be reproduced or distributed by any means, or stored in a database or retrieval system, without the prior written permission of the publisher.

本书中文简体字翻译版由圣智学习出版公司授权上海科技教育出版社独家出版发行。此版本仅限在中华人民共和国境内（不包括中国香港、澳门特别行政区及中国台湾）销售。未经授权的本书出口将被视为违反版权法的行为。未经出版者预先书面许可，不得以任何方式复制或发行本书的任何部分。

Cengage Learning Asia Pte. Ltd.
151 Lorong Chuan, #02-08 New Tech Park, Singapore 556741

本书封面贴有Cengage Learning防伪标签，无标签者不得销售。

上海市版权局著作权合同登记号　图字09-2016-203号